COLLANA
I FONDAMENTI

Non edificate senza
fondamenti

GIUSEPPE CONTE

IL MITO GRECO E LA MANUTENZIONE DELL'ANIMA

GIUNTI

www.giunti.it

Via Bolognese 165 – 50139 Firenze – Italia
Via G. B. Pirelli 30 – 20124 Milano – Italia

Prima edizione: ottobre 2021

Dediche

Questo libro è dedicato alla memoria di James Hillman, nel decennale della sua scomparsa.

Quando ero molto giovane, dopo aver letto con entusiasmo alcuni suoi libri gli scrissi a Dallas, all'indirizzo avuto da Gillo Dorfles, mio professore. Con mia grande sorpresa, mi rispose. Mi arrivò una lettera scritta a mano con una biro rossa, in cui mi confermava che per lui la nostra mente non ha fondamenti fisici, linguistici, ideologici, psicologici, ma "poetici".

Lo incontrai di persona la prima volta al Salone del libro di Torino, in occasione di un convegno sul Mito organizzato da Mario Baudino. Volle leggere il mio intervento la sera prima. Quando me lo restituì, mi chiese con un sorriso dove diavolo avevo pescato il saggio di Murray Stein, *In Midlife*, in cui si parla di Ermes. In effetti, esiste una specie di "Cerchia del Mito", ed è grazie a questa che lo avevo avuto, da una studiosa mia amica, Anna Meda, che insegna in Sudafrica. Molti anni dopo, Silvia Ronchey, autrice di diverse preziose conversazioni con Hillman, mi mandò una foto dei libri sul comodino di Hillman negli ultimi mesi della sua vita: c'era una copia del mio *The Ocean and the Boy*, l'edizione americana dell'*Oceano e il Ragazzo*, con la prefazione di Italo Calvino.

Questo libro è anche dedicato alla memoria di Calvino, in segno di riconoscenza. E con un affetto che dal tempo breve della nostra amicizia è cresciuto, invece di attenuarsi.

Non ci incontrammo mai in Liguria, anche se credo che le nostre comuni origini nella Riviera di Ponente (come il nostro amore di viaggiatori per la Francia e gli Stati Uniti) non siano state estranee al rapporto che si stabilì tra noi. Lo incontravo a Castiglione della Pescaia, insieme a Pietro Citati, e a Roma, nella sua casa vicino al Pantheon.

Non so, nessuno può sapere, come si sarebbe evoluto il pensiero di Calvino, dopo che nelle *Lezioni americane* – il cui manoscritto ebbi l'onore di avere in lettura – indicò in Mercurio e Vulcano i due poli della sua mente. E non so se, dopo la sintonia "quasi soprannaturale" (così la definì con sublime ironia nella dedica che mi fece su una copia di *Palomar*) tra la sua e la mia descrizione degli amori di due tartarughe, si sarebbero manifestate altre sintonie tra noi. Ma mi piace sempre pensare di sì.

PARTE PRIMA

Mito e anima

Quasi una introduzione

Fu mio padre, Francesco Conte (1920-1986), che mi spiegò il significato dell'affresco di argomento mitologico dipinto su un tondo nel soffitto della camera dove dormivo, in quello sconfinato e decaduto appartamento dove passai l'infanzia nel piccolo paese ligure di Porto Maurizio. Papà veniva dalla Sicilia, aveva fatto studi classici, da cui i parenti liguri si erano tutti tenuti rigorosamente lontani.

L'affresco rappresentava il carro di Elio, dio del Sole, trainato da due cavalli che scalpitavano tra le nuvole e schiumavano fuoco dalle froge. Alla guida del carro, ma ormai incapace di governarlo, c'era il giovane auriga Fetonte. Figlio di Elio, quel giorno aveva a tutti i costi voluto sostituire il padre, e non aveva seguito i suoi consigli: aveva disobbedito, aveva portato il carro del Sole prima troppo lontano dalla terra, provocando micidiali tempeste di ghiaccio, e poi troppo vicino, facendo scoppiare incendi spaventosi. Ora stava per essere sbalzato rovinosamente a terra, soltanto così il cosmo avrebbe ritrovato il suo ordine. Era una storia che adombrava chissà quali sconvolgimenti cosmici primordiali, e nello stesso tempo l'eterna disobbedienza dei figli al padre.

Anch'io, entrato nella prima giovinezza, mi ribellai al padre, ai padri, alla tradizione della civiltà in cui sono nato. Mi allontanai dal mito per essere contemporaneo. Feci *tabula rasa*. Mi ritrovai vuoto, inerte, incapace di individuare la mia strada e col rischio di dare per sempre il benservito ai miei sogni. Fu la mia breve stagione di nichilismo e di disincanto. Quando riscopersi il mito, o meglio quando il mito rientrò prepotentemente in me a riempire il mio vuoto come per la legge dei vasi comunicanti, più che da quello greco mi sentii affascinato da quello di popoli estinti come gli Aztechi, sconfitti come i Nativi americani, semiscomparsi come i Celti, lontani come gli Indiani seguaci dell'Induismo. L'Europa mi appariva isterilita, senza anima, e io fuggivo sui suoi margini o in altri continenti per ritrovare un'energia spirituale che avevo perduto e che, all'improvviso, la conoscenza e la passione del mito mi restituiva, spazzando via buio, materialismo e appiattimento sul presente.

Viaggiavo moltissimo allora, in cerca dei luoghi dove i miti che più amavo si incarnavano in paesaggi, colori, suoni, luci, memorie, templi, si calavano nella geografia e nella storia. Viaggiavo con un taccuino e una biro. E nient'altro.

Provai nel movimento, nella fuga da me stesso, la felicità della libertà assoluta. Girai le isole Aran a piedi, le Orcadi in bicicletta, affittai una feluca sul Nilo con il suo piccolo equipaggio arabo per arrivare all'isola Elefantina, mi feci scarrozzare in auto per il Tamil Nadu e benedire da un bramino a Kanchipuram. Con una vecchia Dodge dal cambio manuale raggiunsi Taos e la riserva di Taos Pueblo, e mi inoltrai sulle Montagne Rocciose. Allora, una compagnia aerea che non esiste più, la TWA, vendeva biglietti circolari con cui potevi andare da una città all'altra degli Stati Uniti. Mi capitò di spostare le lancette dell'orologio due volte nello stesso giorno, prima in avanti, poi indietro, tanti erano i fusi orari che cambiavo, dalla California al Missouri al New Mexico.

Da quella esperienza nacque *Terre del mito*, la cui prima edizione uscì nel 1991. Avevo incrociato la passione per il mito con quella per il viaggio. Per la fuga da un mondo senza dei in cerca di nuovi dei. La grande malata della nostra civiltà, la natura, mi sembrava che potesse guarire e rinascere soltanto se fosse stata ripopolata da divinità, da un senso nuovo del sacro. Tutto questo lo trovavo nel mito, nei miti del mondo.

Questo libro che ti stai accingendo a leggere, cara lettrice e caro lettore, è nato invece in una condizione quasi innaturale di confinamento, di chiusura forzata nella propria casa e in sé stessi, mentre fuori dilagava una pandemia sconosciuta provocando morte, angoscia e paura. In questa condizione nuova, oppressiva, piena di ombre, diventava per me necessario ritornare alle origini, al mito che ha impresso per primo le sue figure nella mia immaginazione e nella mia anima e che ha nutrito di sé per secoli e secoli la civiltà in cui sono nato.

Sentivo che dovevo tornare al bambino che a sei o sette anni ascoltava il padre parlargli del carro del Sole e di Fetonte, che si impauriva guardando dal basso, la nuca calcata contro il cuscino, quegli zoccoli, quelle criniere, quelle froge di fuoco, e forse intuiva già quanto è difficile seguire senza danno i propri desideri. Dovevo tornare allo studente che, a undici anni, aprì per la prima volta l'*Iliade* di Omero e si innamorò perdutamente di Achille, e manifestò la sua avversione profonda, viscerale per Agamennone, non senza percepirne il fascino malvagio e funesto. Né Ulisse né tanto meno Enea mi attrassero poi così tanto.

Mentre scrivevo questo libro, il mito mi mostrava sempre di più il suo nesso inscindibile con l'anima. Con l'anima di ognuno di noi, sbandati in questo XXI secolo che, dopo aver portato il più massiccio attacco alla natura, avvelenato l'aria, "implasticato" il mare, bruciato le foreste, sciolto i ghiacciai, sconvolto il clima, sembra in parallelo voler abolire ogni umanesimo, e la stessa essenza dell'umano a vantaggio di una realtà la cui scala di valori mette al primo posto assoluto la tecnica, l'economia, la finanza, il profitto a ogni costo: producendo zombie, schiavi, uomini-macchine, masse falcidiate dalla povertà, dall'infelicità e dall'insensatezza.

Tuttavia, per quanto sotto attacco proprio come la natura, per quanto buio inquinante possa essere entrato dentro di lei, l'anima è ancora viva: e con lei le sue pulsioni, passioni, stimoli, memorie, desideri. Ho trovato che Dante, l'erede cristiano e visionario di Omero e Virgilio, nel canto XXXIII del *Paradiso* li chiama, con un'espressione che mi ha tanto colpito e che ho adottato, "i movimenti umani". E a tutti questi movimenti umani, essenza del nostro sentire e del nostro vivere, il mito greco, cui Dante tramite Virgilio e Ovidio si rivolge più spesso di quello che in genere si pensi, dà il nome di dee e dei, di eroine ed eroi, e anche di mostri, talvolta.

La mappatura delle figure del mito greco mi diventava man mano una mappatura dell'anima dell'uomo, che vale ancora oggi, in particolare per l'uomo dell'unica civiltà sul pianeta che ha messo al proprio centro l'individuo e la libertà, e il cui immaginario affonda le sue radici nel mito greco, ancor prima che nella Bibbia e nel Cristianesimo. Nel politeismo dei desideri e della natura prima che nel monoteismo della legge e dell'etica.

Da lì, l'idea che le componenti mitiche della nostra anima, quelle che determinano il livello emozionale della nostra esistenza, possano essere oggetto di una "manutenzione", cioè di una serie di operazioni che la mantengano "in buono stato". E l'idea di offrire anche una serie di massime, ispirate da quelle di La Rochefoucauld, da quelle di Goethe e infine dai *Frammenti di un Vangelo apocrifo* di Borges, per una manutenzione quotidiana, dal mattino al pieno della notte.

Il mito è una sorgente di energia potente, pervasiva, che non smette di scorrere. E mentre ci parla della nostra anima, ci parla del nostro destino.

Ho ritrovato tra le pagine di un volume la dedica con cui per il mio sedicesimo onomastico, nel 1962, mio padre accompagnò il dono di una Olivetti Lettera 22. Quello che mi ha commosso è stato rivedere che la dedica, battuta a macchina su un foglio quasi trasparente, è in versi, con termini arcaici, che sembrano prelevati dalla traduzione dell'*Iliade* di Vincenzo Monti: "merto", merito; "lauro", alloro, gloria poetica. Povero papà, lui che era un uomo d'azione e di comando ebbe la generosità di augurare a me, in versi rimati, un futuro di scrittore.

Non esistono più né il merito né la gloria. Ma esiste la fedeltà alla scrittura, la passione per la letteratura, il mito strano e fatale di chi dedica a lei tutta la vita, passando da una Olivetti Lettera 22 di quasi sessant'anni fa a questo pc su cui sto scrivendo ora, in un esilio fatto in egual misura di sofferenza profonda e di gioia indicibile, di sfida e di accettazione di un destino.

In principio era il mito, e c'è ancora

Cara lettrice e caro lettore, il mito, che a uno sguardo superficiale può apparire un insieme lontano, astratto, antico di belle o sanguinose favole, parla ancora di noi oggi. In realtà è dentro di noi, anche se conficcato in zone del nostro essere nascoste al sapere contemporaneo, alla scienza, alla tecnica, alla medicina. È la parte di noi che rimane in ombra. È un regno di ombre esiliate ma mai scomparse, popolato da dee meravigliose, da eroi generosi, ma anche da mostri feroci. È in questo regno che ci inoltreremo, pagina dopo pagina.

Nel linguaggio corrente, cara lettrice e caro lettore, avrai sentito il termine "mito" ricorrere per indicare qualcosa di impossibile, di falso, di inutile e contrario alla ragione, una specie di futile e vana utopia. Ma oggi più spesso, viene usato per designare personaggi dello *star system,* cantanti, attori, calciatori, o oggetti di grande pregio costosi e irraggiungibili ai più.

I grandi interpreti dei film hollywoodiani o anche dei tempi d'oro di Cinecittà erano detti "divi" o "dive", termini che sono la forma arcaica e letteraria di dei e dee, o semplicemente "star", stelle, alludendo non so se consapevolmente all'esito di tante avventure mitologiche in cui alla fine eroine ed eroi vengono trasformati in astri e costellazioni nel firmamento. La consacrazione per una star americana o internazionale è ancora oggi finire con una stella rosa corallo, orlata di ottone, nella Walk of Fame di Hollywood.

In qualche caso, la morte prematura e drammatica, violenta, misteriosa, ha contribuito in maniera decisiva a rafforzare il carattere mitico assunto da alcuni personaggi. Penso ad esempio a James Dean, che interpretò un nuovo modo di essere giovani in *Rebels without a cause*, "Ribelli senza un motivo", titolo originale di *Gioventù bruciata*, il film di Nicholas Ray del 1955, appena prima dell'esplodere della Beat Generation e del fenomeno degli hippy, con i quali la ribellione delle nuove generazioni avrebbe preso voce e senso.

Penso a Marilyn Monroe, che tutti gli adolescenti della mia generazione sul pianeta ebbero come fidanzata e innocente sogno erotico. E che finì da sola in una camera della sua casa a Los Angeles, aggrappandosi invano al telefono per una parola di conforto e di amore, inghiottendo una dose fatale di barbiturici (o vittima, si vociferò anche, di qualche vile, impietoso complotto). Chi non ha mai sentito definire un mito Pelé o Diego Armando Maradona, di cui i tifosi hanno persino visto apparizioni in cielo, dopo la morte?

Un mito: qualcosa che eccelle e che appare come sogno irraggiungibile. Non soltanto un supereroe o un superprotagonista del mondo dei media, ma anche una Rolls Royce, una Ferrari, un abito di Chanel, di Valentino, un Glenfiddich del 1937, un Luis Roederer Cristal Brut del 1990.

Avrai capito subito, cara lettrice e caro lettore che hai appena aperto questo libro e ti appresti a viaggiare nelle sue pagine, che qui sentirai parlare di mito in un senso molto diverso.

Il mito ti apparirà come una *forma di conoscenza*, un grande apparato di sapere preistorico e immaginoso che riguarda le origini del cosmo, della natura, dell'uomo. Che ti racconta, in grandi storie simboliche, piene di meraviglia e anche di orrore, come si è formato dal Caos l'universo, quali sono le correnti di energia vitale che percorrono il mare, l'erba, gli alberi, le foreste, quali modelli divini si affollano nel tuo essere, e presiedono ai tuoi desideri, alle tue pulsioni, ai tuoi stimoli segreti, a tutto ciò che la tua ragione non controlla e non spiega.

Può essere degradato, questo sì. Il mito autentico, il suo potere, può essere ridotto a puro consumo, può essere mistificato e avvilito nella banalità del quotidiano, nella pubblicità, può essere mercificato e avere un prezzo, come tutto nell'era del dominio assoluto della ragione economica. Ma non può essere distrutto. Resiste al fondo di noi stessi, come un bisogno atavico, incancellabile. Come un insetto preistorico incastonato nell'ambra.

Per esempio: sappiamo che una vacanza nelle isole tropicali oggi è fatta essenzialmente e banalmente di abbronzatura, beach volley, buffet in riva al mare: è innegabile che sia così. Ma non tutti sanno che il desiderio di un viaggio in un'isola lontana è il residuato in noi di quel mito che mostra l'essere umano in navigazione verso la scoperta o il ritrovamento di luoghi edenici, isole fatate abitate da ninfe come Calipso, rigogliose di fiori dai mille colori e di alberi dai rami d'argento, dove si trovano le fonti dell'eterna giovinezza.

Un concerto rock, quando richiama un numero esorbitante di adepti intorno al loro idolo, in sintonia ritmica e fisica con lui – come i tre milioni e mezzo che a Capodanno del 1994 assistettero al concerto di Rod Stewart sulla spiaggia di Rio de Janeiro – è il residuato in noi del bisogno di dimenticarsi, di uscire da noi stessi in una ebbrezza estatica condivisa che porta il nome di Dioniso.

Lo stesso affermarsi della comunicazione elettronica, il web, i social con il loro chiacchiericcio e le loro ombre, la loro velocità istantanea e la loro virtualità incorporea, il loro poter mettere in contatto con un clic persone fisicamente lontane sullo schermo di un pc o di un cellulare, risponde sicuramente a un bisogno dell'uomo che ha radici mitiche nel dio Ermes, il messaggero con le ali ai piedi, l'ambasciatore principale del sommo Zeus ma anche il protettore dei lestofanti e dei ladri, la figura del mito greco più vicina agli umani, quella che fa da collegamento tra loro e gli dei, che appare e scompare a suo piacimento, mediatore tra il visibile e l'invisibile, tra il corporeo e l'incorporeo.

Possiamo interpretarlo male, falsarlo, renderlo stupido e stucchevole, ma non ci liberiamo del mito. Perché noi *viviamo* il mito. Cominciamo subito, da ragazzi, quando abbiamo più fame di modelli e di eroi. Ci proiettiamo in desideri e tendiamo a identificarci in figure che, quando ero io un ragazzo, potevano essere personaggi dei fumetti (io adoravo Liberty Kid, dell«Intrepido»), del cinema, dei libri, dello sport; oggi sono più spesso, ma non sempre per fortuna, tipi alla moda: calciatori alla moda anche loro, astutissimi influencer, chef più o meno stellati e i più gettonati personaggi televisivi o dei social.

Abbiamo tutti seguito più di una volta miti non autentici ma indotti, elaborati artificialmente e inoculati in noi come virus, frutto di abili operazioni di marketing e di pubblicità. Ma la nostra fame è vera. E noi abbiamo la possibilità di andare oltre l'universo dell'inautentico sin da subito, ascoltando le nostre pulsioni più profonde, dando spazio ai nostri sogni più necessari.

Oggi io non mi sento di giudicare totalmente falsi i miei miti di ragazzo. E voi? Ogni generazione ha i suoi "divi", e io mi rendo conto che i miei di allora rispondevano a diverse esigenze del mio essere giovane e in divenire: in ognuno di essi, senza che lo sapessi allora minimamente, agiva una antica divinità, un antico eroe della Grecia: in Marilyn, che era per me l'innocenza dell'eros, parlava Afrodite; in Marlon Brando, che per me era la bellezza della ribellione, agiva un Prometeo liberato; in Cary Grant, l'eleganza della leggerezza, volava Ermes; in Gigi Riva, il "rombo di tuono", nel suo coraggio del sacrificio e della sfida c'era Achille; in Louis Armstrong, per me precocissimo appassionato di jazz c'era tutta la follia gioiosa della musica, uno strepitoso Dioniso.

Il mito è onnipresente, dal mito non si esce, anche quando si crede di esserne molto lontani.

All'inizio della nostra civiltà, tutto era mito, tutto era simbolo, il linguaggio degli uomini era intriso di metafore poetiche e di significati divini. E tutto era sacro: il cosmo, la natura, l'essere umano. Fu l'epoca delle grandi epopee. Il commercio tra gli dei e gli uomini era continuo. Il pensiero, in sintonia con i sensi, non poneva ancora nessuna barriera tra i diversi stati dell'essere.

È l'età degli dei descritta da Giambattista Vico nella *Scienza Nuova*, l'età primitiva, barbarica, fondativa, quando tutto assume la dimensione della fantasia e della poesia, esprimendosi attraverso la metafora: la fanciullezza del genere umano, di cui ognuno di noi porta una traccia in sé durante la propria prima personale fanciullezza.

Omero ci descrive questo mondo nell'*Iliade*, l'immenso affresco grondante oro e sangue, valore e crudeltà, desiderio e pietà, di una realtà che vive in simbiosi con la divinità e con il mistero delle proprie origini.

Lo smantellamento di questo approccio mitico al mondo è stato un processo lungo e difficile. In Grecia, al sopraggiungere dei nuovi saperi, quelli della storiografia e della filosofia, che scelsero di esprimersi in prosa, quando da Omero e Saffo, Esiodo e Alceo si passò a Erodoto e Tucidide, a Platone e Aristotele, lo spazio del mito si restrinse ma non si chiuse: fu come se i nuovi saperi lo volessero recintare, assegnandogli in dote tutto quello che, per loro, era da neutralizzare e in qualche caso da respingere: la passione, la finzione, gli impulsi, il senso del tragico e del mistero, il gusto della meraviglia, la sensibilità magica, la visionarietà, l'incanto, il sacro.

Tuttavia, chi prese le prime posizioni contro il mito ne conservò in parte dentro di sé il gusto e la forza affabulante: basti pensare a certe pagine di Platone, al mito di Atlantide formulato nei suoi dialoghi *Timeo* e *Crizia*, che tanta eco ha avuto nella cultura e nell'immaginazione occidentale sino ai nostri giorni; o a quello della biga alata e dell'auriga nel *Fedro,* insuperabile descrizione simbolica dell'anima umana. Oppure a certe pagine delle *Storie* di Erodoto, e io penso sempre a quelle del libro che racconta il suo viaggio in Egitto, scritto capitale ancora oggi per chi si muove sulle tracce del mito.

Il Medioevo, nonostante il Cristianesimo avesse detronizzato e demonizzato gli antichi dei, non rinnegò lo sguardo mitico sulla realtà. Ne è prova la forza visionaria della *Commedia* di Dante, l'"Omero toscano" secondo Vico, con il ricorrere di figure del mito greco nel poema stesso: ho voluto contarle, e sono ben 78 nell'*Inferno*, 70 nel *Purgatorio* e, al contrario di quanto mi aspettavo, non diminuiscono neppure troppo nel *Paradiso*, dove sono 54.

Il mito ebbe la parte decisiva che tutti sappiamo nell'Umanesimo e nel Rinascimento, nei suoi pensatori e nei suoi artisti. La

Grecia si trasferiva in Toscana: Diana, Bacco, Arianna sfilavano sulle rive dell'Arno.

L'incantamento del mondo fu rotto, e il mito fu bandito o ridotto a semplice decorazione dall'avvento della scienza: è stata la scienza moderna a sferrare il colpo più forte. Da quando si disse che il libro della natura è scritto in caratteri matematici, da quando astrazioni e leggi divennero dominanti nel pensiero a dispetto della brulicante energia organica delle cose, e tra materia e spirito venne frapposta una barriera invalicabile, da allora si avviò un colossale processo di demitizzazione, che andò di pari passo con l'industrializzazione e il capillare dominio della tecnica, e con la conseguente desacralizzazione del mondo e di noi stessi, compreso l'attacco alla natura di cui oggi vediamo i risultati.

Nel XX secolo, in particolare dopo le immani tragedie della Seconda guerra mondiale, molti intellettuali hanno combattuto il mito come un aspetto dell'irrazionale, in nome di una ragione vissuta soprattutto come ideologia, in un clamoroso appiattimento dell'esperienza vitale, dell'immaginazione, del sentimento. Una ragione totalitaria che ha criminalizzato il sacro e il mistero, e ha contribuito con la sua freddezza, divenuta utilitarismo e sfruttamento, a ridurre la natura a un magazzino di rifornimenti o a una discarica e gli uomini a pedine in un gioco di cui non sanno le regole, a esseri dimezzati e addomesticati che si muovono senza senso sulla superficie del mondo.

Oggi, nel terzo decennio del XXI secolo, viviamo in una realtà squassata da una crisi ecologica che mette in pericolo la sopravvivenza del pianeta stesso, da pandemie aggressive e globali che modificano e imprigionano le nostre esistenze come mai si era visto, da diseguaglianze economiche abissali tra popoli e singoli individui: una realtà in cui sono crollate le vecchie ideologie salvifiche, si è ridotta la presenza del Cristianesimo a fronte del primato della ragione economica del profitto e del denaro. Sono azzerate tutte le utopie.

In questo vuoto, il mito, che non è contro la scienza, né contro la storia, né contro la filosofia ma viene "prima" di ciascuna di esse, torna a mostrarsi essenzialmente per quello che è: quella forma di conoscenza che esprime il bisogno impellente di un nuovo Umanesimo, di una nuova bellezza, di una nuova concezione sacrale della persona umana, e di nuovi assetti del pensiero. Torna a parlare agli uomini con il suo "racconto" e il suo sapere delle origini, che si pone eterne domande sui primi perché, e sui perché dimenticati di oggi, sul continuo mistero abissale della nostra vita e della vita dell'universo.

Come suggerisce il termine greco *mythos*, il mito è innanzi tutto "racconto", fuori dal tempo e dallo spazio, che nelle storie di dee e dei, eroine ed eroi ci mostra i temi originari, fondamentali ed eterni della natura e del nostro essere. Così potrà forse riprendere i suoi spazi e rivendicare la sua autenticità, in quanto soffio vitale, interprete ultimo del cosmo, energia interna alla natura e a ogni umana pulsione e passione. Joseph Campbell, il grande studioso di mitologia comparata che fu vicino a George Lucas mentre creava *Guerre stellari* (ovvero mitologia nello spazio), lo ha chiamato per questo "il Canto dell'Universo".

Si capirà che il mito è la metafora di ciò che sta dietro il mondo visibile, la corrente di energia che abita il nostro essere più nascosto e che nello stesso tempo, nei suoi movimenti, ci mostra la strada verso gli ideali, la bellezza, il sacro. Per raggiungere un più alto livello di sapienza e di esperienza spirituale.

Il mito ci radica alle origini della vita: non a una etnia specifica, a qualcosa di locale e ristretto, a un gruppo umano a sé stante, ma a qualcosa di più antico e comune a tutti gli esseri viventi, alla natura e al pianeta Terra nel suo viaggio nel cosmo. È di questo che abbiamo bisogno, nel XXI secolo.

Non è il fine di questo libro, ma si potrebbe dimostrare che, pur nella sua specificità, il mito greco ha punti di contatto con il mito dei Sumeri, dei Giapponesi, degli Ebrei, degli Indiani, dei Nativi Americani, dei Polinesiani. I miti hanno un moto circolare, mettono in contatto, fanno da ponte tra le civiltà.

Quando qualche ideologia decide di adottare un mito forzandolo a suo uso e consumo, tecnicizzandolo, come nel XX secolo ha fatto il nazismo con il mito nibelungico piegato a una esaltazione della razza ariana e della più brutale volontà di potenza, è allora che il mito diventa fattore di imbarbarimento e di morte e porta alla violenza distruttiva e alla catastrofe. Ma non è il mito in sé colpevole, come molti intellettuali rilevanti nel secolo scorso hanno creduto e molti loro epigoni continuano a credere. Insomma, non è il mito che ha invaso la Polonia. È stata una macchina da guerra in cui il mito venne triturato, brutalizzato, snaturato per asservirlo a fini che con esso non avevano niente a che fare.

Era in principio. Lo scrisse nella sua prosa geometrica Paul Valéry: «Così come l'universo sfugge alla intuizione, allo stesso modo trascende la logica. Quanto alla sua origine, *all'inizio era la favola*. E vi sarà sempre».

E oggi, cara lettrice e caro lettore, il mito c'è ancora. Per raccontare la natura oltraggiata e ferita, il mare avvelenato dalla plastica, il sacro e il divino che vengono man mano cancellati dalla nostra società e dalla nostra anima lasciandovi deserti di insensatezza e di infelicità, niente è più efficace che ricorrere agli dei e agli eroi del mito, che ripopolare di Ninfe i boschi, di Nereidi e Oceanine gli oceani, di dignità sacrale il nostro essere sulla terra.

Non finirà, come non finirà la poesia, e quel senso sospeso di meraviglia e di incanto che ci coglie ancora all'improvviso di fronte alle liste parallele di luce che si proiettano sul soffitto della nostra camera e ci dicono che sta arrivando da chissà dove un'alba.

Anche in questo inverno di confinamento, isolamento, paura,

sospetto, la piccola mimosa che ho voluto nel giardino del palazzo dove vivo ha messo i primi piccoli fiori, quasi impauriti di venire alla luce. Sono andato più volte a toccarli, a tenerli tra le mie dita. Erano come grani di sole carezzati dal vento. E io vi aggiungevo la mia carezza. Stanco di distanziamenti, di web e di immagini virtuali. Il mito era lì, in quel baluginare dorato di vita che ritorna.

Da dove non sappiamo. A meno che non pensiamo ad Afrodite, che ama tutto quello che fiorisce, e a Persefone, che al momento giusto, al primo accenno di primavera, sale su dal regno delle ombre.

Dal caos allo splendore dell'Olimpo

In questo libro, le divinità di cui insieme scopriremo profili, caratteri, avventure sono quelle che vivono nello splendore dell'Olimpo, come le eroine e gli eroi, e persino i mostri, sono quelli che animano la poesia epica e drammatica, da Omero a Euripide. Ma per arrivare al mondo olimpico, alla sua equilibrata luminosità fuori del tempo, non priva di residui di epoche barbare, di zone d'ombra e di follia, c'è voluto un percorso di cui sarebbe inutile tentare di dire la durata e l'estensione nello spazio.

Secondo la *Teogonia* di Esiodo, il poeta che racconta la genealogia degli dei dalle origini sanguinose sino allo stabilirsi del regno olimpico di Zeus, il primo a nascere è il Caos. Non dimentichiamolo mai: c'è l'indistinto, l'informe, il non nominabile, il buio prima della forma e della luce.

Il cosmo come lo conosciamo noi nasce da una caotica esplosione di luce. Soltanto dopo nasce Gaia, la Terra. E da Gaia, per la prima forma di partenogenesi, di nascita senza accoppiamento che incontriamo nel mito, nasce Urano, il Cielo.

Subito dopo, eccoci anche di fronte al primo incesto divino.

Urano in amore circonda Gaia e la penetra con una terribile continuità. La preme senza soste, la sottopone alla sua voglia inesauribile: e, geloso dei figli che genera, non ammette che escano dal suo grembo. Li chiude lì, una folla di Titani e Giganti, che pesano dentro Gaia, che non può sgravarsi né allattare. Urano pretende che Gaia non si moltiplichi, che la terra non si differenzi e non si popoli.

A quali oscuri sconvolgimenti cosmici possono alludere simili miti? A quale fase nello sviluppo delle nebulose e delle galassie? Forse ci parlano di un magma che non si può differenziare e non può prendere forma, di una materia nera che assorbe anche la luce, di una forza misteriosa, il soffio che spinge verso la vita e che deve combattere per affermarsi.

Qualcosa è rimasto nella memoria della specie, nella memoria della cellula, a tener vivo il tempo delle origini, quando soli, pianeti, satelliti non avevano ancora l'ordine in cui li conosciamo e il principio della vita organica premeva per uscire dall'ammasso inorganico di materia. Certo è che un mito simile a quello di Gaia e Urano lo troviamo all'altro capo del mondo, in Polinesia, con la storia di Rangi e Papa, il cielo e la terra, che vivono come incollati l'uno all'altra senza che Papa possa partorire nessun figlio, sinché il dio degli alberi, Tane, non si frappone e non li separa erigendo tra loro una barriera di tronchi e di rami frondosi.

Il mito greco è più sanguinario e feroce di quello polinesiano. Per liberare i figli rimasti sepolti nel grembo di Gaia occorre un delitto cosmico. Gaia forgia una falce di metallo lucente, e induce il più astuto tra i suoi figli, Crono – "scaltroconsiglio" per Cesare Pavese nella sua traduzione della *Teogonia* – a usarla contro il padre. Siamo alla prima manifestazione di parricidio rituale, e di alleanza tra il figlio e la madre al fine di compierlo e mandarlo a buon fine.

Crono si apposta di notte con la falce nella mano destra e, quando Urano si china con il suo corpo ribollente di desiderio su quello di Gaia, sferra il colpo mortale. Mira in basso, evira il padre, gli toglie la possibilità di generare e di godere. Ne fa decadere il potere per sempre. I figli di Gaia vengono alla luce. Il membro di Urano è gettato in mare. Galleggia portato da onde e correnti. Dal suo sperma nascono infiorescenze di schiuma, e dalla schiuma una ragazza bellissima che va per il mare sino all'approdo di Cipro, accolta e rivestita lì dalle Ore: questa ragazza è Afrodite, Venere, che sottrarrà l'amore alla brutalità e alla violenza connettendolo con la bellezza, la grazia, il piacere, la rifioritura primaverile.

Crono instaura il suo regno, un'età di pace e di abbondanza, in cui stilla miele dalla corteccia degli alberi. Sposa Rea, e si ripete ciò che era accaduto tra il padre evirato e defenestrato, Urano, e Gaia. Anche Crono non accetta che i figli che genera vedano la luce: Estia, Demetra, Era, Ades, Poseidone vengono non risospinti nel grembo materno, come aveva fatto Urano, ma ingoiati da Crono stesso, chiusi nel buio delle sue viscere.

Ancora una volta è l'alleanza tra madre e figlio che ristabilisce l'ordine delle cose, ancora una volta occorrono astuzia, prontezza, coraggio. Rea non mostra al marito Crono l'ultimo suo nato, Zeus. Ricopre di un panno una pietra, e offre quella, come fosse un infante in fasce, all'ingordo Crono, che la inghiottisce senza sospetto.

Il piccolo Zeus, prima apparizione dell'archetipo del bambino divino che ha così grande parte nei miti di tutto il mondo, è portato a Creta, nascosto in una grotta tra le montagne, e lì, allattato dalla capra Amaltea, cresce sinché è un giovinetto, quando viene richiamato da Rea sua madre e fatto assumere come coppiere dell'ignaro Crono.

Zeus mescola all'idromele del padre sostanze emetiche, e Crono vomita la pietra per prima, e poi via via i figli di Rea che aveva tenuti nascosti dentro di sé. E Zeus, una volta liberati i suoi fratelli e vinta la battaglia contro i Titani alleati e ultimi sostenitori di Crono, si insedia come dio supremo, detentore del fulmine, sull'Olimpo. Il suo regno è cielo e luce. Il mare toccherà a suo fratello Poseidone. L'Aldilà, il regno dei morti, a suo fratello Ades. Era diverrà la sua sposa. Estia la dea del focolare. Demetra la dea della vegetazione e delle messi.

Dagli amori di queste prime divinità olimpiche, amori incestuosi e adulterini, nascono tutti gli altri dei: da Apollo e Artemide a Ermes e Efesto, a parte Atena che, come dea della sapienza, è generata senza amplesso dal padre Zeus, direttamente dalla sua testa.

Il libro che stai leggendo, cara lettrice e caro lettore, prende in considerazione questo pacificato, anche se complesso e multiforme, pantheon olimpico. Questo approdo nello splendore divino del Caos delle origini.

Le vicende genealogiche che portano dal Caos e da Gaia e Urano a Crono e a Zeus richiamano eventi cosmici piuttosto che psicologici e individuali. È con gli dei olimpici, con il loro nuovo ordine plurale e naturale, che il mito si connette alla vita di noi singoli mortali, interviene in essa e la ridisegna.

La regia di Pallade Atena

Per i Greci il divino si rivela non nel dominio della realtà, ma nelle forme medesime della realtà naturale. I loro dei non sono giudici, non fanno miracoli, non stabiliscono nessuna legge che si erga in assoluto al di sopra della natura. Non ci dicono cosa dobbiamo fare, ma che cosa siamo e che cosa desideriamo. Vivono in una sintonia totale con la realtà delle cose, mostrando un esempio felice di unità tra corpo e spirito.

Come vide il genio di Goethe, e come conferma Walter Friedrich Otto, lo studioso che ha scritto il libro fondamentale per capire gli dei della Grecia, i Greci "non umanizzano gli dei, ma divinizzano l'essere umano". Il loro politeismo è un ampio paradigma dell'essenza divina dell'uomo.

Fuori dall'Olimpo, restano forze irriducibili alla misura umana: Oceano, il mare, Elio, il sole, e il Fato, la parte in negativo dell'essere, quella che ha potere sulla decadenza e la morte. Possono comparirci in sogno, testimonianze delle nostre origini dal Caos primordiale.

Tutte le altre divinità, le dee e gli dei dell'Olimpo, sono commisurabili all'uomo, e con le loro forme e le loro storie mostrano l'essenza dei nostri processi psichici. Abitano l'Olimpo, ma visitano continuamente gli esseri umani, si direbbe che risiedano dentro di loro, determinando e cambiando il corso delle loro vite.

Gli esempi sono innumerevoli. Ne scelgo due, uno nell'*Iliade* e uno nell'*Odissea*, due episodi di cui il primo ha come protagonista decisiva Pallade Atena, di cui dovrò presto parlare come dea della saggezza strategica e costruttiva, e il secondo si svolge interamente sotto la sua regia.

Sin dal primo libro dell'*Iliade*, il cui sottotitolo non originale è "La pestilenza, l'ira", le dee e gli dei si affollano.

Apollo compare subito, in un'immagine di potenza funesta e vendicatrice, come arciere che scende dall'Olimpo simile alla notte e che miete vittime nel campo degli Achei, diffondendovi una pestilenza mortale.

È allora che Era dalle candide braccia, preoccupata per le condizioni dei Greci, suggerisce ad Achille di chiedere la convocazione di un'assemblea degli Achei dove discutere il da farsi.

Achille promette protezione a Calcante, l'indovino. E Calcante svela la ragione dell'ira di Apollo: è stato offeso Crise, un suo sacerdote, cui Agamennone, il Signore di uomini, il più potente degli Achei, non ha voluto restituire la figlia Criseide, presa come bottino e ormai sua schiava. Tra Agamennone, il maturo e tracotante Signore di uomini, e Achille, il giovane eroe invitto, scoppia una lite furibonda a proposito della divisione del bottino di guerra, dal momento che Agamennone, se deve restituire Criseide per placare Apollo l'arciere, vuole in cambio altri doni e, visto che Achille osa prendere la parola contro di lui, sarà proprio la schiava di Achille, Briseide, a compensarlo di Criseide perduta.

Mandata da Era dalle candide braccia, sarà allora proprio Atena dagli occhi azzurri (glaucopide) a compiere l'intervento risolutivo: quando Achille sta per mettere la mano sull'elsa della spada, lo raggiunge e lo acciuffa da dietro per i capelli e gli parla, lo induce a calmarsi, lo dissuade dal seguire il suo istinto di colpire e uccidere Agamennone. Lo incita, lei che un giorno farà nascere e proteggerà la democrazia ateniese, a contendere con il suo avversario non con la spada ma con il linguaggio, trasferendo in esso tutta la sua *vis* polemica.

È sintomatico, forse, che sin dal primo canto del primo poema d'Occidente compaia la pestilenza. Noi lo sappiamo bene, dopo la pandemia del 2020 che ha messo in ginocchio l'umanità, come sia causata alla fine dall'arroganza sacrilega dell'uomo contro l'equilibrio della natura. E compaiono anche l'ira e il sentimento di ribellione contro l'ingiustizia che, a conti fatti, è sin dall'inizio di ordine economico. In fondo Agamennone pretende di bilanciare una perdita, Criseide, con un nuovo acquisto, sottraendo Briseide a chi la possedeva dopo una giusta divisione del bottino (ripugnante è ai nostri occhi che comprendesse anche schiave e schiavi), ma aveva osato alzare la sua voce contro di lui, dissentire. E mostra come ingiustizia economica, repressione del dissenso, arroganza siano il volto originario e ricorrente del potere.

La reazione di Achille, placato da Atena, è commovente. Se ne va a piangere da solo in riva al mare, e ad invocare la madre, che è la figlia del Vecchio del mare, una divinità antichissima, e che ha un rapporto di confidenza affettuosa con il sommo Zeus.

Il grande eroe, il più forte in combattimento tra tutti i Greci, si comporta come un qualunque adolescente ferito, che va a chiedere consolazione all'unico essere al mondo da cui tutti abbiamo sempre la certezza di essere ascoltati e protetti.

Entra quindi in scena un'altra divinità, Teti, la sposa di Peleo, la madre. Non soltanto conforta il figlio, sale all'Olimpo a chiedere a Zeus giustizia per lui. Gli abbraccia le ginocchia, gli parla con complicità: Zeus deve guardarsi dall'umanissima gelosia di Era, sempre pronta alle baruffe con lui.

L'ultima divinità che appare nel canto è Efesto, il dio del fuoco, il dio fabbro zoppo e storto, forse nano, che mette pace tra Zeus ed Era con parole ragionevoli, semplici, da artigiano, e poi si affanna da un capo all'altro del palazzo sull'Olimpo per versare da bere nelle coppe degli dei, destando in loro un'irrefrenabile ilarità.

Un canto, cominciato in terra con un dio che produce strazio e lutti tra gli uomini, termina in cielo con una risata corale e liberatoria tra gli dei. Cos'è accaduto? Gli dei intervengono nell'anima degli uomini, ne divinizzano pulsioni, si comportano come loro, hanno le loro debolezze – rabbia, ribellione, gelosia, furore – ma sanno placare tutto in uno sguardo superiore, olimpico si dice ancora adesso, che si distacca dalle passioni e ride della loro vanità.

Le dee, Era dalle candide braccia, Atena dagli occhi azzurri, e Teti la figlia del Vecchio del mare, guidano e proteggono il giovane Achille. Soltanto di fronte alla minaccia del Fato che pesa su di lui non potranno intervenire.

Nel canto VI dell'*Odissea*, quello incantevole dell'incontro tra Ulisse e Nausicaa, è Pallade Atena dagli occhi lucenti che parla alla principessa dei Feaci, o forse le appare in sogno, e la induce ad andare in riva al mare con le ancelle a lavare i panni: vesti, pepli, mantelli stupendi. Nausicaa parte su un carro trainato da mule e con tutte le sue ancelle. Portano con sé vivande, carne e un otre di pelle di capra pieno di vino.

Terminato di lavare e di mangiare, Nausicaa e le ancelle iniziano a giocare a palla. Nausicaa assomiglia ad Artemide quando se ne va tra i boschi con il suo arco a giocare con le Ninfe, e sua madre Latona gioisce guardandola.

La palla finisce in acqua, le ragazze urlano, a quell'urlo Atena fa risvegliare Ulisse che è finito, dopo un naufragio terribile, privo di sensi su quella riva. Quando l'eroe compare nudo e pieno di fango, tutte le ancelle fuggono: rimane soltanto Nausicaa, grazie al coraggio che le infonde Atena, che è dea del coraggio oltre che della saggezza.

Ulisse vede Nausicaa e la prima domanda che si pone è se si trova davanti a una dea, tanta è la bellezza: gli ricorda Artemide, o una palma svettante vicino al tempio di Apollo nell'isola di Delo. Nausicaa vede Ulisse come un infelice arrivato su quelle sponde errando, e pensa di doverne avere cura. Pronuncia parole immortali: «Stranieri e mendicanti vengono tutti da Zeus».

Ma Ulisse, benché nudo e privo di ogni cosa, non è un mendicante. E Atena interviene ancora, questa volta con l'aiuto del solito Efesto, il buon fabbro, pratico e sempre utile al momento giusto: Ulisse viene reso più alto, bello e ricciuto, e così può ripresentarsi a Nausicaa nella sua vera natura di re.

Prima di arrivare nella città dei Feaci per chiedere ospitalità al re, padre di Nausicaa, Ulisse si ferma in un bellissimo boschetto sacro ad Atena, naturalmente. E lì ringrazia e prega la dea che lo ha ascoltato e salvato dalla furia e dall'ira di Poseidone, che lo ha fatto naufragare.

Ho parlato di regia, perché tutto avviene nei tempi e nei luoghi scelti e scanditi da Atena. Gli altri dei sono qui delle comparse: Artemide, Apollo, la loro madre Latona, Efesto, Poseidone, persino Zeus. Atena, che mescola saggezza, coraggio, industriosità, bellezza casta, più vicina ad Artemide che ad Afrodite, è presente nelle vicende umane più di tante altre divinità, e soprattutto è presente nella nostra anima come momento di luce e salvezza: non c'è naufragio, ira, paura, terrore che Atena non governi con la sua calma e la sua ragione.

Quando pronunciamo il termine "anima"

Bisogna che ora, cara lettrice e caro lettore, ci accordiamo su che cosa intendiamo dire quando pronunciamo il termine "anima". "Anima", in italiano, deriva dalla medesima parola latina, che a sua volta deriva dal termine greco *ànemos*, che significa soffio, vento, e in senso traslato passione sconvolgente, agitazione.

Oggi molti, nel linguaggio corrente, tendono a sostituire il termine anima con "cuore": è una cattiva scelta, perché il cuore, fuor di metafora, è soltanto un muscolo involontario, né più né meno che il pene. Invece, di anima non si può neppure parlare fuor di metafora. Perché l'anima stessa è un simbolo, dunque polivalente, non decifrabile con facilità, con un raggio di significati molto ampi. Anima può voler dire principio vitale, spirito, ombra, abitante dell'Aldilà, identità, io, indole, desiderio, ardore, volontà, proposito, coscienza morale, sentimento, coraggio...

Ma prima di tutto è una forma di energia interna all'essere umano e alla natura che rappresenta il soffio vitale delle origini, quello che fa ruotare i pianeti, battere il cuore, inturgidire il sesso maschile, aprirsi quello femminile. È il motore invisibile, primordiale, che tiene in equilibrio gli elementi contrastanti del cosmo. L'anima soffia nell'erba, negli alberi, nei fiumi, nelle nuvole, nella pioggia, negli animali del mare, del cielo e della terra, e in noi.

L'aggettivo latino di anima è *animalis*, da cui deriva il sostantivo italiano "animale": questo ci dice che l'anima non è di nostra esclusiva proprietà. Anche se soltanto noi abbiamo il linguaggio

– fattore che distingue in maniera decisiva gli esseri umani da tutti gli altri esseri del creato – per raccontarla e indagarne l'essenza.

C'è un bellissimo canto dei Navajos che parla dei piccoli solchi che tutti abbiamo sulla sommità dei polpastrelli di ognuna delle dita. Pare che ogni essere umano abbia i suoi specifici, non eguali a quelli di nessun altro. Per la società di oggi sono le impronte digitali, utili ai controlli, diventati sempre più minuziosi negli aeroporti, ma anche regine delle indagini poliziesche per smascherare i colpevoli, soprattutto prima dell'avvento del DNA. Per i Navajos, quei solchi filiformi, sinusoidali sono le tracce, i sentieri che ha lasciato in noi il Vento delle origini quando soffiò la prima volta e fece nascere la nostra specie sul pianeta. Il Vento delle origini, il Grande spirito, il Soffio primordiale, Dio.

Così l'anima si connette al mito. E il mito, che vive nel linguaggio, ci permette di parlarne.

L'anima non ha un luogo fisico in cui stare, ma per i filosofi presocratici ha a che fare come soffio originario con gli elementi: con l'acqua per Talete, con l'aria per Anassimene, con il fuoco per Eraclito. Ha a che fare con il nostro corpo.

Per Platone, l'anima deve essere raffigurata come "la potenza d'insieme di una pariglia alata e di un auriga". Qualcosa in movimento, difficile e contraddittorio soprattutto per gli umani, il cui carro è trainato da due cavalli di diversa e anzi opposta natura, uno buono e uno cattivo.

Si dice che l'anima si manifesta negli occhi, e indubbiamente gli occhi – arcata sopraciliare, palpebre, globo, iridi, pupille – esprimono i nostri sentimenti a volte in maniera completamente leggibile. Ma l'anima ha anche un'altra porta da cui apparire, ed è la bocca, il rapporto tra il labbro superiore e quello inferiore, il loro protendersi, il loro ritrarsi, il movimento degli angoli delle labbra: anche quelli illustrano le nostre reazioni emotive con innegabile chiarezza. L'anima sta tra il corpo e lo spirito, tra la materia e la luce. È individuale e universale. È il nostro anello di congiunzione con il mare, il sole, il destino. Per questo è apparsa subito infinita. Scrive Eraclito: «Per quanto cammini e percorri tutta la via, non puoi trovare i confini dell'anima». Valeva per i Greci del VI secolo prima di Cristo, e vale oggi per noi.

Ti ho invitato a un viaggio, cara lettrice e caro lettore del XXI secolo, ma non ti ho promesso un punto d'arrivo, una meta certa.

Molti si dimenticano di avere un'anima. Niente di male, è capitato anche a me, tanti anni fa, nel momento più nero della mia esistenza, intorno ai vent'anni – oh sì, bisogna infierire sempre su chi dice che è l'età più bella! – quando, cadute tutte le certezze e i sogni dell'adolescenza, dentro di me e intorno a me non vedevo che nulla, vuoto, insensatezza. E credevo che tutto fosse soltanto materia in evoluzione, che non esistesse altro che il corpo nella sua meccanica ricerca del piacere.

L'anima resiste alla nostra arrogante distrazione e alla nostra inconsapevolezza. C'è. Sta lì ad aspettare che ritorniamo da lei. Per me, il mito è stato la via del ritorno alla natura e all'anima. E mi ha offerto il linguaggio simbolico per raccontarle.

Molti non sanno di averla. Hanno perduto del tutto la capacità di dialogare con l'invisibile e con la profondità di sé stessi. Nella nostra società dominata dall'economia, dalla tecnologia, dalla moda e dai media, per moltissimi diventa difficile pensare a qualcosa di non materiale, di non effimero, e di non negoziabile sul mercato.

Qualcuno la baratta volentieri. La mette in vendita, anche se sa che soltanto uno la può comperare, il Diavolo. Il Maligno. Mefistofele. L'Intelligenza Nichilista. Il Negatore della Vita. È il Diavolo che, come fece con Cristo, tendendo il braccio e l'indice della mano ci mostra dalla cima di un monte tutto il potere e tutta la ricchezza del mondo: sono cose sue, e può darcele, ma in cambio chiede l'anima. Francamente, molti pensano che sia un buon affare. Per magnati e tiranni lo sarà stato? Forse sì, agli occhi delle masse. Ma se hanno vissuto tutta la loro ricchissima e potentissima vita senza anima – senza passione disinteressata, amore vero, autenticità interiore, senso di pietà umana, ricerca della verità –, non sfiora il dubbio che abbiano conosciuto un assaggio del più nero inferno già sulla terra?

Altri credono che l'anima sia un residuo della loro istruzione religiosa al tempo del catechismo. Qualcosa di cui ci si dimentica senza conseguenze, e senza mai più porsi domande su di essa. Io invece ricordo bene il catechismo, persino il volto pio e il nome della signorina che lo insegnava, la signorina Zanetti, che mi istruì per la mia prima Confessione e Comunione. Ma ricordo soprattutto che già allora, a otto anni, quando finivano le sue lezioni e mi trovavo ad attraversare da solo l'ampio spazio bianco e in penombra del duomo di Porto Maurizio – una chiesa in pieno stile neoclassico, la più grande per dimensioni di tutta la Liguria – mi interrogavo con una specie di capogiro su dove era il Dio di cui l'anziana signorina aveva parlato, su come era. Avrei voluto sentirne il soffio sul mio volto, il peso sulle palme delle mani. E alzando gli occhi verso la cupola altissima del duomo, mi sembrava di vederlo balenare in un misterioso monolite color latte, al di sopra della cupola e al di sopra del cielo.

L'anima scorre. È un flusso più che un'entità stabile. Discende da un soffio primordiale, ed è soffio essa stessa. Sospesa tra memoria e desiderio, che sono essenzialmente memoria di vita e desiderio di vita, passato lontanissimo e futuro da scegliere e progettare qui e ora. È la fonte della nostra identità e della nostra vitalità. Fermatevi un istante a riflettere su che cosa è la vitalità. Sembra indefinibile. Ma proviamoci lo stesso. Perché molte delle scelte, delle gioie, dei successi, dei fallimenti, delle sofferenze della nostra esistenza dipendono dal grado in cui la sentiamo. Per me, la vitalità è lo stabilirsi, forse irragionevole, certo inspiegabile, di una improvvisa sintonia tra il corpo e l'anima con la sua inclinazione dominante. Una sintonia che spinge ad andare oltre sé stessi, a osare, a inventare e a costruire un futuro come destino. A mettere in relazione il piano materiale con quello ideale della realtà.

Credo che questa definizione di vitalità valga per un singolo individuo, ma anche per una società, per una civiltà. Quando una civiltà non manifesta più grandi passioni costruttrici, strategiche e utopiche, e non sa più coniugare il suo contenuto materiale, economico, politico, sociale, con un disegno ideale e metafisico vede atrofizzarsi la propria anima sino a deperire e morire. Per inciso, tale a tutti gli effetti sembra oggi la condizione della civiltà dell'Europa.

L'anima, fonte di ogni nostra dignità, ha una sua bellezza incoercibile. Nel Novecento, hanno provato a spegnerla regimi dalla forza brutale come il nazismo e lo stalinismo, producendo oppressione e orrore, sino a quello assoluto dello sterminio di massa, della Shoah. Ma non ci sono riusciti. Nel XXI secolo, senza massacri, senza colpo ferire, ci riuscirà il capitalismo finanziario che domina il mondo e ha una tendenza alla disumanizzazione degli individui ridotti a congegni di una macchina di cui non conoscono il senso e il fine? Spero di no. L'anima resiste ai disegni che la vorrebbero privare della sua autenticità e della sua libertà. Proprio perché scorre, fluisce, non si lascia arpionare. Finché c'è lei, la nostra vita resterà sacra e inviolabile.

Per questo, di fronte a troppi segnali di sistematica distruzione della natura e dell'umano, alle troppe pretese di un materialismo tecnologico di governare il mondo con le sue leggi dell'utile, dell'effimero, del profitto a ogni costo, trovo importante che oggi si rivendichino i "diritti dell'anima". Il primo che ne ha parlato è stato Victor Hugo, l'immenso poeta che non a caso il Novecento ha messo da parte e deriso.

Dati ormai per acquisiti, irrinunciabili e non negoziabili, i diritti civili, frutto delle grandi battaglie dell'Illuminismo, Hugo ha coniato l'espressione di "diritti dell'anima" facendo un entusiasmante passo in avanti rispetto a Voltaire. La libertà, l'eguaglianza, la tolleranza, la giustizia sociale sono i fondamenti della vita pubblica. Ma non bastano. L'anima dell'uomo, e con lei la natura e l'anima del mondo, dice di aver diritto alla bellezza, all'incanto, alla meraviglia, al fantastico, al desiderio di infinito; e al sacro, che niente potrà mai spegnere del tutto; e alla preghiera, che nessuno potrà mai conculcare.

Il testamento che Hugo redasse il 31 agosto 1881, dopo dettagliate disposizioni economiche, termina con queste parole: «Sto per chiudere l'occhio terrestre, ma l'occhio spirituale resterà aperto, più grande che mai. Respingo la preghiera di tutte le chiese. Domando una preghiera a tutte le anime». Pochi anni dopo, sul letto di morte, i medici sentirono Hugo mormorare: «È qui il combattimento del giorno e della notte».

"Qui" dove? Nell'anima, dove tutte le contraddizioni si sommano in questa, fondamentale, decisiva: il buio, la luce. La morte, la vita.

Se infine, dopo averla vista come soffio e nel suo fluire, dovessi scegliere un'immagine plastica per descrivere l'anima, sceglierei quella di una conchiglia. Convessa, quasi attorcigliata su di sé, con una fessura stretta in basso, una bocca, un sesso femminile, da cui, accostandovi l'orecchio, senti provenire inatteso, incredibile, quel fischio oscuro e continuo, sibilo animale e primitivo, che avrà pure una spiegazione scientifica, ma che a me suscita sempre una sensazione arcana: quella di un viaggio a ritroso nel tempo e nello spazio. Verso Poseidone, Proteo, Nereo detto il Vecchio del Mare e Teti sua figlia, e verso Afrodite, che dal mare è venuta a portarci il soffio dell'amore e della bellezza.

In questa conchiglia che è l'anima, soffiano tutti i venti e si affollano tutte le passioni sconvolgenti che agitano l'uomo dall'inizio dei tempi. C'è l'amore e c'è l'odio, c'è la brama di dominio e quella di sapere e di costruire, c'è la pulsione a devastare e distruggere, c'è la dolcezza e c'è l'ira, c'è la bellezza e l'ebbrezza, la mostruosità e la ricerca della luce.

Il mito greco ci dice che ci sono dee e dei, eroine ed eroi, che presiedono e danno un senso a tutto questo fervere, a tutti questi movimenti.

I movimenti umani

"I movimenti umani": così Dante chiama per bocca di san Bernardo di Clairvaux, nella preghiera alla Vergine Maria, l'insieme delle sue passioni terrene. Siamo nel canto XXXIII del *Paradiso,* l'ultimo della *Commedia*: Dante è alla fine del suo pellegrinaggio celeste che l'ha portato dal buio più fosco dell'Inferno sino alla luce sfolgorante dell'Empireo, dove si appresta a gettare gli occhi nel mistero di Dio. Ma prima che ciò accada, bisogna che la Madre di Dio interceda per questo suo figlio così coraggioso che ha compiuto, con le sole forze del suo spirito e la guida prima di Virgilio poi di Beatrice, un viaggio più difficile di quelli di Ulisse e di Enea nel mondo degli Inferi, e più avventuroso di quello di Giasone in cerca del Vello d'Oro.

Dante è lì per conoscere il mistero di Dio. Nessun eroe del mondo greco ha mai concepito un viaggio come il suo. E san Bernardo, un santo che deve aver conosciuto le cose del mondo, che si dice abbia stilato le regole dell'Ordine dei Templari, chiede a Maria qualcosa che non può non colpirci:

> «Vinca tua guardia i movimenti umani».

Vale a dire: la tua protezione si imponga sugli stimoli terreni, tenga a freno le passioni umane del pellegrino. Trovo straordinariamente sorprendente questo verso. Dante è arrivato quasi in vista dell'essenza di Dio, eppure una potenza spirituale superiore, una Custode celeste deve ancora occuparsi di vincere e di cancellare tutto quello che si agita di terreno, di pulsionale, di passionale nella sua anima.

Come devono essere stati forti "i movimenti umani" in lui. Del resto, nel suo poema li leggiamo tutti, sia in lui come personaggio sia nei personaggi che mette in scena, passioni più accese, robuste, blasfeme, estreme nell'*Inferno* che poi man mano si addolciscono e si purificano nel clima elegiaco del *Purgatorio* e tendono a vanificarsi, ma non del tutto – penso almeno alla passione politica e civile – tra le sfere di luce del *Paradiso*.

Le pulsioni, le passioni, i desideri devono essere oggetto di rifiuto e lasciati cadere per arrivare a vedere Dio. È un compito difficilissimo per l'anima, un viaggio ascetico, una dura battaglia contro sé stessa, contro gli istinti, contro la natura che è in noi. Bisogna dare un taglio al desiderio della carne, alla volontà di autoaffermazione, al richiamo dell'ira e a quello delle mollezze e di tutti i piaceri, ai sogni di grandezza, all'accensione in nome di una idea o di un progetto.

L'asceta è nudo, santifica la privazione. Lo yogi si priva di tutto e vive mendicando latte e miele, che bastano alla sopravvivenza; il monaco taoista arriva a praticare come regola sovrana il Wu Wei, il "Non Fare"; il mistico cristiano ci aggiunge una fustigazione del proprio corpo, una mortificazione della materia: unica passione rimane l'estasi di ricongiungersi con il Principio primo dell'Amore e della Verità.

L'uomo Dante non condusse una vita né ascetica né mistica, ma il personaggio di Dante nella *Commedia* sa che ascetismo e misticismo sono la strada verso Dio nel suo momento culminante, nella fusione amorosa con Lui. Non ce la farebbe da solo. Da Beatrice viene affidato a san Bernardo, da san Bernardo alla Vergine Maria, tanto è difficile vincere "i movimenti umani".

A differenza dei monoteismi – quello degli Ebrei, quello dei Cristiani, quello dei Musulmani – il politeismo greco esalta i movimenti umani e dà loro una implicita valenza divina.

Non esiste per il politeismo greco quella "rinuncia pulsionale" di cui parla Freud a proposito del monoteismo ebraico, e che troviamo anche negli altri due. Il divino si rivela non nel dominio della realtà, ma nelle forme medesime del naturale. Non emana tavole della Legge. Le passioni, le pulsioni, "i movimenti umani" assumono le forme di dee e dei e vivono nel culto degli eroi. Nessuno chiede di rinunciare a niente. Solo la superbia arrogante, sfidante, la *ubrys,* suscita l'ira degli dei e viene spesso ferocemente punita.

Non esiste l'idea di ascesi, di mortificazione dei sensi. Gli dei rappresentano e incarnano tutta la gamma del sentire umano. E niente viene escluso, perché anche ciò che è turpe, anche ciò che è mostruoso si annida nell'uomo. La lotta tra buio e luce è immanente alla realtà e all'anima, è la lotta tra lo spirito della morte e quello della vita.

Il mito greco ci parla della natura delle cose. Della loro origine, delle loro metamorfosi, del loro divenire. Sarebbe un errore di superficialità leggerlo in conflitto con Mosè, con Cristo, con Mohammed, che siano benedetti i loro nomi. Il mito greco non è in conflitto con i loro insegnamenti perché non dà insegnamenti, non è in conflitto con le leggi morali della loro superiore coscienza etica perché vive su un altro piano dello spirito, quello delle leggi naturali.

Il mito greco non insegna. Non prescrive. Non legifera. Il mito greco danza. Descrive. Racconta. Le dee e gli dei dell'Olimpo sono natura, correnti di energia naturale e cosmica. E, insieme a eroine ed eroi che sono parte del loro stesso universo, sono la più vasta esposizione di "movimenti umani" che ci sia dato contemplare.

Un essere è umano perché li ha tutti in sé, perché li sente agitarsi, fluire, rifluire, mutare, scontrarsi nella propria anima. Sentimento d'amore, abissi di lussuria, egoismo feroce, brama di potere e di dominio, passione del proprio focolare, passione assoluta del sapere, gusto della selvatichezza, esigenza di equilibrio luminoso, superbia guerriera, pulsione di morte e di rinascita, tensione alla sfrenatezza e agli eccessi, volatilità metamorfica, focalizzazione costruttiva, identificazione con la natura, ribellione, bassi istinti mostruosi ed eroici istinti che combattono e uccidono i mostri: tutto questo è in noi, a tutto questo il mito greco dà nome.

È il sostrato primario, emozionale del nostro essere, in sé innocente come un bambino che gioca indifferentemente con il proprio corpo e con un giocattolo, che partecipa con lo stesso entusiasmo alla vita di mostri e di supereroi. Ma a contatto con il mondo adulto il suo equilibrio olimpico si rompe. Il desiderio, primo e potentissimo tra i movimenti umani, entra in contrasto con le Leggi e con la Società, con l'Etica e con Dio.

È il tema decisivo della letteratura occidentale, da Dante a Shakespeare, da Tasso a Goethe, da Hugo a Dickens, da Shelley a Whitman, da Baudelaire a Flaubert. Come i nostri movimenti umani, così dei ed eroi sono a volte simili, a volte molto diversi tra loro. Cantano, tirano con l'arco, si ubriacano, rubano, si scontrano o fanno alleanze, si amano, si odiano, provano tutti i sentimenti più dolci o più violenti. Abitano nella luce ma scendono nell'ombra, perseguono la perfezione ma si cimentano con ciò che perfetto non è.

Cara lettrice e caro lettore, tutte queste figure del mito greco, che tu lo sappia o no, che tu le conosca o meno, si muovono sulla scena della tua anima e determinano lo spettacolo della tua vita.

Scrive Paul Valéry, il poeta che più ha puntato sulla geometria lucida dell'intelligenza nel secolo scorso: «In realtà ci sono tanti miti in noi e così familiari che risulta quasi impossibile distinguere nel nostro spirito qualcosa che non ne sia partecipe». Ora è il momento di conoscerli, uno per uno, da Afrodite, Venere, a Odisseo, Ulisse. E di ascoltarne la voce.

PARTE SECONDA

Figure del mito
per ventiquattro movimenti umani

1

L'amore che crea e l'amore che distrugge

Il primo e più potente tra i movimenti umani è quello che spinge la nostra anima verso l'amore. Di pari intensità a quello che la spinge all'odio, che è un amore di segno negativo, un amore rinnegato: l'odio è un sentimento tenuto spesso segreto, una malattia interiore che nega la vita.

L'amore è un sentimento che ha un raggio d'azione vastissimo, e che ogni essere umano prova senza padroneggiarne affatto né le cause né gli effetti. Si amano la madre e il padre, le sorelle e i fratelli, le spose e gli sposi, le amanti e gli amanti, le amiche e gli amici, le compagne e i compagni in una impresa. Ma spesso basta niente a trasformare l'amore in odio.

In realtà non si parla d'altro che d'amore ma senza minimamente sfiorare le domande fondamentali: qual è la sua essenza? Perché ci innamoriamo? E perché di quell'essere umano e non di quell'altro? Cosa ci fa "perdere la testa" davanti a un oggetto del desiderio? Non a caso si dice così, perché quando si perde la testa la parola passa direttamente all'anima.

L'anima è in cerca d'amore. Ne ha bisogno. La sua connessione con le forze germinanti della terra, con il mare, con il cielo, con le primavere è nell'amore. Ma spesso non lo sa cercare o, se lo trova, lo sciupa, e qualche volta lo perverte. L'inclinazione verso l'amore può portarci verso la costruzione di noi stessi nella felicità, verso la pienezza della nostra vita inscritta nella pienezza della vita delle cose, ma può anche provocarci dolore e distruzione. L'anima, che scorre, che non dimentica mai la sua origine di soffio vitale, conosce amando altitudini e abissi: praterie soleggiate e caverne più buie della notte.

L'antica dea con cui chiamiamo le pulsioni dell'anima individuale e dell'universa natura in amore è Afrodite, Venere. Con lei è spesso raffigurato Eros, ma sono diversi tra loro benché un mito dica che la prima è madre del secondo, ed entrambi sono portatori di bellezza e di pena. Ha per amante Ares, o Marte, il dio della guerra: il furore e l'odio, il suo contrario. E per marito Efesto, o Vulcano, il fabbro, zoppo e nano: anche la bellezza, come l'amore, ha bisogno di ciò che è opposto ad essa.

Una visita di tanti anni fa a Petra tou Romiou, il sito di Cipro dove secondo i mitologi Afrodite è uscita dal mare e approdata sulla terra, mi rese chiaro che la dea dell'amore e della bellezza guarda verso Oriente, dove nasce il sole, ha a che fare con la luce dell'alba, oltre che con la primavera.

Poi ci sono anche altre figure che si muovono nella ressa della nostra anima e rappresentano altre facce particolari dell'amore: Narciso, che mostra dove può portare l'amore esclusivo di sé stessi; Pasifae, che parla di dove arriva l'eccesso di passione e lussuria che stravolge le regole stesse della natura, le barriere tra uomo e animale; Fedra che parla di follia d'amore tra incesto e menzogna; Elena, la bellissima, che esemplifica la passione cieca che fa dimenticare doveri e onore, e provoca guerra e lutti.

Il mito non risponde alle domande, ma rende plastica la nostra interrogazione e ci aiuta a orientarci nel paradiso e nell'inferno dell'amore. Ci fa alla fine capire che l'Amore vero è la presenza nella nostra anima di quell'energia che ci spinge fuori di noi a unirci con l'essenza di tutto ciò che vive e dà vita, con la bellezza, con il mistero, con la luce: tutto quello che Dante, erede visionario di Virgilio e di Omero, giunto al termine del suo viaggio ultraterreno, chiamò "l'amor che move il sole e l'altre stelle".

Afrodite

Se Afrodite fosse davvero la figlia di Zeus e di Dione, dea dell'acqua, sarebbe una divinità olimpica come tante altre. Invece, la sua nascita risale a tempi molto più lontani e antichi, quando Zeus non regnava ancora sull'Olimpo, anzi non era ancora neppure nato. C'era soltanto, uscita dal Caos delle origini, Gaia, la Terra, che aveva dato vita a Urano, il Cielo. A liberare Gaia dall'oppressione che Urano esercitava su di lei, fu il figlio, Crono lo scaltro. Sappiamo come andò: Crono, attesa la notte, con una lucente falce evirò Urano mentre si piegava ardente di desiderio su Gaia.

Crono poteva fermarsi lì, aveva ormai spodestato il padre, ma forse per disprezzo, forse per paura, forse per allontanare il più possibile da sé il corpo del reato, gettò il membro di Urano ancora palpitante, sanguinante e gonfio di sperma in mare.

In mare tutto si trasforma, tutto cambia in qualcosa di ricco e di strano. Non sappiamo se Crono lo scaltro l'aveva calcolato. La pelle del membro cominciò a fermentare, a disfarsi prendendo una diversa consistenza, a intridersi d'acqua salata e di sperma, a diventare bianca, bianchissima, leggera e suscettibile ai soffi di brezza.

Divenne schiuma. E la schiuma si alzò come un velo, si diramò, prese in cima la forma di una lunga capigliatura, e poi man mano di un volto, di un torso, due braccia, due gambe: divenne una ragazza dalla bellezza mai vista sulla Terra sino ad allora.

Portata da una conchiglia, la ragazza vagò per il mare, non sappiamo per quanto tempo (il tempo non era allora misurabile con i nostri parametri), e raggiunse l'isola di Citera per prima. Poi preferì ripartire da quell'isola, che aveva trovato troppo piccola, sinché arrivo in vista di Cipro, dalle coste rocciose o di sabbia chiara, dominata da monti altissimi che avevano pendici rigogliose di abeti e di pini.

Al suo arrivo, appena la ragazza chiamata Afrodite – perché era nata dalla "spuma", *afròs* in greco, altri poi la chiamarono Citerea o Ciprigna dal nome delle isole in cui era approdata – mise piede sulla terraferma, erba e fiori nacquero istantaneamente sotto i suoi piedi, e volarono intorno al suo capo stormi di tortore e di passeri.

Le Ore, figlie di Temi, dea della Legge, rivestirono la sua nudità, le misero una tunica rosso fiamma e al collo ghirlande e collane d'oro. Così la portarono in presenza degli altri dei, che immediatamente si innamorarono tutti di lei.

Tutti sanno che Afrodite, chiamata poi Venere a Roma, è la dea dell'amore. La dea delle gioie e degli inganni d'amore, la dea delle carezze e degli amplessi, della voluttà. È la dea della primavera che mette gemme e poi fiori sui rami degli alberi, che colora i prati, che fa sbocciare le rose, quella che desta l'istinto della riproduzione tra gli animali del mare, dell'aria e della terra.

Non è mai stata però una dea del matrimonio. Non protegge i legami stabili. La dea Era non è sua amica. E altre tre dee ne diffidano e non subiscono per nulla la sua influenza, sono: Estia, Atena e Artemide.

Lei è dea del desiderio incontenibile, quello che travolge, che fa dimenticare famiglia, marito, figli, legami, onore, fedeltà, come capitò a Elena, che lasciò Sparta e Menelao, discepolo di Ares, per seguire a Troia Paride, un damerino con qualcosa di femminile in sé, quel Paride che aveva assegnato ad Afrodite il pomo della dea più bella. Afrodite, piuttosto della dea che ama, è la dea che fa amare, che attrae, che seduce: è la dea della bellezza.

Pochi sanno che è anche la dea del mare, ma del mare tranquillo, della navigazione tranquilla: è la dea che placa il vento e dissipa le nuvole, protegge i porti, e le città di mare la venerano. È la dea del viaggio felice: per mare, e per il mare della vita, dove è bene affidarsi a lei, alla sua energia che spinge ad amare sempre, a sottomettere ogni residuo di barbarie delle origini in noi al potere salvifico della grazia e della bellezza.

Non è proprio vero che Afrodite non ami. La sua storia è piena di amori, ma infelici, o buffi, o fugaci o adulterini.

Si dice che, nel periodo di tempo incalcolabile in cui dopo la nascita continuò a vagare per il mare, si fosse innamorata di Nerite, figlio di Nereo, antichissima divinità marina, detto il Vecchio perché non conosce errore né menzogna, capace di rapide trasformazioni, come tutte le creature che vivono tra le onde, con cui può diventare serpente, acqua e fuoco. Di lui sono più note le cinquanta figlie femmine, le Nereidi, che generò con Doride, figlia di Oceano.

Nerite aveva membra forti e snelle, capelli più lunghi dei tentacoli dei polpi, labbra più rosa del corallo. Afrodite dimenticò tutto per lui. E visse con lui felice, nuotando tra banchi di pesci dalle squame rosate e colonie di meduse traslucide. Poi venne il tempo in cui Afrodite fu richiamata sulla terra, per raggiungere gli altri dei dell'Olimpo. Lei voleva portare Nerite con sé. Ma Nerite non conosceva altro elemento che l'acqua, non si sentiva di abbandonare il padre Nereo, la madre Doride, le cinquanta meravigliose sorelle, di rinunciare a nuotare tra anemoni di mare, asterie e ippocampi.

Afrodite insistette. Lui titubò ancora, rispose di no. Allora la dea gli promise due belle ali: con quelle, avrebbe potuto volare, affrontare l'aria, se mai avesse avuto paura della terra. Nerite ormai era fermo nella sua decisione. Non aveva pensato che non si può rispondere di no alle offerte di una dea. Afrodite per punirlo, o per renderlo eterno, o per portarlo sempre con sé, lo trasformò allora in una conchiglia. Forse quella su cui navigò sino alle sponde di Cipro.

Sarà il respiro marino di Nerite quello che soffia nel cavo di qualunque conchiglia portiamo ancora oggi all'orecchio?

Il marito che Zeus dà ad Afrodite è Efesto. Il dio fabbro, il dio del fuoco, un artigiano abilissimo ma storpio e nano. Afrodite si prende subito per amante Ares, il dio della guerra, un aitante anche se turbolento e rozzo dio-demone amante delle risse, della discordia, della lotta, delle battaglie, inviso persino al padre Zeus.

Con Ares, Afrodite genera Deimos, il terrore, Fobos, la paura, ma anche Armonia, che poi andrà in sposa a Cadmo, fondatore di Tebe.

Finalmente, Efesto viene messo a conoscenza del tradimento da Elio, dio del Sole, che ha trovato gli amanti nudi ancora impegnati in un amplesso all'alba. Allora il fabbro dalla straordinaria abilità medita e prepara la sua vendetta. Costruisce catene sottili come i fili di una tela di ragno, ma resistentissime, impossibili da tagliare, e le applica ai lati del letto nuziale con un congegno che le governa. Poi, con una scusa, si allontana da casa, dicendo alla sposa che andrà via qualche giorno.

La notte stessa, Ares si presenta da Afrodite e divide il letto con lei. Ma il congegno del dio fabbro si aziona alla perfezione e quella rete di metallo si stende improvvisamente sui due amanti e li imprigiona, nudi come sono.

Efesto torna a sorprenderli e, piangendo, convoca tutti gli dei perché vedano il torto che gli viene fatto. Crede di ottenere giustizia, con la sua mentalità semplice di artigiano. Ma i disegni degli dei sono diversi.

La vista di Afrodite nuda eccita i desideri di tutti. Il più insinuante è il piccolo Ermes che, quando Apollo gli chiede se vorrebbe esserci lui in quel letto, vicino ad Afrodite, risponde che vorrebbe eccome, anche prigioniero di catene tre volte più potenti di quelle che imprigionano gli amanti.

Alla risposta di Ermes, scoppia una risata irrefrenabile. Un segnale ben triste per Efesto. Le sue lacrime e le sue lamentele di marito tradito appaiono buffe agli occhi degli dei. Non ottiene commiserazione, ma quasi una forma di scherno. Non sa che l'amore di Afrodite, comperata in sposa versando a Zeus una dote ricca di scudi d'oro, di vasi, di vassoi, di lance, di spade, non sta dentro i confini della fedeltà coniugale, che la dea spinge ad amare senza guardare in faccia nessuno, obbedendo soltanto al desiderio?

Efesto, un dio artigiano, un dio semplice, la mette sul piano economico: vuole almeno indietro quella dote, visto come si comporta la sua sposa. L'unico degli dei che lo ascolta è Poseidone, il dio del mare. Da quando la vede lì nuda, brucia di desiderio per Afrodite: verserà lui l'equivalente di quella dote, e otterrà che la dea e il suo amante siano liberati.

Si è trattato di un buon investimento – il mare, per altro, ha ricchezze infinite nel regno dei suoi fondali – tanto che un giorno Poseidone potrà godere dell'amore di Afrodite e genererà con lei Rodo, che darà il nome all'isola di Rodi, dove l'abbondanza di rose rievoca per sempre la bellezza della dea.

Altri dei godono delle grazie di Afrodite, ma i suoi amori più appassionati e drammatici sono quelli per due mortali. Innanzi tutto, per il giovane Adone, la cui nascita magica merita di essere ricordata.

Vive a Cipro il re Cinira, che ha una moglie superba e una figlia bellissima. Un giorno la moglie osa dire che la figlia, di nome Mirra, supera in bellezza Afrodite. Non sa com'è pericoloso sfidare gli dei, quali ire si possono destare. Afrodite si vendica nel modo più crudele. Di suo padre Cinira, fa innamorare – è il suo potere supremo, nessuno può resisterle – la giovane Mirra. Per poter appagare il suo desiderio, con l'aiuto di Afrodite Mirra fa ubriacare il padre, e nella notte entra nel letto con lui che, confuso dal vino, crede di aver vicino una sconosciuta e non si sottrae all'amore che gli offre. Così avviene per una lunga serie di notti, passati tra i fumi dell'ebbrezza e le fiamme del desiderio.

Finalmente una notte Cinira riconosce chi è nel letto con lui, e inorridisce. Maledice la figlia, la insegue con la spada sguainata sinché riesce a raggiungerla. Mirra piange, prega gli dei che la cancellino dalla faccia della terra.

Allora gli dei impietositi la trasformano in un albero la cui corteccia stilla una resina profumata. Il padre, quando sferra il colpo di spada, spezza non il cuore della figlia, ma il tronco dell'albero in cui gli dei l'hanno istantaneamente mutata.

Con il profumo di quella resina, che si chiamerà mirra da allora, esce dalla scorza dell'albero un bambino dall'aspetto bellissimo. Afrodite arriva e lo depone in una cesta chiusa che porta a Persefone, regina degli Inferi, perché la custodisca. Ma Persefone non resiste alla curiosità e apre la cesta. La bellezza del bambino è tanta che ne resta incantata e, quando Afrodite lo reclama, non vuole restituirglielo.

Ne nasce una contesa, chiusa da un arbitrato celeste: Adone, che cresce ed è ormai un giovinetto dal volto e dal corpo meraviglioso, vivrà un terzo dell'anno con Persefone, un terzo con Afrodite, un terzo per suo conto, senza dover soddisfare il desiderio delle due dee.

Ma Afrodite, piena d'amore e di forza di seduzione, trattiene con sé Adone per un tempo che eccede quello a lei assegnato. Lo vuole tutto per sé, accecata dalla passione. Vive con lui, va a caccia con lui, gioca con lui, gli insegna tutti i misteri dell'amore e del desiderio.

Persefone allora va a mettere in guardia Ares, il brutale dio-demone della guerra. Gli insinua il pensiero che Afrodite preferisca a lui un giovinetto, per di più dall'aspetto femmineo. Ares è furioso e, si sa, la sua furia vuol dire violenza e sangue. Un giorno, sotto forma di un gigantesco cinghiale, assale il giovane Adone che sta correndo in una radura. La sua corsa non è sufficientemente veloce per sfuggire a quel cinghiale, tozzo ma rapidissimo, con il sangue ribollente di ferocia. Adone viene raggiunto, colpito dalle due zanne ai fianchi, pestato a terra dalle zampe, morsicato ancora al volto, ai polpacci, al ventre, sino a che il suo corpo così perfetto diventa un immondo ammasso di ossa e viscere.

Afrodite lo piange. Il sangue di Adone ha concimato la radura, che ora rosseggia di anemoni. In un anemone lei vede il suo volto, la sua grazia leggera. Ora è tornato agli Inferi. Adone è morto tra i morti. Afrodite, per la prima volta innamorata davvero, continua a piangerlo. Sinché Zeus, che ha un occhio sempre benevolo su Afrodite, non le concede di riaverlo con sé almeno per i mesi della primavera.

Così Adone risorge. E verrà celebrato ogni anno in feste che rievocano la sua resurrezione e la rinascita della natura dopo l'inverno.

L'altro umano amato da Afrodite è Anchise, figlio di Dardano, un re pastore che vive sulle pendici del monte Ida, vicino a Troia.

Afrodite lo vede. E poiché in quel tempo felice allo sguardo seguiva il desiderio, e al desiderio il piacere, si presenta a lui che sta nella sua tenda a suonare il flauto come una principessa della Frigia. Un momento dopo sono stesi sulle pelli dei leoni e degli orsi cacciati da Anchise e vivono una magnifica notte d'amore.

Anche questo è Afrodite: l'amore istantaneo, l'amore rubato, l'amore goduto. Ogni trucco vale, purché alla fine ci sia il raggiungimento del piacere. Ma al mattino dopo, al risveglio, la dea si mostra nella sua vera natura. Anchise è abbagliato, terrorizzato dal suo fulgore, si dispera, piange, dovrà di sicuro pagare per aver posseduto per una notte intera una dea. Ma Afrodite lo rassicura. E gli profetizza che nascerà da quell'amplesso un figlio, Enea, a cui toccherà un destino glorioso.

Rassicurato, Anchise non riesce a tenere segreto quell'incontro. Un giorno, discutendo con amici della differenza tra il far l'amore con una donna mortale e il far l'amore con una dea, rivelerà di conoscerla bene. Perché lui, il figlio di Dardano, il futuro padre di Enea, ha amato Afrodite.

Pagherà questa vanteria. Zeus scaglia contro di lui un fulmine. Lo avrebbe incenerito se Afrodite, ricordando quella notte d'amore, il suono di quel flauto, il tepore di quelle pelli di leone e di orso, non lo avesse deviato: gli sfiorerà soltanto un piede, rendendolo zoppo.

Afrodite è l'amore che salva, che fa rinascere, che inganna, che infuria, che dà gioia, che dà pena, che guida nella tempesta, è la parte dell'amore in cui domina la felicità, l'energia vitale, la luce che illumina l'universo. Vive nella nostra anima e in una conchiglia, nel mare calmo e nella primavera che fa spuntare dovunque erba e fiori, nelle criniere delle cavalle in amore, nelle api che si aggirano intorno a una corolla avide di polline, nel vento buono, nell'impollinazione, nel seme.

Afrodite è il miglior afrodisiaco al mondo. Seguendo lei, non si sbaglia. Seguendo la sua rotta, si arriva in porto. Si rinasce ogni volta.

Eros

Il dio Eros, che i Romani chiamarono Amore o Cupido, non ha un posto nell'Olimpo, è troppo giovane, volubile e inaffidabile agli occhi di Zeus. E, a ben vedere, non vive storie e avventure come le altre divinità. È difficile raccontarlo. Appare spesso come un'astrazione, un principio, una corrente di energia.

È un ragazzo, un tenero adolescente, sappiamo soltanto questo, dall'aspetto bellissimo e dalle ali d'oro: ma un ragazzo ribelle, irrispettoso, capriccioso, come spesso i ragazzi. Non avendo accesso alle altezze dell'Olimpo, svolazza intorno, come un farfallone, un calabrone, tra boschi, prati, città, e si fa gioco di chi gli capita a tiro.

Si è costruito un arco di legno di frassino, frecce con i rami di cipresso, e il suo potere è quello di colpire a caso, senza nessuna logica e nessun disegno, senza nessuna considerazione per l'età e per la condizione sociale. Colpisce i giovani e i vecchi, i re e i mendicanti. Talvolta è così discolo da puntare l'arco contro qualche divinità. Colpisce alla cieca, nei boschi infiamma i corpi dei leoni che coprono le leonesse, nelle radure dei cavalli che coprono le cavalle, nell'aria fa sì che le tortore maschio cerchino in volo quelle femmine, nei mari che i delfini saltino sulle delfine. Poi si avvicina ai luoghi abitati, e ferisce le anime degli uomini e delle donne.

In chi è colpito dalle frecce di Eros, si apre una ferita. Si acuisce un senso di mancanza, di vuoto, di incertezza e di eccitazione. Eros provoca in un essere il desiderio di un altro essere. E, si sa, il desiderio è prima di tutto la constatazione di un'assenza.

Così l'essere umano ferito da Eros cade preda dell'innamoramento, una condizione ambigua, squilibrata, sdrucciolevole, che può portare alla felicità se il desiderio viene corrisposto, o alla pena e in qualche caso alla follia se è respinto.

Le frecce di Eros fanno innamorare un singolo essere di un

singolo essere. Al contrario, Afrodite suscita ondate, vampate d'amore, che riguardano chiunque le senta, e coinvolgono tutta la natura, la primavera in fiore, il mare che alza schiume, il vento che attraversa le fronde. Afrodite non è capricciosa: è sovrana. Tutto quello che tocca è amore. A lei non interessa che l'amore venga corrisposto: a lei interessa che si ami.

Il raggio d'azione di Eros, del suo arco e delle sua frecce, sembra più ristretto. Eppure è dal suo nome che nasceranno il sostantivo "erotismo" e l'aggettivo "erotico" che nel mondo attuale designano il campo vastissimo – in filosofia, in letteratura, nel cinema, nell'arte – di tutto ciò che richiama la passione calata nella carne, il compenetrarsi di amore spirituale e sessualità.

Le origini di Eros sono contraddittorie. Da una parte, è visto come una divinità primordiale. In principio era la Notte, il buio vuoto raffigurato come un uccello immenso dalle ali nere, la divinità che fecondata dal Vento (ricordate, il soffio vitale delle origini di cui il mito parla sempre a proposito dell'anima) depone un uovo d'argento, da cui, dopo la cova che non sappiamo quanto duri, esce fuori il ragazzo Eros, con le sue ali d'oro.

Se nell'uovo cosmico la parte bassa è occupata dalla Terra e la parte alta dal Cielo, è Eros appena nato, pulcino di quella cova cosmica, che li fa accoppiare. Da loro, nasceranno Oceano e Teti, e si completerà il quadro degli elementi: la terra, l'aria, l'acqua. Il fuoco è nelle mani di Eros, raffigurato, oltre che con l'arco, anche con una torcia accesa.

Se è giusta questa versione, Eros nasce prima degli altri dei, è alle origini di tutto, è pura forza cosmica. Ma altre versioni invece lo vogliono figlio di Afrodite stessa, che lo avrebbe concepito, secondo il suo stile, non con il marito Efesto ma con qualcuno dei suoi numerosi amanti: Ermes, Ares, prima di tutto, ma forse persino con Zeus.

Più filosofica è, nel *Simposio* di Platone, l'ipotesi che lo vuole nato da Poro (Espediente) e Penìa (Povertà) la notte della festa di intronizzazione di Afrodite nei palazzi dell'Olimpo, quando Poro, di solito assennato e prudente, esce gonfio di vino all'aria aperta e cade addormentato, e Penìa, ferma sulla porta per mendicare qualcosa del divino banchetto, si sdraia vicino a lui e rimane incinta. Che Eros nasca da due forze così opposte spiegherebbe la sua contraddittorietà: è sempre povero ma anche astuto, insidiatore, cacciatore tremendo, e "terribile ciurmatore, stregone e sofista". Da lì, la sua capacità di suscitare gioia e pena nell'anima umana.

Se restiamo alla versione della sua nascita da Afrodite, allora la freccia più maliziosa e irriverente è quella che Eros scaglia contro la madre, facendola innamorare perdutamente di Adone, con tutto quello che ne seguirà di lutto e di sangue.

Eros, o Amore, vive forse l'unica vicenda che vale la pena di un racconto – e che racconto! – in relazione a Psiche.

Questa, figlia di re, è così celebrata per la sua bellezza da destare l'ira di Afrodite. La dea chiede a suo figlio di colpire con una delle sue frecce Psiche in modo che, per punizione, si innamori dell'uomo più ripugnante del mondo.

Amore fa per obbedire alla madre, ma quando vede la ragazza Psiche si confonde: la freccia scoccata scende in basso a ferire il proprio piede, e a innamorarsi è lui, che dimentica la promessa fatta, prende Psiche e la porta con sé nel suo castello magico sulle vette di monti selvosi. Ma non le svela la sua identità, né il suo aspetto. Le resta nascosto. Arriverà da lei soltanto la notte, e rimarrà con lei soltanto se lei eviterà sempre di guardarlo.

Psiche consuma con Amore notti di passione al buio e in segreto, senza mai conoscere né il nome né l'aspetto del suo amante. La curiosità monta in lei. E le sorelle maligne e invidiose le mettono pulci nelle orecchie: perché il suo amante non vuole rivelarsi a lei e a nessuno? Che cosa vuol nascondere?

Vuoi vedere che è brutto in volto, che ha pochi capelli unti, che è grasso, o storpio?

Sinché Psiche cede e decide che lo vedrà con i suoi occhi, dissiperà i dubbi che le sorelle le hanno instillato. Una notte, dopo l'amplesso, mentre Amore spossato dorme, lei si alza, accende una lampada, solleva il lenzuolo che copre il suo amante, e a causa del braccio che le trema una goccia d'olio della sua lampada cade su Amore, lo brucia, lo sveglia e lo fa fuggire.

A niente valgono i lamenti di Psiche, che ormai ha visto la bellezza suprema del suo sposo. Ha cercato di afferrarlo per un gamba, ma invano. E piange, si dispera, vuole morire. Come un'infelice e una mendica vaga per i templi a implorare l'aiuto degli dei.

Afrodite l'ascolta, ma per ritrovare Amore le impone di superare prove impossibili, dalla difficoltà stremante, da incubo. Psiche da sola non potrebbe superarne neppure una. Ma ecco che la natura va in suo aiuto: le formiche di un formicaio secernono per lei da una montagna di chicchi quelli che hanno la stessa dimensione; le canne di un canneto le suggeriscono come prendere la lana d'oro dal vello di pecore riottose; e persino Zeus manderà la sua aquila in soccorso per raccogliere l'acqua da una fonte in cima a una parete di roccia levigata e altissima.

L'ultima prova è la più insidiosa: scendere nell'Ade per chiedere a Persefone un po' della sua bellezza: Psiche ottiene una fiala, che nel cammino di ritorno apre e beve. La fiala contiene una pozione magica che la addormenta, e chissà per quanto la costringerebbe a dormire, se Amore stesso, ormai impietosito, non la facesse risvegliare. Così alla fine Psiche riguadagna Amore. Diventa anche lei immortale, e le loro nozze vengono celebrate sull'Olimpo con un pranzo che è preparato dal fabbro Efesto, il generoso artigiano per una volta cuoco degli dei. Dal loro rapporto nascerà una figlia, Voluttà.

Capiamo così, dietro il velo della fiaba, che la via dell'anima verso l'amore è tortuosa, rischiosa, con continue difficoltà da superare. L'amore non vuole essere posseduto, svelato. Ti prende di nascosto, fugge, ti ignora, ci sono difficoltà apparentemente insormontabili per riconquistarlo. Ma vale la pena continuare a cercarlo. Non arrendersi. Qualunque cosa succeda. Perché quando l'anima raggiunge Amore, allora è nella gioia, allora banchetta in mezzo agli dei, diventa immortale, fa nascere il piacere, il più grande che si conosca sotto il cielo.

Narciso

Gli dei che abitano l'anima umana quando ama sono principalmente Afrodite ed Eros, ma vi compaiono anche altre figure, e spesso in queste l'amore si mostra fonte di sofferenze, di concupiscenze folli, di delirio e di follia: mostra cioè il suo lato oscuro e distruttivo. Una di queste figure è Narciso.

Tutti conoscono il senso del termine "narcisismo", che sta a indicare un atteggiamento di troppa benevolenza verso sé stessi, di una considerazione di sé spinta all'eccesso, di una incapacità di uscire dalla morbosa ammirazione rivolta alla propria natura. Il narcisista è colui che, amando sé stesso, si vieta all'amore degli altri, non sa dare né ricevere amore.

In molti di meno, credo, conoscono la vicenda tragica di cui Narciso è protagonista nel mito. Narciso è il figlio della Ninfa Liriope, una delle Oceanine, e del fiume Cefiso. Beati i tempi in cui i fiumi, con la loro corrente potente e di acqua dolce che scende verso il mare, diventavano amanti avvolgenti, intrattenibili, e fecondavano in un coito istantaneo le Ninfe marine. L'acqua dolce penetrò quella salata e si confuse con essa. Ne nacque un bambino di meravigliosa bellezza.

La madre Liriope, ansiosa come tutte le madri per le sorti del proprio bambino – Cefiso scorreva e non si fermava certo a occuparsi della prole – pensò di rivolgersi a un indovino. E si rivolse a Tiresia, ormai cieco e dotato dagli dei del dono della veggenza. Liriope fu la prima a cercarlo, e a ottenere da lui un responso. Chiese che cosa il futuro riservasse a Narciso, e Tiresia rispose come usano fare gli indovini e gli oracoli, con parole avvolte in un velo di enigmaticità: «Narciso vivrà a lungo, se non conoscerà mai sé stesso».

Da allora, Liriope escogitò ogni stratagemma per nascondere a Narciso il suo volto, la sfolgorante bellezza degli occhi, dei capelli, delle guance, impedendogli di piegarsi su specchi d'acqua, o intorbidando d'improvviso le fonti su cui il ragazzo fosse riuscito a chinarsi.

Narciso cresce sempre più bello e sempre più ammirato. Tanti, di entrambi i sessi, si innamorano di lui: ma lui respinge tutti, freddamente, senza nessuna tentazione, tanto ha il cuore gonfio della propria bellezza, anche se non l'ha mai vista.

Un giorno, mentre va per i boschi a caccia di cervi, munito del suo arco e di trappole, la Ninfa Eco, invaghita follemente di lui, lo segue senza mostrarsi, restando nascosta dietro cespugli e tronchi d'albero.

È timorosa, sa di non potergli rivolgere la parola, da quando la grande dea Era l'ha punita con quella stramba mutilazione. Irata con lei perché l'aveva intrattenuta con le sue chiacchiere tintinnanti per distrarla dal seguire Zeus, impegnato in felici giochi d'amore con le Ninfe della montagna, Era l'aveva condannata – lei, la Ninfa così astuta e chiacchierina – a non poter più dire altre parole tranne ripetere, come in un balbettio infantile, soltanto le ultime parole di qualunque discorso le venisse rivolto. Questo era peggio di essere muta, la esponeva al ridicolo, le tarpava totalmente la possibilità di esprimersi. Come dichiararsi a Narciso, in quelle condizioni?

Quando il giovane cacciatore, intento e tendere una trappola, la intravede dietro il folto dei rami, le chiede: «Chi sei tu? Cosa fai lì?». Eco ripete: «Cosa fai lì?».

Narciso allora protesta: «Io sto mettendo la mia trappola, sei tu che devi dirmi chi sei».

«... chi sei» balbetta Eco.

«Ti stai prendendo gioco di me, ora basta.»

«... ora basta...»

Allora Eco sbuca fuori dal nascondiglio, bianca, nuda e flessuosa come sono le Ninfe, e va incontro a Narciso a passi veloci, poi di corsa, e si arresta davanti a lui tentando di abbracciarlo.

Narciso urla ed arretra. Mai Ninfa è stata respinta con tanta decisione brutale, con tanta ripugnanza.

Eco si ritira nelle parti più fitte e buie del bosco, per valli solitarie e sempre in ombra, per pendii di montagne inospitali. Piange senza tregua, non tocca più cibo, non guarda più il sole. Geme come un animale ferito, non potendo affidare alle parole tutta la sua pena, il suo rimpianto. Man mano le sue forme si fanno più magre, più evanescenti, le braccia si sciolgono, poi le gambe, infine il volto, con quegli occhi tormentati dalle lacrime che conservano le immagini di Narciso, con la bocca in cui si affollano ancora parole che non ha potuto dirgli. Ora tutto il suo corpo è diventato una nuvola di nebbia, ora scompare.

Eco non sarà più altro che una voce: quella che nelle vallate più interne e impervie si ode ancora oggi ripetere da lontano le ultime sillabe di ciò che grida un essere umano. Una voce arcana, che proviene dal fondo incorporeo del suo dolore, della sua condanna.

La fine di Eco desta negli dei un sentimento di diffidenza e di rivalsa nei confronti di Narciso. Stanno già pensando a una punizione. L'occasione si presenta presto. Narciso manda in dono una spada al più sincero e infuocato d'amore tra i suoi spasimanti,

Aminio. Con quella stessa spada, il giovane, respinto per l'ultima volta, si uccide davanti alla porta della casa dell'amato Narciso invocando gli dei perché lo vendichino. Questa volta la punizione è sancita, e sarà terribile. È ora che Narciso si innamori: ma per decreto degli dei dovrà innamorarsi senza mai poter soddisfare la sua passione.

Ha sedici anni. Sprezzante di ogni amore, da chiunque gli sia manifestato, sempre più bello dalla testa ai piedi, con occhi che incantano, bocca che attrae, polsi e caviglie sottili e forti, Narciso continua ad andare a caccia e si inoltra in anfratti sempre più nascosti del bosco, sempre più lontano da sua madre.

È mezzogiorno, con il sole nel punto più alto del cielo, in un silenzio sospeso, sembra che le api abbiano smesso di volare e i cervi e le cerve siano fuggiti chissà dove: Narciso scopre ai piedi di una roccia dai riflessi rosati una fonte d'acqua incontaminata, limpidissima, dove non galleggiano foglie cadute né guizzano pesci dal fondo sino a saltare in superficie.

Quell'acqua è cristallina, immobile. Non ne ha mai vista così. Allora si inginocchia, si deterge il sudore, si piega verso la superficie dell'acqua. E lì distingue un'immagine che gli lascia occhi attoniti e bocca secca. Non crede che sia possibile. È un giovane di fattezze meravigliose, con i capelli che sembrano di corallo e la bocca di labbra rosse, protese in avanti, come in cerca di un bacio.

Narciso non sa che quella è la sua immagine specchiata. Non si è mai visto. E non sa neppure che si sta compiendo la profezia di Tiresia alla madre Liriope: non ne aveva mai sentito parlare. Sta conoscendo sé stesso, anche se non lo sa. Le profezie non fanno sconti. E non potrà vivere a lungo.

Eccolo sempre più innamorato della sua immagine riflessa. Ora prende coraggio, infila un braccio nell'acqua che si apre in tanti cerchi concentrici: l'immagine si corruga, ma torna subito sé stessa. La carezza che Narciso aveva tentato è abortita. Ma lui non si perde d'animo. Affonda tutte e due le braccia per ghermire il giovane che lo ha così precipitosamente innamorato, e anche questa volta non ottiene nient'altro che agitare la superficie dell'acqua.

Infine si piega di più per sfiorare, con le sue labbra, le labbra riflesse dell'amato. Niente da fare. Ora Narciso sa l'amarezza di un bacio negato, la sofferenza di amare senza essere corrisposto. Quanti amanti aveva respinto, lui. E ora si è preso d'amore per sé stesso, per un'ombra che non sa di essere.

Nessuno sa quanto tempo rimase piegato Narciso davanti a quella fonte incontaminata. Il tempo allora non lo scandivano gli orologi, ma i movimenti del sole e della luna. Nessuno sa quanti soli e quante lune sorsero e tramontarono su Narciso impazzito d'amore, fermo davanti al proprio riflesso.

Anche la fine della sua storia si può raccontare in diversi modi. Per alcuni, Narciso, in preda a una passione che – lo capiva – non sarebbe mai stata corrisposta, puntò contro sé stesso le armi, una spada, una freccia, e si uccise, come il suo spasimante Aminio. Per altri, si lasciò morire di consunzione, come Eco. Io credo che la versione più bella della sua fine sia un'altra: sempre attratto dalla propria immagine, morbosamente, pervicacemente, Narciso si piegò ancora di più nel tentativo di un ultimo bacio, e cadde con la testa in avanti nell'acqua, cristallina, fredda e profonda. E annegò.

Chissà com'è andata. Di certo, c'è soltanto questo: che nei pressi della fonte spuntò un fiore, con lo stelo lungo e sottile e la corolla leggermente ripiegata in basso, che fu chiamato narciso.

PASIFAE

Il nome della regina Pasifae, figlia del Sole e di Perseide, moglie di Minosse re di Creta, è legato alla vicenda amorosa dai contorni più cupi che il mito greco abbia raccontato. Così cupi che qualcuno ha sentito il bisogno di nasconderli o di edulcorarli. In effetti, Pasifae compie la trasgressione sessuale estrema.

Nessun termine della moderna casistica erotica, così pronta a dare un senso psicopatologico ai personaggi del mito, si rifà al suo nome. Ma nella sua saggezza visionaria Dante, nel canto XXVI del *Purgatorio*, immaginò che delle due turbe di coloro che scontano i peccati d'amore una, quella dei sodomiti, gridi il nome delle città di Sodoma e Gomorra, mentre l'altra, quella dei lussuriosi, ricordi il peccato di Pasifae:

> «[...] Ne la vacca entra Pasife,
> perché 'l torello a sua lussuria corra».

Pasifae e il toro. Il mito ci parla di altri tori. Il toro è un animale solare, è simbolo di potenza e regalità. È sotto forma di toro che Zeus appare alla ragazza Europa, figlia di Agenore, re di Tiro, mentre sta innocentemente raccogliendo fiori a due passi dalla riva del mare. Il toro è lucente, ha il pelo di tre diversi colori, dalla sua bocca esce un profumo dolce di zafferano. Europa si avvicina pian piano, ha ancora in mano i fiori, i piedi le finiscono nell'acqua della battigia, lo guarda negli occhi, lo vede mansueto e gli sale in groppa. Il toro non aspetta altro per muoversi veloce, come se avesse ali o vele spiegate al vento, e la porta con sé, lontano.

Arrivano a Creta, e lì Zeus si dirige verso la grotta dove ricorda di essere stato bambino, quando era stato salvato dalla madre Rea allontanandolo dal padre Crono. Ormai è lui il re degli dei, il padrone del fulmine, lui che può esaudire qualunque proprio desiderio. E così possiede la ragazza Europa, svelandosi a lei nel suo fulgore divino. Ma gli amori di Zeus sono incostanti. Abbandona Europa a Creta, e lei trova subito marito nel re Asterio, cui farà adottare, visto che le nozze con lui sono sterili, i tre figli avuti da Zeus: Sarpedonte, Radamanto e Minosse. Quest'ultimo viene trasformato da Dante in un demone grottesco e lo mette alla porta dell'Inferno a giudicare e poi a indicare, avvinghiando su sé stessa la propria coda, quanti cerchi vuole che discenda l'anima appena arrivata di un peccatore.

E così torniamo a Pasifae. Minosse non ha voluto dividere con i due fratelli il regno di Creta, ha sostenuto di essere lui il re predestinato dagli dei: per dimostrarlo erige un altare a Poseidone in riva al mare e lo invoca, pregando che gli mandi dal mare un toro per il sacrificio.

Poseidone lo esaudisce. Dalle onde, tutto grondante di schiuma, esce scalpitando un toro dal pelo tutto bianco, dagli occhi grandi, dal corpo possente. È circonfuso di luce. Tutti gli occhi sono per lui. Minosse lo guarda, e al suo fianco lo guarda Pasifae. La decisione di Minosse è presa in un istante. Un toro così non va sacrificato: deve diventare suo. Lo sostituisce all'altare con un toro qualunque, e manda quella creatura meravigliosa a pascolare in mezzo alle sue mandrie. Come ha potuto pensare di ingannare un dio? E un dio incline alla rabbia e alla furia come Poseidone? Infatti la vendetta del dio non tarda. Ed è terribile.

Dello stesso toro, che lui ha voluto per smania di possesso, si invaghisce Pasifae, che lo vuole in amore dentro sé stessa. Europa era stata visitata dal toro divino. Pasifae, al contrario, prende lei l'iniziativa. È lei che desidera, è lei che decide.

Va sovente nei pascoli dove il toro spicca nella mandria, solitario, imponente, luminoso, di un bianco che alla regina ricorda la luna.

Sente il desiderio allo stato puro crescere nelle sue membra mentre lo guarda sul verde dei prati. E poi mentre la sera, di nascosto dal re, tra le lenzuola, lo pensa, lo ricostruisce nella sua immaginazione, si slancia ad accarezzarlo, a giocare con lui. Non è innamorata, è lussuria quella che la strazia. La sua carne trema, si scioglie, i brividi vanno dal fondo della schiena alla nuca, un sudore caldo ne imperla il corpo nudo. Non resiste più.

Quando sente che il desiderio ormai la consuma, cerca qualcuno a cui confidarlo. Nessuno a corte la ascolterebbe senza provare orrore e correre a riferirlo a Minosse. C'è solo lui, l'artefice ateniese, il costruttore di quelle bambole animate intagliate in legno di quercia che tante volte hanno dilettato le serate della corte.

Nello sceglierlo, Pasifae ha l'astuzia del desiderio. L'uomo si chiama Dedalo, costruisce palazzi per Minosse, lo dicono suo uomo di fiducia ma lui è pur sempre uno straniero, uno che è finito a Creta in esilio e che in fondo al suo cuore sa di non dovere niente al re, ma di dovere tutto alla sua abilità di artefice, che tiene in altissima considerazione. È il migliore, tutti devono riconoscerlo.

Pasifae capta questo sentimento dell'artefice, lo lusinga, lo sfida. Astutamente gli propone un'impresa impossibile. All'artefice del suo desiderio insano non importa niente, non si scandalizza neppure un po'. A lui interessa costruire il congegno con cui la lussuria della regina potrà trovare soddisfazione.

Ed ecco che inventa e costruisce una vacca di legno in dimensioni naturali. È attento alla forma del muso, del dorso, delle zampe, riveste tutto di pelli, che davvero non si distingua da una vacca di quelle che pascolano nelle mandrie del re. La tecnica, questa volta messa al servizio di una follia, impone uno sportello scorrevole quasi invisibile nella pancia della vacca, perché la regina vi entri, e che le due zampe siano disposte in modo che le gambe della regina, divaricandosi oscenamente, possano entrarvi.

Lo stratagemma funziona. Pasifae aspetta, nascosta nell'interno buio di quella costruzione, la vagina applicata al foro longitudinale aperto nella vacca, in attesa.

La costruzione di Dedalo è montata su quattro ruote, abilmente nascoste negli zoccoli. Tutto è stato previsto. Tutto è perfetto. Dedalo, complice sino in fondo, spinge la sua costruzione nel prato dove il toro sta pascolando. Si avvicina il momento decisivo. Il toro cadrà nell'inganno? La vacca di Dedalo saprà attrarlo?

Bianco come neve, come una luna alla sommità del cielo, il toro uscito dal mare, il toro di Poseidone si avvicina alla vacca, la fiuta, le gira intorno. Dedalo freme per una ragione. Pasifae per un'altra: la sua attesa è spasmodica, vorrebbe urlare ma resta in un silenzio teso, rotto soltanto dal battito accelerato del cuore.

Poi il toro compie ciò a cui la natura lo ha destinato. Monta la vacca con il suo membro teso ed enorme, eiacula con la forza di una sorgente montana.

Pasifae ora deve gridare, tanto è forte lo spasimo di piacere, che la fa contorcere su sé stessa. La finzione ha vinto, l'artificio ha vinto. Il toro se ne torna innocente al suo pascolo. Pasifae torna alla reggia, ma in grembo porta già il Minotauro.

Fedra

L'oscuro destino di Fedra non è iscritto nel suo nome, che vuol dire "la Splendente" (Arianna, la sorella, era "la Pura"), ma nelle sue origini: infatti Fedra è figlia di Minosse e di Pasifae. Che significa essere figlia della Legge e della Trasgressione, della Legge e del Piacere più sfrenato. In quale abisso di lussuria scese Pasifae. Fedra lo conosceva: sua madre le aveva dato per fratellastro un mostro, dal corpo di uomo e dalla testa di toro.

Erano stati entrambi chiusi nel buio di quel palazzo che non si poteva chiamare palazzo perché era abitabile soltanto da prigionieri, da chi doveva essere dimenticato, cancellato, ed era fatto soltanto di corridoi tortuosi, serpentine, strettoie, curve a gomito, curve ad angolo retto dove chiunque si sarebbe perduto, ed era detto Labirinto. L'aveva costruito Dedalo, lo stesso che con la sua abilità tecnica aveva aiutato Pasifae a soddisfare il suo immondo desiderio. Fedra e la sorella Arianna avevano visto crescere il Labirinto, sapevano bene a che cosa serviva.

Come poteva la Splendente non portare in sé qualcosa dell'orrore che l'aveva lambita?

Ormai è lontana da Creta, dalla sua potenza e dai suoi segreti, è a Trezene, è regina, sposa di un eroe della lotta contro i mostri, Teseo, dopo che lui ha abbandonato Arianna.

Potrebbe essere felice. Ha un marito che dopo tante avventure ha scelto di amare solo lei, ha da lui dei figli che diventeranno eredi di un trono, ha accanto una numerosa servitù e una nutrice che è anche sua confidente e amica, ha ricchezza, e la bellezza luminosa che il suo nome testimonia.

Ma Fedra è pur sempre una mortale, e per essere felici i mortali hanno bisogno del consenso degli dei. E Afrodite prende Fedra in ostaggio.

«Che cos'è quello che gli uomini chiamano amare?» chiede Fedra alla sua nutrice troppo fedele.

«È una cosa allo stesso tempo dolcissima e straziante» risponde lei.

E Fedra, immagino a testa bassa, confusa e rassegnata, ribatte: «Io ho vissuto solo lo strazio».

Il dialogo tra Fedra e la nutrice è in Euripide, il più umano dei tragici greci. Ma è l'eterna figura della donna infelicemente innamorata che parla. L'amore, e l'amare, l'atto di provare amore, è sempre misterioso. Contiene tutta la tenerezza e tutta la sofferenza del mondo. A chi è innamorato e non viene corrisposto tocca soltanto la parte della sofferenza, terribile e straziante. Tale è il caso di Fedra. Così per lei ha voluto Afrodite.

Vive alla corte di Trezene il giovane Ippolito, figlio che Teseo ha avuto da un'Amazzone, Antiope, durante la campagna di guerra che l'eroe ha condotto contro il popolo delle donne arciere.

Ippolito è un ragazzo tutto sport e castità. È un discepolo di Artemide, e non sopporta Afrodite: non sacrifica al suo tempio, arriva a deriderla, non immaginando quanto è vendicativa la dea. Ama soprattutto la caccia nei boschi, la corsa nei prati, le cavalcate lungo la spiaggia, la compagnia di coetanei atleti e cacciatori come lui. Ha in sé la selvatichezza della madre Amazzone. E una purezza sin troppo fiera di sé stessa. Non conosce ancora corpo di donna, e non intende conoscerlo.

È per lui, suo figliastro, che arde di amore Fedra. Un amore traditore e incestuoso, impossibile, che la consuma dal di dentro, la rende pallida e la smagrisce e incurva, le toglie ogni voglia di nutrirsi, ogni voglia di vivere.

Fedra vive quell'amore, maledetto come quello che aveva travolto Pasifae, molto diversamente dalla madre. È passato il tempo primordiale dello scatenamento, della fusione con il principio barbaro della vita, della lussuria che cancella ogni barriera, persino tra gli umani e gli animali. Fedra oppone alla passione la legge morale: anche il padre Minosse, giudice implacabile, agisce dentro di lei. Ma Fedra riesce a opporre alla passione soltanto la rinuncia: all'amore e alla vita stessa.

Preoccupata che la sua regina possa morire d'amore, la nutrice, confidente e amica, le estorce dolcemente il nome di chi le procura tanta terribile pena: "Ippolito".

Il figlio di Teseo, il figliastro di Fedra. Dovrebbe bastare il nome a fermarla. Ma la nutrice parla a Fedra con una fedeltà troppo complice, e troppo umana. Con un ragionamento terra terra, da servitrice: su un piatto della bilancia c'è quell'amore incestuoso e adultero, sull'altro piatto la vita stessa della regina. Per lei è questa che conta. È il principio della sopravvivenza che deve prevalere, pesare di più.

Fedra non lo vorrebbe, preferisce tenere in sé il suo segreto mortale, ma la nutrice prende lei l'iniziativa, e va a rivelare a Ippolito l'amore della regina.

La reazione di Ippolito è violenta, senza un filo di comprensione e pietà, e mostra tutta la ferocia della purezza. Inveisce contro la nutrice, la chiama ruffiana, mezzana, inveisce contro tutte le donne, e specie contro quelle più sensibili e intelligenti, viste come le più pericolose e le più influenzate da Afrodite.

A Fedra, scoperta, vilipesa nel più crudele dei modi, non resta che la scelta di morire. Si impicca a palazzo, paga per il suo amore, ma il suo ultimo desiderio è che paghi anche chi l'ha tanto offesa e chi ha tanto disprezzato Afrodite.

Quando Teseo arriva d'improvviso a Trezene, vede la corte sprofondata nel lutto, trova il cadavere di Fedra, e in una sua mano una tavoletta che contiene brevi righe in cui lei accusa Ippolito di averla violata.

Cos'è successo *in extremis* a Fedra? Perché quella ritorsione? Perché quella inversione della verità? Perché accusa Ippolito di aver compiuto quello che non ha compiuto, e che lei nel suo male d'amore avrebbe voluto che compisse? Perché di certo nelle sue notti di passione solitaria e malata aveva desiderato che Ippolito la prendesse con la furia, la bellezza, l'atletismo della sua giovinezza.

L'amore respinto sconvolge. Anche se non diventa odio, vuole far pagare un prezzo a chi non ama, a chi non cede alla passione. Respingere un'offerta amorosa è visto come una forma di ingratitudine. Forse di ipocrisia, nata da un seme di falsità e di paura. Ed ecco che i ruoli si rideterminano: chi è rifiutato è innocente, chi rifiuta è colpevole. Chi desidera, è innocente. Colpevole è chi disprezza il desiderio in nome di un'ambigua castità.

Vorrei ricordarti, cara lettrice e caro lettore, che questo tema ricorre in universi molto lontani dal mito greco: nella Bibbia, e in particolare nella Genesi, Giuseppe figlio di Giacobbe e abbandonato dai fratelli, arriva schiavo in Egitto nella casa del potente Putifarre. Giuseppe è un modello di bellezza e di capacità in qualunque campo si applichi, e sa leggere i sogni. Putifarre lo ha caro, lo valorizza e gli dà fiducia. La moglie di Putifarre se ne innamora. Ma al rifiuto del giovane Giuseppe usa, senza fare del male a sé stessa, lo stesso metro della tavoletta rimasta in mano al cadavere di Fedra. Non è lei che ha tentato Giuseppe, è Giuseppe che l'ha tentata, sedotta e violata. L'accusa non è altro che la dichiarazione di come la moglie di Putifarre avrebbe voluto che andassero le cose. Nella Bibbia, Giuseppe è condannato dal suo padrone.

La stessa identica storia leggiamo anche nel Corano, nella Sura XII, quella detta di Yusuf. Ma nel racconto coranico Giuseppe-Yusuf è salvato da un suggerimento che un saggio dà al marito: quello di guardare da che parte è stracciata la veste di Yusuf, se è stracciata davanti, allora è vera la versione della moglie: è stata aggredita. Ma se è stracciata dietro, allora è vera la versione di Yusuf: è fuggito dall'assalto di lei. Yusuf si salva proprio grazie al fatto che la sua tunica presenta larghi squarci sulla parte posteriore.

Il racconto coranico a sua volta darà vita alla favola Sufi di Yusuf e Zuleyka, dove Yusuf è la bellezza e Zuleyka l'anima che non può rinunciare a cercarla, a qualunque costo, anche a quello di perdersi. Zuleyka amerà per tutta la vita Yusuf, e ormai vecchia e disfatta otterrà il dono di tornare alla giovinezza: come fa l'anima amando. Sia la storia biblica sia quella coranica non danno alla donna protagonista la dimensione tragica e grandiosa di Fedra.

Ippolito, su cui il padre Teseo farà discendere la maledizione di Poseidone, e che finirà sfracellato contro gli scogli sul suo carro travolto da un'onda gigantesca, non è la bellezza. È l'innocenza selvatica, ritrosa, virginale, nemica di Afrodite.

Fedra ha il sangue di Pasifae. Adultera e incestuosa, anche se soltanto nei suoi pensieri, nei suoi desideri, incarna il tormento, lo strazio d'amore come nessun'altra donna. Se i poeti, il cui compito è cercare l'essenza dell'umano, si sono impossessati della sua figura, non è un caso. Non è un caso se è il verso di un poeta, Jean Racine, che la marchia con l'orrore araldico, severo della sua nascita: *La fille de Minos et de Pasiphàe.* Uno degli alessandrini più potenti ed echeggianti della poesia francese.

La Splendente, viste le sue origini, non poteva che avere un destino così luminoso e così terribilmente oscuro.

Elena

Elena aveva lunghi capelli biondi, come fatti di fili di sole, e la carnagione bianchissima, di un bianco che ricordava la neve e le piume: così nessuno poteva dimenticare la sua nascita, avvenuta quando si era dischiuso l'uovo deposto dal cigno che aveva amato sua madre Leda.

Quel cigno era la più bella tra le incarnazioni di Zeus. Ed Elena aveva l'eredità di una bellezza sfolgorante, che aveva in sé il ricordo del cielo e la passione della carne.

Venne allevata alla corte di Sparta da Tindaro, marito di Leda, insieme alla sorella Clitennestra e ai due Dioscuri suoi fratelli, Castore e Polluce, e la fama della sua bellezza si diffuse subito tra tutti gli eroi della Grecia.

Il più avventuroso e precipitoso di questi, Teseo, la rapì non ancora dodicenne e la portò con sé ad Atene. Ma si accorse che Elena non era ancora pronta per l'amore. E presto sarebbero venuti i Dioscuri a liberarla e a riportarla a Sparta.

Quando raggiunse l'età da marito, la sua bellezza era al massimo del fulgore e si irradiava per tutta la Grecia. Sarebbero venuti da ogni angolo del paese e da ogni isola re ed eroi a chiederla in sposa, carichi di desiderio, di speranza e di doni. L'elenco è lungo: arrivarono a Sparta Diomede, Aiace Telamonio, Aiace Oileo, Filottete, Idomeneo, Patroclo, Odisseo. Quest'ultimo era l'unico che non portava con sé nessun dono: astuto com'era, sapeva già che la partita era chiusa, che Elena non sarebbe andata a nessuno dei pretendenti che si affollavano a corte, dal momento che era arrivato Agamennone, il potente re di Micene, a chiedere la mano di Elena non per sé, che ne aveva già sposata la sorella Clitennestra, ma per il fratello minore, Menelao.

I Dioscuri, giudici della gara, propendevano per Menelao. Tindaro esitava, per paura che la sua scelta creasse divisioni e odio insanabile tra gli eroi greci. Chiese consiglio all'unico che poteva dargliene uno saggio, a Odisseo.

Odisseo, tessitore di trame, lo invitò a richiedere un giuramento a tutti i pretendenti di Elena: avrebbero accettato, senza scontrarsi, il verdetto, e se chi avesse ottenuto Elena si fosse trovato in difficoltà e avesse subito qualche danno, gli altri sarebbero accorsi in suo aiuto. Odisseo gettò così il seme della spedizione dei Greci contro Troia.

Elena sposò Menelao, e gli dette una figlia, Ermione. Con la morte di Tindaro e la divinizzazione dei Dioscuri, Menelao diventò re di Sparta, secondo per potenza soltanto al fratello Agamennone.

Intanto, lontano, pascolava il gregge il pastore Paride, che in realtà era figlio di Priamo, re di Troia, ed era stato dato in fasce ad Agelao dopo che la madre Ecuba partorendolo aveva sognato una fascina infuocata come presagio di sventura per la sua casa. Agelao non ebbe il coraggio di uccidere il neonato e lo abbandonò in un cespuglio: dopo cinque giorni lo trovò salvo, bellissimo, allattato da un'orsa. A quel punto, lo crebbe con sé sulle pendici del monte Ida.

Paride ha forme così aggraziate, ammirate da tutti, che viene scelto come arbitro tra le dee Era, Atena e Afrodite per decidere a quale delle tre vada il premio della mela d'oro dovuta alla più bella. È Ermes che porta in volo le tre dee dal banchetto nuziale di Peleo e Teti: dal banchetto, che mai ve ne sono stati di più ricchi e sontuosi, dov'è nata la contesa, sino ai pascoli del monte Ida, da Paride.

Lui accetta di pronunciare il giudizio: chiede prima di tutto di vedere nude le tre dee, ha questo coraggio, lui semplice mortale. È uno che ci sa fare con le donne, che siano dee poco importa, lui ha quel dono, e persino Era non disdegna di svelargli le forme opulente, curvilinee del suo corpo.

Ognuna di queste offre a Paride, oltre alla propria nudità, anche un dono: Era gli offre la potenza e la ricchezza, Atena la saggezza e la forza. Cosa potrebbe un mortale desiderare di più? Ora tocca ad Afrodite. Sorride, mostra le palme delle mani vuote: «Io ti offro l'amore di Elena. La più bella donna al mondo».

Paride sceglie Afrodite. Poi discende a Troia e partecipa ai giochi rituali, vince la corsa sul carro, la gara di lotta, la corsa a piedi: i principi figli di Priamo stanno tramando per uccidere quello straniero che li mette in ombra, quando Agelao, per sottrarlo al pericolo, svela la vera natura di Paride e lo riconsegna al padre naturale Priamo, che lo accoglie a braccia aperte e lo porta a corte con sé.

Dopo poco, Paride è incaricato di un'ambasceria a Sparta. Sente che il suo destino si sta compiendo. Parte con una flotta di navi che hanno polene con l'immagine di Afrodite e di Eros, e che una brezza marina favorevole spinge veloci sulla propria rotta. Afrodite è anche in quella brezza.

Elena probabilmente non sa nulla di Paride. Le si presenta come ambasciatore straniero, principe troiano, e per lei è un colpo di fulmine. Paride, artista nel corteggiare e nell'insinuare, ci mette del suo, rivolge sguardi sempre più profondi a Elena, sguardi che scavano nelle sue forme, che le danno brividi, beve alla stessa coppa di lei poggiando le labbra dove lei le ha poggiate, intinge il dito nel vino e scrive sul marmo "Elena", e poi aspetta che nessun'altro veda e aggiunge: «Ti amo».

Elena non ha armi per resistere. Forse non vuole neppure resistere. Forse quello straniero è davvero ciò che aspetta, passione elementare, fuoco istantaneo, amore senza condizionamenti e senza regole. Afrodite la sta invadendo. Sta imponendo la sua legge, che irride la potenza, la ricchezza, la forza.

Qual è la cosa più bella sopra la terra nera? Uno risponde: «una torma di cavalieri»; l'altro: «di fanti»; l'altro ancora: «una flotta di navi. Io rispondo: quello che si ama».

È Saffo che parla così. L'antica poetessa greca lo sa bene, anche se altri non vogliono capirlo. È tanto semplice: è quello che si ama che dà senso alla vita, soltanto quello. E scrive:

Ecco, la donna più bella del mondo,
Elena, abbandonò
il marito, che era un prode, e fuggì
verso Troia, per mare.
E non ebbe un pensiero per sua figlia,
per i cari parenti: la travolse
Afrodite nella brama.

Tutto l'edificio del dovere, famiglia, fedeltà, legami, affetti, convenienze, rispetto, tutto crolla sotto i colpi carezzevoli ma potentissimi del desiderio e della dea che lo suscita.

Menelao, prode ma innocente sino all'ingenuità, parte per Creta lasciando l'ospite straniero solo con Elena a Sparta. Subito dopo Paride e Elena, con una parte dei tesori del palazzo reale, prendono il largo su una nave diretta a Troia. La stessa notte, all'approdo dell'isola di Cronae, Elena si concede a Paride. Afrodite ha trionfato.

Ma la fuga dei due amanti è vista dai Greci come un rapimento, un'offesa che soltanto il sangue versato a fiumi può cancellare. Scoppierà così la guerra che verrà cantata dal primo poema della nostra civiltà, l'*Iliade*, la guerra per Elena, per vendicare il furto della bellezza e rivendicare il diritto a riaverla.

Dopo la morte di Paride, Elena, contesa tra Eleno e Deifobo, diventa la sposa di quest'ultimo. Tuttavia, allo spuntare dei Greci dal ventre del Cavallo, Elena si schiera dalla loro parte, e propizia l'uccisione di Deifobo stesso.

Dopo l'incendio di Troia, Elena ottiene così il perdono di Menelao, come se la sua fuga fosse stata un peccato di giovinezza che l'età matura fa sbiadire, e ritorna con lui a Sparta, dove regnano e invecchiano insieme.

C'è una versione del mito di Elena che sembra volerla mettere al riparo dalla colpa. È quella accolta da Euripide nella tragedia, o tragicommedia, che si intitola appunto *Elena.*

In realtà la regina in carne e ossa non seguì mai Paride a Troia. Ermes la rapì e la portò a volo in Egitto, affidandola al re Proteo, il più casto degli uomini. Solo un uomo votato alla castità poteva stare vicino a Elena senza incendiarsi di desiderio. Quella che partì con Paride, fu una Elena fantasma, una Elena fittizia che la dea Era costruì con la sostanza delle nuvole: sembrava perfettamente una donna, era un'ombra.

Dunque i Greci avrebbero sopportato anni e anni di guerra, di sangue, di sventure per un'ombra? Questa versione del mito cosa vuol dirci? Forse che si combatte sempre per un'ombra, che tali sono, anche se non lo sembrano, la ricchezza, la potenza, la gloria, e persino la bellezza?

Quando Menelao, sulla rotta del ritorno, naufragò in Egitto, ritrovò la sua vera sposa, innocente, che aveva appena salvato la sua innocenza dalle brame di Teoclimene, il figlio di Proteo. Insieme riuscirono a fuggire e a far vela verso Sparta.

Anche questa versione del mito prevede un lieto fine. Che sarebbe come dire: chi obbedisce ad Afrodite conosce sofferenze e sconvolgimenti, ma alla lunga l'amore è dalla parte della vita, è quello che ci tiene in vita, e ci salva da ogni orrore.

2

Il focolare, un centro stabile

Il mito ci insegna che le inclinazioni dell'anima sono tante e contraddittorie. Ho parlato di una ressa di divinità, che convivono nella nostra anima. Alcune sono nemiche tra loro.

Afrodite, l'impulso amoroso, lei che ha vinto la gara con Atena ed Era e ha avuto la mela d'oro della bellezza suprema, che corre nei prati quando rinverdiscono in primavera, che accende i fiori dai mille colori, che entra nelle criniere delle cavalle in amore e nei venti che soffiano tra i rami degli alberi, ha necessari contrappesi dentro ciascuno di noi. Ci sono dee che non la sopportano. La invidiano? Non si sa, ma certo non sono dalla sua parte, e indicano all'anima prospettive diverse se non opposte.

Prendiamo prima di tutte Estia. Lei incarna una inclinazione che l'anima può provare, quella di trovare un centro stabile. Di non abbandonarsi, di non lasciarsi andare. Un bisogno di intimità e di un'intimità che si ottiene soltanto con il sapere dove si sta, con il tenersi stretti a qualcosa: il focolare, la casa. Anche se la dea che incarna questa inclinazione ha un nome di donna, la tendenza a focalizzare su famiglia e sicurezza è diffusa in egual misura tra gli uomini.

Seguire le seduzioni di Afrodite, che possono portare ad eccessi e rovine, o starsene vicini a Estia, alla sua tranquilla vocazione alla stasi, al caldo del focolare che lei alimenta?

Come capita a gran parte delle pulsioni dell'anima, anche questa governata da Estia può portare serenità: focolare e casa, bisogna dirlo, non sembrano porsi la felicità tra i loro obiettivi primari. Oppure può avere effetti negativi, può comunicare un senso di asfissia e di noia, quando la chiusura in sé diventa eccessiva, il desiderio di avere un centro si trasforma in una calamita che non lascia più libertà di movimento e alza intorno a sé muri protettivi troppo alti, che non consentono di guardare cosa c'è al di là.

Refrattario al culto di Estia, ho saputo che cosa è la stasi, cosa vuol dire focolare, durante la pandemia. Io che non passavo mai più di due o tre giorni nella stessa casa mi sono ritrovato a dover vivere stabilmente nello stesso luogo per mesi e mesi, facendo del mio computer il focolare elettronico con cui tener viva la comunicazione con l'esterno. Non ho scelto Estia: mi è toccata in sorte, nello stravolgimento delle nostre vite che la Pandemia ha portato. Le dee e gli dei dell'amore e del viaggio sappiano che non li ho dimenticati.

Estia

Estia, figlia di Crono e di Rea, sorella di Zeus, è una delle maggiori dee del pantheon greco. Eppure non ha parte in grandi storie, non è protagonista di nessun ciclo di racconti, non la vediamo intervenire tra gli umani come fanno con tanta frequenza Atena o Ermes. Non parteggia né per gli Achei né per i Troiani, non le interessano le guerre e le dispute. Lei è una dea mite, insensibile al veleno amoroso di Afrodite, dai costumi severi, caritatevole.

È lei che ha insegnato agli uomini a costruire le case, e a custodirvi il fuoco. Dunque è stata la dea che ha contribuito di più a far evolvere l'uomo dallo stato primitivo, barbarico, verso uno stato superiore, perché le case sono un tassello delle città, immagine fondamentale della civilizzazione, e il fuoco mantenuto vivo nel cuore della casa e nel cuore dei templi è il segno del legame con il sacro.

Estia è la dea del focolare. È la dea della sicurezza, della famiglia, della serenità, del dovere dell'ospitalità. Rappresenta l'interno, quello che sta tra i muri protettivi, il chiuso, ciò che è fissato a un luogo e vi sta con calma e pazienza. In questo, è il giusto contrario di Ermes.

Ogni casa dunque, nel suo cuore, aveva Estia. Ogni casa intesa come nucleo familiare messo al sicuro, separato dagli altri, là dove non penetravano i venti dispersivi delle passioni e dei desideri. Estia è dea della serenità, della esclusione di ciò che può turbare l'ordine tra i muri della casa: ed è anche dea dell'ospitalità, ma di una ospitalità protetta a sua volta come dovere sacro. È la spinta a centrare piuttosto che a disperdere. A mettere a fuoco piuttosto che a volare col pensiero. Con lei si sta bene se si è sedentari, radicati, impermeabili a Eros e invulnerabili alle sue frecce.

Estia è il primato della casa e del legame, ma affermato con grazia, senza superbia, senza i guizzi passionali di tanti tra gli dei.

Non riusciamo a immaginarla. In una statua che la raffigura, ma è già Vesta, è già nella sua versione romana, è una donna imponente e con un pudico velo sul capo, una veste lunga sino ai piedi con una curiosa plissettatura che non mostra niente del suo corpo, gli occhi rivolti in basso in uno sguardo triste e severo, quasi scostante, una mano posata sul fianco. Tutto in lei ispira una specie di pudibonda severità.

I Pritanei erano i centri religiosi dove veniva tenuto perennemente acceso il fuoco sacro ad Estia, che era oggetto di un culto pubblico e non soltanto familiare. I Greci che partivano per fondare le loro colonie lungo tutte le coste del Mediterraneo, prelevavano dall'altare di Estia un po' del fuoco da portare con sé e da lasciare acceso nelle città nuove che avrebbero fondato.

Due soli episodi ci restano che raccontino qualcosa della vita olimpica di Estia, questa dea che preferisce i muri di una casa e gli altari di un tempio al libero cielo e alle vette delle alte montagne.

Quando Crono viene detronizzato e subentra Zeus come dio dominante, c'è tempesta sull'Olimpo: come sempre, quando un ordine cade e se ne afferma uno nuovo.

Tra i temi del contendere, c'è proprio Estia e le sue nozze. Si presentano due pretendenti di grande potenza: Apollo, che rappresenta la luce del Sole, e Poseidone, che rappresenta il regno del mare. La scelta non sarebbe facile per nessuna dea.

Ma Estia non vuole neppure scegliere. Non le interessano né l'uno né l'altro. Cosa hanno a che fare i raggi del sole e le onde del mare con la stabilità di una casa, con il suo focolare, al chiuso, protetti da muri rassicuranti?

Quando già Apollo e Poseidone sono pronti a combattere, e già si formano fazioni in favore dell'uno o dell'altro, Estia mette i due contendenti sullo stesso piano: non è il caso che litighino, che rompano l'ordine olimpico appena nato. Lei non vuole nessuno dei due, e per suffragare il proprio rifiuto giura sulla testa di Zeus che rimarrà vergine.

Zeus le è grato di aver evitato disordini di cui non possono prevedersi le conseguenze. E stabilisce che la prima offerta di ogni sacrificio pubblico sia in suo onore.

Il secondo episodio di cui Estia è protagonista è quasi farsesco, nonostante l'aura di serietà che la avvolge.

C'è stato un banchetto campestre tra gli dei, che amano a volte scendere dai fasti dell'Olimpo per capire l'esistenza dei mortali. Tutti sono stati convocati. E tutti hanno mangiato troppo capretto, troppe pernici, troppi formaggi – chissà se anche questa volta ha cucinato Efesto, fabbro e chef – e hanno bevuto una quantità esagerata di vino: con Dioniso presente è inevitabile.

Dopo il pranzo, gli dei si abbandonano al sonno. Ma non tutti. C'è un dio minore, non olimpico, un dio dei boschi e degli orti che si chiama Priapo. Un dio deforme e minore in tutto, certamente, ma non nelle dimensioni del fallo, costantemente eretto, che lo rendono ridicolmente tronfio.

Ubriaco, Priapo, il cui corpo non sembra che una appendice del suo enorme fallo, e il cui cervello deve essere a tanto pene inversamente proporzionale, si avvicina proprio alla più ritrosa, casta e pudica delle dee per farle violenza. Ma siccome nella natura c'è un'astuzia imprevedibile, mentre Priapo si avvicina, appare un asino, proprio un asino, animale lussurioso e sessualmente dotato quanto altri mai, che raglia così forte da svegliare Estia e sventare il goffo tentativo di Priapo.

Un episodio simile ci riporta alla natura di Estia come dea dell'ospitalità che non va mai profanata. Non c'è ubriachezza, passione, erezione spasmodica che tenga: l'ospitalità non va mai insozzata dai desideri di chi la offre, né di chi la riceve. Persino un asino, non certo maestro di buone maniere, lo sa.

Con la sua rinuncia al piacere, Estia fonda l'unità della famiglia intorno al focolare.

Quando si trasferì a Roma con il nome di Vesta, la dea assunse ancora più rilievo, perché, oltre che della famiglia, diventò nume tutelare dello Stato romano come nelle piccole città greche non era mai capitato.

A Vesta, dea della casa, venne affiancato Giano. Questo antichissimo dio italico, re del Lazio e residente sul colle che porta ancora il suo nome, Gianicolo, è un dio bifronte, rivolto al futuro e al passato, dio del passaggio del tempo (da lui prenderà il nome il mese di gennaio, *Ianuarius*) e dio delle porte. In quest'ultimo caso, guardando simultaneamente l'interno e l'esterno della casa, aiuta magnificamente Vesta nel suo compito di proteggerla.

A Vesta vennero consacrate le Vestali: "vestale" è un termine che resiste ancora nel linguaggio contemporaneo con il senso di "donna austera e pudica", di indole protettrice. Le Vestali erano sei ragazze dai sei ai dieci anni che restavano per un trentennio al servizio del fuoco sacro nel tempio. Il loro ruolo era considerato di importanza capitale per i destini della città tanto che, se una di loro avesse lasciato spegnere il fuoco, sarebbe stata battuta a sangue, e se avesse perso la verginità, sarebbe stata sepolta viva.

Estia, anche nella sua variante romana di Vesta, rappresenta alla fine il focolare come tradizione, come continuità, come l'aspetto di sicurezza e di tutela della famiglia, e poi anche dello Stato. Per questo, non deve accoppiarsi, deve mantenersi pura, diventare, come diventa, nemica di Afrodite. Il fuoco che custodisce non è il simbolo della passione ma quello della vita elementare che, grazie al fuoco, scalda i muri della casa, cuoce i cibi, protegge il susseguirsi delle generazioni.

La sua battaglia contro Afrodite e la sua corte, la battaglia del fuoco virtuoso contro il violento fuoco d'amore, credo che si combatta da millenni in tutti gli esseri umani. E che in questa battaglia ciascuno di loro si giochi molto della propria vita.

3

La potenza e il dominio

Non ho mai dimenticato l'arrivo davanti alle mura di Micene, quell'estate che vagabondavo per l'Argolide. Le mura di Tirinto mi erano apparse ellittiche, colossali, cieche, richiamavano alla mente tempi preistorici, quando i Titani erano forze cosmiche in un universo ancora in formazione. Micene era in alto, tra colline aride e pietrose, dove fioriscono soltanto stenti cespugli di lentischio, con le sue mura, la sua porta con in alto i due leoni rampanti ai lati di una colonna, su cui aleggia la memoria sanguinante degli Atridi: mi diede subito l'immagine più piena della potenza e del dominio calati nella storia che si rafforzò quando arrivai di fronte alla Tomba di Agamennone. E ci entrai.

La Tomba di Agamennone, chiamata anche il Tesoro di Atreo, è una costruzione che sembra scavata, mimetizzata nella collina, in cui si entra attraverso una porta stretta e alta, un rettangolo scuro sormontato da un triangolo acuto. Dentro, la pianta è circolare e la volta conica.

C'era buio. Il buio profondo di una sepoltura, anche se non si vedeva nessuna arca, nessun sepolcro. Un senso di vuoto, di nudo, di arcano. Ma quello che mi impressionò di più fu udire nel buio una musica che risuonava potentemente, voci che l'acustica di quel vano semisotterraneo amplificava dando loro qualcosa di enigmatico e conturbante. Erano studenti accoccolati in cerchio, che cantavano in coro in tedesco, compresi nella loro esecuzione, un tema che non seppi a quale musicista attribuire. Poteva essere Wagner, ma non ne fui affatto sicuro. Quello di cui sono sicuro è che in quel momento ebbi la sensazione più acuminata di che cosa è la volontà di potenza, la sua parte di grandezza e soprattutto quella di buio, di sacrificio e di morte.

Un movimento umano spingerà sempre l'anima verso la brama di potenza e di dominio. A me sembra incredibile, ma è così. È una pulsione arcaica, ineludibile: il voler esercitare la propria forza, accrescerla, innalzarla, renderla arbitra, signora a cui gli altri devono inchinarsi e professare obbedienza. A tutti i livelli, dal più infimo al più grandioso, questa pulsione spinge a primeggiare, a opprimere, a rendere schiavi: dal padre autoritario con i suoi figli al capoturno con gli operai, al graduato con i soldati semplici, al dirigente con i sottoposti. Sino al grande condottiero con il suo popolo e i popoli conquistati, da Alessandro a Cesare, da Carlomagno a Napoleone.

È una pulsione che può avere una sua grandezza, coraggio, sogno, aspirazione all'infinito, ma che più spesso diventa creatrice di tirannia, dolore, strage, devastazione. È il contrario dell'inclinazione verso amore e libertà. È il costringere l'esistenza dentro il cerchio ferreo del comandare e dell'obbedire. E un tempo poeti come Vittorio Alfieri, che oggi nessuno legge più, lo sapevano bene, e si ribellavano:

> L'obbedir pesa, e il comandar ripugna,
> Chi l'alma pura e libera si sente:
> [...].

Nel mito greco, il potere è liberarsi dal potere del padre, e farsi padre degli altri dei: così Crono, e così Zeus una volta conquistato l'Olimpo. Il suo potere maschile viene però contrastato e insidiato sottilmente da quello di Era, sua moglie. Ma i due sovrani dell'Olimpo, impegnati in continui giochi di potere tra loro, sono troppo regali per incarnare soltanto una pulsione, un movimento umano.

Invece c'è un eroe, non a caso re di Micene, signore degli Achei, vincitore della prima guerra mortale della storia d'Occidente che incarna perfettamente, e atrocemente, questa inclinazione dell'anima umana: è Agamennone.

Zeus ed Era

Dell'ordine olimpico, Zeus è il supremo garante. Con la sua folgore tiene a bada gli dei, che si agitano inquieti e litigiosi, li controlla, dirime i loro contrasti, e ha il potere, oltre che sugli immortali, sul cielo, sulla terra e sul mondo degli eroi e degli uomini.

È Zeus che custodisce l'armonia del mondo, protegge i re ma anche i mendichi e gli ospiti, sorveglia l'ordine civile, punisce chi viola la sue leggi, che sono le leggi della vita nel suo splendore.

Ai vertici dell'Olimpo, con lui, al suo fianco, siede la moglie, Era, la Signora degli dei, anche lei figlia di Crono e di Rea. Lei non ha folgori con cui esercitare il suo potere, ma lo afferma opponendosi continuamente al marito celeste, istigando gli altri dei a ribellarsi contro di lui, figliando per partenogenesi mostri come Tifone, divinità dall'aspetto sciancato come Efesto, demoni come Ares, il turbolento signore delle risse e della guerra. È lei che può concedere il dono della profezia a qualunque mortale le vada a genio.

Era è detta la dea del matrimonio in omaggio alle sue nozze con Zeus. In omaggio al suo aver accettato il nuovo ordine patriarcale.

La madre Rea, avendo intuito un'indole lussuriosa nel figlio, non voleva dargli il permesso di sposarsi. Zeus, che non poteva accettare di essere contraddetto né l'imposizione di limiti, la minacciò di violenza.

Allora Rea si trasformò in un serpente femmina, dalle belle squame avorio, e rimase lì ai piedi del figlio, sentendosi ormai al sicuro. Non aveva fatto i conti, pur conoscendolo bene, con l'estro metamorfico di Zeus, che prese di colpo le forme di un serpente maschio, dalle squame dorate, e si avvinghiò contorcendosi intorno al serpente femmina.

Cominciò così la serie di trasformazioni cui Zeus si sottopose in amore.

Per avere Era, che lo aveva rifiutato, la raggiunse in Argolide e si trasformò in un cuculo. Suscitò poi una tempesta di quelle che soltanto a lui riuscivano: vento furioso, nuvole che si scontrano, fulmini, e infine una pioggia diluviante. Il povero piccolo cuculo infreddolito, bagnato fradicio, si mise a lamentarsi, a tremare.

Era, con un gesto di benevolenza tutto femminile, lo raccolse nelle sue mani, lo mise sotto il mantello per proteggerlo e asciugarlo. Ma quando fu lì, alla meta, Zeus riprese di colpo le fattezze divine, e possedette Era.

Il matrimonio fu inevitabile, e celebrato sontuosamente. Tra i doni, il più prezioso fu quello di Gea, la nonna, la Madre Terra, che portò l'albero dalle mele d'oro, che verrà custodito dalle Esperidi, le figlie della Notte, all'estremità occidentale del mondo.

La notte di nozze durò trecento anni. Il coito più lungo che sia mai avvenuto. Era, per ristorarsi, poteva fare abluzioni in un vicino fiume magico dell'Argolide, che aveva il potere di ridarle ogni volta la verginità.

Ma Zeus era insaziabile, come la vita. Quel coito meraviglioso non gli bastò. E si noti che, tra tutti gli dei, lui è quello di cui si raccontano meno avventure, tranne quelle d'amore, compulsive e incontenibili.

Da Temi generò le Stagioni, da Mnemosine le Muse, da Eurinome le tre Grazie. Amò dee, ninfe, donne mortali, Demetra,

Afrodite, Maia, Danae, Europa, Pasifae, Io, Semele, Leda, spesso prendendo sembianze diverse: di animali e persino di eventi naturali come la pioggia.

Di fronte a questa incontenibile fame di Zeus, Era non si limitò ad essere gelosa. Gli oppose una natura litigiosa, sospettosa, fiera, pronta a infliggere umiliazioni. Sinché un giorno non istigò Apollo e Poseidone a ribellarsi al potere assoluto che il loro, rispettivamente, padre e fratello esercitava con tanta sicurezza e severità.

Apollo e Poseidone convincono gli altri dei a collaborare nel loro tentativo: tutti aderiscono, fuorché la mite Estia, dea del focolare.

Mentre Zeus dorme, i due gli legano con fasce di cuoio le gambe e le braccia in cento nodi, così che non possa più muoversi. Quando Zeus si sveglia, minaccia i ribelli cercando la sua folgore. Ma quella è stata preventivamente allontanata da lui, e i nodi sono tanti e stretti che non riuscirà mai a scioglierli.

Per la prima volta, Apollo, Poseidone e tutti gli dei possono ridere in faccia a Zeus, mentre Era non sta in sé dalla gioia. Ma dal mare arriva un aiuto insperato: Teti, la figlia di Nereo e Doride che ha con Zeus un rapporto affettuoso, fonte di sospetti per Era e che teme una guerra civile tra gli dei, sale sull'Olimpo con Briareo, il Titano dalle cento mani che in un soffio scioglie tutti i nodi in cui Zeus è stretto.

Ripreso il suo potere, Zeus perdona gli dei che si sono semplicemente fatti trascinare in questa impresa folle; manda però Apollo e Poseidone, come usa per scontare una colpa tra gli dei, al servizio di un mortale, Laomedonte, per il quale costruiscono le mura di Troia. Ma riserva la punizione più dura proprio a Era, istigatrice della rivolta: le stringe i polsi in un bracciale d'oro, mentre alle caviglie le impone il peso di due incudini e l'appende al punto più alto del cielo.

Gli dei inorridiscono a vedere la Signora dell'Olimpo in

quella sconcia posizione. Ma nessuno ha il coraggio di andare a liberarla.

Un'altra versione dice che ci prova suo figlio Efesto, fabbro abilissimo. Un'altra che è Zeus stesso a perdonarla e a riportarla al suo fianco, a patto che tutti gli altri dei promettano che non si ribelleranno mai più.

Se lo guardassimo con occhi di oggi, diremmo che era un inferno, il paradiso dell'Olimpo. Ma il rapporto tra Zeus ed Era va guardato in ben altro modo. Tutte le vicende narrate dal mito greco vanno lette nel loro valore simbolico, che va ben al di là di quello letterale. Le due divinità non sono marito e moglie in un appartamento milionario a Manhattan o in una villa dei reali d'Inghilterra. Non vivono di intrighi per il gusto dell'intrigo, di tradimenti per il gusto del tradimento.

Era incarna l'altra polarità del potere, quella femminile, rimasta in ricordo delle ere millenarie di matriarcato, in cui erano le donne a unirsi liberamente a quanti uomini volevano e a trasmettere il nome ai figli, e la magia e l'incanto dovevano essere più sviluppati degli armamenti e delle leggi. Era mantiene una parte magica che le consente di donare la virtù profetica, e una parte ribelle, con cui continua a opporsi alla supremazia maschile.

Quanto alla fame sessuale di Zeus, leggerla come quella di un impenitente libertino o di un maniaco sessuale sarebbe davvero limitato, forse divertente, certo stupido. Zeus, in quanto sommo Dio, non è solo il depositario della folgore e dell'equilibrio del mondo, è ancora di più: è il garante della continuazione della vita, è fonte continua di procreazione, è lo spirito divino che entra nelle cose, penetra la durezza statica e opaca delle cose inorganiche, fa sprizzare il seme e lo spirito nella materia.

Alle figure delle dee, delle ninfe, delle donne mortali amate dobbiamo aggiungere quelle dei ragazzi come il bel Ganimede, figlio di Troo e di Calliroe, rapito dall'aquila di Zeus per fare il coppiere sull'Olimpo: sono figure simboliche che circoscrivono tutta la natura, divina, umana, animale, tutto quello in cui Zeus trasmette la sua linfa vitale.

Zeus rappresenta il potere, la maestà, la giustizia, la severità della vita, ma è anche costantemente impegnato a infondere vita con le sue mille metamorfosi amorose.

Era è la dea della famiglia, certo, ma è anche pronta a partorire senza il contributo del marito; e se è cauta rivale di Afrodite, non esita tuttavia a chiederle in prestito il suo cinto magico per riaccendere il desiderio nel fedifrago Zeus.

Agamennone

La storia della famiglia di Agamennone, figlio di Atreo e di Erope, è tutta bagnata dal sangue e dall'orrore.

Atreo e il fratello Tieste furono impegnati in una lotta maledetta, fratricida e senza esclusione di colpi per il dominio su Micene. Nessun delitto, nessuna atrocità mancò alla loro contesa. Tieste mandò un suo figlio a uccidere Atreo, che senza riconoscerlo mise a morte. Poi ingravidò la propria figlia, Pelopea, da cui generò Egisto, che avrebbe avuto un destino di assassino e di traditore. Poi sedusse con successo Erope, sua cognata.

Omicidio, inganno, incesto, tradimento: ecco di cosa si macchiò Tieste. Ma alla fine, la vendetta di Atreo lo fece quasi sembrare una vittima.

Con il pretesto di sancire la riappacificazione, Atreo invitò il fratello per un pranzo alla sua corte. E lì avvenne qualcosa di così crudele e mostruoso che, come racconta Seneca nella sua tragedia, il sole stesso invertì in quel momento il suo corso e le costellazioni si spensero e caddero.

Atreo fece macellare i tre figli di Tieste, Orcomeno, Aglao e

Callileonte. Ne fece cuocere i pezzi, e poi li fece imbandire su quella tavola, per quel pranzo che avrebbe dovuto essere di pace. Invece fu l'orrore.

La reazione di Tieste non si fece attendere. E per sfuggire alla sua persecuzione gli Atridi, i figli di Atreo Agamennone e Menelao, dovettero riparare a Sparta, alla corte di re Tindaro.

A Sparta, deciso a riprendersi Micene, Agamennone intanto sceglie una moglie degna di lui. È Clitennestra, la figlia di Tindaro e di Leda, sorella di Elena e dei Dioscuri, Castore e Polluce.

Subito il suo carattere cupo, arrogante e violento si manifesta. Clitennestra ha già un marito, che è Tantalo, figlio di Tieste. Ma non sarà certo questo a fermare Agamennone. Non si parla né di innamoramento, né di amore. Noi sappiamo soltanto che vuole Clitennestra per entrare nella nobile famiglia di Tindaro, che il suo fine è la potenza.

Così, rende libera da vincoli Clitennestra nel modo più spiccio, uccidendo Tantalo. E, per troncare ogni legame in lei con la sua vita di prima, infierisce anche contro il suo bambino, lo strappa dal grembo della madre e senza usare la spada lo finisce sbattendogli la testa contro il pavimento.

Con che animo Clitennestra lo accoglie nel suo letto, nessuno può saperlo. Hanno quattro figli: Ifigenia, Elettra, Crisotemi e Oreste. Riconquistata Micene con l'aiuto di Tindaro, siede sul trono della più potente città degli Achei. Ma le sue mire vanno più lontano.

La sorella di Clitennestra, Elena, la bellissima, ha subito il rapimento di Teseo, ma è stata riportata a casa dai fratelli in quanto troppo giovane per essere sposa. Ora invece l'età è quella giusta.

Tutti i re e gli eroi della Grecia si presentano come suoi pretendenti. Ma Agamennone ha un piano per rafforzare la sua dinastia e ampliare il raggio della sua potenza. Elena deve sposare Menelao, suo fratello minore, un prode ma del tutto sprovvisto della feroce forza di volontà del primogenito. Agamennone imponendo quelle nozze mostra a tutti la sua ricchezza e il suo potere.

Quando poi, morto Tindaro, i Dioscuri suoi legittimi eredi sono accolti in cielo, Menelao diviene re di Sparta. Dunque, tra Micene e Sparta, l'Argolide è in mano agli Atridi: nessuno potrà ostentare una potenza maggiore della loro.

E quando Elena viene rapita da Paride, è Agamennone, non Menelao, il più infuriato e ferito. Un principe straniero ha rubato moglie e tesori a suo fratello. Lui e la sua città dovranno pagarla cara. E Agamennone comincia a radunare re, eroi, guerrieri, navi per portare la guerra a Troia, la patria di Paride. Ora il suo sogno di potenza alza le vele, varca il mare.

Per vincere la bonaccia che sta fermando le navi della flotta achea in Aulide come dentro il fango di una palude, accetta di sacrificare ad Artemide, di cui ha ucciso una cerva sacra, la propria figlia Ifigenia. È passato il tempo dei sacrifici umani, ma Agamennone è disposto a compierne uno, è disposto a veder uccidere sua figlia su un altare perché il vento si levi, le navi possano partire, la guerra cominci: tanta è la sua sete di potenza e di dominio.

Anche se Artemide salva in extremis la ragazza, Clitennestra non può perdonare il marito, questa volta. Nella sua mente prende corpo proprio lì, in Aulide, il desiderio di vendetta.

Agamennone è pronto a mettere sotto i piedi affetti, famiglia e ogni tenerezza pur di raggiungere i suoi obiettivi.

La celebre lite di Agamennone con Achille, che apre il primo libro dell'*Iliade*, ne mette in luce il carattere in maniera nettissima: Agamennone, *Anax Andròn*, “Signore di uomini”, è il potere fatto persona.

Come non rispettò l'amore, Agamennone non rispettò neppure il coraggio e l'eroismo: non ebbe ritegno, svillaneggiò Achille, il più forte dei suoi guerrieri, lo minacciò e gli rubò la schiava Briseide, avendo dovuto rinunciare alla sua. Non accettò neppure che qualcuno osasse prendere la parola davanti a lui. Achille non gli risparmiò insulti: «Anima invereconda, anima avara». E poi: «Ebbro! Cane agli sguardi e cervo al core!».

Agamennone venne chiamato impudente, taccagno, ubriaco, lubrico, vile. Ma non si spostò di un dito dalla sua posizione. Achille si chiese come il popolo acheo potesse seguirlo in battaglia, come potesse accettare che ne diventasse il "divorator tiranno", che rapisse lui la più gran parte del bottino che i guerrieri avevano conquistato con il loro sangue. Sono accuse chiaramente politiche. Ma Agamennone se ne rise:

> Ma nel tuo padiglione ad involarti
> verrò la figlia di Briséo, la bella
> tua prigioniera, io stesso; onde t'avvegga
> quant'io t'avanzo di possanza, e quindi
> altri meco uguagliarsi e cozzar tema.

Queste sue parole esprimono la quintessenza del potere, che misura gli uomini da quanto ne posseggono: chi è primo per "possanza" può imporre la sua volontà agli altri, di modo che tutti temano al pensiero di sollevarsi e andargli contro.

Durante il ritorno a casa dopo la distruzione di Troia, dopo le tante battaglie in cui ha mostrato valore ma anche crudeltà implacabile, Agamennone scampa alla tempesta che affonda tante navi di eroi, tra cui quella dello sventurato Aiace. È annunciato da una fiaccola accesa sulla cima più vicina alla città, ultimo anello di una catena di fuochi che hanno attraversato lo spazio dalla Troade all'Argolide, fa finalmente rientro a Micene.

È un Agamennone più umano e consapevole dei limiti quello

che varca le mura della sua città. È umano quel suo respingere all'inizio le lusinghe di Clitennestra, che con il veleno e il delitto nel cuore gli offre di scendere dal cocchio non sul terreno nudo ma su pezze di porpora. Il rosso del fuoco, quello dei tappeti...

Forse Agamennone vi intravede un riflesso del sangue che scorrerà. Ha con sé Cassandra, l'indovina figlia di Priamo, suo bottino di guerra e sua concubina. Non si sa se l'ami: se Agamennone, l'Atride, il figlio di una stirpe maledetta, abbia mai amato davvero qualcuno. Ma la presenza di Cassandra basta ad aggiungere odio all'odio di Clitennestra.

Del resto il destino di Agamennone è segnato. Clitennestra e Egisto, suo amante, hanno deciso di scannarlo. Mentre sta facendo un bagno, viene avviluppato da una veste che lo chiude come in una rete e lo acceca. Così il pugnale può entrargli nella carne e ucciderlo.

Sarà il figlio Oreste a vendicarlo, e il fratello minore sopravvissuto, Menelao, a innalzare un tempio a Sparta che sarà consacrato a Zeus Agamennone: istituendo un parallelo tra il Signore degli dei e il Signore degli uomini.

L'anima che brama potenza e dominio ricordi Agamennone. Per quanto potere uno abbia raggiunto, non diventa invulnerabile. Per ogni tiranno, può esserci un tirannicida. Ogni dominio terreno finisce. E spesso finisce nell'esilio e nella rovina.

Così, in un'isola dei freddi mari del Sud, è finito il sogno di Napoleone. Così, nel rogo del cortile del bunker a Berlino, è finita la follia sanguinaria di Hitler.

La storia sembra che non possa procedere senza che si lotti per il dominio. E senza che il più forte legiferi e si autoassolva. Ora non si lotta più col sangue, ma con le conquiste economiche e le operazioni finanziarie. Il risultato è lo stesso. Invece che cadaveri, restano sul campo masse impoverite, intorpidite, affamate.

Nella nostra anima individuale, l'ansia di potere ha due anticorpi formidabili: l'amore e la libertà. E poi la generosità, la vulnerabilità, la pietà, la tenerezza.

Il sole giovane, appena sorto, pronto a compiere la sua parabola per il cielo, contro il sole fermo del mezzogiorno, maturo più di un frutto, pronto a versare oro e sangue. Achille eternamente contro Agamennone.

4

La saggezza coraggiosa e strategica

La saggezza è una qualità che si acquista con il tempo, l'esperienza, lo studio, la meditazione. Ma la nostra anima può avere una inclinazione nativa, una pulsione vitale verso quello che la saggezza rappresenta: conoscenza, controllo degli istinti, severità, combattività in nome di una causa. Perché qualche ragazza (caso più frequente ormai) e qualche ragazzo sente attrazione verso gli studi, la ricerca, e altri no? Perché qualcuno sente meno forti le passioni erotiche e dispersive prediligendo attingere a un livello superiore di azione e di pensiero? Perché è esistita a lungo nella nostra civiltà la consapevolezza che il sapere, la cultura, i libri fossero anche operosità, momenti di una strategia per affermarsi e realizzare i propri desideri?

La dea che presiede a tutto questo è Pallade Atena. Anche lei, come Estia, è avversa ad Afrodite. Sa che l'amore ha una sua cecità irragionevole, che lo spinge ad andare anche lontano da dove sarebbe saggio andare.

Credo che molti abbiano vissuto nella loro anima il contrasto tra Atena e Afrodite. Io lo ricordo acceso e perturbante nella mia anima di adolescente studioso e schivo, refrattario alla carne e attratto irresistibilmente dal sapere sinché Afrodite irruppe e mi mostrò sentieri da percorrere che portavano lontano dalle biblioteche e dalla castità, nel bosco oscuro e nel mare in tempesta del desiderio amoroso e del sesso con tutte le sue ossessioni.

Il politeismo greco fa bene all'anima: perché dal culto di Afrodite ho potuto tornare, quando dovevo, al culto di Atena senza il quale, cara lettrice e caro lettore, non scriverei questo libro.

Le nostre scelte avvengono nel segreto dell'anima. Non ne siamo padroni completamente, non decidiamo noi del tutto quello che avviene nelle nostre vite. L'anima spinge in tante direzioni, ma alla fine sceglie la direzione verso cui dare la spinta più forte.

Quando tu cara lettrice e caro lettore, sei sotto il governo di Pallade Atena, non provi soltanto l'inclinazione alla saggezza ma anche quella al fare equilibrato e fruttuoso, all'illuminazione, al controllo degli istinti distruttivi, a rimediare contro ogni disordine. Sei guerriera o guerriero, ma per la pace! E sai come trattare Ares, il demone sanguinario dello scontro per lo scontro.

Pallade Atena è la donatrice dell'ulivo. Di sua competenza è la lotta contro i Giganti del Caos, e diventa la dea protettrice della democrazia, anche se le stesse stanche e svuotate democrazie occidentali, che hanno messo sotto i piedi il sapere, non se ne rendono conto.

Nella ressa della nostra anima, Atena svetta come il Partenone, il tempio a lei dedicato nella città cui diede il nome, Atene, sull'Acropoli. Partenone deriva da un appellativo della dea, *parthenos*, "vergine": com'è la vera saggezza, vergine da servilismo, odio accecante, paura, conformismo e manipolazione.

Atena

La dea Atena, che per potenza e influenza sugli umani è seconda soltanto a Zeus nel pantheon greco, nasce in maniera avventurosa e per certi versi oscura. Si racconta che Zeus abbia amato Metis, dea del senno, del "saggio consiglio", che è la più colta e naturalmente la più "assennata" tra tutti gli dei. È figlia di Oceano e di Teti, una creatura marina che come tutte le creature marine ha la proprietà di cambiare istantaneamente forma, di assumere di colpo altre nature e diventare serpente, fuoco, nuvola, tanto da essere imprendibile.

Ma Zeus è ben allenato nel gioco delle metamorfosi, lui che diventa toro per rapire Europa, cigno per penetrare Leda, pioggia d'oro per godersi Danae. E, mutandosi repentinamente a seconda di cosa diventa Metis davanti a lui, dopo qualche tentativo vano la possiede.

Zeus non è soddisfatto. Vuole soltanto per sé ciò che Metis ha per dote, tutto quel sapere, quel conoscere cauto, attento, positivo. Per essere il sommo tra gli dei ne ha bisogno. Un bisogno per soddisfare il quale non va per il sottile. Deve incorporare Metis in sé, portarla dentro sé stesso, nelle sue viscere.

E così il grande Zeus, che era scampato fortunosamente alla mostruosa abitudine di Crono di inghiottire i propri figli, lo aveva spodestato, aveva salvato i suoi fratelli, ora come per una forma di ereditarietà mortale commette con Metis lo stesso delitto. La inghiotte, ma senza odio, senza vendetta, mosso soltanto da un desiderio di possesso assoluto.

Da questa unione così sbilanciata e strana prende forma Atena. Ma prende forma nel corpo di Zeus, che sente il feto divino crescere nelle sue membra, urtarle, spingerle.

Come sempre quando occorre un aiuto concreto, pratico, viene convocato Efesto, il fabbro zoppo e nano, versato in ogni cosa che richieda forza e artificio. Qui lo vediamo nella veste di ostetrico. Zeus, lui, il signore del fulmine e del cielo, deve partorire. E ha bisogno che Efesto, venuto da una buia officina, intervenga. Il dio fabbro non ha altro strumento per farlo che la sua ascia: con quella colpisce al capo Zeus, e da lì, dalla sommità della testa del dio supremo, balza fuori una giovane donna rivestita di un'armatura d'oro che ha in mano una lunga lancia acuminata.

La giovane donna ha una bocca dalle labbra in rilievo, un naso forte, gli occhi azzurri lucenti come quelli di una civetta, un sorriso trattenuto e sicuro di sé. L'Olimpo trema davanti a lei, la terra si scuote, il mare manda verso riva alte onde color porpora e vino.

È nata così Atena. Figlia di Zeus, parte di lui, subito vicino a lui e al suo trono nel punto più alto del cielo.

Atena è detta anche Pallade: in greco *pallas*, con accento e declinazioni diverse, si può usare sia al maschile sia al femminile: nel primo caso significa un giovane uomo forte, nel secondo una giovinetta vergine e dotata della medesima forza. Lei ha in sé tutti e due i principi, ed è – va subito detto – una dea che al contrario di molte altre divinità ama avvicinarsi agli uomini e alle città. Sono tanti gli eroi che trovano in lei una protettrice e una buona consigliera: ricordo il suo intervento su Achille all'inizio dell'*Iliade*, e poi la sua vicinanza a Eracle, Giasone, Bellerofonte, Diomede, Tideo, e soprattutto a Odisseo, l'astuto, su cui veglia con particolare costanza.

È la dea che dà il nome ad Atene, e non è proprio piccola cosa, riconoscilo cara lettrice e caro lettore, se pensi a tutto ciò che la civiltà occidentale deve a questa città, ai lasciti decisivi in così tanti campi dello scibile e della creatività umana.

Regna sull'Attica, al tempo delle origini, re Cecrope: e come capitava spesso al tempo delle origini, quando il divario tra animale e uomo non è ancora netto, ha nella metà superiore del corpo forme umane, e nella metà inferiore quelle di serpente.

Quando decide di fondare la città che sarà la capitale dell'Attica, invoca due divinità, Poseidone e Atena. Li convoca – anche questo capita al tempo delle origini, quando anche i confini tra umano e divino non sono ancora ben definiti – e loro giungono di fronte a lui. Cecrope annuncia che sta per fondare una città, e che intende darle il nome del dio che porterà il dono più grande.

È astuto Cecrope, e mette così in concorrenza il vecchio dio del mare, irascibile, dai muscoli potenti, dal tridente brandito con la stessa forza con cui suo fratello Zeus brandisce i fulmini, e la giovane dea dagli occhi spendenti, dal volto bello e austero, che porta l'elmo sul capo e la lancia nella mano, ma ama soprattutto la saggezza cauta e costruttiva.

Poseidone, impulsivo, veloce, lancia il tridente contro una roccia, ne fa scaturire una sorgente, e dalla sorgente prende forma un cavallo: ecco il suo dono per la città nascente.

Atena, riflessiva, tranquilla, fa sorgere dal terreno un albero: ha il tronco nodoso e le fronde ricche. Le foglie verdi, quando oscillano per la brezza, mostrano un lato di colore diverso, non lontano da quello degli occhi della dea: l'albero ha frutti neri e succosi, commestibili. In più, da questi si potrà ricavare l'olio, un sole liquefatto e benefico. La dea ha donato l'ulivo.

Cecrope sceglie il dono di Atena. La città nascente, che nessuno può immaginare a quanta gloria la protezione della dea destina, si chiamerà come lei. Sarà Atene. Sulla sua Acropoli troneggerà il tempio della dea vergine, il Partenone.

Poseidone sconfitto non si adira troppo per questo: sa che il suo regno, il mare, avrà un ruolo decisivo per la città, che proprio sul mare, i porti, le navi costruirà la sua forza e il suo potere.

Pallade Atena, la giovinetta forte e saggia, è vergine in un suo modo naturale e sicuro di sé. Non fugge, non si ripara, non teme insidie. La sua verginità è garantita dalla sua nascita, direttamente dal padre Zeus: né accoppiamenti, né connubi la tentano. In modo diverso da Estia, è anche lei ostile ad Afrodite, che considera una perditempo, una scialacquatrice: sotto i suoi piedi nascono erbe e fiori, mentre lei ha fatto sorgere l'ulivo, utile per l'uomo e per il suo sostentamento.

Nonostante ciò un giorno il dio Efesto, sempre lui, il fabbro, l'artigiano, il fedele esecutore che otterrà poi in matrimonio Afrodite e conoscerà la vergogna del suo tradimento, la chiede a Zeus in moglie. Zeus acconsente alla richiesta, ma già ride, come ride suo fratello Poseidone in fondo al mare: è lui che, per beffarlo, gli ha fatto credere che Atena lo avrebbe accettato.

Dunque Efesto, infuocato dal desiderio, più bollente del metallo che batte sotto la sua incudine, si avvicina al letto nuziale: e si accorge che Atena non c'è, che la sua è stata un'illusione. Si getta disperato a terra e eiacula: le gocce del suo sperma ingravidano Gaia, che genera Erittonio, un bimbo che la grande dea decide di dare in adozione ad Atena: in fondo è pensando a lei che Efesto si è prodotto in quell'assurdo spargimento di seme.

Atena prende il bimbo in consegna e lo alleva segretamente. Ma dura poco: lei non ha istinti materni, e ha moltissimo da fare nel mondo. Così mette il bimbo in una cesta ben chiusa, come Afrodite ha fatto con Adone, e la consegna alle tre figlie di Cecrope, ottenendo la promessa che l'avrebbero custodita e vietando nel modo più assoluto di aprirla per guardarne il contenuto.

Sistemata la faccenda, Atena torna a occuparsi di quello che più le compete. Vola a cercare una roccia che sia buona per fortificare la cittadella di Cecrope, dove nascerà l'Acropoli.

La sta portando a volo verso la città, quando un corvo le viene incontro e l'avverte: il suo divieto è stato violato, una delle figlie di Cecrope, Aglauro, non ha resistito alla curiosità montante e alla fine ha scoperchiato la cesta e vi ha visto Erittonio, per metà bambino, sino al pube, e per metà serpente. Dall'orrore Aglauro si è gettata dalla vetta della cittadella ed è morta. Così racconta il corvo.

La rabbia di Atena è tale che lascia precipitare dalle sue braccia la roccia: si forma così il monte Licabetto, che incombe ancora oggi su Atene. E maledice il corvo portatore di cattive notizie: da bianche, fa diventare nere tutte le sue piume. E da allora nessun corvo potrà più volare sull'Acropoli.

Atena, a un livello molto più alto del povero Efesto, è una inventrice e costruttrice. Sue creazioni sono il vaso di terracotta, utile per adornare la casa e per il commercio, l'aratro e il rastrello, utili per i lavori nei campi, il giogo per i buoi e le briglie per i cavalli, il cocchio e la nave. Sembra che anche il flauto e la tromba si debbano a lei, mentre la lira rimane appannaggio di Apollo. E naturalmente, anche tutte le arti femminili hanno in lei una maestra suprema: cucinare, filare, tessere.

Parliamo, cara lettrice e caro lettore, di una dea che aiuta l'umanità, com'è indubbio che la sapienza, il coraggio, la forza, l'inventiva l'aiutino. Atena è una dea civilizzatrice. Con il dono dell'ulivo mostra ai Greci la via dell'agricoltura e della produzione olearia. Con le anfore e le navi, mostra loro lo stadio successivo del commercio.

Il cavallo offerto da Poseidone è magnifico, sontuoso, potente a vedersi, ma a cosa servirebbe all'uomo senza le briglie, senza un cocchio da trainare per le vie della città e per i sentieri nella pianura? Atena bada al sodo: la sua sapienza non è fumosa, astratta: è concreta, applicabile alle cose della vita quotidiana, e anche alla vita pubblica, se pensiamo che come protettrice di Atene è anche protettrice della democrazia, che Sparta e i Persiani hanno cercato di spegnare ma che ancora oggi resiste, malconcia e tradita, nelle parti del mondo dove in ogni caso è stato, almeno sinora, più sicuro nascere e vivere.

Come dea della guerra, Atena è soprattutto una buona stratega. Non trae nessun piacere dalle battaglie cruente, dalle stragi, dallo spargimento di sangue. Anzi, disprezza con la sua intelligenza tutto questo. È ostile ad Ares, il prepotente, aitante, feroce dio della guerra, il dio-demone dagli occhi di fuoco e dal membro sempre eretto. Non sa che farsene di lui. Se lo affronta, come nel canto XXI dell'*Iliade*, lo sconfigge. E per il resto, lo lascia volentieri ad Afrodite: che se lo goda pure come amante! Atena è:

[...] la dea gloriosa
glaucopide, di molto consiglio, vergine pura
protettrice della città, strenua e gagliarda.

E Atena tende ad appianare i contrasti, a proporre soluzioni pacifiche. È riflessione illuminante, dignità, coraggio con ragionevolezza, ponderatezza. Rappresenta il pensiero quando guida all'azione e punta alla chiarezza. Lontano sia dall'impulsività, sia dalla contemplazione. Eppure, perché non si creda che esista la perfezione e che gli dei siano esenti da macchie e debolezze, come tutti noi, anche di una dea come Atena, che potrebbe apparire perfetta ai nostri occhi, il mito racconta come fu preda di invidia e abbandonò la chiarezza della ragione per il fumo delle passioni.

Vive in Lidia, a Colofone, città capitale della produzione della porpora, la principessa Aracne, diventata così abile nel tessere che la sua fama ormai giganteggia, e quando si mette a creare un mantello in cui, con fili d'oro intessuti, vengono narrati gli amori di Zeus, la voce arriva sino alle orecchie di Atena. La principessa di Lidia è così brava da meritare tanti elogi e da essere considerata superiore a lei in un'arte che lei stessa ha inventato?

Forse Aracne si è compiaciuta troppo della sua fama. Forse non doveva osare di intessere su un mantello umano le avventure d'amore degli dei. Fatto sta che Atena, inviperita, scende davanti a lei con l'elmo e lo scudo su cui è applicata la testa di Medusa, e con la lancia brandita con furia. Mostra il suo volto terribile: la divinità ne ha sempre uno, anche nascosto, ma che si può affacciare quando meno ce lo aspettiamo. Distrugge così con un colpo di lancia il telaio, e lacera in tanti brani il mantello. Poi trasforma Aracne, per farle sentire tutta la sua piccolezza al suo cospetto, in un povero insetto: sceglie il ragno, che tesse tele vane, destinate ad essere sempre rotte e ridotte in pezzi.

Un'altra versione più benevola del mito dice che Aracne, alla vista della dea e della sua furia, pentita della propria superbia si impicca. È allora che Atena trasforma lei in ragno, e la corda del cappio in una tela, così che Aracne non muore.

Se accettiamo questa seconda versione, scopriamo che l'intelligenza – Atena ne è l'emblema più alto – può cedere alla rabbia, alla cecità dell'impulso, ma che esiste, nell'intelligenza migliore, quella luminosa e creatrice, una propensione verso la pietà e verso tutto quello che dà vita e mantiene in vita.

5
La selvatichezza ritrosa

Un'inclinazione non rara della nostra anima porta verso la selvatichezza, verso il rifiuto dei rapporti codificati, anche dei rapporti amorosi. Non ci si innamora di un essere umano ma della natura selvaggia, dei boschi bui per le ombre di alberi fittissimi, degli animali selvatici che li abitano. Si ama la luce della luna, che è silenziosa e vergine, più di quella del sole. L'anima si perde in un bosco senza sentieri: la luna è la sola guida, i cervi e le cerve compaiono come compagni di viaggio. Un brivido prende l'anima, ed è il brivido del sacro.

Artemide è la dea che presiede a queste inclinazioni. Non può che essere una ragazza, avere quel senso esclusivo dell'indipendenza, quella fierezza allo sbando e indomabile che ho spesso riscontrato più presenti nelle adolescenti che nei loro compagni maschi, più goffi e accomodanti, alla fine.

Chi è governato da Artemide, non accetta di essere etichettato, rifiuta i compromessi, chiede una libertà totale, che non vuol dire sfrenatezza ma possibilità di sentire anche in solitudine la pienezza della vita. Ama le corse, di qualunque tipo: a piedi, in bicicletta, in moto, in automobile: purché si corra. Si vada veloci e da soli.

Anche lei, come Estia e Atena, non è amica di Afrodite. È vergine non per castità ma per insofferenza verso il maschile, per simpatia verso la luna.

I boschi dove lei abitava, correva, cacciava con il suo arco d'argento erano ritenuti sacri dagli antichi. I Romani conquistatori, ai margini delle loro strade, che erano simboli decisivi della loro propensione per la Legge e la Ragione, intitolavano a Diana anche i boschi che erano stati sacri precedentemente alle antiche barbare dee dei Celti e dei Liguri da essi conquistati.

Ne esistono ancora, del tutto inconsapevoli delle loro origini sacre. Quando ho scoperto che uno di essi era proprio vicino a dove abitavo io, sono rimasto sbigottito e affascinato. Un bosco che occupa due promontori e tante colline in una conca declinante dolcemente verso il mare, dove domina una vegetazione molto fitta di pini marittimi, di allori, di ulivi. Lì, dove oggi non vedi che turismo di massa, un tempo i sacerdoti sacrificavano a Bormano, dea ligure, che i Romani identificarono in Diana e che è l'Artemide di cui parliamo.

Gli unici boschi sacri sono ormai nelle nostre anime. Se tu, cara lettrice e caro lettore, ami i riflessi della luna tra il fogliame più che la luce spalancata e dorata del sole, se preferisci il bosco alla strada, se chiedi per te una libertà selvatica, di corse veloci, senza meta, è Artemide che ti parla.

Artemide

Sorella di Apollo, figlia di Latona e di Zeus, Artemide risalì da Delo, l'isola in cui era nata, sino alla sommità dell'Olimpo. Qui trovò Zeus, il padre, si sedette sulle sue ginocchia accentuando la sua aria da bambina, e liberamente gli accarezzò la barba.

Non so se fu il sommo dio intenerito a invitarla ad avanzare delle richieste alla sua maestà, o se fu lei, direttamente, con la franchezza acerba e un po' spavalda delle adolescenti, a chiedere di essere esaudita.

Chiese a Zeus per prima cosa di poter mantenere eterna e intatta la sua verginità. Il suo stato di libertà da vincoli, da amori, da doveri. La verginità come condizione di indipendenza, di autosufficienza. Poi chiese un arco: lo aveva suo fratello Apollo, lei femmina non doveva essere da meno. Poi una tunica da caccia color zafferano con i bordi di porpora. Poi le richieste si fecero ancora più audaci. Sessanta ninfe oceanine per compagne e venti ninfe dei fiumi: chiedeva un seguito, una corte, ma soltanto di ragazze simili a lei. Infine chiese la sovranità su tutte le montagne del mondo.

Zeus ribatté: «E nessuna città?». Artemide lo guardò sorridendo: «Una, se vuoi, non di più, tanto io non abiterò mai palazzi, non correrò mai per le strade e per le piazze se non per errore, smarrita. Abiterò selve e montagne, sarà quello il mio regno».

Così Artemide rese subito chiara la propria vocazione selvatica. Luminosa e lunare, potente ma ritrosa, tenera ma crudele, a contatto con le forze primordiali degli animali: cervi, cinghiali, orsi, lupi, cavalli, con una preferenza per i cervi e le cerve, che ama, e che caccia.

Con il consenso di Zeus, va a Creta e poi nel fiume Oceano a scegliere le sue compagne, sceglie ragazze di nove anni, con tutta l'acerbità di una età come quella, che accettino di restare così come sono, vergini, intoccabili, selvagge. Anche Artemide marca così la propria differenza rispetto ad Afrodite, anzi la propria ostilità.

Poi su consiglio di Efesto, Artemide va a raggiungere, nelle loro immense e poderose officine, i Ciclopi: li trova che stanno forgiando trogoli dove possano abbeverarsi i cavalli di Poseidone. La sua richiesta è di interrompere questo lavoro per dedicarsi a costruire un arco d'argento per lei: Zeus così vuole.

Ma per convincere il Ciclope Bronte, un essere primordiale, nato prima di Zeus e indifferente al suo potere, si accomoda sulle sue ginocchia. Bronte osa una carezza di troppo, e allora

Artemide, ribelle, prontissima, gli strappa dal petto una manciata di peli neri e lunghi. Strappa con forza, con rabbia, ma anche come se fosse un gioco da bambini.

Bronte capisce. I peli non gli cresceranno più al centro del torace: gli rimarrà una macchia bianca, come un segno indelebile di rogna.

Artemide ottiene l'arco d'argento e una bella quantità di frecce acuminate. Aggioga due cervi dalle grandi corna al suo carro d'oro, e viaggia a provare quel suo straordinario strumento. Con le prime frecce colpisce le cortecce degli alberi, poi alza il tiro e uccide i primi animali selvaggi: le frecce volano con un sibilo acuto per la selva, sono infallibili. Poi, nella stessa sequenza con cui suo fratello Apollo, al campo greco, dopo aver cominciato a colpire i cani e i muli prende di mira gli uomini, anche Artemide vuole provare il potere mortifero delle sue frecce su una città di uomini empi, che non hanno mostrato rispetto per lei.

Anche lei ha di sicuro provocato un'epidemia: un male che sale dal basso, da esseri sempre più piccoli sino a toccare esseri umani e spegnerli in grande quantità.

Un giorno Artemide è immersa nell'acqua di una fonte con le ninfe che l'attorniano. L'acqua è pura e specchiante, come la bellezza della dea e delle ragazze della sua corte. Nessuna profanazione è ammessa. Neppure quella di un furtivo sguardo maschile.

Il primo che ci ha provato, e ha osato alzare gli occhi sullo spettacolo di tanta nudità e tanto splendore è stato un cretese, Siproite, che ha pagato il suo ardire subendo una trasformazione: è diventato donna. Nessun maschio, così, può vantarsi di aver assistito al bagno di Artemide.

Va molto meno bene ad Atteone, figlio di Aristeo e Autonoe, sorella di Semele, madre di Dioniso. Atteone dunque, secondo un grado di parentela a cui il mito greco non dà importanza o in ogni caso non nomina mai, è cugino di Dioniso: una parentela non da poco, che forse lo predestina agli eccessi.

Atteone ha cacciato tutto il giorno per le selve più impervie, le reti tese tra gli alberi grondano del sangue di tutti gli animali uccisi, il bottino è stato grande. Annuncia al suo seguito che è il momento di riposare. Ma lui, invece di fermarsi con i compagni, prende per dove la foresta è ancora più fitta. Non sa neppure lui cosa cerca. Certo, è un destino malvagio a guidare i suoi passi.

Atteone arriva così a una fonte, davanti a una grotta in cui la natura ingegnosa ha costruito una specie di arco, quasi un tempio di roccia tra il verde della vegetazione e l'azzurro cristallino dell'acqua. Lì prende il suo bagno vespertino Artemide, circondata dalle ninfe sue seguaci.

Quando Atteone ci arriva, non può non vedere la carne bianchissima della dea nuda: invano le ninfe, urlando e battendosi il petto, stringono il cerchio intorno a lei, invano lei si piega su un fianco. La dea è più alta delle sue compagne, e quegli occhi maschili puntati la scoprono e le fanno provare vergogna: le sue guance diventano rosse come nuvole del tramonto o come cielo dell'aurora.

Ma in una dea la vergogna cede subito all'ira e alla vendetta. Non ha a portata di mano l'arco e le frecce, e allora nel cavo della mano prende dell'acqua e ne asperge l'incolpevole Atteone, immobile, quasi paralizzato davanti a lei. Quell'acqua cade su Atteone trasformandolo: grandi corna gli spuntano sulla testa, le orecchie gli si allungano, gli nasce un vello su tutto il corpo, le gambe si assottigliano in zampe lunghe e veloci.

Divenuto un cervo, Atteone vede capovolgersi la sua vita: non è più il cacciatore, ora è il cacciato. Non può che bramire, non ha parole per raccontare quello che gli è accaduto. E sarà proprio la muta dei suoi cani, il suo orgoglio di cacciatore, che lo attaccherà e lo farà a brani, sinché la dea non è placata.

La verginità era d'obbligo nel clan di Artemide. Non c'era eccezione tollerata.

Neppure per Callisto, il cui nome stesso dice quanto era bella, figlia di Licaone, che fu sedotta da Zeus. Ebbene, quando Artemide scoperse che era incinta, cosa che Callisto nuda, immersa nell'acqua di una fonte non poteva certo nascondere, ancora una volta ricorse alle sue arti e la cambiò in un altro essere. Callisto era snella e candida. Si vide ingrossare ben di più che per la gravidanza, diventare goffa e lenta, mentre su ventre, braccia, gambe cresceva una pelliccia scura e folta. Era diventata un'orsa.

Ma questa volta Zeus, nel suo imperscrutabile giudizio e nel suo altissimo potere, impose alla storia un lieto fine: prese la povera Callisto ridotta in quello stato e la trasferì in cielo, dove subì una nuova trasformazione, con cui riebbe quel suo splendore che Zeus aveva amato: divenne un insieme di stelle, una costellazione che da lei sarebbe stata chiamata per sempre Orsa Maggiore.

Anche la storia dell'assurdo innamoramento per Artemide del dio-fiume Alfeo, figlio di Teti, ha toni più leggeri, quasi da commedia.

Alfeo, con la furia invasiva della sua natura di fiume, è in piena per l'effetto del desiderio e insegue Artemide e le ninfe senza dar loro un attimo di sosta: è pressante, fluisce rapido, cerca di circondare, di afferrare nei suoi gorghi la dea, come se fosse possibile, e senza riflettere che non lo è. Artemide per un po' fugge dalla furia di Alfeo con tutta la sua corte di ottanta ninfe al completo, tra le isole egee, l'Attica, il Peloponneso, le isole ioniche.

Sinché giunge in Sicilia, all'isola di Ortigia, dove c'è una fonte limpidissima a lei sacra. Lì si ferma ed escogita uno stratagemma con le sue ninfe, un gioco da ragazze, una specie di danza e travestimento insieme: «Siamo ottantuno,» dice «mascheriamoci il volto con questa arena bianca che c'è sul fondo, impiastricciamocelo bene, e poi mescoliamoci ballando». Alfeo arriva con il rombo delle sue acque che scorrono, e si blocca: «Cos'è quello spettacolo? Cosa vuol dire?».

Non conosciamo il grado d'intelligenza di un dio-fiume. Certo Artemide e le sue ragazze ne hanno avuto un grado di più. Alfeo rimane lì confuso, sconcertato: dov'è mai la dea che desiderava? Cosa sono diventate quelle ragazze dal volto mascherato di bianco, che ondeggiano leggere tutte insieme, come un banco di meduse?

Alfeo non resta a pensarci sopra. Si volta si scatto, se ne va, scornato, beffato, mentre da Ortigia si leva una colossale risata liberatoria.

Artemide è dunque la dea della natura non madre ma vergine, selvatica e ritrosa. Ama gli animali ma li caccia. Con il suo arco d'argento e le sue frecce infallibili colpisce gli umani, le femmine – ai maschi ci pensa Apollo – e dà loro una morte dolce e improvvisa. Lei che non è madre, manda le doglie alle donne incinte e le assiste nel parto e nell'educazione dei piccoli. Veglia sugli adolescenti, di cui lei stessa ha tutte le caratteristiche, amando il movimento, la danza, le acque specchianti, la notte e la luna.

Con le sue amiche, allieve, seguaci, che ha scelto per avere intorno a sé una corte segnata dalla prima, acerba giovinezza, ama davvero la notte: è detta "agitatrice di fiaccole", è la natura primitiva, virginale, pura, che può essere dolce ma anche crudele, giocosa ma anche violenta.

Suoi simboli sono gli uccelli migratori. Forse anche lei, come suo fratello Apollo, all'arrivo dell'autunno migra verso i lidi incontaminati degli Iperborei, un popolo dell'estremo Nord, dove gli uomini hanno il volto candido come piume di cigno e dai capelli color del sole.

Lì non esiste né invecchiamento, né morte. O forse no: lascia il viaggio verso il bagliore accecante di quella terra al fratello divino, mentre lei resta nelle sue selve e continua a consacrare la vita alla corsa notturna con le fiaccole, alla caccia, alla danza insieme alle ninfe, che sono felici di circondarla e di servirla.

Un'ombra su Artemide è gettata dalla voce di sacrifici umani compiuti in suo nome. Ma prendiamo la storia di Agamennone e di sua figlia Ifigenia, da cui comincia il destino tragico degli Atridi.

Il Signore di uomini ha portato la flotta in Aulide ed è impaziente di salpare alla volta di Troia. Ma su quella costa da giorni e giorni non soffia una bava di vento. Il mare è una lama rilucente e immobile, una lastra d'oro; poi verso sera prende il colore del sangue e del vino. L'attesa di un soffio di vento è vana. La flotta rimane impantanata in quella bonaccia, l'acqua intorno agli scafi della nave sembra un impasto di sabbia e sperma.

Agamennone interroga l'indovino Calcante. La verità viene fuori. Artemide è irata contro il Signore di uomini – agli dei non fanno nessuna impressione i titoli e la potenza degli umani – perché andando a caccia ha ucciso un cerva a lei sacra. Per questo il mare è fermo, e le navi non possono uscire dal porto. Non resta che ingraziarsi la dea e farsi perdonare attraverso un sacrificio. Sull'altare, Agamennone, pieno di orgoglio e di passione del potere, accetta anche se con qualche intima resistenza, di sacrificare la figlia Ifigenia.

La ragazza è rimasta ad Argo, e lui l'attira in Aulide con il pretesto che lì verrà data in sposa ad Achille. Arriva festosa, accompagnata dalla madre Clitennestra. L'orrenda menzogna di Agamennone viene scoperta. Achille si infuria per tanta bassezza, Clitennestra giura un odio omicida al marito, Ifigenia quasi si rassegna ad essere sacrificata, alla vista di quella flotta così grandiosa e così imponente.

L'infamia sta per essere commessa. Ma a quel punto Artemide mostra il suo volto pietoso e amante di ogni giovinezza. Non lascerà che Ifigenia sia colpita, la sostituisce sull'altare con una cerva, la prende a volo, la porta con sé nella Tauride, lontano, dove sarà sua sacerdotessa.

6

Il luminoso equilibrio

La pulsione dell'anima verso un equilibrio luminoso, pieno, plastico, che quasi lo puoi vedere e toccare, porta ordine e calma nella ressa delle presenze interne all'anima stessa. È un movimento umano che non è da tutti coltivare: perché rifiuta e sconfigge il buio, il tenebroso, il barbarico non attraverso ciò che è saggio e giusto ma attraverso la luce della bellezza.

La musica, l'arte, la poesia sono gli strumenti di cui l'anima si avvale per raggiungere questa condizione superiore. Non occorre essere artisti per sentire questa inclinazione; né scienziati, in cerca delle ultime verità sull'universo, che hanno sempre e in ogni caso a che fare con l'idea e la velocità della luce. Tale condizione è innata nell'uomo – la cui anima travagliata, sovraffollata, in cui spesso sono le pulsioni più basse a prevalere – sente che una potenza illuminante potrebbe darle la pace di cui ha bisogno.

Il dio che presiede a tutto ciò è Apollo. Solare, quanto è lunare la sorella Artemide. È il più greco – si dice – degli dei greci, proprio perché incarna quel bisogno di armonia che i Greci hanno espresso in maniera straordinaria nella loro arte e nella loro civiltà.

Classica è la sua contrapposizione con Dioniso, la sfrenatezza e l'eccesso. Ma Apollo si contrappone anche a Pan, il selvatico dio della natura dai tratti non propriamente aggraziati; e anche a Efesto, il fabbro storpio e nano, di cui è il primo a ridere. Gli piace nonostante tutto Ermes, birbante e scurrile ma di così pronta intelligenza.

Condivide con la sorella Artemide l'amore per l'arco e le frecce. Lui dona con queste la dolce morte agli uomini, lei alle donne. Non è nemico di Afrodite e di Eros. Si innamora ed ama. Il suo equilibrio è luce e arte, autorealizzazione e bellezza.

Apollo, però, ha anche altri aspetti, che sembrano contraddittori. Come arciere implacabile può portare rovina e morte, può essere terribile nella sua armonia. Ed è un dio che parla attraverso la voce misteriosa e profetica degli oracoli. Insomma, non c'è equilibrio, neppure supremo, apollineo, che non contenga la sua parte d'ombra.

Quando viaggiando nell'Egeo decisi di partire per Delos, per visitare l'isola dove il mito racconta che Apollo e Artemide sono nati da Latona, incinta di Zeus, caso o destino ha voluto che il battello non potesse partire per una tempesta in corso. Il cielo all'orizzonte era viola, un vento di pioggia batteva la banchina del porto. Il comandante, rifiutando di imbarcarmi, disse nel suo *pidgin english*: «*Delos no good wheather*». Mi sono sentito respinto dal dio dell'armonia, mentre a Cipro avevo vagato liberamente e a lungo sulle tracce di Afrodite, tanto che il tassista aveva esclamato stupito, ironico forse: «*You are very busy today*».

Respinto da Apollo, indaffarato con Venere, ho capito che non vedrò mai chiaro dentro di me, non sarò mai in pace con me stesso. Ma amerò sempre.

Apollo

Nessun dio dell'Olimpo incarna lo spirito dei Greci come Apollo. Apollo è un dio luminoso, che ha in sé una severa chiarezza, una volontà imperativa, un'avvedutezza concreta unita alla capacità oracolare di comunicare agli uomini i disegni del sommo Zeus, è il dio dell'autocoscienza, della misura, dell'ordine, i cui principi sono "Conosci te stesso" e "Nulla in eccesso". Ha dalla sua l'arco con la faretra piena di frecce e la lira. L'arco può portare tra gli uomini la morte, e nell'*Iliade* è così che lo vediamo comparire.

Ma Apollo non usa l'arco per fini di guerra. Quello no. È chiaro nel canto XXI dell'*Iliade*, quando gli dei si azzuffano dividendosi tra chi parteggia per i Greci e chi per i Troiani.

Nel pieno delle battaglia Poseidone, il dio del mare, lo Scuotiterra, si rivolge ad Apollo invitandolo al combattimento, a cominciare – lui che è più giovane, che è ingenuo e sciocco – a difendere i Troiani arroganti, dimentico di quanto hanno patito entrambi per la doppiezza e la violenza di Laomedonte.

Apollo gli risponde con parole che non si possono non dire "apollinee":

> «Non mi diresti persona avveduta, Scuotiterra
> se io mi decidessi a scontrarmi con te per misere creature
> votate alla morte che ora fioriscono ardenti di vita
> simili a foglie mangiando il frutto del campo,
> ora languono esanimi. Su, rinunciamo subito
> a darci battaglia! Si azzuffino altri al posto nostro».

È una risposta dominata da una ragionevolezza sorprendente, quasi cinica e antieroica, dominata da avvedutezza, senso della realtà e chiarezza di intenti.

La lira porta agli uomini la musica. In realtà, non è propriamente Apollo l'inventore della lira: è il neonato Ermes giocando con il carapace di una tartaruga.

Né Apollo è il solo protettore del canto, della poesia, delle arti, perché ad esse sovrintendono le Muse, figlie di Zeus e di Mnemosine, sue sorellastre dunque.

Apollo usa la lira per ragioni superiori all'arte stessa: perché è convinto che il ritmo e il canto siano le forme di energia civilizzatrice in cui tutto – il caos, il buio, la violenza, la guerra – si ammansisce e si placa.

Latona, amata da Zeus, per dare alla luce Apollo e sua sorella Artemide dovette vagare derelitta e perseguitata dalla rabbia gelosa di Era, la legittima consorte di Zeus eternamente tradita.

Nessuna isola dell'Egeo l'accolse, nel timore delle rappresaglie della dea. Soltanto uno scoglio che vagava nell'acqua, arido e disabitato, si prestò a dare un approdo a Latona in fuga. Era l'isola di Delo, che per premio sarebbe stata fissata al fondo del mare da colonne d'oro. Latona ebbe doglie dolorose e lunghissime: nove giorni le occorsero per sgravarsi. C'era un'unica povera palma su quell'isola, e lei si tese e ne strinse con ambo le braccia il tronco e poi vi si inginocchiò davanti: finalmente il dio venne di colpo alla luce, fu asperso d'acqua purissima, ricoperto di fasce candide tenute insieme da un nastro dorato, e nutrito con nettare e ambrosia.

Apollo mostrò subito la sua prima attitudine: quella di punire i mostri che hanno fatto del male a sua madre, e che con la loro presenza eccessiva e violenta fanno del male all'umanità e al suo spirito. Il gigante Tizio, dal corpo così smodato che ancora feto aveva ucciso la madre per la grossezza delle sue dimensioni, aveva tentato di violentare Latona: l'avrebbe pagata carissima, sprofondato da Apollo negli Inferi, dove il suo corpo giacque riverso, occupando ettari interi di suolo infernale, con un avvoltoio che si pasceva continuamente del suo fegato.

Poi caddero sotto le frecce di Apollo il dragone Pitone e la dragonessa Delfine, che abitavano a Delfi, in una grotta presso una sorgente. Uccisi questi esseri primordiali, Apollo stabilì lì, a Delfi, il suo tempio e il suo oracolo più importante.

Un giorno Zeus avrebbe punito con la morte Esculapio, inventore della medicina e primo medico al mondo, che aveva osato resuscitare un uomo sfidando il potere del sommo dio e privando il dio Ades, signore delle ombre, di un'ombra che gli spettava. Così Apollo, di cui Esculapio era figlio, si vendicò tempestando con le sue frecce infallibili i Ciclopi, antichi nemici ma ora alleati e guardie del corpo di Zeus stesso.

Ancora una volta, Apollo diresse la sua volontà e azione a eliminare la dismisura e le tracce di un passato caotico. Per questo, però, dovette pagare con una penitenza di otto anni, passati al servizio del re Admeto, tra i pastori, a custodire le sue greggi.

Purificato da ogni colpa potè tornare a Delfi, e splendervi in tutta quella luce che gli valse il nome di Febo: "il puro", "lo splendente".

Tra gli amori di Apollo, compaiono indifferentemente ragazzi e ragazze. Sono spesso amori contrastati, o infelici, o dall'esito drammatico. Segno che neppure la chiarezza di Apollo può dipanare quel gomitolo intricato, ora luminoso ora buio, che è l'amore, anche per gli immortali.

Giacinto, principe spartano, giovane e bellissimo, viene amato da lui ma anche da tanti altri. Il più accanito dei suoi innamorati è il cantore Tamiri, il primo uomo al mondo a praticare l'amore con esseri del suo stesso sesso. Tamiri è elegante, sensibile, gentile: con un solo difetto, è vanitoso al punto di credersi più bravo delle Muse. Quando le Muse vengono a conoscenza di ciò, lo puniscono: non della sua omosessualità, beninteso, ma della sua vanteria; crudeli come tutte le divinità offese, privano Tamiri della voce, della vista e della memoria. Apollo può dunque godersi da solo la compagnia dell'amato Giacinto. Può correre, cantare, gareggiare con lui. Un giorno stanno cimentandosi nel lancio del disco. Invidioso della loro felicità, un altro innamorato di Giacinto, il Vento dell'Ovest, devia la traiettoria del disco, che finisce sulla nuca del ragazzo, lasciandolo esanime. Addolorato e impietosito, Apollo lo trasforma nel fiore che porta ancora il suo nome.

Altro ragazzo amato da Apollo è Ciparisso. Il giovane uccide senza volerlo, senza riconoscerlo tra il fogliame fitto di un cespuglio, il cervo che gli apparteneva, mite, dalle corna diramate e tutte d'oro: un cervo che lui adornava di collane d'argento, che trattava come il più caro dei suoi amici e che cavalcava ogni tanto nelle radure. Quando si accorge del suo errore mortale, Ciparisso si getta a terra disperato, urla maledicendo la sua colpa, chiede perdono, piange tutte le sue lacrime, rifiuta ogni cibo, ogni consolazione: è chiaro ormai che vuole morire, seguire la sorte del suo cervo. Ancora una volta Apollo mostra il suo volto pietoso. Non lascia che Ciparisso muoia e lo trasforma, lo fa diventare quell'albero alto, con le fronde compatte e sempre verdi, di un verde cupo e triste: un cipresso, l'albero che ancora per noi, a distanza di un tempo siderale, evoca lutto e malinconia.

Tra le ragazze amate da Apollo, Dafne è certamente la più nota. Figlia di un dio fluviale e di Gaia, Dafne è una ninfa che vive tra le sue coetanee votata alla verginità, estranea al sentimento amoroso. Ma è così bella da destare desideri infiammati e possenti.

Tale è quello di Leucippo, il cui nome può significare: "quello dei cavalli bianchi", o lo "stallone bianco". Pur di stare vicino a Dafne, che rifiuta a priori ogni compagnia maschile, lui accetta di travestirsi da ragazza: lascia crescere i capelli più lunghi, rade di nascosto quella poca barba che gli appare al mattino sul viso, accentua mosse femminili e modula la voce con grazia sottile. Il suo inganno dura sinché Apollo, anche lui innamorato di Dafne, non suggerisce alle ninfe di andare tutte insieme a bagnarsi nude in una fonte. Costretto a denudarsi, Leucippo viene smascherato: l'orrore per il suo inganno è tale che le ninfe infuriate lo fanno a pezzi. Tuttavia Dafne rifiuta il suo innamorato divino, fugge da Apollo, si nasconde nel folto del bosco, piange, invoca salvezza dalla madre, Gaia, e quando sta per essere raggiunta da Apollo, proprio l'intervento della madre le trasforma il busto, le gambe, le braccia in legno, corteccia, rami. Dafne è un albero, un alloro, davanti a cui il dio si ferma reverente, commosso. Con le foglie d'alloro intreccia una corona che porterà sul capo. L'alloro sarà per sempre il suo albero più caro. E i poeti per secoli ambiranno ad essere incoronati proprio con fronde di questo albero sacro ad Apollo.

Un'altra ragazza amata da Apollo è Clizia, figlia di Oceano e di Teti. Apollo si manifesta a lei in tutto il suo splendore solare, suona per lei la lira, canta dolcemente il suo amore. Ma gli dei sono volubili nei loro moti del cuore, e Apollo non fa eccezione. Dopo aver amato e fatto perdutamente innamorare di sé la povera Clizia, eccolo ora preso di passione per Leucotoe, figlia di Orcame ed Eurinome. Una passione che gli fa del tutto dimenticare Clizia. Delusa, disperata, distrutta, Clizia decide di morire: non tocca più cibo, non stacca più gli occhi dal sole, nella gloria della cui luce gli era apparso la prima volta il suo amante. Impietosito, Apollo avvia allora un ennesimo processo di metamorfosi, e Clizia diventa uno di quei fiori che ricordano proprio il sole. Nella forma sgargiante della corolla, che è alta su un lunghissimo stelo come per vanamente invocarlo durante il giorno, e poi reclinata mestamente su sé stessa quando scompare: il girasole.

Esito più felice ha l'innamoramento di Apollo per Cirene, figlia del re di Tessaglia Ipseo, vergine cacciatrice somigliante in tutto e per tutto ad Artemide. Vive nei boschi, difendendo dalle fiere gli armenti del padre. E lì la scopre Apollo, il giorno che con un coraggio degno del più forte tra gli eroi affronta a mani nude un leone. Su consiglio del centauro Chirone, il precettore dotato di un'antichissima sapienza, Apollo prende in moglie Cirene, e con il suo cocchio d'oro trainato da cigni la trasporta lontano, verso le coste dell'Africa, dove sorgerà la città di Cirene, che darà il nome alla regione ancora oggi chiamata Cirenaica.

Da lei nascerà Aristeo, un bambino divino, come aveva predetto Chirone. Aristeo è un grande cacciatore e pastore, inventore dell'apicultura, della produzione del formaggio, del frantoio, delle trappole per lupi e orsi. Un civilizzatore, come il padre Apollo. Uno che con un sacrificio a Zeus riesce a far soffiare i venti sulle Cicladi bruciate dal solleone, dalla calura e dalla siccità. Anche lui educato da Chirone sposa, con il buon ufficio delle Muse, Autonoe, figlia di Cadmo, da cui nascerà Atteone, la cui triste storia è già nota. Lo ritroveremo innamorato di Euridice, la moglie di Orfeo, e responsabile della sua fine.

Anche Apollo non va sfidato. Come Afrodite e Atena, non perdona chi si paragona a lui o crede follemente di superarlo.

Vale il caso di Marsia, il satiro che ritrova il flauto gettato via da Atena. La dea lo aveva inventato e lo usava con piacere, sinché i sorrisi ammiccanti e le risatine ironiche di Afrodite e di Era non l'avevano indotta a guardarsi in uno specchio d'acqua mentre suonava: capì così, vedendo le sue guance rosse ed enfiate, deformi, perché quelle due rivali l'avevano derisa. Scagliò il flauto sul fondale della fonte e anche una maledizione su chi l'avesse ripescato da lì.

Con il flauto di Atena, il satiro Marsia incantava pastori, contadini e ninfe. Si sparse presto la voce che neppure la lira di Apollo producesse suoni così dolci. Il dio la udì e scese dall'Olimpo a sfidare Marsia in una gara musicale: come giudici furono chiamate le Muse. Il primo brano suonato con la lira da Apollo fu sublime. Ma altrettanto sublime alle orecchie delle Muse, giudici imparziali, parve quello modulato da Marsia al flauto. Il verdetto fu di parità.

Apollo insistette. Chiese un'altra prova ma, con l'astuzia della ragione, propose di suonare ognuno il suo strumento invertendone la posizione. Fu chiaro che la lira, capovolta, continuava a produrre suoni mirabili. Mentre il povero Marsia, suonando il flauto dalla parte opposta all'imboccatura, produsse soltanto stridii e soffi senza alcuna armonia.

Vincitore, Apollo questa volta non ebbe pietà, scorticò Marsia e appese la sua pelle al ramo di un albero.

La ragione, l'armonia, il supremo equilibrio che Apollo rappresenta avvertono chiunque li sfidi: il pericolo è quello di perdersi, di perdere anima e corpo, di finire come un semplice involucro, più insulso di uno spaventapasseri, più mostruoso di un'ombra.

7

Scatenamento ed eccesso

Ho insistito sulla compresenza nella nostra anima di inclinazioni e pulsioni contraddittorie. A quella che spinge verso l'ordine, l'equilibrio, la bellezza armonica si contrappone quella che spinge verso il disordine, l'eccesso, la trasgressione orgiastica negatrice di ogni armonia.

L'anima ha bisogno anche di slancio, di andare oltre sé stessa, di un'ebbrezza che fa saltare ogni equilibrio e ogni tranquillità. Non sempre la chiarezza e l'autocoscienza aiutano l'anima a lenire il dolore connesso con l'abitare un corpo mortale. Alle volte il desiderio è quello di evadere, di lasciarsi andare, di fuggire lontano. Di non lasciarsi chiudere in nessuna gabbia, neppure quella di genere: né maschio, né femmina. Si vuole essere volatili, esorbitanti, performativi nel nulla, abbandonare lì come uno straccio il proprio corpo, o dargli un abbrivo superumano.

La ragione dell'enorme diffusione della droga in Occidente è tutta in questa pulsione, che se mal governata diventa in breve autodistruttiva e mortale. Negli ultimi decenni del secolo scorso, non si contavano i ragazzi morti per droga. Qualcuno lo conoscevo. Erano infelici, innocenti, e assetati di qualcosa che non trovavano intorno a sé. C'era una certa autenticità in loro. A me è bastato provare una volta l'acido lisergico per capire come la funzione dominante degli stupefacenti non sia soltanto la fuga da sé stessi, il far saltare le inibizioni e far venire a galla gli istinti rimossi, ma anche la spinta per viaggi verso mondi di luci innaturali, caleidoscopiche, forse prenatali, più vivide che nei sogni, diverse dalla luce del sole, da quella che dà vita.

Tutto questo ha un nome: Dioniso, secondo Nietzsche opposto a Apollo. Questa contrapposizione nella nostra anima può essere brutale. Dioniso spinge verso l'ebbrezza, la trasgressione, la smemoratezza di quello che siamo, siamo stati e vogliamo essere. È conturbante nel suo potere di fascinazione. Ha tratti femminei, cresce tra donne e ha in loro le sue più esaltate seguaci, fonda un culto misterico in cui dominano l'orgia e l'estasi di ricongiungimento al tutto.

Una parodia dell'antico dio abita la diffusione dell'ecstasy nei rave party, un edonismo straccione e disperato. Mentre c'è indubbiamente una vena dionisiaca più autentica in certa musica rock, e nel modo in cui viene vissuta nei grandi concerti. Vasco Rossi, in Italia, è l'unica rock star in qualche modo dionisiaca, insieme a Zucchero: contrapposti entrambi a Jovanotti, candidamente apollineo.

Dioniso, Bacco per i Romani, è il dio del vino. Incoronato di tralci e grappoli, barcolla sotto il peso dell'ubriachezza. Il vino è consolazione per l'operaio, ispirazione per l'artista, perdizione per l'alcolista. Si dice in Oriente che il primo bicchiere di vino è per la sete, il secondo per il piacere, il terzo per la gioia: dunque il vino è apollineo, sin lì, ma poi c'è il quarto bicchiere, che per i mistici Sufi è quello della pazzia. Lì, nella pazzia, prodotta dall'eccesso, il vino diventa una forma di fuga e di salvezza. E di quel vino parla Baudelaire nello *Spleen di Parigi*, in *Ubriacatevi*, nel suo perentorio invito: «Bisogna essere sempre ebbri. È tutto qui: è la sola questione. Per non sentire l'orribile fardello del Tempo che rompe le vostre spalle e vi inginocchia a terra, bisogna ubriacarsi senza tregua». Diventare devoti di Dioniso.

Dioniso

Dioniso è il dio dei misteri, del vino, dell'ebbrezza, della pazzia, del maschile che si mescola con il femminile, delle metamorfosi. La sua storia, al contrario di quella di tanti altri dei, è lunga e complessa, ricca di avventure, e assume i colori di un vero processo di iniziazione, attraverso il sacrificio rituale e l'eccesso orgiastico, verso la luce e la gloria della religione olimpica.

Già la sua nascita è avvolta di oscurità. Ne conosciamo due versioni.

La prima ci parla di Demetra, la dea della vegetazione e delle messi, che proveniente da Creta ha nascosto la figlia Persefone in una grotta in Sicilia, buia, profonda e custodita dai due serpenti che guidano il suo cocchio.

Zeus, alla cui vista nulla sfugge, innamorato di Persefone, la raggiunge sotto forma di serpente e, al contrario delle volte in cui deve inseguire o rapire le donne che desidera, può possedere Persefone sul manto di muschio della grotta con la benedizione della madre Demetra: nasce dalla loro unione Dioniso, un bambino con le corna e dai capelli di serpente.

La gelosia di Era scatena i Titani contro il bambino divino. Con i volti dipinti di bianco, come messaggeri e spiriti dei morti, i Titani sorprendono il piccolo Dioniso che gioca con i suoi giocattoli preferiti, i dadi, una palla, una trottola, delle mele d'oro. I Titani sono creature primordiali, non conoscono moderazione né pietà. Uccidono il bambino, lo smembrano in sette pezzi, lo gettano in un calderone d'acqua bollente. E poi arrostiscono sugli spiedi le sue membra.

Richiamato dal fumo e dall'odore del sinistro banchetto che si prepara, Zeus sorprende i Titani e con la sua folgore li ricaccia nel fondo più oscuro del Tartaro. Poi affida le membra di Dioniso ad Apollo, il dio dell'equilibrio luminoso, che le seppellisca sul monte Parnaso.

Dioniso qui appare come il bambino divino che diventa corpo sacrificale per ristabilire l'ordine del mondo, tema presente in tante religioni, non escluso il Cristianesimo, che lo porterà ad altezze spirituali del tutto nuove.

C'è una seconda versione della nascita di Dioniso, e anch'essa è drammatica e ha a che fare con le ombre.

Semele, figlia di Cadmo, re di Tebe, è amante di Zeus e incinta di lui. Lo incontra sempre di nascosto, in abiti di viandante, come Zeus ama apparire agli umani. Ma in Semele le sorelle invidiose suscitano il dubbio se sia davvero il padre degli dei che viene a congiungersi con lei ogni volta.

Così un giorno Semele, per essere sicura della natura divina del suo amante, lo sfida: «Se sei davvero Zeus,» gli chiede «mostrati nella gloria del tuo aspetto di signore dell'Olimpo». Zeus allora la accontenta: le compare davanti sul suo carro d'oro e, come segno del suo potere celeste, scaglia dalla mano destra un fulmine, che colpisce Semele e la incenerisce.

Si racconta che dalla cenere grigiastra sul terreno, tutto quello che resta del corpo di Semele incinta di Dioniso, come per una magica fecondazione nasce al mondo la prima vite.

Dioniso, che è ancora un feto, viene salvato da Zeus. La sua gestazione avviene nella coscia del padre, dove viene nascosto e cucito con l'aiuto del solito solerte Efesto. Quando Dioniso viene alla luce, estratto dalla coscia del padre, è affidato a Ermes che lo porta dal re Atamante e da sua moglie Ino, perché lo allevino al sicuro, lontano dalla rabbia gelosa di Era, travestito da bambina.

Ancora una volta però la furia di Era irrompe, porta alla pazzia Atamante, che uccide il figlio primogenito credendolo un cervo, e anche Ino, che getta il figlio più piccolo nell'acqua bollente e poi si tuffa in mare reggendolo morto tra le braccia.

Zeus salva Dioniso ancora una volta trasformandolo in un capretto e lo affida alle cure delle Ninfe del monte Nisa, in Elicona. Lì Dioniso cresce circondato da ragazze, nutrito di miele, tra i canti e le danze amorose di Ninfe e di Satiri. Diventa un giovane dai capelli ricci, dal sorriso aperto e insieme enigmatico, dal corpo sinuoso ed ermafrodita, che cammina a passo di danza indossando una lunga veste di porpora. E lì, sulle pendici dell'Elicona, ricoperte di vigne gonfie di tralci e di grappoli, Dioniso scopre come ottenerne il vino, fonte di piacere, di gioia, di oblio, di follia.

Il suo precettore è Sileno, vecchio barcollante per gli effetti delle sue formidabili bevute, con una pancia prominente e cascante e un seno quasi femmineo, avvolto in una veste lunga sino ai piedi, coronato di fronde di alloro e di edera.

La formazione di Dioniso avvenne dunque in un ambiente molto segnato dall'ebbrezza e dal femminile: qualcuno lo avrebbe chiamato lo "Zeus delle donne".

Le donne che lo veneravano si riunivano tra loro disdegnando altra compagnia, in particolare maschile, e si lasciavano prendere, travolgere in ogni fibra della loro mente e del loro corpo da un furore estatico che riuniva in sé pazzia, amore, lussuria, rabbia. Erano le Menadi, *Mainades*, da "mania", follia, possessione, dette anche Baccanti, *Bakchai*, da Bacco, uno degli epiteti di Dioniso, che vuol dire "il virgulto".

Si riconoscevano dalle lunghe vesti e dalle teste, che gettavano all'indietro con tutti i capelli in disordine mentre correvano, e anche dalle corone di edera in testa, dai tirsi che agitavano nelle mani: bastoni lunghi come lance con una pigna alla sommità. Correvano sempre tutte insieme ma scomposte, possedute, in preda a una furia cieca capace di trascinare, sconvolgere, uccidere.

Quando Era riconobbe in Dioniso giovinetto il figlio di Zeus, gettò su di lui la sua maledizione e gli fece perdere il senno. Dioniso lasciò così la pace dell'Elicona e delle sue vigne e iniziò a vagare per il mondo con la sua corte di Ninfe, Satiri, Fauni. C'era anche il fedele Sileno che, con la sua mole traballante, lo seguiva reggendosi appena in piedi o sulla groppa di un asino, ed era seguito dalle sue adoratrici Baccanti.

Andò in Egitto, in Siria, traversò l'Eufrate gettando da una sponda all'altra un ponte di edera e di viti, si spinse fino in India, portando dovunque il dono del vino. Prima si alleò con le Amazzoni, dalla cui natura non doveva sentirsi lontano, ma poi le combatté e le vinse. Si scontrò anche con il re di Damasco e con il re di Tracia, e poi volse i suoi passi verso occidente e tornò in Grecia, arrivando in Beozia fino a fermarsi a Tebe.

La presenza, sua e della sua corte, viene subito percepita come pericolosa, misteriosa, eversiva. Il re Penteo cerca invano di mettere Dioniso in ceppi con il suo seguito di donne scatenate. Ma il suo cervello non regge, e ai ceppi metterà un toro. È come se il signore del vino potesse contare sulla forza di fare ubriacare sino alla pazzia chiunque si ponga sul suo cammino, amico o nemico che sia.

Le Baccanti impazzano a Tebe e nei campi circostanti, fanno a pezzi i vitelli delle mandrie reali e quelli dei semplici allevatori. Il re Penteo, non pago della lezione già ricevuta, esce con i suoi uomini armati per cercare di fermarle. Ma è impossibile opporsi a quella furia sovrumana: le Baccanti sempre più accese dallo scorrere del vino e del sangue, sradicano l'albero su cui si è rifugiato Penteo, lo circondano, lo assalgono a mani nude, lo mordono alla nuca, ne squarciano il petto, ne fanno a pezzi le braccia e le gambe.

A guidarle è una donna dalla bocca piena di bava e dalle pupille roteanti: Agave, la madre di Penteo. Scambiandolo per un leone, senza badare a preghiere e suppliche, nel momento della furia più incontenibile è lei che mozza il capo del figlio e lo pone come un trofeo sulla punta del suo tirso. Questo dà il segno supremo di dove può arrivare la frenesia accecata e accecante delle seguaci di Dioniso.

Le avventure di Dioniso si svolgono anche sul mare. Un giorno dalla loro nave dei pirati Tirreni lo scorgono sulla riva: bello, giovane, i capelli ricci, un ricco mantello di porpora. Lo imbarcano fingendo di noleggiargli la nave per arrivare all'isola di Nasso, ma con ben altre intenzioni. Credono che sia un principe, e che potranno chiedere al padre un riscatto molto più ricco della somma pattuita per il noleggio.

Afferrano il giovane e lo imprigionano legandolo all'albero maestro. Lui continua a sorridere, come se quelle corde fossero niente per lui. Sollevando appena gli occhi, con un lento movimento sinuoso, ecco che fa nascere una vite, con i suoi tralci e i suoi grappoli, tutt'intorno all'albero dove è tenuto prigioniero.

«È un dio,» prorompe il timoniere, che legge in maniera giusta il prodigio «liberiamolo!». Ma il capitano, uomo avido e cieco, non ascolta ragione. Pensa soltanto al denaro del riscatto.

Ora la nave è tutta avvolta come da una ragnatela di edera rampicante e da tralci di vite, e i remi sono diventati serpenti. Dioniso fa comparire un orso feroce in mezzo ai marinai della ciurma sbigottiti, e trasforma sé stesso in leone per saltare ad azzannare il capitano e ucciderlo.

Dioniso muta i marinai, che in cerca di salvezza si tuffano tra le onde, in delfini, da allora creature pacifiche e benevole verso i naufraghi, e salva soltanto il timoniere, il cui nome forse era Icario.

A Nasso, Dioniso celebrò le sue nozze fastose con Arianna, figlia di Minosse e Pasifae, sorella di Fedra.

Le avventure di Dioniso incrociano anche il celebre Mida, re di Bromio, in Macedonia, figlio di una dea e di un satiro. Questi possedeva favolosi giardini, celebri per le loro rose di sessanta petali e dal profumo più dolce di qualunque altro fiore.

Il buon Sileno, gonfio di vino, in preda ai fumi della sua continua ubriachezza, si era perduto e dondolando faticosamente la sua mole era caduto proprio in mezzo a uno dei giardini di re Mida. Questi l'aveva accolto benevolmente e restituito al corteo variopinto di Dioniso.

Il dio, pieno di gratitudine per il trattamento riservato al suo vecchio precettore, chiese al re Mida di esprimere un desiderio, che avrebbe esaudito.

Mida ha la debolezza e la cecità di chiedere di poter trasformare in oro tutto ciò che tocca. Si accorge presto, appena accarezza una sua rosa, prende un frutto dalla sua tavola, stringe il braccio di un'ancella, dell'errore terribile che ha commesso. Rincorre quindi Dioniso e lo supplica di privarlo di quel dono nefasto. Dioniso lo invita ad andare a lavarsi, purificarsi le mani nelle acque del fiume Pattolo. Dicono che da allora si trovino grosse pepite nell'alveo del fiume.

Una volta diffusi nel mondo intero il suo culto e i suoi misteri, purificato dai trascorsi orgiastici, Dioniso venne finalmente accolto sull'Olimpo dove sedette tra i Dodici Grandi Dei.

Il culto di Dioniso, da una cui costola sarebbe nata in Grecia la rappresentazione teatrale, mantenne un aspetto iniziatico ed eversivo, che esalta la conoscenza dei misteri e la forza creatrice dello spirito.

Passato dalla Grecia a Roma, diventa oggetto di sospetto da parte del potere, come testimonia il senato consulto *De Baccha-*

nalibus, nel 186 a.C., con il quale vennero arrestati e messi a morte ben settemila seguaci di Bacco. Da allora, il culto sopravvisse sotto la sorveglianza del potere dello Stato.

I Romani, che la sapevano lunga sul senso del Potere e delle Leggi, intuiscono che lo spirito dionisiaco mina alle radici proprio quell'ordine che loro hanno costruito e con il quale si stanno apprestando a diventare padroni del mondo.

Lo faceva allora, e continua a farlo oggi, caro lettore e cara lettrice, mostrando agli esseri umani altre dimensioni dell'essere, dove contano la conoscenza, l'estasi, il piacere, la follia creatrice. E il vino, la cui anima nella bottiglia canta ancora come nei versi di Baudelaire, un canto ebbro di libertà, come nella poesia *L'anima del vino*:

> Uomo, o caro diseredato, verso di te io mando,
> dalla mia prigione di vetro e di ceralacche vermiglie,
> un canto pieno di luce e di fraternità!

8
Risse, zuffe, battaglie

Uno dei movimenti umani più comuni è quello che spinge verso la conflittualità, l'aggressività, il gusto del contendere e del mettere alla prova la propria forza a danno degli altri.

Si manifesta nella vita quotidiana, sin dall'infanzia. Quando ero io un bambino, si scontravano nei quartieri delle città le bande, organizzate e armate di pietre, fionde, cerbottane. Emergevano i capi, io ricordo ancora un nome che bastava a farmi paura: Ferruccio, il capo della banda del quartiere più povero, circondato da una fama di invincibilità e di crudeltà. E poi, nella vita adulta ho constatato così spesso l'inclinazione alla rissa, quella degli attaccabrighe, pronti a urlare e a colpire per un nonnulla. Quando questo movimento umano si sposta dal piano individuale a quello sociale, storico, si ha la bellicosità di un paese e di un regime, la propensione a far guerra di aggressione, a combattere le più aspre battaglie con crudeltà e con il gusto dei massacri. In tutto questo, soffia lo spirito da demone di Ares.

Zeus non lo ama, come poi non lo amavano gli Ateniesi, che preferirono espandersi con le navi sul mare invece di conquistare militarmente nuove terre. Così Zeus si rivolge ad Ares, nel libro v dell'*Iliade*, quando va a lagnarsi con lui della ferita che gli ha inferto la lancia di Diomede indirizzata contro il suo basso ventre da Atena:

Tu sei per me il più odioso tra gli dei che abitano l'Olimpo:
hai sempre in testa risse, zuffe, battaglie.

La guerra per la guerra non è ben vista dal Padre degli dei. La dea che incarna la guerra giusta è Atena, nemica giurata di Ares, lei che presiede alla saggezza attiva e al senso della strategia. Ma oggi c'è ancora qualcuno in Occidente disposto a credere che esista una guerra giusta?

Ares

Figlio della grande dea Era dalle bianche braccia, Ares non è ben visto neppure dagli altri dei dell'Olimpo. È considerato un bravaccio, un attaccabrighe, un sanguinario, uno sempre in cerca di motivi per azzuffarsi e combattere.

È un gigante di settecento piedi, il suo urlo spaventoso equivale a quello di diecimila soldati; altro che Stentore, guerriero famoso perché la sua voce era potente come quella di cinquanta uomini insieme.

Invadente, focoso, è perennemente in erezione, da lì forse l'interesse di Afrodite per lui. La dea della bellezza e dell'amore carnale lo sceglie per suo amante: è l'unica che lo accoglie e gli sta vicina. Di tutte le altre divinità soltanto Ades, il signore degli Inferi, gli è amico: forse gli è grato per tutti gli uomini che, a causa di Ares, muoiono in battaglia e cadono come ombre sotto il suo potere.

Non gradito sull'Olimpo, preferisce dimorare nella Tracia, terra ancora selvaggia, rozza, dov'è alimentato come unico culto: quello della guerra. Sua sorella è Eris, la Discordia, che provoca contese diffondendo voci malvagie, calunnie, suscitando gelosie. Suoi figli sono Deimos, il Terrore, e Fobos, la Paura, generati con Afrodite.

Conosciamo già la comica disavventura dei due amanti imprigionati nel letto del tradimento da Efesto, marito legittimo della dea. C'è un nesso, e quale, tra l'energia di fuoco che porta al combattimento e quella che porta all'amore? Il rapporto tra Ares e Afrodite – infuocato, illegale, adulterino – deve far riflettere sull'essenza oscura della passione amorosa. E sulla orribile ma innegabile fascinazione della guerra.

Durante la guerra dei Greci contro Troia, Ares prima accetta davanti ad Atena di essere imparziale e lasciare che sia Zeus a concedere la gloria a una o all'altra parte. Poi si schiera con i Troiani per difendere Afrodite, attenta protettrice del figlio Enea, dall'attacco dello scatenato Diomede.

"Ares, Ares devastante, sanguinario, diroccatore": con questi epiteti gli si rivolgono Atena e poi Apollo, due divinità che marcano la distanza da lui, visto più come un demone che come un degno abitatore dell'Olimpo.

Doveva essere ancora un ragazzo, quando la sua storia si intrecciò con quella dei gemelli Oto ed Efialte, gli Aloadi, figli di Aloeo e di Ifimedea. In realtà quest'ultima si era innamorata pazzamente di Poseidone e tutte le mattine, incurante delle faccende della casa, usciva e andava in riva al mare, contemplava il moto delle onde, ascoltava il suono della risacca, vedeva gli occhi e i capelli del dio amato in ogni spruzzo di schiuma, in ogni nuvola di salino.

Restava lì per ore, entrava in mare sino a farsi coprire le ginocchia, poi si chinava con le mani a conca, prendeva dell'acqua salata, fresca, e se la gettava ripetutamente, follemente sul seno e in grembo, come se in essa ricevesse il seme di Poseidone. Quando partorì due gemelli, fu incerto se il padre fosse Aloeo o il dio del mare.

Oto e Efialte crescevano nove dita al mese: diventarono presto giganti anche se erano ancora ragazzi. E raccontavano a tutti il loro sogno di scalare un giorno l'Olimpo, di posargli sopra la vetta di un monte, sino a costruire una scala che raggiungesse il vertice del cielo.

La cattura di Ares fu un gioco da ragazzi? Non ne sappiamo di più, soltanto che Ares fu rapito dai gemelli Aloadi e chiuso in un vaso di bronzo, dove restò ben tredici mesi. Era diventato pallido, scarno, emaciato: sarebbe morto senza l'arrivo di Ermes, mandato a liberarlo. Quanto ai due Aloadi, per aver dichiarato ai quattro venti le loro intenzioni ostili contro Zeus, furono uccisi ancora ragazzi da Apollo.

Ares ebbe come precettore Priapo. Sembra incredibile. Il dio dal fallo gigantesco gli insegnò prima a danzare, poi a combattere. Ed è sicuramente da ricondurre a lui la prepotente erezione con cui Ares viene raffigurato.

Quando gli dei, gonfi di ira e di rivalità, si scontrano sull'Olimpo, è naturalmente lui, Ares, "perforatore di scudi" ad aprire le ostilità. Si slancia contro Atena con la sua lunga asta di bronzo e, mentre la incalza, urla, la insulta, inveisce: la chiama "mosca sfacciata", le rimprovera di aver aizzato Diomede contro di lui. Sospetta di sicuro che sia stata la dea a guidare la lancia dell'eroe per ferirlo.

Ma la sua lancia si spezza contro lo scudo saggiamente manovrato da Atena. Allora lei, com'è scritto nel libro XXI dell'*Iliade*, si china a raccogliere un grosso sasso e lo colpisce al collo, lo fa traballare e cadere, e lo deride:

> Sciocco, non hai ancora capito quanto posso ritenermi
> più forte di te, e tu osi contrastare il mio impeto?

Sorprende vedere di quanto Atena superi Ares, con quanta sicurezza lo abbatta, con quanto disprezzo gli parli. Il sapere concreto, strategico, è dunque così più forte della prepotenza arrogante e scriteriata?

Atena ne ha anche per Afrodite, sua nemica da sempre, che arriva a prendere per mano e consolare il suo amante. Istigata da Era, ma nessuno può dire che non l'avrebbe fatto anche di sua pura volontà, Atena colpisce anche Afrodite, bella e indifesa com'è, la spinge portandole la mano robusta sul petto: la dea vacilla sulle ginocchia e nell'anima.

Per quanto Ares fosse selvaggio e disprezzasse la Legge, fu il primo a doversi sottoporre a un processo in quanto accusato di omicidio. Secondo l'accusa, in quel tribunale divino, Ares era colpevole dell'uccisione di Alirrozio, figlio di Poseidone. Ma Ares si difese sostenendo che aveva agito per difendere la figlia Alcippe, che Alirrozio stava violentando. Alcippe testimoniò a suo favore, altri testimoni non ce ne erano. Così Ares fu assolto. Fu la prima sentenza in un processo per omicidio. E in memoria di ciò la collina dove si tenne l'udienza fu chiamata Areopago. Anche se non tutti sono convinti che il nome del sommo tribunale ateniese derivi proprio da Ares.

I Romani fecero assorbire Ares dal loro dio Marte, ben più importante nel loro pantheon. Pare che in origine Marte fosse un dio dei campi e della vegetazione primaverile, passato poi a rappresentare la guerra man mano che Roma si configurava come potenza militare.

Marte, *Mars,* che dà il nome al mese in cui iniziavano le campagne di guerra, è il padre di Romolo e Remo, dunque il progenitore della stirpe dei Romani: non un demone sanguinario, ma un dio maggiore, a cui viene riservato un culto che si rinnova, sino all'istituzione del *Mars Ultor*, il "Marte Vendicatore", da parte di Augusto per celebrare le sue vittorie sugli uccisori di Cesare.

Dunque Marte diventa a Roma un patrono della politica di potenza, delle guerre di espansione, della fondazione dell'Impero romano stesso. Ed è in questo senso, allora, che i neoconservatori americani si sono proclamati "figli di Marte", lasciando a noi europei la dolcezza, e il declino, di essere figli di Venere.

9

La sfida al mondo delle ombre

L'anima umana è da sempre attratta dalla morte. Conosciamo tutti, cara lettrice e caro lettore, come abiti al fondo di noi stessi un'attrazione ineliminabile per ciò che ci fa paura, che si contrappone a noi, che ci immette nel vasto gorgo del mistero.

È una strana, ambigua attrazione. L'anima è soffio di vita, movimento, ricerca di luce. Come tale dovrebbe rifuggire dalla staticità tenebrosa della morte. Ma l'anima sa di essere legata a un corpo: a un corpo fatto di sangue, carne, nervi, ossa, e sa che su tutto ciò la morte è sovrana. Il corpo viene interrato, bruciato su una pira, di esso resteranno uno scheletro o cenere. L'anima proseguirà la sua vita senza il corpo.

Si sentirà liberata, una volta uscita dalla propria veste di carne, che per molti è una triste prigione? O sentirà una nostalgia profonda e dolorosa di quando aveva la sostanza di un essere mortale?

Insita tra tutti gli esseri mortali soltanto nell'uomo, l'attrazione della morte diventa una sfida alla morte: una pulsione primaria spinge a indagarla, a combatterla, e a negare che sia impenetrabile il suo regno per chi è ancora in vita. Se si dice che la morte è un viaggio senza ritorno, l'impresa è negarlo, è andare a visitare il suo regno, l'Oltretomba, e tornare tra i vivi.

Il mito ci parla di eroi che hanno visitato gli Inferi. Omero, nel libro VI dell'*Odissea*, porta il suo eroe al paese tutto nuvole e nebbia dei Cimmeri e da lì alle porte dell'Ade. Anche Virgilio, nel canto VI del suo poema, racconta la discesa all'Ade di Enea, il troiano, lo sconfitto in cerca di una nuova patria. Quando chiede alla Sibilla Cumana di propiziare il suo viaggio, Enea disegna una specie di albero genealogico degli eroi discesi all'Ade: vi sono scesi Teseo e Piritoo, vi è sceso Eracle. Ma il primo di tutti è Orfeo, per richiamare in vita l'amatissima moglie perduta.

Odisseo ed Enea visitano gli Inferi per chiedere consigli e profezie: Odisseo a Tiresia, Enea al padre Anchise. Teseo e Piritoo vi discendono per rapire Persefone, riportarla dagli Inferi alla terra, Eracle ci è arrivato per compiere una delle sue fatiche: catturare Cerbero, il cane a tre teste.

Soltanto Orfeo ha intrapreso il viaggio per amore. Soltanto lui ha opposto l'amore, il canto e la bellezza alla morte. Per questo, mentre per gli altri eroi il viaggio agli Inferi è soltanto un episodio tra le loro avventure, per Orfeo è l'avventura che lo consegna all'eternità e ne fa il simbolo principale di quella sfida alla morte che è insita nell'anima dell'uomo, e che ha l'amore, la ricerca della luce, il canto come primo motore.

Secoli dopo, Dante, che al contrario di Omero e Virgilio è personaggio nella propria opera, farà del suo viaggio di uomo vivente nei regni delle ombre, dal buio dell'inferno alla Luce suprema del Paradiso, il tema portante della *Commedia*: e sarà Amore a muoverlo e guidarlo, sino alla fine del percorso, alla fusione con l'essenza di Dio. Così Dante rimane il più vicino al capostipite: a Orfeo, padre mitico di tutti i poeti del mondo.

Orfeo

Figlio del re di Tracia Eagro e della Musa Calliope, Orfeo mostra subito una straordinaria disposizione alla poesia e al canto. La lira, inventata da un'astuta prodezza di Ermes e poi passata ad Apollo e ad Anfione, quello che con le onde della sua musica mosse le pietre a formare le mura di Tebe, raggiunge una volta nelle sue mani il grado più alto di potenza incantatoria.

Mentre Orfeo suona, gli alati si addensano volando sul suo capo, i pesci dalle profondità affiorano in superficie e saltano e sembrano danzare, i tronchi degli alberi si liberano dalle loro radici e si spostano a loro piacimento, le pietre stesse perdono la loro pesante staticità e si animano: tanto può il suo canto.

Dopo un viaggio in Egitto, Orfeo è tra gli Argonauti alla ricerca del Vello d'Oro.

Quando la nave Argo, passate le coste dei Liguri e dei Celti e quelle della Sardegna, arriva in vista dell'Isola delle Sirene, toccherà a lui salvare i compagni dal fascino mortale del loro canto intonando un controcanto ancora più potente e rapinoso: vi riesce così bene che tutti i compagni rimangono a bordo ad ascoltare lui, e soltanto uno, Bute, di cui non si sa altro che il nome, ha la debolezza – o il coraggio? – di tuffarsi verso l'ignoto rappresentato dalle Sirene, perdendosi nei gorghi del mare.

Tornato dalla Colchide, Orfeo si innamora della bellissima Euridice, dalla carnagione bianca e delicata come la neve. Il giorno stesso delle nozze, il pastore Aristeo, il figlio di Cirene e di Apollo, grande allevatore di api e produttore di miele, innamorato a sua volta di Euridice, cerca di possederla: lei fugge, e fuggendo cade a terra, dove un serpente la morde alla caviglia e la uccide.

Le Amadriadi, figlie di Nereo e di Doride, riempiono boschi, monti e vallate del loro pianto.

L'anima di Euridice, più bianca e delicata di quanto era stata la sua carne, simile ora alla nebbia, trasparente e inafferrabile, discende nell'Ade. Orfeo, in preda alla più terribile disperazione, non si rassegna alla perdita dell'essere amato.

E sin qui, conosciamo tutti bene questo impaurito, impotente non volerci credere, non voler ammettere che una persona cara possa scomparire da questa terra per andare nell'Aldilà, dove non potremo più vederla. Ma Orfeo va oltre, progetta di riprendersela, di riportarla in vita grazie al suo canto e al suo amore. Eccolo che discende verso il regno del buio e dei morti, dove sono sovrani Ade e Persefone.

La sua lira continua a incantare. Il suo suono ammansisce Caronte e Cerbero, le stesse pene più severe a cui sono condannati eroi come Tantalo, come Sisifo, sembrano per un momento cessare: Tantalo ha l'illusione di bere finalmente un sorso di quell'acqua che gli arriva alla bocca e si invola; Sisifo, costretto a portare sulle spalle un macigno lungo il pendio di un colle e a vederselo rotolare in basso ogni volta, ha finalmente la sensazione che il macigno resterà sulla vetta.

E naturalmente, il canto di Orfeo arriva al cuore di Persefone, la regina degli Inferi che non dimentica di essere stata una ragazza bellissima e che ancora risale sulla terra, tra i suoi fiori, ogni primavera.

Persefone chiama Euridice. Lei, appena arrivata nel regno delle ombre e della cenere, avanza a passi titubanti, sospettosa, ancora incredula. Il suo pallore è ora diafano, ha alla caviglia ancora la fasciatura che ha cercato invano di guarire il morso del serpente.

Non riusciremo mai, caro lettore e cara lettrice, a immaginare cosa prova Orfeo nel trovarsi davanti a Euridice. È un'esperienza troppo straordinaria: cosa può avere in cuore un essere vivente di fronte all'essere cha ha amato e che è morto, ma grazie a lui sta per tornare sulla terra? La sensazione di stare per infrangere la più stabile delle leggi naturali, una gioia sconfinata venata di sgomento, un'ansia indicibile, forse una fretta che fa tremare.

La legge dell'Ade vieta di guardarsi negli occhi. Persefone concede che Orfeo riporti sulla terra Euridice a un patto: che durante la risalita dalle tenebre alla luce le cammini davanti, e che non volga mai lo sguardo verso di lei. Arrivato alla fine del sentiero che risale il baratro infernale, Orfeo volta il capo all'indietro e guarda Euridice. Ma perché? Come si spiega questa rottura del patto con la regina degli Inferi? È per errore, per follia, per eccesso di desiderio, per necessità di una rassicurazione? Non lo sapremo mai. Sappiamo soltanto che a quel punto appare Ermes, il piccolo dio che guida le anime agli Inferi, prende per mano Euridice e la riporta come ombra nel regno di Persefone.

Orfeo, che si sente disperato, ingannato, giocato dalla sorte proprio mentre era in procinto di coronare la propria impresa e il proprio amore, si getta a capofitto all'inseguimento ma invano. La sua lira non ottiene più nessun effetto: Caronte dalla barba bianca e incolta e dagli occhi di bragia gli vieta agitando un remo il passaggio, il cane Cerbero dalle tre teste moltiplica il suo orribile latrato.

Orfeo ora piange tutte le sue lacrime. Per sette giorni non mangia, per sette mesi vive in solitudine assoluta in una caverna, buia come l'Ade in cui è rimasta la sua amata.

Tornato alla civiltà, non ha più occhi per nessuna donna. Si crea la fama di saggio, di mistico. Ogni mattina all'alba sulla vetta del monte Pangeo va a salutare il sole che nasce, adora Elio, lo identifica con Febo Apollo, che qualcuno vuole sia stato il suo vero padre.

Predica che il Sole è la più grande delle divinità, forse memore del suo viaggio in Egitto, in cui aveva certo sentito parlare del culto monoteistico del Sole instaurato dal faraone Akhenaton.

Vanno a trovarlo giovani uomini a cui insegna l'astinenza dalla carne e canta l'origine delle cose e i segreti imparati da Persefone, ne fa degli iniziati a un vero e proprio culto misterico. Nasce l'Orfismo, una dottrina in cui si celebra l'identificazione dell'uomo con la divinità, l'unità intrinseca di creatore e creato, e si sostiene che il bene è l'anima immortale, lo spirito, mentre il male è il corpo, la prigione di carne in cui l'anima viene tenuta.

Tanto Oriente, non solo l'Egitto, è in queste teorie, sicuramente influenzate anche dallo zoroastrismo, che prevede la lotta eterna tra Ahura Mazda, la Luce, e Ahriman, l'Oscurità.

Orfeo si mostra molto più propenso a insegnare ai giovani uomini. Soltanto con loro diventa intimo, qualcuno sostiene che per primo abbia praticato e predicato l'amore omosessuale.

È a questo punto che l'ala di Dioniso si apre su Orfeo e ne cambia la sorte. Dioniso è offeso perché Orfeo è legato al culto di Apollo, e ne sostiene la superiorità su tutti gli altri dei. È irritato per i misteri cui inizia i giovani, sottraendoli ai suoi. E insieme ad Afrodite disprezza, lui dalle fattezze femminee e sempre circondato da donne adoranti, l'astinenza di Orfeo e la sua inclinazione agli amori omosessuali. Dioniso è un dio potente, la sua ira è non meno feroce di quella di Afrodite. È così che scatena le sue seguaci, le Menadi o Baccanti, contro il povero cantore.

Un giorno che i loro uomini vanno in massa al tempio ad ascoltare Orfeo e a sacrificare con lui, le donne, possedute dalla furia dionisiaca, invasate, rese forti e coraggiose e crudeli dall'ebbrezza, rubano le armi lasciate da loro fuori delle mura del tempio, entrano e li uccidono tutti. Poi catturano e sbranano Orfeo, lo fanno a pezzi, in un crescendo di ferocia selvaggia ma consapevoli della sua identità, a differenza di quanto era accaduto sotto le mura di Tebe, dove il re Penteo era stato scambiato per un leone e ucciso perché creduto tale. Le Baccanti odiano Orfeo e quello che lui rappresenta. Gli tagliano la testa, la inchiodano alla lira, e la gettano nelle acque di un fiume.

Orfeo, così orribilmente mutilato, continua a cantare. Discende il fiume, finisce in mare, è preso dalle correnti e dalle onde, e continua a cantare.

Qualcuno dice che la testa inchiodata alla lira arrivò sino alla foce del fiume Meleto e a Smirne. Altri dicono che approdò a Lesbo. In ogni caso, fecondò di poesia la terra presso cui la portò il mare: a Smirne si dice che nacque Omero, a Lesbo Saffo e Alceo: la poesia epica e lirica della Grecia e dell'intero Occidente sgorgò da lì.

La testa di Orfeo fu conservata nel tempio di Dioniso. La sua lira in quello di Apollo, le due divinità che sovrintendono alla sua vicenda, e alla poesia. Dioniso, per evitare che Zeus le punisse più duramente, trasformò le Baccanti assassine in querce. Apollo volle che la lira miracolosa del cantore fosse trasferita in cielo, e la trasformò in una costellazione.

Le Muse, pietose, perché niente più della poesia conosce il senso della pietà umana, il senso delle lacrime insite nelle cose, raccolsero i brani del corpo del figlio di Calliope e li seppellirono a Libetra, ai piedi del'Olimpo: dove si diceva che gli usignoli cantassero canti più dolci che in qualunque altro luogo del mondo.

10

Il mutamento veloce, la leggerezza

La nostra anima è sempre in movimento e non può non amare velocità, mutamenti, capovolgimenti di fronte, fughe in avanti e ritirate. C'è un fondo infantile e innocente in lei. Sa di essere il punto di congiunzione tra il divino e l'umano, l'anello che ci tiene legati alla Terra e al Sole. Lo sente, e non vuole per questo troppe responsabilità, non vuole portare pesi, vuole essere leggera, volare. Come una messaggera tra il visibile, che è il mondo, e l'invisibile, che è lei stessa. Vuole giocare. Vuole maneggiare le cose, modificarle, trafficare. E come tutti i bambini, non si tira indietro di fronte alla menzogna e al furto. L'anima spesso non si trova a suo agio nell'equilibrio statuario e troppo impegnativo di Apollo, né tra gli eccessi furiosi e smemoranti di Dioniso. Preferisce l'allegria dei mercati, dove si vendono e comperano oggetti, dove si cambiano le monete, dove si ordiscono imbrogli, dove c'è sempre qualche simpatico lestofante che la fa franca.

Chi presiede a tutto questo nella nostra anima è Ermes. È forse quello che occupa più spazio, almeno in questo inizio di XXI secolo, perché le inclinazioni dell'anima, che pure sono ataviche e originarie, avvertono il mutare della storia e dei tempi e fanno i conti con esse.

Ermes è il dio della comunicazione veloce, governa chi vive sul web, chi ama il virtuale e il cyberspazio, chi naviga tutto il giorno, chi chatta, persino chi si incarognisce allegramente nei social. Non gli dispiace una certa volgarità. L'anima si affida a lui, il meno olimpico, il più umano degli dei, trovando in lui le risposte per adattarsi a un momento antieroico della storia. Ma alla fine la ragione più profonda per cui l'anima si affida a lui è un'altra. L'anima sa che sarà lui, questo dio dal sentire così poco alto, questo messaggero quasi inaffidabile, amico dei ladri e dei lestofanti, a prenderla per mano per l'ultimo viaggio, e ad accompagnarla via dal corpo corruttibile e dal mondo dei mortali verso l'eternità.

Ermes così, tra l'equilibrio di Apollo e l'ebbrezza di Dioniso, può finire per incarnare l'incanto. Può prendere le fattezze di un angelo. O quantomeno di uno spirito messaggero, che arriva a visitare chi cerca dimensioni altre dell'essere. In questo senso apparve una volta a David Herbert Lawrence, come racconta nella poesia *Massimo*:

> un uomo nudo, uno straniero che si presenta al cancello, con il mantello sul braccio, in attesa di essere invitato:
> Gli chiesi: qual è il tuo nome?
> Lui mi guardò senza rispondermi, ma una
> tale bellezza entrò in me, che io
> sorrisi a me stesso, e dissi: lui è
> Dio.
> Così mi disse il suo nome: Ermes!

Una meravigliosa epifania, cui confesso che io stesso, per molti versi allievo di Lawrence e in debito con lui, ho qualche volta assistito.

Ermes

La Ninfa Maia, dalle belle trecce bionde, viveva in una grotta ai piedi del monte Cillene, in Arcadia. Era detta "la vereconda", mai toccata da satiri e uomini, e accettava soltanto le visite notturne di Zeus, l'unico al quale non si poteva negare nulla. E Zeus, mentre Era dormiva, scendeva dall'Olimpo veloce come il fulmine che impugna ed eccolo, splendente e innamorato, sul letto di muschio dove Maia lo aspettava per dargli il più dolce dei piaceri.

Da questi incontri segreti e felici nacque un bambino, che venne chiamato Ermes. Sin dall'inizio, il piccolo mostrò attitudini sorprendenti, cresceva in fretta dalla mattina alla sera, aveva estro di inventore e istinti di ladro, era un mentitore, spergiuro, astuto, abile, veloce, un po' sporcaccione.

Non aveva niente di olimpico: non aveva ereditato dal padre nient'altro che il rango divino. Per il resto, sembrava piuttosto umano, con la sua scaltrezza e la sua spensieratezza, il suo buonumore e le sue bugie, la sua capacità di lusingare e il suo non aver paura di commettere veniali ma impudenti volgarità. Questo era Ermes, ragazzo svergognato, messaggero veloce, costruttore, viaggiatore, accompagnatore delle anime nel percorso che va dalla terra all'Ade, ma anche dall'Ade alla terra.

Un dio piccolo, che si faceva benvolere, che faceva ridere Zeus, suo padre, e Apollo, suo fratellastro, e che noi immaginiamo far ridere tutti nei crocicchi, nei mercati, sulle strade, raccontando fandonie o oscenità ai passanti.

La carriera di Ermes comincia dall'incontro con la tartaruga. Uscito dalla grotta di Maia la mattina della sua nascita, incontra uno di questi lenti, pesanti animali catafratti nei loro duri carapaci.

Ermes si stupisce, sorride, lo giudica un giocattolo a disposizione della sua eccitazione infantile. Prende la tartaruga, la porta nella grotta e inizia l'operazione, con quella crudeltà innocente di cui non è mai priva l'infanzia: separa il corpo molle dell'animale, tagliandolo, dal carapace; poi lava bene quest'ultimo, gli applica due canne e sette corde fatte di budello di pecora: nessuno ci aveva ancora pensato, dall'inizio del mondo, ci voleva un neonato ingegnoso e manigoldo come Ermes per farlo.

Toccando con un plettro le corde, fa risuonare l'Arcadia di una musica mai udita, e canta gli amori di Maia e di Zeus, celebrandoli, e, per conseguenza, celebrandosi.

La sua seconda impresa non si fa attendere: al tramonto dello stesso giorno, Ermes, affamato, va a rubare le cinquanta meravigliose vacche di Apollo, che il dio solare fa custodire, lavare, nutrire in un recinto ben protetto. Il problema di Ermes non è aprire il recinto, ha già l'istinto e la lucida prontezza del ladro matricolato. La sua astuzia si applica soprattutto a come far perdere le tracce della mandria, che né Apollo né qualcun altro possa inseguirla e ritrovarla.

Il primo espediente è quello di ricoprire gli zoccoli con pezzi di corteccia di quercia legati ad essi da fuscelli e erbe secche. E poi l'espediente principe: far muovere la mandria, e muoversi lui stesso, all'indietro, confondendo irrimediabilmente le impronte.

Ermes porta le cinquanta meravigliose vacche vicino alla sua grotta ai piedi del monte Cillene, ne uccide due torcendo loro il collo con una forza imprevedibile in un essere nato da un giorno, mette le pelli a seccare e cuoce la carne e il grasso su due spiedi. Poi divide la carne in dodici grossi tocchi, uno per ciascuno dei dodici grandi dei dell'Olimpo tra cui, forte della sua nascita e della sua faccia tosta, computa anche sé stesso. Inventa così il sacrificio cruento. E con la sua parte soddisfa il suo desiderio di carne e placa la sua fame. Compiuto tutto ciò, torna nella culla, innocente lattante, e si mette a dormire.

La madre Maia, che ha visto le vacche e ha capito che sono

l'oggetto di un furto, quindi lo apostrofa, lo sgrida come farebbe qualunque madre. Ma Ermes non sbuffa e non mette il broncio, come farebbe qualunque figlio. Lui rivendica la bontà del suo gesto. «Avremo carne e abbondanza,» dice alla madre «il nostro posto non è qui, è tra la delizie dell'Olimpo.» È pratico, il piccolo dio, e anche opportunista.

Intanto Apollo cerca le sue vacche invano. Promette una ricompensa a chi lo aiuterà a trovarle: ci provano il vecchio Sileno, che si pensa ispirato dal vino di cui ha sempre pieno il pancione, e i Satiri, che conoscono tutti gli anfratti dei boschi e tutti i lestofanti della Grecia.

Sarà invece un vecchio pastore a mettere Apollo sulla via giusta. Ed eccolo che piomba nella grotta di Maia, e trova il piccolo nella culla, con un'espressione innocente sul volto, le labbra da poppante, gli occhi semichiusi. Apollo lo accusa del furto. Ermes utilizza l'arma della logica contro il suo fratellastro così già più grande e potente di lui, lo mette in guardia dal ridicolo: «Cosa penserebbe chiunque sentendoti dire che un piccolo come me ha rubato addirittura cinquanta vacche?». È impossibile, non ne sa niente, e lo giura sul nome del padre Zeus: è un imbroglione, mistificatore, spergiuro, al punto da diventare fonte di riso per Apollo. Non si perdona tutto a un bambino, tanto più quando è sveglio e simpatico?

Apollo lo solleva dalla culla, e a questo punto Ermes compie il suo laido capolavoro: quante arie si dà Apollo, circonfuso di luce, con l'arco, le frecce, il cocchio tirato dai cigni... Bisogna riportarlo a un orizzonte più basso, più corporale. Ed Ermes, con la libertà naturale che i bambini si prendono nei confronti dei grandi, proprio mentre Apollo lo ha in braccio, molla una scorreggia e starnutisce, o forse finge di starnutire per coprirne il rumore.

Schifato Apollo lo lascia cadere a terra, mentre si contorce dal ridere tra le fasce. Per farla finita, quando lo solleva è per portarlo in presenza di Zeus, e accusarlo davanti a lui.

Ma accusare Ermes, abile com'è a svicolare e a capovolgere gli argomenti altrui, non è impresa da poco. Il piccolo spudorato, per nulla intimorito dalla presenza del padre Zeus, si proclama incapace di mentire, e ribalta l'accusa su Apollo, che lo ha minacciato di cacciarlo nel Tartaro, approfittando di essere un giovane così ben fatto e robusto alle prese con un bambino indifeso.

Ripete, lo spergiuro, si dichiara innocente, chiede al padre protezione. Ermes ha la proprietà, che non ha nessun altro tra i grandi dei della Grecia, di far ridere, di portare la spudoratezza a un tale grado d'incandescenza: non resta altro che una grossa risata per spegnerla. Così Zeus ride, e come un buon padre ordina ai suoi due figli di riconciliarsi, e ad Ermes di restituire le vacche rubate.

Arrivati in vista della mandria che pascola al sole su un prato verdissimo, Ermes trova ora il modo di trasformare la restituzione in un baratto. Estrae la lira, e comincia a suonarla cantando la gloria di tutti gli dei e di Apollo in particolare. Il lestofante sa sempre quando è il momento di adulare.

Apollo va in visibilio di fronte alle parole di Ermes e ai suoni che escono da quello strumento sconosciuto. Sino ad allora le Muse, i Satiri, lui stesso avevano usato soltanto il flauto. Apollo chiede la lira a Ermes. Ed Ermes, futuro protettore dei commercianti e dei mercati, mercanteggia. Quanto vale una lira, bella come quella, che emette suoni così vibranti e potenti? Almeno cinquanta vacche, se non di più.

Ed è così che la mandria sacra ad Apollo rimane ad Ermes, e la lira passa di mano. Ancora adesso molti la collegano direttamente a Apollo, dio della poesia, dell'armonia, dell'equilibrio luminoso. Ma le sue origini sono più tenebrose, un bambino che gioca con un vecchio animale portatore di misteri legati alla terra e al Tartaro, e fa scaturire da quel gioco, crudele e inventivo, la bellezza del canto e della poesia.

Pur avendo il suo posto nell'Olimpo, Ermes è il meno olimpico degli dei, e sicuramente il più vicino ai mortali. Veste una cappa da viaggiatore che lo rende invisibile quando è necessario, un bastone (il caduceo) a cui sono intrecciati nastri bianchi e due serpenti, un cappello rotondo che ripara dalla pioggia (il petaso), e sandali d'oro alati, che gli consentono di volare e di raggiungere qualunque meta istantaneamente.

Viste le sue attitudini, Zeus gli affida compiti che può svolgere bene. Ermes diventa il messaggero degli dei, quello a cui ricorrono quando hanno bisogno di interloquire con gli umani, una specie di intermediario celeste, simile in questo e soltanto in questo, agli angeli dell'Ebraismo, del Cristianesimo e dell'Islam: un annunciatore, un accompagnatore. È lui che, nel canto XXIV dell'*Iliade* accompagna il re Priamo al campo per chiedere ad Achille la restituzione della salma di Ettore; è lui che guida Era, Afrodite e Atena a raggiungere Paride per avere il responso su chi delle tre possieda la maggiore bellezza. Porta anche le anime dei trapassati all'Ade e, in qualche caso, scorta le ombre dall'Ade sino alla terra dei viventi: così succede per Persefone. E così sarebbe successo per Euridice, se Orfeo non avesse commesso l'errore malaugurato di voltarsi verso di lei: a quel punto, tocca a Ermes invertire il cammino, e riportare Euridice verso le tenebre degli Inferi.

Ermes presiede inoltre alla stipulazione dei contratti, protegge i mercanti e i mercati, i viandanti e i lestofanti, veglia sulle strade, tanto che si chiamano "erme" le pietre poste ai margini per indicare il giusto cammino.

È anche un inventore: la lira, i sacrifici agli dei, ma sappiamo anche che fu lui a insegnare loro ad accendere il fuoco, facendo roteare con la rapidità che appartiene a tutti i suoi atti un bastoncino nella fessura di un ceppo: una chiara allusione, da parte di un dio malizioso, all'atto sessuale.

Ricordi, cara lettrice e caro lettore, l'esclamazione di Ermes quando vide Afrodite nuda impigliata con il suo amante Ares nella rete in cui li aveva catturati il marito Efesto? Gridò ridendo che avrebbe sopportato ben altre reti e catene, pur di giacere con la dea della bellezza. Pare che queste parole fecero breccia nel cuore di Afrodite: tra i suoi amanti, volle infatti anche Ermes, ed ebbero un figlio, Ermafrodito. Si conoscono poi altri suoi figli: Echione, che fu tra gli Argonauti, e Autolico, che prese dal padre e divenne un rinomato re dei ladri.

Ma l'immagine di Ermes rimane quella di un ragazzo, di uno spirito lieve, di un vagabondo veloce e inventivo, in cui si specchia la pulsione della nostra anima verso la leggerezza, la rapidità, l'abilità, non necessariamente votate al bene, anzi alle volte buone per propiziare trabocchetti, menzogne, furti, e anche furti d'amore. Ermes, con la sua piccola flatulenza sul braccio possente di Apollo, è anche quanto c'è di canagliesco e scurrile in qualunque essere umano. È l'ironia e lo humor. È il gusto di fare dispetti, e di divertirsi alla faccia di chiunque e di qualunque solennità.

Ma Ermes, nonostante sia anche il dio dei briganti di strada, è anche la generosità che accompagna nel cammino e custodisce. È la complessità e la contraddittorietà della vita che si risolvono in qualcosa di volatile e lieve, come una piuma. È il dio del canto e del silenzio. Di entrambi l'anima ha bisogno. I Greci, quando nel mezzo di una conversazione concitata cadeva un improvviso momento di silenzio, dicevano «Passa Ermes», così come un tempo, non so se lo ricorderai, cara lettrice, caro lettore, da noi usava dire nella stessa circostanza: «Passa un angelo». Ermes arriva sui crocicchi e nei mercati quando regna la più rumorosa confusione, ma parla all'anima quando tutto tace.

Appare, come io lo riconobbi tanti anni fa, quando siamo soli, disperati, e invade la nostra anima di una bellezza che non ci aspettavamo se non da un dio. E ci parla, senza bisogno di parole, del viaggio verso l'invisibile che faremo con lui per guida.

11

La focalizzazione, il fabbricare

Se con Ermes l'anima umana è sempre in movimento e metamorfosi, con Efesto mostra la sua capacità di focalizzazione. Di mettersi al lavoro su un oggetto, solo su quello, e di non disperdersi. Di puntare, piuttosto che alla disseminazione e al vagabondaggio, alla perfezione della propria opera finita.

L'inclinazione dell'anima che preferisce stare in officina piuttosto che nel bosco, nel mare, nel cielo, che preferisce manipolare la materia, vedere uscire dalle proprie mani oggetti finiti, utili e belli, ha il nome di Efesto: il dio del fuoco, il dio fabbro, sposo infelice e beffato di Afrodite.

L'anima desidera oggetti, anche se per me è sempre difficile accettare questa verità. Non soltanto principi immateriali (io desidero solo quelli: bellezza, verità e amore) ma coppe brillanti, scudi istoriati, collane preziose. Ed Efesto li costruisce, è il dio protettore dell'artigianato. Ma forse anche dell'industria pesante: la sua officina provoca fumi che si alzano verso il cielo, è buia, fuligginosa; la materia prima che tratta sono i metalli, l'oro, il ferro, il bronzo.

Efesto è il livello buono, innocente, del desiderio che ha l'anima di fare. Forse nessuno tra quelli che si dedicano oggi anche semplicemente al bricolage, che usano cacciaviti e martelli per arrivare a dar forma a una cosa concreta, sa più di essere un erede di Efesto.

L'inclinazione alla focalizzazione, al lavoro del fabbro, è opposta a quella della leggerezza, del movimento veloce, propria di Ermes. Se Efesto è il protettore dell'industria pesante, Ermes lo è dell'elettronica e del digitale. Sembrano opposti, eppure sono complementari. Efesto ed Ermes, il mettere a fuoco e il volare leggero, vennero riconosciuti per questo da Italo Calvino, con i loro nomi latini, Vulcano e Mercurio, come i due poli della propria attività mentale, ma dire della sua anima non suoni oggi inappropriato. Se Calvino mi diede da leggere il manoscritto delle *Lezioni americane* con le pagine sulle due antiche divinità greche, è perché era consapevole che ero stato tra i primi in Italia e in Europa a ridare dignità conoscitiva al mito, dopo decenni in cui era stato cancellato.

Ho sempre venerato Ermes, il viaggiatore. Ma riconosco l'importanza di Efesto. E la riconosco proprio qui, scrivendo, in una attività che sembra immateriale ma dove la messa a fuoco e il lavoro lento e artigianale, quello che porta all'individuazione del proprio stile, sono necessari quanto l'ispirazione volatile e improvvisa, messaggera di altri mondi, che Ermes incarna.

Efesto

Pare che Efesto sia nato da padre ignoto e da Era, la Signora dell'Olimpo, che pretendeva la fedeltà da Zeus ma non la praticava del tutto. Nacque con un corpicino esile, gambe magre e storte, braccia inerti, sgradevole nei tratti del volto, tanto che Era, alla sua vista, si pentì di averlo generato, non lo ritenne degno di abitare tra gli dei olimpici, si vergognava di lui. D'istinto, fulminea come soltanto gli animali e gli dei sanno essere, lo afferrò e lo scaraventò giù dall'Olimpo.

Efesto finì in mare, e venne soccorso da Teti e Eurinome, due buone dee marine. Lo portarono nel loro prezioso palazzo sui fondali, e lì Efesto crebbe e mostrò subito le sue attitudini. Diventò fabbro, e non un fabbro qualunque come se ne trovano nei villaggi, ma un artigiano che conosceva tutta la duttilità della materia e che la sapeva piegare alla sua volontà. Nessuno ci dirà mai come facesse ad accendere il fuoco in fondo al mare, dove trovasse i metalli da forgiare: il mito rifiuta il concetto di non contraddizione.

Per riconoscenza verso Teti ed Eurinome, cominciò a costruire per loro monili meravigliosi. Capitò così che un giorno Teti, Signora del mare, salì all'Olimpo indossando una collana d'oro con tanti smeraldi incastonati, il cui splendore non sfuggì ad Era che, gelosa per natura, volle subito sapere da dove provenisse e chi l'avesse creata. Quando seppe che l'autore di quell'oggetto prezioso era la creatura che lei, indispettita per la sua bruttezza, aveva gettato giù dall'Olimpo, decise subito di richiamarlo per averlo al suo servizio.

Efesto aveva una mentalità semplice, da artigiano. Rifiutato da Era, le portò in dono sull'Olimpo un grande, splendente trono d'oro. Era ci si sedette, e vi fu imprigionata da sottili, quasi invisibili catene. In più, il trono si mise a fluttuare nell'aria, destando ilarità tra gli dei. Per far finire questa vergogna, Efesto fu richiamato sull'Olimpo, da cui si era per tempo allontanato. Non riuscì a riportarvelo Ares con le cattive. Ci riuscì Dioniso con armi più insidiose, facendolo bere sino a ubriacarsi e ad averlo in suo potere. Efesto, smaltita la sbornia, liberò Era dalle catene di quel trono, in cambio volle essere riconosciuto come suo figlio e come dio scegliendo, in seguito, di stare dalla sua parte nelle frequenti dispute con Zeus.

Un giorno Zeus, esasperato dalle continue scene di gelosia, lega con due lacci le mani alla moglie e l'appende in alto nel cielo, da dove non si ode il suo continuo sbraitare.

Efesto non sopporta di vedere la madre oltraggiata così, in una posizione che finisce per essere sconcia e ridicola: immemore del trattamento subito e incurante del potere supremo di Zeus, scala il cielo e la libera.

È così che Efesto il fabbro perde per la seconda volta l'Olimpo. Zeus non sopporta infatti che il suo operato venga messo in discussione, che si intervenga sulle sue decisioni divine: il figlio di Era, il bastardo, viene fatto precipitare per la seconda volta.

La sorte non gli concede di trovare il mare ad attutirne la caduta. Per un giorno intero vola giù dal cielo, e finisce sull'isola di Lemno. L'impatto con il terreno pietroso dell'isola è terribile: Efesto si frattura le braccia e soprattutto le ginocchia e le caviglie, tanto da non potersi rialzare in piedi da solo. Sono gli abitanti di Lemno che lo salvano e lo curano, ma da allora Efesto è zoppo, e deve usare per camminare due stampelle, sia pure forgiate in oro. E così, perdonato da Zeus, lavora nella sua officina.

Efesto manifesta un carattere burbero ma mai malvagio, ed è sempre disponibile a mettere a servizio degli altri dei le sue straordinarie capacità di artefice. Cerca una sposa tra le dee, conscio della sua bruttezza, della sua condizione di storpio e di nano, ma anche delle sue qualità che gli permettono di creare oggetti bellissimi.

Lo si dice all'inizio sposo di una delle tre Cariti, Aglaia, "l'ornamento": un matrimonio in cui si sposano gli aspetti pratici, fattuali, e quelli spirituali della bellezza. Ma il suo matrimonio più noto e infelice è quello con Afrodite, che lo tradisce con Ares, Ermes, Adone, e lo rende un personaggio caricaturale, un *cocu* da commedia, lontano dalla gloria celeste e ineffabile dell'Olimpo.

Efesto non si arrende, e tenta maldestramente di possedere Atena, che si sottrae all'assalto e lo lascia con un palmo di naso. Ma se con il sesso non funziona, sarà il lavoro a renderli alleati. Così si legge nell'*Inno omerico a Efesto*:

> Insieme ad Atena, la glaucopide dea,
> insegnò opere stupende agli uomini in terra.

Certo Atena ha dalla sua la nascita dalla testa di Zeus, un'intelligenza superiore a quella di ciascun altro dio, e un campo d'azione più vasto per una ben più complessa opera di civilizzazione.

Efesto se ne sta nella sua officina, ma lì ne combina delle belle. Per consolarsi forse delle sue disavventure amorose con le dee, crea delle ragazze meccaniche che sono in grado di muoversi, danzare, parlare e cantare persino. Si circonda così di presenze femminili che obbediscono al loro creatore, che sono grate, servizievoli, e portano un soffio di grazia in un'officina fuligginosa. Sono d'oro, inattaccabili dal fumo e dalla fiamme, e splendenti. Può conversare con loro le rare volte che non se ne sta immusonito e tutto compreso a battere metalli sulla sua incudine. Deve essere una conversazione elementare, povera, tra esseri meccanici e un fabbro ostile alle chiacchiere. Ma lui sta meglio lì che sull'Olimpo. Il loro canto lo conforta, quando l'officina non risuona dei colpi del suo martello e dei soffi del suo mantice.

Efesto ha inventato tavolini a tre gambe, magici: quando occorrono per un banchetto nel palazzo degli dei, scivolano diritti dall'officina alla sala da pranzo sull'Olimpo. Quando il pranzo è finito, si sbarazzano da soli e tornano all'officina da cui sono partiti. Lavora senza tregua: dona una corazza a Eracle, lo scudo e le armi ad Achille, una collana a Cadmo per le nozze con Armonia. E tutto quello che esce dalla sua fucina è di un'impareggiabile bellezza. Si dice che sia opera sua, per ordine di Zeus, la costruzione di Pandora, la prima donna, che lui impasta con acqua e argilla, infondendole vita e voce, e che poi, verrà usata da Zeus per punire Prometeo.

Infaticabile nel cercare la perfezione, Efesto è la nostra parte di anima che vuole fare, produrre, che si realizza nel mettere a fuoco, forgiare, limare, e che tende a una bellezza senza pari.

Parlando di arte, se Ermes è *l'ispirazione*, Efesto è *lo stile*. Un artista, per essere tale, deve essere devoto a entrambi.

12

La bisessualità, la preveggenza

L'anima non ha sesso. Come termine linguistico è di genere femminile, come *anima* in latino e *psyché* in greco. Ma come simbolo è al di là di una definizione di genere sessuale. Hanno l'anima tutti gli esseri del creato, comprese tutte le specie animali, dall'elefante alla coccinella, tutti gli alberi e i fiori, l'erba, l'acqua del mare e il vento.

Un movimento umano fondamentale è quello verso la ricongiunzione dei due sessi, separati alle origini, in una ritrovata unità. Secondo il mito raccontato nel *Simposio* platonico, questa ansia di ricongiunzione è dovuta al fatto che Zeus tagliò a metà delle creature primordiali, con due facce rivolte in direzione opposta sul collo, munite di quatto gambe e quattro braccia, che potevano camminare erette ma anche rotolare raccogliendosi in sé come sfere. Erano "androgini", uomo e donna insieme, forti e arroganti nei confronti degli dei al punto da meritare quella punizione. E si crearono così i due sessi come li conosciamo ora. Ma nonostante la separazione primordiale, ancora oggi nessun uomo è soltanto uomo. Nessuna donna è soltanto donna.

Il mito greco ha immaginato in Tiresia, il vecchio cieco e veggente, che così grande influenza avrà nella letteratura occidentale sino ai nostri giorni, l'essere che, se non ha ricomposto l'unità fisica dei due sessi, li ha messi insieme nella propria esperienza. Infatti Tiresia ha vissuto nel suo corpo, e nella sua pratica di amante, i due generi: è stato uomo, poi donna, poi ancora uomo.

Il figlio di Afrodite, dea dell'amore, e di Ermes, dio delle metamorfosi, che si chiama Ermafrodito, ha invece un aspetto che mescola qualità maschili e femminili, ancora più evidenti quando diventerà un essere solo con Salmace, la ninfa di una fonte che si innamora pazzamente di lui. Salmace ricorre nel titolo di un racconto giovanile di Mario Soldati, scrittore magnifico e per me amico impareggiabile, fraterno nonostante la differenza di età, con cui mi capitò di parlare, tra i mille argomenti che la sua *verve* infilava in ogni conversazione, anche di bisessualità, in letteratura e nella vita.

Il termine "ermafrodito" ha finito per significare nel linguaggio comune un essere che ha in sé la natura femminile e maschile, o, in botanica, una pianta che ha nei suoi fiori stami e pistilli, organi di ambo i sessi. L'anima, proprio perché non ha sesso, è femmina e maschio insieme. È un fiore "ermafrodito". È transessuale, si potrebbe dire. E certamente bisessuale, essendo la bisessualità diffusa in un'infinità di casi che soltanto un'ipocrisia perbenista può ignorare o nascondere. Questo ci dice la figura del mito con nome Ermafrodito, che è uomo ma accoglie in sé la natura femminile; e questo ci dice Salmace, la ninfa che è donna e che mescola la sua natura con quella di un uomo al punto da portare amorosamente in lui i segni che contraddistinguono il femminile.

Tiresia

Figlio di Evere e di Cariclo, ninfa che faceva parte della corte di Pallade Atena, Tiresia da giovane ebbe in sorte di vedere nella realtà quello che non doveva vedere.

Ancora giovinetto, con la barba che gli spuntava appena sul

labbro superiore e sul mento, stava cacciando con i suoi cani dalle parti del fiume Ippocrene. Quello stesso pomeriggio, Atena stava vagando a cavallo proprio da quelle parti. Aveva un temperamento guerriero, amava i cavalli, scendeva dall'Olimpo e ne aveva un'intera mandria al seguito, così da poter cambiare saltando da una groppa all'altra ogni volta che la sua cavalcatura mostrava lungo il collo i primi sudori e segni di stanchezza.

Quel pomeriggio provò stanchezza anche Atena. Aveva cavalcato a lungo e nel pieno della luce e del sole. Le dee non sudano, ma lei sentiva sul suo corpo una patina di calore che la infastidiva. Smontò, lasciò liberi i cavalli, si spogliò, e si calò nelle acque limpidissime dell'Ippocrene. Non nuotava, la dea. Se ne stava dove l'acqua arrivava a coprirne le ginocchia e a lambirne le cosce, una freschezza intensa, quasi profumata la invadeva. Era nuda, sola, padrona di sé stessa e del suo tempo, mentre la mandria dei suoi cavalli pascolava in attesa che lei tornasse.

Il giovane Tiresia capitò lì per puro caso. Perché i suoi cani correvano in quella direzione, perché intorno al fiume l'aria si faceva più fresca, in quel pomeriggio assolato e caldissimo. E aveva sete. Una gran sete. Si gettò in ginocchio sull'erba, piegò il busto in basso, andò a sfiorare con la bocca l'acqua. E non poté non vederla.

Atena era lì, il suo corpo nudo si stagliava sulle acque e si rifletteva sulla loro superficie. Tiresia, senza volerlo, vide tutto. I seni, tondi, robusti, sollevati, il grembo di vergine, le cosce possenti da cavallerizza.

Per Atena fu un affronto insopportabile. Si avvicinò al ragazzo, senza odio, senza parole di rimprovero. Era fatale: aveva visto la nudità della dea, non avrebbe più rivisto il sole. Atena posò le dita sugli occhi di Tiresia, e vi fece scendere una cortina di buio, di un buio che sarebbe durato per sempre.

Ma Atena, sapendo che il ragazzo era figlio della sua compagna Cariclo, che faceva parte della sua corte e le era cara, volle compensare la cecità con un dono: quello della preveggenza. Tiresia sarebbe diventato un indovino, il più famoso veggente nella storia dell'umanità.

Con l'acqua dell'Ippocrene gli purificò le orecchie, in modo che l'udito si potenziasse, e gli porse un bastone, che potesse camminare sicuro anche da cieco.

Ma secondo altre voci, Tiresia diventò indovino in un'altra ben più strana occasione. Aveva avuto in sorte qualcosa di straordinario: aveva vissuto una parte della vita come uomo e una parte come donna: di essere entrambi, maschio e femmina, di sentire e godere in entrambe le forme. Un'esperienza unica, che nessun mortale e nessun dio poteva vantare. Com'era accaduto?

Sembra che un giorno, sempre un maledetto pomeriggio di solleone alle pendici del monte Cillene, dove Maia aveva partorito Ermes, Tiresia, che è ancora un semplice pastore, si imbatta in una coppia di serpenti che amoreggiano.

È sempre una sensazione conturbante vedere come gli animali si accoppiano, la loro felicità cupa, quasi forzata, proveniente dal fondo oscuro della natura e delle sue leggi. Tiresia se ne sta curioso, e certo turbato a vedere quello spettacolo. Sinché non prende in lui il sopravvento un istinto di violenza, che guida il suo bastone a colpire con tanta forza la femmina da ucciderla.

In quel medesimo istante, il suo corpo si trasforma. I capelli diventano più lunghi e ondulati, dal volto sparisce il pelo rado della prima barba, le labbra si fanno più rosse, sul petto il seno si gonfia, in fondo all'inguine testicoli e pene rientrano e lasciano il posto a una fessura verticale e profonda. Anche la voce, se ne accorge appena la emette, è diventata più alta e fine. È diventato una femmina, a tutti gli effetti.

Per sette anni vive così. Vaga di città in città, fa esperienza dell'essere donna nell'atto d'amore, diviene una femmina brava ed esperta, tanto che si dice esercitare con successo anche il mestiere di prostituta in un quartiere di Tebe, dove nessuno al suo ritorno l'ha riconosciuto.

Sette anni dopo, gli capita il medesimo incontro: due serpenti in amore. Questa volta non mostra né stupore né morbosa curiosità, conosce ormai bene il congiungimento sessuale, tanto lo ha praticato. Ma qualcosa lo spinge a ripetere il gesto di tanto tempo prima. Senza sapere il perché, prende bene la mira con un bastone, e questa volta colpisce il maschio, che si contorce, si rivolta e muore.

Istantaneamente, il corpo di Tiresia subisce una nuova metamorfosi, nei capelli, nelle guance nel torace, nel grembo, e in ultimo nella grana della voce: è tornato uomo, a tutti gli effetti.

Questa doppia vita, e la fama di essa che si diffuse, gli valse di essere chiamato come arbitro a dirimere l'ennesima lite tra Zeus e Era.

Nelle altezze supreme dell'Olimpo, il matrimonio non era diverso che nella povera casa del più umile dei mortali: polemiche, incomprensioni, gelosia erano all'ordine del giorno. La dialettica forte tra due coniugi riceveva lassù un sigillo divino.

Lo scontro quella volta verteva su chi prova più piacere nell'atto d'amore. Era il maschio per Era, la femmina per Zeus. Ma le loro restavano opinioni, congetture. Chi poteva parlare a ragion veduta era proprio Tiresia, che aveva vissuto nella carne ambedue le esperienze.

Così Tiresia fu convocato all'Olimpo e, si suppone, guidato lì da Ermes, che rideva di quelle baruffe e che nel figlio Ermafrodito stava vedendo i segni di un'identità sessuale ambigua e duplice.

Zeus ed Era attendevano il responso. E Tiresia parlò così: «Se si divide in dieci parti il piacere tratto da un accoppiamento amoroso, nove di esse vanno alla donna, una all'uomo».

Non si sa se stava affermandolo come una legge universale, o se parlava soltanto di quanto aveva provato personalmente fottendo femmine da maschio, o battendo da femmina e concedendosi a maschi nerboruti nelle strade e nei bordelli di Tebe. Fatto sta che Zeus gongolò. L'arbitro aveva dato ragione a lui.

Era non la prese bene. La Signora dell'Olimpo sapeva essere brutale e vendicativa. Secondo molti, fu lei, non Atena, che fece scendere sugli occhi di Tiresia la cortina nera della cecità.

Allora Zeus, per compensazione, gli donò la preveggenza e una vita che sarebbe durata per sette generazioni.

In seguito, toccò a Tiresia svelare a Edipo la maledizione che gravava su di lui e sulla sua casa. La sua potenza divinatoria era diventata proverbiale, e tale che non la perse neppure quando Ermes lo guidò all'Ade. Odisseo scese agli Inferi per cercare proprio Tiresia e conoscere cosa gli avrebbe riservato la sorte. Tiresia non lo deluse.

In una vita divisa e tribolata come la sua, Tiresia ebbe anche l'esperienza della paternità. Sua figlia, Manto, divenne un'indovina, e dopo la distruzione di Tebe andò a servire Apollo a Delfi. Da lì, si trasferì in Asia Minore e sposò un cretese da cui ebbe un figlio, Mopso, che fu indovino anche lui. Era come se il dono della preveggenza, potente e terribile, si trasmettesse nelle generazioni, e Tiresia, sfortunato, cieco, povero, apparisse come il fondatore regale di una vera e propria dinastia.

Anche se nessuno poté eguagliarlo: la sua ombra a distanza di millenni ritorna e parla ancora, veggente supremo, nei versi dei poeti che ne rinverdiscono il mito.

Ermafrodito

Quando Ermes e Afrodite fecero l'amore, fu certamente di fretta, rubando il tempo lui ai suoi doveri di guida e di messaggero, lei alla sua condizione di sposa di Efesto, il nano fabbro, e di amante del demone Ares, feroce e attaccabrighe. Né Afrodite né Ermes amavano quello che è stabile, quieto, legale. Ed erano entrambi pronti a ammettere che spesso il bello dell'amore sta nel "furto" d'amore, quando l'appagamento viene immediatamente dopo il desiderio. Così si accoppiano gli animali e gli dei.

Il figlio di un simile amore fu Ermafrodito, che fuse nel proprio nome quello del padre e della madre. Giusto per ricordare che erano stati loro a generarlo. Perché i due, entrambi del tutto estranei al pensiero di una famiglia, lo affidarono lattante alle cure delle Naiadi sul monte Ida.

Lì il bimbo crebbe, diventò un ragazzo che aveva nei lineamenti del volto le tracce di quelli perfetti della madre e di quelli un po' sbarazzini del padre, e nelle forme del corpo la sensualità di lei e la snellezza scattante di lui.

A quindici anni, lasciò la grotta delle Naiadi sulle pendici del monte Ida e cominciò a viaggiare. Conobbe la Licia, la Caria, attraversò boschi bui, valli assolate, e si riempì di un'ammirazione che rasentava l'attrazione ossessiva per i corsi d'acqua. Si fermava sulle sponde di qualunque fiume, di qualunque lago, di qualunque sorgente. Restava per ore a guardarne le acque che ora scorrevano impetuose ora si calmavano e si increspavano appena, ora luccicavano come una lama dov'era possibile specchiarsi.

Forse, oscuramente, sentiva nell'acqua l'elemento da cui era nata la sua madre lontana, o lo stesso riflesso della rapidità e della lucentezza tipiche del padre, lontano anche lui.

Un giorno, Ermafrodito arriva a una sorgente che gli sembra subito più bella di tutte quelle in cui si è imbattuto sino ad allora. La superficie dell'acqua è così limpida e trasparente che si può distinguere il fondale, non è offuscata da neppure un'alga, non spuntano da lei né una canna, né un giunco. È di una purezza assoluta, quasi frutto di un incantesimo.

Presso quella sorgente, vive una Naiade di nome Salmace. Lei non segue Artemide, come le sue sorelle. Invano queste le chiedono perché non voglia mai toccare arco o faretra. Salmace non risponde neppure, la caccia e le corse nel folto del bosco non fanno per lei. Vive lì nello spazio fresco e luminoso della sorgente, e passa le giornate a specchiarsi nell'acqua, a pettinare i capelli lunghissimi, a raccogliere fiori lì intorno.

Quel giorno, mentre raccoglie fiori con addosso una veste di un tessuto più leggero e lucente di qualunque petalo, vede arrivare Ermafrodito. Il ragazzo, ignaro, se ne sta incantato sulla sponda della sorgente.

Nella ninfa Salmace l'amore nasce e cresce come un sole all'alba, improvviso e ineludibile. Succede a lei quello che è successo ad Afrodite e a Ermes. Sente il desiderio urgere, spingere, impossessarsi del suo corpo.

Dopo essersi ben pettinata e aver rassettato la veste più lucente dei petali di un fiore, si avvicina al ragazzo e gli parla con le parole più lusinghiere: «Sei un dio o un mortale? Troppa è la tua bellezza, se sei un mortale i tuoi fratelli, le tue sorelle, la tua nutrice chissà quanta fierezza proveranno».

Poi Salmace passa direttamente, con la sfacciataggine felice delle ninfe, a toni più maliziosi: «Hai una sposa, o non l'hai? Nel primo caso, puoi concederti a me segretamente, qui e ora; nel secondo, posso diventare io la tua sposa, e insieme andare a dormire in un talamo nuziale».

Ermafrodito, che non ha ancora conosciuto l'amore, arrossisce, e quell'imporporarsi del viso lo rende ancora più attraente agli occhi di Salmace.

Lei comincia a invocare i suoi baci, gli si fa appresso, gli carezza il collo, si accontenterebbe anche dei baci che si danno a una sorella. Ma Ermafrodito reagisce chiedendole bruscamente di smetterla, minacciando di andarsene se continua così.

Delusa, irritata ma non vinta, Salmace finge di allontanarsi. In realtà si inginocchia dietro folti cespugli da dove, nascosta, le è possibile continuare a guardare l'oggetto della sua passione.

Il ragazzo, credendosi finalmente solo, può mettersi a giocare con l'acqua della sorgente. Quella trasparenza lo seduce, lo invita. Immerge nell'acqua prima le dita dei piedi, poi i piedi interi sino alle caviglie. È meravigliosa quella sensazione di freschezza, di libertà che prova. Si libera della veste, il suo corpo nudo si staglia e si specchia intero sulla superficie dell'acqua.

Salmace lo vede e il desiderio la arde, scoppia come un fuoco, abbaglia come un raggio di sole.

Quando il ragazzo lascia scivolare le sue membra nell'acqua della sorgente, Salmace esulta. È una Naiade, e quella sorgente è il suo habitat, la sua essenza: «Ho vinto», esclama tra sé.

Si tuffa, raggiunge in un baleno il ragazzo, lo stringe a sé, e più lui si divincola più lo stringe, lo avviluppa come con le spire di un serpente. Ermafrodito rifiuta di dare piacere alla ninfa. Sono vani tutti i suoi abbracci e le sue carezze convulse, il ragazzo rimane freddo, inerte.

Allora a Salmace non resta che pregare gli dei che credano nella verità del suo amore, che facciano sì che vi creda anche Ermafrodito, che accetti di passare tutta la vita con lei senza mai distaccarsene, come lei non si distaccherà mai da lui.

Gli dei ascoltano commossi la preghiera di Salmace, così insolita per una ninfa. E decidono di esaudirla.

I due corpi, di Ermafrodito e di Salmace, che non ha unito un coito fuggevole, ora resteranno uniti fondendosi l'uno all'altro, mescolando le qualità maschili di uno con quelle femminili dell'altra in un unico nuovo corpo, non più soltanto uomo, non più soltanto donna. Una creatura mai vista sino ad allora sulla

Terra, se non nei più remoti primordi, quando ogni essere racchiudeva in sé un maschio e una femmina, prima che fossero divisi per sempre.

Ermafrodito e Salmace sono l'androgino perfetto. La ninfa è stata dimenticata oggi, sopravvive soltanto nel ricordo di qualche scrittore incantevole.

"Ermafrodito" è diventato invece un nome comune, indica un essere dotato di lineamenti, seno e fianchi femminei e attributi maschili. È quello che oggi si chiama in genere "transessuale": forse senza conoscerne l'origine mitica, cui non sono estranei gli dei, almeno quelli della Grecia.

13

Natura e sessualità

Tra i vari, contrastanti e gioiosi movimenti umani ce n'è uno che porta all'identificazione con le forze della natura, al tremore di fronte alle manifestazioni della sua potenza, che sia un'alba, un tramonto, un'onda che s'infrange contro una roccia, un albero dal tronco secolare con le radici affondate nel cuore della terra e con le ampie fronde rivolte all'azzurro del cielo. È un'inclinazione che appare rara nell'uomo contemporaneo, assediato dalla tecnologia e dal rumore della città, ma che è latente e pronta a esplodere e a far sentire i suoi effetti.

Chi la descrisse meglio nel secolo scorso fu David Herbert Lawrence, che tu magari, cara lettrice e caro lettore, ricordi forse come autore di un romanzo un tempo oggetto di scandalo e censura, *L'amante di Lady Chatterley*. Anche il nostro D'Annunzio lo fece, con meno profondità filosofica, ma certo con effetti di formidabile, estatica musicalità. Lawrence vide nella natura l'ombra di Pan. E sapeva che Pan, dato per morto in Occidente, era, almeno sino agli anni Venti del secolo scorso, ancora vivo in America, tra le tribù dei Nativi, presso cui lui viveva nel ranch sulle Montagne Rocciose dove passò qualche anno della sua vita e dove oggi è sepolto in un tempietto bianco sormontato dalla Fenice. Posso dirlo per esperienza di viaggiatore: insieme alla riserva di Taos Pueblo è una delle capitali solari e paniche del mondo.

Pan, come natura dentro di noi, incarna anche un'altra inclinazione: quella che spinge gli esseri umani verso una vita sessuale sfrenata, felice, senza il rispetto di alcuna regola che non sia quella del piacere. La nostra società schizoide, spazzata al fondo da violenze atroci ma permeata in superficie dal culto dei buoni sentimenti, con l'ovvio seguito di ipocrisia, rende patologico tutto ciò che è istintuale, libero, pieno di libido e follia. Rende demoniaco il seguire i richiami della natura dentro di noi.

Se Ermes si inebriava di un istantaneo furto d'amore, Pan personifica istinti continui di congiungimenti carnali, sfogo libero di un eccesso di sensualità. Ma Pan non è minimamente dalla parte di quelli che oggi la cronaca chiama "orchi"o "mostri". I pedofili e gli stupratori sono esseri immondi, non c'è mito che li giustifichi. E ci sono leggi che li puniscono a dovere.

In realtà, le antiche storie di Pan, dei Satiri, delle Ninfe, la presenza fallica di Priapo hanno un significato profondamente simbolico. In esse l'anima conosce a suo rischio e pericolo le caverne dove si nascondono gli istinti più primordiali, che possono certo spingere verso la violenza. Ma anche verso gioia e godimento, se l'anima riesce a contenerne la brutalità, ad addolcirli e ordinarli alla sua luce. Se l'anima non ci riesce, allora c'è la malattia, si cade nello psicopatologico.

Non è un caso che da ognuna di queste figure divine siano venuti nel linguaggio contemporaneo termini che indicano: paure come "panico"; e disordini sessuali come "satiriasi" e "ninfomania", ovvero un incremento morboso e ossessivo del desiderio sessuale, nell'uomo e nella donna; e "priapismo", uno stato di erezione persistente oltre misura, doloroso e non accompagnato da eccitazione.

Si legge che ci sono cliniche che disintossicano da una dipendenza sessuale, specialmente frequentate da alcuni grandi attori. E niente sembra sia riuscito a frenare gli istinti sessualmente violenti di altri. Cadute nello stupro e nel lolitismo hanno decretato la rovina di magnati del cinema o della finanza, o della politica. Nessuno di loro, però, potrebbe fare a Pan una chiamata di correo. Pan è sesso come natura: è violento ma felicemente, è potente e sfrenato ma non porta con sé mai prevaricazione e oppressione, non approfitta di uno *status* sociale, che è divino nel suo caso. Dal canto loro, Satiri e Ninfe copulano allegri tra inseguimenti e fughe, paritetici nel provare desideri. E l'enorme fallo di Priapo aveva come funzione non quello di stuprare ma di propiziarsi gli spiriti naturali della germinazione e proteggere i campi, gli orti e le vigne.

Se tornassimo al simbolico e alla natura, capiremmo lo spirito delle "falloforie", processioni in cui veniva portato e adorato un fallo gigante. E capiremo perché l'India induista sia tutt'oggi costellata di lingam, falli eretti in pietra, emblemi del dio più antico che ancora venga venerato sulla terra, il dio Siva.

Pan

Pan è difficile da descrivere. Sfugge, si nasconde, si moltiplica, ha un aspetto e una storia diversa da quella degli altri dei della Grecia. È all'apparenza un dio rustico, sempre in agguato, con un lampo bianco e caprino negli occhi, così lo vide Lawrence nel libro *Pan in America*, come un fuggiasco appiattato tra i cespugli, un fuorilegge. Eppure, quando si parla di lui nell'antichità, ricorre la definizione "il grande dio Pan", con un tono quasi arcano di rispetto, come se Pan potesse essere il dio più potente di tutti. Il suo nome contiene il "tutto", *pan* in greco, anche se un'interpretazione meno suggestiva lo fa derivare dal verbo *paian*, "pascolare".

Sulla sua nascita, circolarono tante ipotesi. La più seguita è che fu figlio di Ermes e della ninfa Driope, sacra alla quercia. Ma ricorrono anche i nomi di altre possibili madri.

Ermes, non dimentichiamolo, era un ladro d'amore. Poteva aver messo incinta la ninfa Enide, o – qualcuno sconvolgendoci lo sostenne – aver amoreggiato con Penelope, possibile? La moglie di Odisseo, che è l'emblema della fedeltà? Si dice che la possedette prendendo le forme di un ariete.

Infine, visto l'aspetto ambiguo con cui Pan venne alla luce, si pensò anche alla capra Amaltea come sua possibile madre: capra sì, ma dal nobile passato, perché nutrice del piccolo Zeus.

Le incertezze non vertono soltanto sulle madri. Ermes avrebbe generato Ermapan e, nella sua selvatichezza primordiale, sembra ricorrere in diverse forme e diverse epoche lontane nel tempo: sin dai primordi esisterebbe un Titanopan, generato da un Titano, da Crono forse, e un Diopan, generato da Zeus.

Il suo essere Pan, il Tutto, sarebbe così avvalorato anche dalla sua strana posizione parentale rispetto a Zeus: come generato da Crono sarebbe suo fratello; come generato direttamente da lui stesso sarebbe suo figlio; e come generato da Ermes, suo nipote. Ecco che il dio povero, deforme e selvaggio, ha davvero in sé una potenza arcana e totalizzante. Quella della natura delle origini e, dell'energia oscura e misteriosa del sesso, da cui tutto si origina.

L'immagine più divulgata di Pan è quella del dio agreste. Ermes conobbe Driope durante un periodo in cui, come Apollo quando pascolò gli armenti di Admeto, dovette lavorare al servizio di un mortale, e se ne innamorò. Lo sappiamo, al desiderio, nel tempo degli dei, seguiva immediato il piacere, ed ecco Ermes e Driope congiunti in un amplesso felice. Ma non è felice, almeno per Driope, quello che seguì.

Il bambino che nasce dal suo ventre le si rivela subito come un essere spaventoso: ha sul capo due corna, piedi di capro, la barba già sul volto, e dai primi vagiti e salti capisce quanto è selvaggio: preferisce fuggire che allevare quella creatura. E fugge.

Così Pan, bambino mostruoso, chiassoso e dalle pronte risate che assomigliano a ghigni, cresce senza madre. Ermes lo prende in braccio, lo avvolge in una pelle di lepre e lo porta sull'Olimpo.

Gli dei, le cui reazioni non sono paragonabili alle nostre di poveri mortali, si rallegrano di fronte a quel minuscolo essere deforme, ridono tutti, e gli danno il nome di Pan. Non è però accolto stabilmente tra i dodici grandi dei dell'Olimpo. La sua grandezza ha altre dimensioni e altre manifestazioni, più oscure che luminose.

E così anche il padre Ermes lo abbandona, e Pan viene allevato dalle ninfe in Arcadia. Diventa una divinità agreste che vive tra boschi, radure, grotte e laghi, pascola le greggi, sa allevare api come Aristeo, aiuta i cacciatori a stanare le prede, danza instancabilmente con le Ninfe tutte le notti.

Non è malvagio, può apparire allegro e semplice davvero come un pastore. Quando dopo il mezzogiorno si addormenta all'ombra di un albero, non vuole essere destato per nessuna ragione. Se qualcuno lo fa, anche inavvertitamente, Pan emette un urlo acuto e rimbombante che si propaga nel bosco, fa tremare le foglie degli alberi, fuggire i cervi e alzare in volo stormi di passeri e nuvole di cicale: un umano che sente quell'urlo penetrargli le orecchie è preso da un tremore inarrestabile, e sente i capelli rizzarsi sul capo: è il "panico", così una paura contagiosa e angosciosa viene chiamata ancora oggi.

Ma a volte il suo temperamento diventa oscuro, torbido, e Pan si presenta come una creatura prepotentemente fallica. Non si limita a danzare sulle colline con le Ninfe alla luce della luna. Lui le Ninfe le insegue e le possiede. Amoreggia con Eco, e non disdegna neppure Narciso, di cui la ninfa era follemente e invano innamorata: i confini del piacere carnale tra gli dei sono più labili ed elastici di quelli a cui ci hanno abituato secoli di cultura sessuofobica.

Poi corteggia Eufeme, la nutrice delle Muse, e si vanta di aver posseduto tutte, dico tutte, le Menadi, le Baccanti seguaci di Dioniso, sorprendendole nell'ebbrezza e nella sfrenatezza dei sensi, dunque già propense all'accoppiamento e a ogni forma di lussuria.

Chissà com'era a vederlo Pan in azione, tra tutte quelle femmine scatenate, capaci di fare a pezzi un uomo e di decapitarlo. Ma Pan non è un uomo. Non ha il nobile aspetto di Orfeo, il cantore, o di Penteo, il re di Tebe. Pan ha qualcosa di primordiale e animalesco non del tutto eliminabile in sé, ha dentro il suo corpo deforme il fuoco che viene dal sole e ci ritorna nel suo tendere sempre verso l'alto: gli sciami delle api che volano impazzite sulle corolle e spargono il polline.

Pan è natura, e soltanto la natura può decidere quando va frenato o ingannato il suo impulso. Succede con due ninfe, Pitis e Siringa. Tutte e due sfuggono ai suoi assalti. E tutt'e due possono farlo soltanto subendo una metamorfosi.

Pitis si trasforma in un pino, altri sostengono in un fico, ma insomma in un albero di cui Pan, deluso ma non triste, stacca un ramo con cui farsi una specie di rustica collana, che gli ricorderà sempre la ninfa amata.

Siringa, nel ritratto che ne fa Ovidio, è una Naiade casta, seguace di Artemide, quasi indistinguibile per bellezza da lei, non fosse che, al contrario della dea, porta un arco di corno invece che d'argento. Quando Pan le mostra il suo desiderio, e abbiamo di che credere che lo facesse in modo istintivo ed esibizionistico, Siringa fugge per i boschi. Crede di conoscerli meglio di lui, e di essere più veloce di lui, allenata com'è alla corsa.

Ma Pan non si lascia distanziare, lui è di casa in foreste, grotte, forre, non conosce ostacolo, non conosce stanchezza. Siringa ode alle sue spalle il suo ghigno e i suoi passi. Disperata, raggiunge il fiume Ladone, dal fondale sabbioso e dalla sponda che è tutta un canneto. Lancia la sua preghiera alle sue sorelle ninfe dell'acqua, chiede a loro di sottrarla al dio mostruoso che sta per carpirla. E le Naiadi la esaudiscono.

La trasformazione è istantanea. Pan protende le braccia per cingerla, ormai è fatta, la ninfa sarà sua, quando si ritrova ad abbracciare un fascio di canne alte e sottili. Siringa, per intercessione delle sorelle Naiadi, è ormai una di quelle canne. Ma quale?

Ancora una volta, Pan non mostra nessun segno dell'amore romantico. Ed è facile alla consolazione. Mentre tiene le canne davanti al volto, sente che il suo respiro produce nel cavo di una di esse un suono che lo affascina.

Ne taglia sette, in sette segmenti uno più lungo dell'altro in scala, li lega tra loro, e ci soffia dentro. È l'invenzione dello zufolo, lo strumento dei pastori, delle feste agresti, che sarà soppiantato dalla lira, di Ermes, Apollo e Orfeo, più adatta a cantare nobili passioni e avventure degli dei.

Pan, nel suo universo notturno e boschivo, è dunque anche musica e danza. Attraverso di esse corteggia le ninfe e le seduce.

La sua storia d'amore più felice è quella con Selene, la dea della luna dagli occhi onniveggenti, la dea che regola nelle donne il flusso del mestruo e che manda al mattino la rugiada sulle foglie, sull'erba e sui petali dei fiori.

Selene sulle prime rifiuta la corte del dio dei boschi dall'aspetto cupo e deforme. Allora Pan, abituato alla frenesia violenta, impara a usare l'astuzia e il travestimento. Selene è lassù in cielo irraggiungibile e candida: forse quello che disdegna è proprio il suo presentarsi scuro e irsuto. Allora Pan si traveste. Si copre con il folto vello bianco di una pecora, così bianco che Selene sembra specchiarvisi. La dea incuriosita e attratta da quel vello discende e gli monta in groppa. Non sa che sotto tanto candore c'è nascosta la passione e la lussuria di Pan, che può finalmente possederla in tutti i più sfrenati giochi d'amore.

Pan vive nella natura e nei recessi, nelle grotte della nostra anima. Personifica le esperienze istintuali in cui la natura ci raggiunge ed entra in noi. È desiderio mescolato all'angoscia. Piacere mescolato alla paura. Se è lui, come pare, che spinge alla masturbazione e allo stupro, lo fa in un senso molto diverso da quello che noi diamo oggi a questi termini.

La masturbazione è per lui una pratica in cui si mescolano il piacere sessuale e lo sbrigliarsi di fantasie apotropaiche, eredità di quella manipolazione rituale degli organi genitali con cui in tante società primitive gli uomini affermavano la potenza della vita contro la morte e contro il malocchio (da qui l'usanza ancora oggi viva, e certamente considerata se non riprovevole almeno inelegante, di toccarsi fugacemente i testicoli di fronte a rischi, pericoli, profezie di sventura).

Lo stupro di Pan, suggerisce James Hillman, che all'antico dio ha dedicato un saggio fondamentale, è la penetrazione e la fecondazione divina del mondo compatto e resistente della materia, per portarvi la vita. È soltanto così, leggendoli come una allegoria filosofica e teogonica, che si capiscono questi aspetti di Pan, che agli occhi dei contemporanei potrebbero sembrare oscuri, o disgustosi.

Pan è l'unico dio antico di cui si conosce la data della morte. Avvenne al tempo dell'imperatore Tiberio, nel quarto decennio del I secolo d. C. Su una nave in rotta verso Occidente, all'altezza dell'isola di Paros, il nostromo Thamos si sente chiamare da terra, una voce gli dice: «Annuncia che il grande dio Pan è morto». E si alzano subito lamenti e pianti soffocati da tutta la costa.

I tempi coincidono. Sotto Tiberio, in Palestina Cristo risorge. E da allora è Cristo il nuovo Signore dell'Universo. Pan, l'istinto brutale, la natura selvaggia, è stato vinto e scacciato. Annunciando la morte di Pan, si annuncia l'avvento di una religione di pietà e di misericordia. Dal vecchio dio verranno presi i tratti, le corna, le zampe caprine, con cui descrivere il Nemico, il Diavolo.

Ma ci sono anche altre ipotesi: Pan è ucciso dagli uomini quando hanno fatto proprio lo spirito eroico, e hanno scelto l'azione di Eracle e Prometeo, quella di ripulire il mondo da ogni selvatichezza, quella di costruire la civiltà umana usando i materiali della terra, di manipolare acqua e fuoco a fini totalmente profani.

Pan era il legame primordiale tra l'uomo e la natura. Poi, come sintetizza Lawrence, i nostri lontani progenitori andarono ad abitare in città, e preferirono lo spettacolo della gente a quello degli alberi. Cominciarono a privilegiare le idee, il pensiero astratto, e a costruire macchine che compivano il lavoro delle loro braccia. Così astrazione e tecnica si interposero, barriera insormontabile, tra loro e le cose, tra l'anima e la natura. La sensazione di una totalità del creato, tra rocce, alberi, animali, uomini, dei, è definitivamente spezzata e perduta.

Ancora oggi Pan riappare nel rimosso, nello psicopatologico, nella brutalità di comportamenti dettati dall'istinto? Io credo che sia più vero e più giusto dire che Pan riappare nella nostra fame di natura, di contatto diretto con le stelle del cielo e le onde del mare, di ritrovare nelle vibrazioni del vento le energie del cosmo, il bisogno di provare una nuova fraternità con il mondo vegetale e animale, di ritrovare il contatto con la Madre Terra e di salvarla dagli attacchi che gli eredi di Eracle e Prometeo le hanno sferrato sino a inquinarla, inaridirla, spegnerla per impossessarsi di tutta la sua ricchezza.

In questo secondo caso, Pan, l'umile dio boschivo e deforme, il suonatore di zufolo, il seduttore della Luna, riappare come era alle origini il dio più grande: quello che può aiutarci a riaffermare la nostra interezza di esseri umani tra corpo e anima, nella nostra avventura su un pianeta da salvare e da amare.

NINFE

Come doveva apparire il mondo della natura agli occhi di un antico greco! Facciamo fatica a immaginarlo, noi che apparteniamo a una civiltà che della natura ha fatto un immenso magazzino di scorta di materie prime o un banale parco giochi o, quando va bene, un "paesaggio", riuscendo in molti casi a deturpare anche quello, con il risultato che vediamo: immiserimento, avvelenamento, pericolo di morte del pianeta.

Quale senso di incanto, di sempre nuova meraviglia dovevano provare gli uomini di allora di fronte a un albero, una montagna, una sorgente, il mare, riesco vagamente a pensarlo quando penso alle Ninfe.

Le Ninfe sono divinità minori divise in tante famiglie con diversi nomi ma dalla presenza fittissima, raffigurate in giovani donne vestite di veli, di fiori o nude, che popolano ogni angolo della natura e così tante storie del mito.

Le Naiadi vivono nelle fonti e nei fiumi, hanno a che fare con l'acqua e dell'acqua hanno la capacità di scorrere e la limpidezza trasparente.

Le Oreadi le incontri salendo verso la montagna, hanno dimora nelle alture, negli scoscesi boschi di abeti e sin sulle vette.

Le Amadriadi popolano i boschi, gli alberi, i fili d'erba, i cespugli, le grotte, il muschio, i fiori, in tutto si intravede la loro presenza. Tra loro, le Driadi sono quelle che vivono nel più sacro degli alberi, la quercia.

E poi ci sono Ninfe che ricorrono meno frequentemente nelle storie del mito, nondimeno ne conosciamo i nomi: le Napee, che popolano le valli; le Limniadi, che si trovano nei laghi; le Meliadi, che vivono nella scorza dei frassini e proteggono greggi e pastori, le più antiche tra la Ninfe, nate, si dice, dal sangue di Urano.

Se poi dalla terraferma passiamo al mare, la presenza di esseri che hanno le stesse sembianze delle Ninfe non diventa certo minore.

Nel mare vivono le Nereidi, le cinquanta figlie di Nereo, il Vecchio che ebbe la sovranità sulle onde ancora prima di Poseidone, e di Doride, figlia di Oceano. Sono ragazze bellissime e benevole tanto quanto il loro padre: il Vecchio del mare, è saggio e pronto a dare buoni consigli. Seguono da lontano le navi, si avvicinano se ci sono naufraghi da salvare. Li abbracciano, li sostengono, li guidano sino a riva. Cavalcano spesso e abilmente delfini e ippocampi. Insieme alle Nereidi, popolano il mare le Oceanine. Figlie di Oceano e di Teti.

Oceanine e Nereidi sono imparentate tra loro, perché Oceano è padre delle prime e nonno materno delle seconde. Sono creature dunque che discendono da una delle divinità primordiali, una di quelle che come il Sole e il Fato, precedono i Signori dell'Olimpo e non devono loro obbedienza.

Anche le Oceanine secondo una prima versione sono cinquanta. Tra loro ci sono Urania, Calliroe, Dione, Polidora, Europa, Eurinome, Asia, Perside, Calipso: nomi che ricorrono nelle storie d'amore di dei, Zeus prima di tutto, e di mortali, come Odisseo. Ma secondo una diversa stima, le Oceanine sarebbero tremila. Tutto il mare ne sarebbe pieno, come di onde e di spume e di spruzzi di salino.

Le Ninfe si nutrono di ambrosia, si prendono spesso cura come nutrici di eroi bambini, e amano danzare con gli dei, che scendono dall'Olimpo per loro. La natura ferve tutta della loro danza, che la notte viene benedetta dalla luce d'argento di Selene, la Luna. Con le Ninfe, danzano Ermes, Dioniso, Apollo e Pan, che è quello tra gli dei più vicino a loro, e si intromette nelle loro danze ma per esibire la sua eccitazione, insidiarle e possederle.

Se è vero che esistono Ninfe caste, quelle che fanno parte del seguito di Artemide, il loro nome è legato in genere al fascino erotico che emanano, all'incantesimo in cui avvolgono dei e mortali. Spesso danzano e si muovono in tre, come le Cariti, figlie di Zeus e Eurinome, figlia a sua volta di Oceano. Le genealogie mitiche non ci fanno mai dimenticare che tutta la vita ha origine dal mare.

Le tre Cariti sono Aglaia, Eufrosine e Talia, omonima di una delle Muse. Amiche di Afrodite e di Apollo, sono giovani dalle forme perfette, essenza di tutto ciò che è ornamento, gioia, pienezza di vita. Dai loro occhi promanano amabilità, saggezza, piacevolezza, calma: tutto ciò che rende più dolce l'esistenza degli uomini. Chiamate Grazie dai Romani, sono intese come forze civilizzatrici nel poemetto a loro dedicato da Ugo Foscolo, il poeta più sensibile alle forme e allo spirito del mito, anche per via della nascita nell'isola greca di Zacinto:

> [...] Ivi fanciullo
> la Deità di Venere adorai.

Le Ninfe, divinità minori, non sono tutte immortali. Immortali sono quelle che vivono nel mare, nel suo eterno movimento. Mortali sono invece le Ninfe delle sorgenti, che possono inaridirsi, o quelle degli alberi, che possono seccare o essere abbattuti da un fulmine. Ma non c'è di che preoccuparsi per la loro sorte. Siamo in grado di determinare più o meno la durata della loro vita.

Se la vita di un corvo dura tre volte quella di un cervo, e la vita di una palma nove volte quella di un corvo, bene, la vita di una Ninfa durerà dieci volte quella di una palma.

Sembra poco, detto così. Ma proviamo a fare il conto: se la vita media di un cervo è di 25 anni, quella di un corvo sarà di 75, e quella di una palma 675. Moltiplicando per 10, si ottiene 6750. Ecco la vita media di una Naiade o di una Amadriade.

Quelle che abitavano nello specchio d'acqua delle sorgenti e nella corteccia di un albero ai tempi di Odisseo e di Omero sarebbero ancora vive, se i nostri occhi sapessero vederle.

Satiri e sileni

Nel folto del bosco si incontravano i Satiri, esseri strani, irritabili e dispettosi con i mortali che osavano avvicinarli, e persino pericolosi. Avevano le chiome lunghe, ma potevano avere anche la testa completamente calva, la barba, il petto villoso, forme scimmiesche, naso camuso, code e zampe che potevano essere ora caprine e ora equine. In comune, avevano una caratteristica: in fondo al grosso ventre di ciascuno di loro, si ergeva dal pube un fallo eretto di impressionanti dimensioni.

Erano perennemente infoiati. Vagabondi e infoiati, tanto da spingere Esiodo a descriverli come dei gran buoni a nulla, pronti a combinare pasticci e assurdità, e soprattutto a insidiare le Ninfe, e a provare in ogni modo a godere della loro bellezza.

I Satiri prendono il loro nome dal termine greco "sàtyros" che secondo alcuni vuol dire "pieno", "ricolmo". Di cosa siano pieni, ricolmi i Satiri, basta guardarli per capirlo: di desiderio, di seme, di voglia di fare l'amore, che traboccano dal loro essere. Sanno danzare, con una grazia inattesa, quando vogliono, e ce lo suggerisce la figura aerea del Satiro danzante detto di Mazara del Vallo, dal nome della città bagnata dal mare in cui fu ritrovato.

Insieme ai Satiri, come compagni di giochi delle Ninfe vagano nel bosco i Sileni, ubriaconi, danzatori sconci e gioiosi, raffigurati nelle pitture vascolari come esseri dalla barba lunga e appuntita, con una grossa coda di cavallo, contenti di maneggiare un otre di vino, che ricorda il dio di cui sono seguaci, Dioniso.

Abbiamo già conosciuto un Sileno educatore di Dioniso, e tra i Satiri, lo sventurato Marsia, avventato sfidante di Apollo in una gara musicale finita male per lui.

I Satiri e i Sileni sembrano avere meno spazio e presenza delle Ninfe. La natura viene rappresentata meglio e principalmente da figure femminili, lasciando a quelle maschili il ruolo di disturbo, di contorno, quasi comico e caricaturale. Le Ninfe sono nutrici di dei e eroi, silenti amiche di Artemide e della Luna, innamorate e amanti. Sono aspetti della Grande Madre che fa vivere la natura in una formicolante, splendida pienezza. Quasi testimonianze di una eredità del Matriarcato primordiale.

I Satiri, sin dal nome "sàtyros", sono pieni di sperma. Indispensabili, certo, ma anche ridicoli, a volte importuni, a volte volgari. Non si sa niente sulla durata della loro vita di semidei. Ma, vedendo le loro principali qualità, sembra che siano vivi ancora oggi, in tanti maschi contemporanei, buoni a niente, arrapati, buffi e deboli in confronto alle loro compagne.

Priapo

La nascita di Priapo è il frutto di un incantesimo malvagio, di una specie di maledizione. Afrodite era incinta, anche se non era chiaro di chi, dati i suoi costumi non proprio morigerati. Poteva averla ingravidata Ermes, ladro di eros, pronto ad approfittare di qualunque situazione; ma anche Adone, il giovinetto della cui bellezza la dea si era perdutamente innamorata; o Dioniso, che aveva dalla sua il potere del vino e il fascino degli eccessi; o infine lo stesso Zeus, il signore dell'Olimpo, amatore infaticabile a cui era vano tentare di resistere.

Era, la dea protettrice delle spose e della famiglia, detestava Afrodite. Era lei che aveva avuto da Paride la mela d'oro come premio della sua bellezza, ed Era non gliel'aveva mai perdonata. E poi non le piacevano i suoi amori esagerati, la sue passioni sconvolgenti, la sua libertà senza freni. Tutte cose che non si conciliavano con la sua idea di famiglia, e anzi la mettevano in crisi, ne minavano i fondamenti. Incinta, di chi? E se lo fosse stata di Zeus, il suo legittimo sposo? Era decise di fargliela pagare. Non si sa come, forse approfittando di un momento di sonno, di distrazione, di ebbrezza, posò la palma della mano sul ventre di Afrodite, e sibilò una maledizione.

Fu a causa di ciò che il bambino nacque come nacque: lineamenti resi mostruosi da una lingua grassa, lunga e pendula, una pancia prominente, e attributi genitali giganteschi, dai testicoli rigonfi come otri al fallo lungo due o tre volte la statura del bimbo, sproporzionato, teso all'inverosimile, aumentando sempre di dimensioni sino al glande, turgido e purpureo.

Il piccolo Priapo fu abbandonato in un bosco. Nessuno degli dei avebbe potuto allevare un essere simile. Fu così un umile pastore a raccoglierlo, a portarlo nella sua casa e ad allevarlo. Quell'uomo buono e semplice era anche munito di una sua astuzia: capì che il piccolo essere, proprio in virtù di quei genitali spropositati, poteva propiziare la fertilità del suo campo e la fecondità del suo gregge. E Priapo, crescendo, mentre crescevano anche le dimensioni del suo fallo, che gli avrebbe impedito di camminare se non fosse rimasto perennemente eretto, spinto in avanti dalla forza generativa della natura, divenne il protettore dei pastori, dei contadini, il patrono dei campi e degli orti.

Non ha storie in cui sia protagonista, se non quella che conosciamo del suo infelice e buffo tentativo di stupro di Estia, proprio lei, la più vereconda delle dee, la protettrice del focolare domestico. Ricordi, cara lettrice e caro lettore, che fu il raglio di un asino a sventare l'agguato. Ebbene, l'asino è l'animale sacro a Priapo, come lui declassato e come lui dotato di un membro fuori misura. Chi voleva ingraziarsi Priapo, non aveva che da offrirgli un asino in sacrificio.

Si racconta anche che Era gli dà l'incarico di educare il giovane Ares, che diventerà il dio-demone della guerra, sempre rissoso e in erezione. Di chi vuol farsi beffe la Signora dell'Olimpo con questa decisione? Tant'è che Priapo educa davvero Ares, e ne fa prima di tutto un grande danzatore. Soltanto in seguito ne fa un indomabile guerriero.

Dunque Priapo fa parte di quella curiosa schiera di educatori che il mito raffigura in esseri mostruosi o osceni, pensiamo al centauro Chirone, mezzo uomo mezzo cavallo, cui toccò l'istruzione di Achille, o Sileno, il debordante ubriacone maestro di Dioniso.

Il povero dio dall'aspetto osceno non viene raffigurato nel marmo o nel bronzo, materiali nobili, adatti agli dei che siedono alla corte di Zeus sull'Olimpo. Per lui basta il legno intagliato rozzamente da qualche pastore. E il suo posto non è in un tempio, ma ai margini di un orto, di una vigna, dove il suo fallo abnorme proietta un'ombra lunga sul terreno e assolve anche alla funzione di spaventapasseri.

Chi, volatile, ladro, bambino attratto dai grappoli d'uva, oserebbe avvicinarsi a quella escrescenza anomala, tesa dall'inguine al glande, sempre con l'aria di volersi far strada e penetrare un altro corpo, di chiunque sia?

Nel decimo dei *Carmi priapei*, una raccolta di ottantacinque testi di autori anonimi (ma in tre di questi qualcuno riconosce la mano di Virgilio, in due di Tibullo, scritti in ogni modo tra l'età di Augusto e la fine del I secolo d. C.), secondo una convenzione letteraria Priapo stesso prende la parola. E chiede a una ragazza, stupidissima la chiama, cosa abbia da ridere di fronte alla sua immagine, non scolpita da Fidia e Prassitele ma da un umile fattore nel legno, con quella colonna che spinge fuori dal suo pube.

In altri *Carmi* Priapo esibisce anche in modo scurrile la propria virilità, con tante variazioni sulla potenza del fallo e delle proprie prestazioni erotiche, minaccia i ladri, attacca vecchie libidinose, e commenta i doni a lui offerti. Siamo in età romana, Priapo è diventato oggetto di satira, di scherzo osceno, di farsa mondana, perdendo del tutto il proprio oscuro potere naturale e cosmico visto alle origini dall'umile pastore che lo adottò.

Un ricordo, una traccia di questo potere rimane invece nelle processioni in cui un fallo eretto e dalle dimensioni di quello di Priapo veniva portato in processione. Queste processioni rituali venivano dette "falloforie", e culminavano in una cerimonia campestre per propiziare la fertilità del campo e l'abbondanza del raccolto. Pare che la cerimonia terminasse con un'aspersione di acqua, di miele e di vino sulle zolle, a simulare dolcemente l'eiaculazione che versa il seme e origina la vita.

14

L'inabissamento

Tra i movimenti umani che tutti conosciamo c'è quello che spinge all'inabissamento verso la zona oscura dell'esperienza e dell'essere. L'anima scorre, è fluida, non ha legge di gravità. Può salire e scendere, come ogni amore, come scrive sant'Agostino: «*Omnis amor aut ascendit, aut descendit*». All'improvviso la nostra anima discende. La luce le fa paura. Preferisce l'ombra, il silenzio, la solitudine. Non sa più rapportarsi ad altre anime. È quasi incapace di comunicare. Si chiude in sé stessa e nel proprio male. Soffre anche senza sapere per cosa. Non sente più nessun desiderio, e tremando pensa di essere lì lì per andarsene a conoscere il grande mistero del Nulla.

Sembra sin qui la descrizione di una forma di esaurimento nervoso. Ma l'anima che si inabissa ha il nome di un dio, Ades. L'inabissamento è sempre uno scendere lento sul piano inclinato che va verso la morte, o i morti. L'anima ha nostalgia delle anime. Chi ha perduto un proprio caro e gli è stato vicino sino alla fine, sa cosa vuol dire restare all'improvviso davanti a un corpo inerte, che non ha respiro, che in fretta spegne il suo calore, che non appartiene più alla nostra realtà. Chi resta, può essere tentato da un inabissamento che lo spinge a gettare gli occhi in un baratro, a restarne muto sul ciglio. A negare gioie e piaceri che abbiano i colori della vita, mentre tutto intorno a lui diventa cenere e penombra. Il mondo è ormai tutto un cimitero.

Qualche volta l'inabissamento si somatizza in caduta dei capelli, in odore di cadavere. Ades sta per impossessarsi di te prima del tempo. Allora soltanto le correnti di energia che nell'anima dicono sì alla vita, al suo eterno ritorno, alla primavera, possono salvarti.

Ades è il regno invisibile dei morti. Da dove Persefone è tornata alla vita per la volontà e il concorso di divinità come la madre Demetra, Zeus e il messaggero Ermes. Ma da dove Euridice non è riuscita a uscire: Orfeo da solo, il grande poeta, con il suo canto non è bastato. È giusto andare a pregare sulle tombe dei propri cari, ma con l'occhio rivolto più che alle loro lapidi, porte del regno degli Inferi, al Sole che li ha illuminati, al sopravvivere delle loro anime nella Luce.

Ades

I Greci non amavano parlare della morte, né credevano che ci fosse per essa una possibile consolazione. Il più forte dei Greci, Achille, lo sa e lo dice subito ad Odisseo, quando lo incontra nell'Ade. La morte era una non-vita, era il dominio del grigio cenere, l'assenza di sole, era l'ombra senza sostanza.

L'Aldilà veniva raffigurato come il regno delle ombre, posto in fondo alla terra o sul ciglio di un mare buio e nuvoloso, lontanissimo, un paese di nebbie attraversato da fiumi: lo Stige, l'Acheronte, il Piriflegetonte, il Cocito e il Lete. Sul fiume Acheronte, c'era di guardia il demone che caricava sulla sua barca le anime dirette verso il Tartaro. Virgilio e Dante lo hanno descritto con tanta forza espressiva che Caronte, "Caron dimonio, dagli occhi di bragia", è rimasto conficcato nella memoria di chiunque: le ruote di fuoco che contornano i suoi occhi, i capelli e la barba bianca incolta, la sua voce malvagia, il remo che su quella livida palude infernale gli serve anche per battere e spronare le anime, tutto ha qualcosa che appartiene al mondo dei fantasmi e degli incubi.

Custode dell'Ade era il cane, detto Cerbero (da notare che il suo nome proprio si conserva sino ad oggi come nome comune per indicare una persona severa, brutale e intrattabile): figlio di Echidna, che aveva forme di donna dalla vita in su e dalla vita in giù di serpente, e di Tifone, generatore di una lunga serie di mostri.

Cerbero era un cane i cui latrati risuonavano come oggetti di bronzo sbattuti uno contro l'altro, affamato carnivoro, con cinquanta teste secondo Esiodo, con tre secondo la tradizione più seguita. Faceva la guardia a modo suo ai confini dell'Ade. Terrorizzante e feroce com'era, non lasciava che i morti lo passassero per tornare alla vita, e che i vivi lo passassero per entrare prematuramente nel regno dei morti.

Il suo padrone era Ades, il signore di quel regno, tanto connaturato a esso che ne portava lo stesso nome. Ades vuol dire "l'invisibile", o "colui che rende invisibili". L'altro nome con cui il dio degli Inferi è conosciuto è Plutone, che significa "il ricco" o "colui che dona ricchezza". Se è facile capire il senso del primo nome – invisibile è il regno dei morti, a chi muore Ades dà l'invisibilità – più complicato è trovare il senso del secondo: di che cosa è ricco Plutone? Possibile che si alluda alle ricchezze del sottosuolo, dove si trovano i filoni d'oro e d'argento e comincia il suo regno? O forse la ricchezza che Plutone dona è un'eternità senza pena e senza le passioni che agitavano in vita?

Ades, o Plutone, se preferiamo chiamarlo così, è figlio di Crono e di Rea. È dunque fratello di Zeus, come è fratello di Poseidone.

I tre, dopo l'evirazione e la defenestrazione del padre, devono spartirsi l'universo. A Zeus tocca il cielo, siederà sull'Olimpo, sarà il signore della Luce. A Poseidone tocca il regno del mare, profondo, capace di furia, pieno di mostri e misteri. Ad Ades, il regno senza confini dell'Aldilà. Un regno immateriale, una sovranità strana, sui morti e sull'invisibile.

Zeus porta in mano come segno del suo potere la folgore, Poseidone il tridente, Ades non ha niente: l'unico tratto distintivo con cui lo si raffigura è la testa voltata all'indietro. Voltata verso quel buio dal quale non si ritorna più alla luce.

Così diverso dai suoi fratelli, Ades non prende parte ad avventure, non conosciamo un ciclo di sue imprese.

Non ama uscire di casa, nonostante la sua sia di cenere e nebbie. Sta bene dove sta. Non ama neppure la compagnia degli altri dei. Non risulta che abbia mai visitato l'Olimpo o si sia recato sulla riva del mare, dove Poseidone manda le sue onde e i suoi cavalli. Ades sta per conto suo. Lo immaginiamo non austero o immusonito ma assente, privo di passioni, silenzioso.

L'unico dio che è costretto a vedere è Ermes, perché il piccolo dio messaggero è anche la guida delle anime verso la loro destinazione agli Inferi. Ermes è uno che ama giocare, raccontare – bugie magari – e ridere. Ma temo che il suo temperamento non riesca a trarre fuori Ades dalla sua apatia muta. Ades non ha il senso dell'humor. Gli gioverebbe, proprio in mezzo alle sofferenze e al buio cinereo del suo regno, ed Ermes, lui che fa allegramente da ponte tra il visibile e l'invisibile, cerca invano di farglielo capire. Ades rimane chiuso in sé stesso, nel suo sentirsi privazione, mancanza.

Rispetto ai suoi due fratelli, Ades non manifesta la stessa fame di donne e di eros. Zeus, a dispetto di Era e della sua gelosia, è un amatore insaziabile, si traveste nelle più fantasiose maniere per possedere le donne di cui si invaghisce, Poseidone non gli è da meno, anche lui cerca continuamente avventure per saziare il suo desiderio.

Ades non ha pulsioni del genere. Non si sente chiamato a queste prodezze erotiche. L'eros stesso non è nella sua natura. La sua disappetenza non è castità e non è una scelta, è il suo modo di essere: inabissato nell'ombra.

Mi accorgo che nel descrivere Ades ho quasi descritto le condizioni di una depressione nervosa. Chi ha conosciuto questa malattia, sa che porta verso un senso di vuoto in cui si diventa soli con sé stessi e invisibili, verso il fastidio per gli altri, verso l'impossibilità di mantenere una vita sociale e un'adeguata comunicazione col mondo. La depressione è una malattia "moderna". Ades, dio degli Inferi, il dio che fa sprofondare nel baratro del buio e dell'invisibilità, ne è il signore antico.

Solo una volta Ades esce dal suo regno, sente il richiamo del desiderio, arriva dove la luce è più vivida, tra fiori più colorati, e rapisce una giovane dea. Non per diletto o lussuria, come fanno i suoi due fratelli, ma per amore, perché vuole una sposa, vuole spezzare la corazza di ferro della propria solitudine, vuole avere una compagna stabile, una bellissima regina degli Inferi.

Vuol dirci che per uscire dalla depressione non c'è che la strada dell'amore? Della natura, della luce del sole? Per me fu così, tanti anni fa, quando sembrò che dovessi soccombere alla malattia nervosa.

La dea rapita da Ades, la sposa, la regina degli Inferi, si chiama Persefone. Proserpina, la chiamano i Romani. Io ho vissuto nel culto di lei: nel mio libro intitolato *Lettera ai disperati sulla primavera*, l'ho definita la mia bella psicoanalista divina.

15

La rinascita verso la luce

Poiché scorre, l'anima non segue una linea retta. Il suo andamento assomiglia di più a quello delle onde, che hanno la pancia, buia e bassa, e la cresta, alta e luminosa di schiuma. L'anima che si è inabissata, che è finita nella pancia dell'onda, ha tutte le possibilità intrinseche alla sua natura per risalire. Colui che ha la pulsione alla risalita e alla rifioritura conosce Ades, ne sperimenta fino in fondo tutta la tenebra. Ma non lo accetta mai completamente. Aspetta l'occasione per rivedere la luce. Aspetta di essere liberato, perché crede nella liberazione. Il nome della dea, che ci parla di un processo che va dalla luce al buio e poi dal buio alla luce ma portando sempre con sé il seme del buio, sapendo quanto sia in noi ineliminabile la coscienza della morte, il suo nome a me così caro, dico, è Persefone.

Ragazza rapita e violata, riscatta la sua natura tornando con la madre Demetra a vivere nel caldo del sole e tra i colori dei fiori. La natura la medica e la guarisce. E lei può medicare e guarire noi, quando la nostra pulsione all'inabissamento diventa troppo forte.

Ma la guarigione nell'anima passa per la risalita verso la luce. Verso la coscienza di essere natura, verso la scoperta di quanti fiori popolano i giardini, o anche hanno la forza di uscire a far capolino dal fondo di un muro o intorno al ferro di una rotaia, di quante api si aggirano in amore sulle corolle degli agapanti, di quante nuvole popolano il cielo, e di come sono sempre diverse le loro forme: insomma, della bellezza creante della natura.

Per guarire davvero, abbiamo bisogno di Afrodite, certo, dell'Amore. Ma prima di tutto di lei, di Persefone, perché lei conosce la discesa, il buio, la stasi, le nuvole di cenere del regno dei morti. Lei c'è stata, ne è diventata regina. Ma i suoi desideri pulsano verso la vita. E a noi infelici, a noi che sappiamo bene che cosa sono sterilità, silenzio, dolore, serve da esempio il suo sguardo, la sua voce, la sua storia: quella della ragazza che, rapita dal gorgo del buio, è tornata, e continua a tornare, alla luce del Sole e tra i fiori.

Persefone

La ragazza Kore, detta poi Persefone ovvero "colei che porta distruzione" quando diventò suo malgrado regina degli Inferi, nacque da Zeus e Demetra, la grande dea delle messi, dei raccolti, della natura in fiore. La ragazza crebbe più bella di un campo di grano maturo e di un campo pieno di papaveri e anemoni. Fu così che se ne innamorò Ades, il signore degli Inferi.

Ades andò a chiederla in moglie a Zeus, il suo fratello celeste, il signore dell'Olimpo, il più potente degli dei e padre, oltretutto, della ragazza stessa. Ades aveva rispettato le forme. Non era né un dio volubile né lussurioso, cercava una compagna per condividere con lei il suo regno di cenere e di ombre. E gli era sembrato che quella ragazza giovane e allegra, dai capelli, occhi, mani e gambe di magnifica freschezza, sarebbe stata la più adatta, per contrasto, e avrebbe portato un soffio di vita in quell'universo tetro e immobile.

Zeus è in difficoltà. Anche i più potenti degli dei possono esserlo quando in ballo ci sono storie di famiglia, equilibri tra consanguinei da mantenere saldi. Non può deludere, lo sente, le aspettative in fondo oneste del suo fratello del sottosuolo. Ma non può neppure dare a Demetra, sua sorella, che gli ha partorito fuori del matrimonio quella ragazza, il dispiacere di perdere la figlia e di vederla finire nel regno degli Inferi. Così non si pronuncia. Rimane nel vago, con un'espressione enigmatica che rappresenta una via di fuga, un modo di scaricarsi da ogni responsabilità: dice che non può dare il consenso, ma neppure negarlo.

Ades interpreta quella frase che, essendo ambigua, ha bisogno di interpretazione, nella maniera più favorevole a lui. Un giorno la ragazza sta giocando e correndo in un prato in compagnia delle ninfe sue amiche. Lei spicca per splendore ma anche per innocenza, per una specie di gioia infantile che ha negli occhi. Innamorata dei fiori, quando si ferma e non corre e non danza è per raccoglierli.

Nessuno sa dov'è di preciso in quel momento. Nel mondo divino lo spazio non ha i confini precisi, non ha le distanze misurabili che ha nel nostro. Potrebbe essere in Arcadia, o nell'Attica, o in Beozia, o a Creta. Dovunque ci siano radure traboccanti di fiori. Ma a me piace accogliere una versione della storia per cui la ragazza con la sua corte di ninfe si trova in Sicilia. Tra il vulcano e il mare, nell'interno dell'isola ci sono prati che appaiono verdi soltanto in autunno, quando finisce la grande canicola che rende tutto colore della stoppia, e in questi prati, l'ho visto con i miei occhi, crescono ancora iris, narcisi, crochi, papaveri.

Proprio un narciso, il fiore nato dalla metamorfosi del giovane sfortunato innamorato di sé stesso, che ha una corolla splendente e un profumo che si spande dolcissimo tutto intorno, attrae la ragazza, che si allontana un attimo dalle compagne per raccoglierlo.

Sta ridendo felice, spinge in avanti le braccia, lo stelo è quasi tra le sue mani, quando proprio sotto quel narciso la terra si apre, come per una voragine, che man mano si allarga e lascia uscire scalpitanti i cavalli neri del carro di Ades. La ragazza viene sollevata e stretta al corpo di Ades, invano si divincola e grida, i cavalli neri, dalla criniera e dagli zoccoli colore della pece, si inabissano verso gli Inferi a Siracusa, dove dalla ferita della terra nasce una sorgente chiamata Ciana, "l'Oscura".

E oscura è davvero tutta la vicenda: il dio degli Inferi, cupo, silenzioso, indifferente a tutto e anche all'amore, che cede all'amore di quella ragazza, che sceglie di rapirla nel momento in cui sta celebrando con i suoi giochi e la sua raccolta dei fiori l'alba, la luce del sole che appare e la giovinezza.

Ades pensa che per lei sia accettabile avere in cambio la sovranità sulle ombre, in un regno di cenere e di buio. Non è violento. Non rapisce la ragazza per sfregio, per goderne le grazie e poi lasciarla. Al contrario, il suo rapimento assomiglia a quella istituzione che in Sicilia si chiamerà sin quasi ai nostri giorni "fuitina", la piccola fuga d'amore di due giovani per far accettare il loro matrimonio, rendendolo inevitabile, alle rispettive famiglie. Ma qui dei due fuggitivi soltanto uno, Ades, ha in mente il matrimonio. E la famiglia che deve essere messa di fronte al fatto compiuto è una sola, quella della ragazza, con la madre Demetra.

Demetra ode il grido d'aiuto della figlia amatissima da troppo lontano per capire che cosa le sia successo. Ma ha capito che ha corso un pericolo, che ha subito qualche danno. Si dispera, e quando non la vede tornare la disperazione diventa ancora più forte, diventa angoscia e terrore. Quale può essere stata la sorte della ragazza? Che dolore abitava quel grido? Presto diviene anche vana l'illusione che da un momento all'altro possa tornare.

Demetra non dimentica di essere una grande dea. L'angoscia non dura in lei come sentimento inerte, di resa. Lei deve fare qualcosa, partire, cercare sua figlia. Vaga con due torce accese nelle mani per nove giorni e nove notti: vaga e basta, cercando in ogni dove la ragazza perduta. Non tocca ambrosia né nettare, non deterge neppure con acqua pura il suo corpo. Vaga e cerca. Si è camuffata, ha cancellato lo splendore divino dal suo corpo, ha preso le forme di una vecchia curva e chiusa in abiti lunghi e neri. Così può guardarsi intorno e fare domande senza destare timore e sospetto.

La sua dolorosa inchiesta procede a gradi. Intanto incontra Ecate, dea benevola nonostante fosse spesso raffigurata con tre teste: di leone, di cavallo e di cane. Ecate le svela che il grido di sua figlia era un grido di aiuto, che non è morta ma in pericolo.

Il decimo giorno Demetra arriva a Eleusi. Mentre sosta vicino a una fontana, le figlie del re Celeo l'avvicinano e cominciano a parlare con lei. Giudicandola buona e saggia, la portano a palazzo, dove c'è bisogno di una nutrice per il figlio neonato della regina Metanira, il piccolo Demofoonte.

Demetra accetta: come se restare lì sotto mentite spoglie potesse aiutarla a sapere qualcosa di più sul destino di sua figlia. Intanto si occupa del piccolo Demofoonte, lo nutre di ambrosia, la notte lo avvicina ritualmente, come per un sortilegio, al fuoco purificatore perché ha deciso di conferirgli una natura divina.

Ma una notte Metanira la sorprende mentre compie la sua cerimonia sacra e segreta. La regina non capisce, urla, chiama il marito, crede che la nutrice stia per bruciare vivo il bambino. La sua irruzione, i suoi gridi, il suo sacrilego sospetto mandano in fumo l'incantesimo.

Allora non resta a Demetra che mostrarsi nelle sue vere vesti: non è una nutrice, è la Signora delle messi e dei raccolti, e sta cercando la figlia sparita in circostanze misteriose.

Il re Celeo e la regima Metanira, sconvolti, le chiedono cosa possano fare per lei. E lei chiede che erigano in Eleusi un tempio dove verranno celebrati per sempre i suoi misteri.

Intanto torna alla reggia uno dei figli di Celeo e Metanira, un giovane robusto, in panni di mandriano, che ha appena finito di pascolare le sue vacche nei campi. Si chiama Trittolemo e, interrogato dalla dea, borbotta, con un linguaggio più da pastore che da principe, di aver visto un carro trainato da cavalli neri, il cui guidatore ha preso al volo con un abbraccio possente una ragazza e l'ha portata con sé.

Demetra chiede ansiosamente chi guidava quel carro. Ma Trittolemo non sa dirlo. L'uomo che teneva le briglie dei sei cavalli neri teneva il volto girato all'indietro, e lui non lo ha visto.

Allora Demetra ricorre ancora a Ecate, e le chiede di accompagnarla da Elio, il dio del Sole. Elio, che quotidianamente percorre sul suo carro la volta del cielo, vede e conosce ogni cosa che accade ai mortali e agli dei. Alle domande insistenti di Demetra, non può nascondere più la verità: la figura che guidava il carro su cui la ragazza è stata fatta salire con un abbraccio avvolgente è quella del dio Ades, il re degli Inferi.

L'inchiesta di Demetra è conclusa. Ora sa tutto. La sua sofferenza, la sua angoscia, la sua rabbia ora montano alle stelle. Si sente tradita da Zeus, offesa mortalmente da Ades, e sola, sola senza la compagnia della figlia amatissima.

L'ira si travasa nel desiderio di vendetta. Pagherà il mondo intero per il suo dolore. Lei è la Signora delle messi e delle fioriture. Ed è in suo potere fermare la crescita delle spighe di grano, d'orzo, di avena appena spuntate dalle zolle, impedire che sugli alberi maturino i frutti, far seccare l'erba e i fiori nei campi.

Così per quell'anno i contadini rimangono senza raccolto, gli armenti senza pascolo, le api senza nettare, e gli uomini senza cibo. La siccità produce la carestia. Cominciano a cadere morti al suolo, uccelli, cani, cavalli, vacche. Poi tocca agli uomini.

Dall'Olimpo, Zeus contempla scuotendo il capo quello spettacolo di morte. Sa da dove tutto è cominciato, e non può lasciare che la morte abbia il sopravvento. Manda da Demetra Iride, la messaggera celeste figlia di una Oceanina e padrona dell'arcobaleno, per cercare di farla recedere dalla sua maledizione.

Non ottiene risposta. Si rivela inutile persino fare arrivare a Demetra una delegazioni di dee maggiori, Era, Afrodite, Atena, anch'esse in pena per la sorte degli uomini e dell'universo. La Grande Dea del grano, dell'erba e degli alberi non le ascolta neppure. La sua rabbia non può essere placata se non dalla vittoria sulle tenebre in cui la figlia è stata precipitata.

Zeus capisce e invia Ermes, il più efficace e astuto di suoi messaggeri, dal suo fratello del sottosuolo, da Ades: deve liberare la ragazza rapita, deve lasciare che torni sulla terra, pena la fine della terra stessa. Poi lo invia da Demetra, a riferirle queste parole: «Sarai accontentata, sorella, tua figlia tornerà alla luce, purché non abbia già mangiato il cibo dei morti».

Persefone si era astenuta dal mangiare per tutto il tempo della sua permanenza agli Inferi. A niente era valso l'amore del marito: Ades le manifestava la sua passione con dolcezza, ne esaudiva ogni desiderio. Liberò Euridice e la restituì a Orfeo per l'intercessione della sua giovane sposa, fu poi lui a perderla, sappiamo come andò. Fermò l'assalto di Piritoo e Teseo quando scesero agli Inferi con l'intenzione di rapirla. E li punì con la più dura delle punizioni. Ma Persefone agognava tornare a rivedere la madre, a rivedere la luce, il sole, i fiori che tanto amava. Non poteva rassegnarsi a essere regina di un regno dove la nebbia arrivava come onde su una spiaggia, dove tutto era nero e paludoso, ombra e invisibilità.

Quando Ades le disse che poteva risalire sulla terra, Persefone batté le mani come una bambina, saltellò dalla gioia, si illuminò in volto, un volto che stava cominciando a prendere le rughe e il colore della notte.

Ades ne approfittò. Mentre lei saliva sul carro, distratta dall'entusiasmo di partire, il marito con abile gesto simulò sui capelli e sulle labbra una carezza. In realtà, riuscì a metterle nella bocca un seme di melograno, più dolce del miele. Persefone, chissà se volendo o senza accorgersene, lo mangiò.

Così Persefone salì all'Olimpo su un carro di cavalli bianchi, tra i canti e le danze di tre gruppi formati da tre danzatrici: le Moire, le dee del destino, Cloto, Lachesi, Atropo, che filano e recidono i giorni dei mortali; le Ore, Eunomia, Dice e Irene, che sorvegliano l'alternarsi delle stagioni e sono portinaie dell'Olimpo; le Cariti, ovvero le Grazie per i Latini, raffigurate come tre giovani donne abbracciate tra loro, da cui deriva tutto ciò che vi è al mondo di amabile e che dà agli uomini diletto. Una solenne, grandiosa processione cosmica. Lì poté, piangendo di gioia, riabbracciare la madre, che la tenne stretta a sé mescolando le sue lacrime a quelle di lei.

Ma la festa finì presto. Il giardiniere degli Inferi, Ascalafo, testimoniò di aver visto la sua regina vicina a un albero di melograno staccarne un frutto e mangiarne sette semi. Ascalafo aveva tradito la sua regina per compiacere il suo re. La pagò poi, perché Demetra lo chiuse prigioniero in una fossa coperta da un macigno. E quando Eracle lo liberò, la dea insistette e trasformò Ascalafo in un barbagianni.

Zeus dovette constatare che Persefone aveva assaggiato il cibo dei morti, e ricordare a Demetra che il patto lo diceva chiaro: la figlia avrebbe potuto restare sempre con lei soltanto se non avesse sentito il sapore di quel cibo.

Per dipanare una situazione che si presentava così complicata ed evitare che si aprissero nuove falle nell'equilibrio tra gli dei, fu convocata Rea, madre di Zeus e di Demetra, nonna di Persefone, Signora di antica saggezza.

Grazie anche a Rea, si raggiunse un compromesso che sia Demetra sia Ades trovarono accettabile. E che in fondo non fu così doloroso neppure per la ragazza.

Persefone avrebbe passato con la madre, sulla terra, riprendendo a giocare con le ninfe e a raccogliere crochi e papaveri due terzi dell'anno, mentre l'altro terzo sarebbe discesa dal suo sposo sotterraneo, che l'aspettava, e si sarebbe rimessa in capo la corona e avrebbe tenuto in mano lo scettro di regina delle ombre. Un regno, dopotutto, grande e dai confini sempre più vasti.

Ma alla fine dell'inverno, ogni anno, Persefone sarebbe tornata, avrebbe avuto il compito di segnare l'arrivo della primavera, delle ore di luce che si allungano, dei desideri che si riaccendono nei corpi di tutti gli esseri viventi.

L'accordo fu raggiunto ed Ecate incaricata di farlo rispettare. Intanto la maledizione di Demetra era stata ritirata. Le spighe di grano, di orzo, di avena ripresero a crescere e a indorarsi, i fichi rimisero le loro grandi foglie sui rami contorti e stecchiti, le vigne si ripopolarono di grappoli, i campi di anemoni e papaveri. Venne la pioggia benefica. Gli animali e gli uomini riebbero cibo di cui nutrirsi.

La vita tornava a scorrere, la primavera a imprimere nuova energia e nuova linfa alla vita, e di tutto questo poteva dirsi: è Persefone.

16

La furia, l'inafferrabilità

Tra i movimenti umani dell'anima c'è quello che spinge verso un atteggiamento iracondo, diffidente, aggressivo o in ogni caso pieno di pretese nei confronti degli altri. E induce ad affermare il proprio diritto a essere inafferrabili, imprendibili, sé stessi ma sempre diversi da sé stessi.

Quando siamo collerici, cupi, solitari e asociali, non ci sentiamo legati alla terra ma ondosi e celibi, profondi e in continuo movimento come il mare. Non a caso le divinità che presiedono a queste pulsioni sono tutte divinità marine, e sono le più antiche.

Poseidone è arrivato dopo, quando venne definito l'ordine olimpico dell'universo. Noi associamo a lui, che i Romani chiamano Nettuno, la sovranità del mare, l'idea stessa del mare. "Non conosce il mare chi non ha mai visto il dio del mare" scrisse Ernst Junger. È una delle verità più indimostrabili ma più assolute che io conosca. Ma prima di Poseidone esistevano altre divinità di cui è più difficile raccontare la storia.

Oceano è un immenso essere primordiale, una ribollente corrente d'acqua che circonda la terra, esce da sé stessa, si dirama in mari, fiumi, laghi, e ritorna in sé con una potenza generativa per cui Omero lo disse principio di tutte le cose. Sposo di Teti, è padre delle Oceanine. Rimarrà sempre al di fuori della cerchia degli dei olimpici, indipendente da loro, come il Sole e come il Fato.

Nereo è "il Vecchio del mare" per eccellenza, che Esiodo dice alieno dalla menzogna, schietto, saggio e in grado di dare giusti consigli. Partecipa a quella tendenza alla metamorfosi tipica di tutte le creature marine: può trasformarsi in serpente, in acqua, e persino in fuoco, se qualcuno lo sorprende in terraferma, in un grande fascio di fiamme.

Proteo, Vecchio del mare anche lui, secondo Omero ha il dono della divinazione e il potere di cambiare istantaneamente aspetto e natura. Può moltiplicarsi, diventare in un attimo un leone, o una tigre, o una pantera, e poi prendere il corpo tozzo e le zanne di un cinghiale, quello viscido e a squame di un drago, o trasformarsi in un falò, in un albero, in un corso d'acqua. Ottenere consigli e predizioni da lui significava dover lottare contro questa sua vocazione a un frenetico trasformismo, incontrollabile, il cui ricordo vive ancora oggi nell'aggettivo "proteiforme".

Gli dei del mare sono dunque antichissimi, indefinibili, saggi, mutevoli, iracondi, capaci di generare mostri. L'anima umana li riconosce nella propria inquietudine senza ragione, nella propria volontà di mutamento senza paura. Siamo fatti per tre quarti di acqua, come il pianeta è fatto per tre quarti di mare. La nostra anima deve contenere per gran parte profondità marine. E vuole essere come Nereo e Proteo quando, affiorando e mostrandosi, rischia di essere presa al laccio, definita una volta per tutte, chiusa in una sola dimensione.

Con i due vecchi del mare l'anima trova l'energia di cambiare le proprie forme apparenti per salvare la forma essenziale del suo essere, così vasta e profonda che nessuno potrà mai scandagliarla.

Poseidone

Al Museo Nazionale di Atene, depositario delle origini della bellezza e della saggezza d'Occidente, è conservata una statua bronzea di Poseidone che calamita i visitatori con la sua imponenza e la sua perfezione: io ci rimasi incantato davanti per molto tempo, quello che occorreva per capire e smaltire l'effetto di una specie di apparizione.

Dunque, quello è per i Greci il dio del mare: una testa che, su un corpo frontale, si rivolge con naturalezza assoluta a sinistra, come guardando lontano; un volto dai lineamenti regolari; una barba lunga e appuntita; i capelli corti e ricci, come sono ricci i peli del pube; una postura elastica, con il piede destro appena sollevato, le gambe solide divaricate, le braccia tese orizzontalmente, una diritta, una piegata leggermente come di chi sta lanciando qualcosa, il tridente, che non c'è ma che la posa del dio rende quasi visibile.

Il dio del mare ha un'espressione fiera e distaccata, regale, e comunica una sensazione di energia, di movimento, di perfetta, libera elasticità. Non ha l'immagine di un giovane, né quella di un uomo maturo: ha l'immagine dell'eternità, dell'infinito.

Nella statua di Lisippo del IV secolo a. C. (una copia è conservata a Roma al Museo Lateranense), Poseidone è già invecchiato. La barba è folta, i capelli lunghi e a riccioli più vistosi, le spalle sono piegate come sotto un peso, la gamba destra è flessa e posa su un plinto, la mano sinistra regge un tridente dalle punte larghe, verticale ma statico, più simile a un bastone. L'espressione del volto è cupa, irata, malinconica.

Il dio del mare ha tutte le età. Ha tutta la dignità di una divinità olimpica ma conserva in sé qualcosa dei primordi, un'indole selvaggia che però sa contenere e quasi dissimulare, un'ira minacciosa pronta a esplodere, e una passione fortissima per il movimento e il possesso.

Nato da Crono e Rea, Poseidone è fratello di Zeus, e secondo Diodoro Siculo, come per Zeus, la madre ricorre a uno stratagemma per salvarlo dalle mire antropofaghe del padre. Lo manda neonato presso i Telchini.

Dei Telchini, detti "figli del mare", non sappiamo neppure se sono nove o un popolo intero. Quello che è certo è che sono devoti a Rea, e suoi sacerdoti segreti. Si dice anche che abbiano costruito città nell'isola di Rodi, tra cui Lindo, che esiste ancora e ricordo bianca tra spiagge di ciottoli ovali multicolori e alture rocciose ripide e svettanti.

I Telchini prendono in consegna il piccolo Poseidone e lo educano mostrandogli le loro arti. Sono stati i primi al mondo a lavorare i metalli e a scolpire nel metallo immagini degli dei: costruiscono loro il tridente che diventerà lo scettro, il simbolo della sua sovranità.

Il dio cresce così a contatto con esseri che sono più spiriti, demoni che dei, dalla natura ingegnosa e infera. Appena ne ha l'età, si sposa con Alia, dea marina, con cui genera sei figli maschi e una femmina, Rhodos, da cui prende il nome l'isola.

Ma i figli sono dei tracotanti figuri che impediscono ad Afrodite di sbarcare a Rodi, mentre vagando tra le onde cercava la sua patria. Così la dea li punisce accecandone la ragione già poco sviluppata: loro impazziscono e violentano la madre. Per punirli a sua volta, Poseidone li sprofonda nel sottosuolo, mentre Alia dalla disperazione si getta in mare, scrigno di tutte le metamorfosi: da allora si chiama Leucotea, "la bianca dea", e diviene oggetto di venerazione nell'isola.

Il matrimonio con cui, in un'età che mostrava ancora forti tracce di un lunghissimo passato matriarcale, Poseidone diventa re del mare è quello con Anfitrite, figlia di Nereo e di Doride, Signora delle onde, della profondità e dei mostri che le abitano.

Poseidone la conosce sull'isola di Nasso, mentre danza in mezzo alle sorelle Nereidi, e nel fuoco del suo desiderio la cerca per possederla. In fuga, Anfitrite raggiunge lidi lontani, oltre Atlante, sino al favoloso palazzo sottomarino di Oceano. Là Poseidone le invia un ambasciatore di nome Delfino, o altri dicono un branco di delfini, benevoli messaggeri delle onde, per riportarla da lui.

Anfitrite torna, e il matrimonio avviene. Finalmente Poseidone assume del tutto quel potere sul mare che, nella spartizione a sorte con i suoi due fratelli, Zeus e Ades, gli era già toccato. Ora che ne ha riconosciuto il lato femminile e misterioso, ne è davvero il sovrano.

Il figlio di Poseidone e Anfitrite è Tritone, che ha nel corpo le forme di uomo, in alto, e quelle di pesce, dalla vita in giù. È esuberante, lussurioso, violento in amore, impenitente seduttore di ninfe, che avvolge con il suo mostruoso corpo a spirale. Poseidone ne sorride: anche lui è stato e continua a essere un amatore compulsivo. Vedremo che, con il suo assalto amoroso, condanna Medusa alla sua tristissima sorte, e in forma di stallone possiede Demetra, che sperava di sfuggirgli trasformandosi in giumenta, e sotto specie di ariete si accoppia con Teofane, figlia di Elio dio del Sole: da quel coito nascerà l'ariete dal Vello d'Oro.

Poseidone, avido di donne, lo è anche di terre su cui affermare il suo dominio. È litigioso, si mette in urto per quello con le più potenti tra le dee.

Ambisce alla signoria sull'Attica, ed entra in conflitto con Atena. Siamo ai tempi ancestrali di re Cecrope, il primo re di Atene (uomo dalla cintola in su, serpente dalla cintola in giù), l'abile civilizzatore che introduce l'uso del matrimonio monogamico e del seppellimento dei morti, e fonda il culto di Zeus e di Atena.

Per decidere quale dei due, Poseidone o Atena, avrà il dominio sull'Attica, re Cecrope chiede a entrambi di portare un dono. Atena porta l'ulivo, Poseidone il cavallo, Cecrope non può che essere un testimone, perché sono gli dei in seduta plenaria sull'Olimpo a decidere quale sia il dono migliore. Così ha deciso Zeus, che si astiene. Tutte le dee parteggiano per Atena. Tutti gli dei per Poseidone. Ma l'astensione di Zeus fa la differenza, e Atena vince per un voto: l'Attica è sua. Poseidone va via infuriato, più di quando ordina alle onde di sommergere navi, di inondare le coste, più di quando scuote il tridente per scatenare terremoti, lui che Omero chiamerà lo Scuotiterra.

Ecco che l'Attica la pagherà per questa sua sconfitta: Poseidone scatena i suoi cavalli che portano onde più alte di un tempio, sconvolge le coste, dilaga nelle pianura, trascina via alberi, annega le mandrie di buoi, le greggi di pecore. Il mare può fare molto male, se offeso. Gli abitanti dell'Attica riusciranno a placarlo soltanto così: le donne rinunceranno al diritto di voto, che le dee hanno usato contro di lui; gli uomini non porteranno più il nome della madre, com'era accaduto sino ad allora. Il matriarcato si indebolisce, per un colpo come questo.

Ma Poseidone è irrefrenabile, come il mare di cui è sovrano. Dopo aver conteso l'Attica ad Atena, ora è in lite con Era per l'Argolide. Chiamati a decidere a quale delle due divinità concedere la sovranità, i fiumi Inaco, Cafiso e Asterione si dichiarano per Era.

Non c'è giuria che lo scelga, Poseidone ha un attacco d'ira che rasenta la follia. Ha promesso a Zeus, il suo fratello più saggio, che non provocherà più inondazioni fatali come quella che aveva devastato l'Attica. Per mantenere la parola, ma non rinunciare alla vendetta, Poseidone questa volta usa l'arma contraria: fa seccare nel loro letto tutti i corsi d'acqua dell'Argolide, li strozza tra pietre, detriti, tronchi abbattuti, canneti. Di acqua neppure una polla, tutto è arsura e aridità, cigni e anatre sono volate lontano.

La Danaide Amimone è mandata a intercedere presso Poseidone perché faccia cessare quel maleficio che sta uccidendo tante creature e assetando le Naiadi, oltre che pastori e armenti. Mentre attraversa un bosco, un Satiro la vede, la segue, e cede alla sua natura, le è sopra per possederla. Ma in quel mentre Poseidone appare su uno dei suoi cavalli dalla lunga criniera che scintilla, smonta e mette in fuga il Satiro solo con uno sguardo.

Amimone è incantata da quella presenza amica, che l'ha salvata, da quegli occhi decisi, da quel corpo elastico e possente, senza età. Poseidone le si avvicina senza parlare. Le sorride. Scaglia il tridente contro una roccia, e dai tre fori che apre zampillano tre getti di acqua limpidissima.

Sarà Amimone a prendere l'iniziativa questa volta. Il seduttore seriale è sedotto. Fanno l'amore, e Poseidone giura ad Amimone che il fiume che scorre da quella sorgente non si prosciugherà mai, neppure nelle estati più torride. Dal loro amore nasce Nauplio, che diventerà un provetto navigatore, e sarà l'inventore dell'arte di seguire la rotta puntando gli occhi all'Orsa Maggiore.

Poseidone si vantava di aver fatto nascere il primo cavallo, di avere inventato le briglie. Ma sembra che i cavalli fossero già presenti in Grecia prima di lui, ed è quasi sicuro che le briglie erano frutto dell'ingegno e della pazienza di Atena.

Restano le corse sui cocchi tirati da cavalli: quelle sì, le ha inventate e promosse lui. Quelle più celebri si svolgevano a Rodi, isola a lui legata, e finivano con la caduta a precipizio dei cocchi, lanciati a velocità furiosa, in mare.

Le ruote dei cocchi erano modellate sull'immagine del Sole. Pare che gli uomini le abbiano create, prima che per facilitare i loro trasporti, per meglio onorare i loro dei. Quel tuffo finale tra le onde era un omaggio sacrificale a Poseidone. Al mare origine di tutto e dove tutto finisce.

17

La presenza arcana dei mostri

Il mito greco è popolato da un'impressionante quantità di esseri mostruosi. Lontanissimi dal calmo, luminoso equilibrio solare con cui vengono raffigurati anche plasticamente gli dei dell'Olimpo, in aperto contrasto con lo stesso gusto dei Greci per la bellezza e l'armonia delle forme, i mostri sono il contraltare degli eroi: che a loro volta ne sono i nemici, combattendo contro la loro natura che è sempre votata alla distruzione e alla violenza cieca.

Tutti i mostri ostentano eccessi e deformità. Possono essere giganti con un solo occhio o con cento occhi, animali con due o con tre o con migliaia di teste, ma più spesso sono incroci, esseri che partecipano della natura umana e di quella animale: alcuni hanno il volto di donna e zampe e ali di uccello, altri hanno la testa di donna e le membra di leone, altri ancora hanno il busto di uomo e forme equine dalla vita in giù, un altro ha corpo di uomo sovrastato da una testa di toro.

I mostri, in questo loro puzzle di corpi diversi, in questo loro mescolare forme umane e forme animali, affondano le loro radici in un passato lontanissimo, primordiale, quando il confine tra gli esseri non era ancora fissato in maniera irreversibile, sono il ricordo rimosso, penalizzato, condannato di quando l'uomo non era ancora del tutto uomo e lottava per affrancarsi dalla natura animale sapendo che non ci sarebbe mai riuscito del tutto, se non nella levigatezza implume, nell'armonia dei tratti, nella bellezza delle forme del suo corpo, e nella tendenza alla luce della sua anima.

Zeus, Poseidone, Apollo, Afrodite, Era, Atena, con la armoniosa e potente energia che emanano: loro sono l'esempio supremo di come l'uomo deve diventare per essere insieme umano e divino. Eppure nelle storie raccontate dal mito anche gli dei prendono alle volte sembianze animali, con naturalezza, come se non fosse una regressione, ma una continuazione sotto altre forme della loro natura: pensiamo a Zeus stesso che si fa cigno, serpente e toro, a Poseidone che si fa cavallo e ariete. Oppure si servono dei mostri come guardiani e servitori: pensiamo a Cerbero, custode dell'Ade.

Saranno più tardi soltanto gli eroi, Eracle in testa, a mostrare la loro ripugnanza verso i mostri, saranno loro che gli daranno la caccia, che lavoreranno per liberarne il mondo, ripulirlo, renderlo civile. Gli stessi eroi non sono passibili di metamorfosi, Achille e Odisseo non potrebbero mai essere altri che sé stessi.

I mostri in genere sono violenti, brutti alla vista, rozzi e deformi, abitati da una forza brutale, da istinti indomabili, incapaci di distinguere tra bene e male, dotati di qualità subdolamente incantatorie, di influssi malefici, di poteri che mutano la sostanza stessa della materia.

Noi non dobbiamo dimenticare, anche se sembra difficile da mandare giù, cara lettrice e caro lettore, che nella nostra anima, nella parte più bassa e buia dove la memoria dei primordi è ancora viva, trovano terreno fertile i mostri, e che solo opere inesauribili di bonifica interiore possono arginarli e depotenziarli, togliere loro quello di cui si alimentano.

Nelle pagine di cronaca dei giornali, con qualche comoda fretta, vengono generalmente definiti "mostri" gli autori di efferati delitti esclusivamente a sfondo sessuale. Non ho mai sentito definire "mostri" coloro che commettono frodi miliardarie, ricatti, speculazioni finanziarie che affamano popoli interi, operazioni economiche in spregio all'integrità della natura e del pianeta. Questi sono delitti per così dire "moderni". E forse c'è qualcuno a cui interessa non chiamarli neppure delitti. I delitti a sfondo sessuale sono invece connessi più direttamente alla presenza in noi di pulsioni arcaiche, di angosce primordiali. Sono collegati ai nostri disordini, alle nostre deformità, alle nostre incertezze sulle origini di noi stessi tra carne e spirito, in definitiva, ai nostri mostri interiori. Anche se, per una forma di banale rassicurazione, siamo portati a pensare che gli assassini, gli stupratori, i parricidi, i matricidi, i pedofili, i serial killer, coloro che commettono delitti da prima pagina siano sempre gli altri. Siano sempre esseri segnati nella psiche, nelle origini familiari o sociali.

È un errore. I mostri sono annidati dentro di noi. E c'è di peggio, chi non lo ammette potrà caderne preda più facilmente. Quanti uomini, anche dopo il più efferato delitto, vengono descritti come brave persone, normali dai vicini di casa. E non è escluso che lo fossero, senza alcun sospetto dei propri demoni. Dei propri incubi. Dei residui di mostruosità di un mondo ancora informe, senza regole, senza confini.

Per non avere paura dei mostri bisogna riconoscerli e sconfiggerli, dentro di sé, innanzi tutto.

I mostri del mito greco sono tutti sepolti al fondo della nostra anima, addormentati, pronti a tornare negli incubi, nel tessuto informe o deformante dei sogni. Ne conosciamo diversi.

Le Arpie il cui significato è letteralmente "le rapitrici" dal verbo greco *harpàzein*, "rapire", hanno testa e busto di donna e il resto di uccelli rapaci, con ali grandi e artigli affilati. Arrivano volando in stormo a ingozzarsi e a insozzare i tavoli durante i banchetti degli umani.

I Centauri, figli del lussurioso Issione e di una nuvola a cui

Zeus aveva dato la forma di Era per preservare la dea dalla sua violenza, sono una stirpe di uomini-cavallo, sensuali, attaccabrighe, violenti, mai sazi di donne e di vino. La fantasia suprema di Dante li pone come custodi diabolici dei violenti nel XII canto dell'*Inferno*, dove incontriamo Nesso, Folo, e Chirone, l'unico tra loro depositario di saggezza, istitutore di Achille.

I Ciclopi, figli di Urano e Gea, sono giganti possenti e con un solo occhio sulla fronte, Bronte, Sterope e Arge, creature coinvolte nelle prime lotte tra gli dei per il dominio sul mondo. Un loro tardo discendente, dall'innocente rozzezza, è il Ciclope più famoso, quel Polifemo che Odisseo inganna dicendogli di chiamarsi Nessuno.

Le Sirene sono figlie del dio fluviale Acheloo e di una delle Muse, forse proprio Calliope. Da lì la loro vocazione al canto fascinoso e mortale. Hanno teste e busto di donne bellissime, dagli occhi luminosi e lunghi capelli chiari, per il resto del corpo sono uccelli, con ali e artigli simili a quelli delle aquile. Soltanto più tardi le Sirene sono state raffigurate con un corpo che dall'ombelico in giù è quello di un pesce. Migrano nella Magna Grecia Leucosia, Ligea e Partenope, quest'ultima alle origini mitiche della città di Napoli. Racconta Borges che una Sirena fu catturata nel VI secolo sulle coste del Galles, fu battezzata con il nome di Murgen e divenne santa. Nello stesso periodo, al largo delle coste della Bretagna, quando fu sommersa la città di Ys, divenne una Sirena la principessa Dahut, per scontare i suoi terribili peccati. Per i marinai bretoni è ancora lì, pronta a sedurli con il suo canto e a trascinarli sul fondo del mare.

Chimera è un essere dalla testa di leone, il ventre di capra, la coda di drago, fa parte della nidiata di mostri generati da Tifone e Echidna. Vomita fiamme dalla bocca, e con il fuoco e il suo fiato mefitico fa seccare il grano nei campi, marcire i frutti negli orti e le foglie degli alberi nei boschi. Uccisa da Bellerofonte, perse tutto, persino la sua credibilità: possibile un essere dove di umano non c'era niente, dove un leone, una capra e un serpente riuscivano a convivere? Presto diventò un'ombra, un nulla. Oggi, nota Borges, alla voce "chimera" sul dizionario si legge "idea falsa, vana immaginazione".

La Sfinge, frutto dell'amore incestuoso del cane Orto per la madre Echidna, ha volto e petto di donna, corpo e zampe di leone e due grandi ali. Questa è propriamente l'Androsfinge. Perché, in questo ribollente mescolamento primordiale di esseri e nature, esiste anche una Ieracosfinge, con la testa di falco, e una Criosfinge, con la testa di capra. Si aggira intorno a Tebe e brutalizza gli umani proponendo enigmi e straziando chi non sa rispondere, sino all'arrivo di Edipo.

E poi troviamo, in questa galleria del mostruoso: Argo con i suoi cento occhi; l'Idra con le sue cento teste (o forse nove soltanto); l'Anfesibena, serpente con due teste collocate alle due parti estreme del corpo; il cane Cerbero, cane a tre teste col manto ricoperto di serpenti, i Lestrigoni, giganti feroci e antropofagi.

Medusa

Medusa, che è il mostro di cui possiamo raccontare la storia, al contrario degli altri mostri è stata umana, ha conosciuto violenza e ingiustizia, una doppia violenza divina, prima di diventare lei stessa emblema della violenza più terribile mai vista al mondo.

Le tre Gorgoni sono sorelle che vivono ai confini dell'Oceano, più vicino alla parte estrema della Notte, dov'è il giardino delle Esperidi. Sono Steno, "la forza", Euriale, "appartenente al vasto mare", e Medusa, "la sovrana".

Le prime due sono immortali, Medusa no. Già questo ci riesce difficile da capire, visto che tutte e tre sono figlie del dio marino

Forco e di Ceto "dalle belle guance", sorelle delle Graie, le tre "Grigie", nate canute, con un solo dente e un solo occhio in tre. A buon diritto mostri, sia pure benevoli, anche loro.

Prima di diventare un mostro spaventoso e di acquistare il suo terribile potere, Medusa era una ragazza dalle guance rosate come quelle della madre Ceto e come le nuvole dell'alba, dal corpo flessuoso come un'onda, dai capelli lunghi e splendenti, che erano il suo vanto più grande. Viveva laggiù ai confini del mondo, più lontano delle Graie, al confine della Notte dove stanno le Esperidi nel giardino dagli alberi dalle mele d'oro.

Il suo splendore non passò inosservato agli dei. Atena notò con fastidio, quel fastidio che provava per tutto ciò che le richiamava alla mente Afrodite, quel culto della bellezza dei propri capelli che aveva Medusa. Passava la sua giornata a lavarli, profumarli, pettinarli.

E soprattutto la sua bellezza non passò inosservata al dio del mare, Poseidone. Iroso, cupo ma anche sempre affamato di nuovi amori, quasi in concorrenza con il fratello celeste. Medusa non doveva abitare lontano dal mare. Anzi forse ne stava proprio sulla riva, si lasciava investire dalla schiuma, cullare dalla risacca. Poseidone le appariva uscendo dal mare su magnifici cavalli bianchi, dalla criniera foltissima con trasparenze verdi e azzurre come la cresta delle onde, dalle zampe magre e scalpitanti, veloci che le sembravano volare.

Medusa amava quelle apparizioni. In cuor suo pensava che il re del mare stesse per chiederla in moglie, che sarebbe diventata la sovrana di quel regno sconfinato, dalle profondità colme di ricchezze e misteri.

Un giorno Poseidone, con i suoi gran ricci neri e le sue braccia forti e perfette, la solleva dalla sabbia e la prende in groppa al suo cavallo. Lei sente fremere sotto di sé il sangue dell'animale, e battere dietro di sé il cuore del dio. Trema, e il suo cuore accelera i battiti sino a farla sussultare e prendere respiro.

È una giornata di pieno sole, e il caldo del mezzogiorno propizia i desideri, come per le ninfe e i satiri. Poseidone balza giù da cavallo, Medusa si ritrova a terra abbracciata a lui. Lì vicino, un tempio offre riparo per la calura, uno spazio d'ombra dove sarà più agevole per Poseidone consumare l'amplesso.

In un momento è sopra Medusa, le vesti di entrambi sono scivolate al suolo, le accarezza con furia i capelli e come uno stallone possiede una cavalla, un ariete una pecora, la possiede: con quella rapacità ferina, innocente, senza fronzoli, con cui amano gli animali e gli dei.

Ma gli dei sono persino più volubili degli uomini, per cui soddisfatto il suo desiderio, ancora con le gambe traballanti dal troppo piacere, Poseidone monta sul suo cavallo e se ne fugge via.

Questa è la prima ingiustizia che Medusa subisce. Lei non può ancora saperlo, ma quel coito fulmineo la renderà madre.

La seconda orribile ingiustizia la commette ai suoi danni Atena. Quello è un tempio dedicato a lei, e considera ciò che è successo nel suo tempio al pari di una profanazione. Ma non ne dà la colpa a Poseidone. Non ci pensa neppure. C'è una solidarietà suprema, non scalfibile tra gli dei, e guai ai mortali che lo dimenticano.

Atena così proietta tutta la sua rabbia sulla ragazza e, mentre la punisce per aver insozzato il suo tempio concedendosi a Poseidone, senza pensare che non potrebbe fare altrimenti, la punisce anche con più sottile perfidia per quei capelli bellissimi di cui è stata troppo fiera.

La povera Medusa ha quindi il volto orribilmente deformato, gli occhi le si cerchiano di rosso fuoco, le spuntano due zanne di cinghiale ai lati della bocca, la lingua le si allunga e rimane penzolante tra le zanne. Le spuntano ali d'oro e le sue mani si rivestono di bronzo.

Ma quello che più sfigura la ragazza sono i serpenti che Atena le fa nascere al posto dei capelli, un groviglio di serpenti viscidi, struscianti, che le avvolgono il capo e poi scendono ad avvolgerle la vita. Medusa non riesce a guardarsi senza un urlo di orrore. Si rende conto di essere diventata un mostro, una creatura delle tenebre. E così in quell'urlo accende dentro di sé tutto l'odio che può accendere, un odio senza freni, senza fine, senza che nessun accenno di pietà lo scalfisca: cancella da sé ogni traccia umana, sceglie per odio la parte della materia e della morte, il suo cuore diventa freddo e malvagio come è stato con lei il cuore degli dei.

Quell'accumulo di odio ha un potere. Medusa lo scopre con una specie di nera, ghignante gioia. Chiunque la guarda, animale o essere umano, resta così colpito dal suo volto sovrastato, circondato da quel brulicante gomitolo di serpenti, per cui immediatamente si paralizza. Ed è ancora niente: poi man mano sente calcinarsi la pelle e indurirsi la carne intorno alle ossa, soffoca, non emette più verbo né respiro, sugli occhi gli cala il grigiore di una lastra di lavagna, e tutto il suo corpo in breve diventa di pietra.

Medusa fa subito uso di quel potere, pietrificare: le basta mostrarsi. Qua e là per i campi e per le stesse vie dei paesi si possono presto vedere mostruose statue, simulacri di uomini che hanno visto Medusa, e sono diventati di pietra (lo racconta Ovidio).

È Perseo a ucciderla, mandato e istruito da Atena la saggia e la scaltra. Perseo costringe le Graie a svelargli il cammino per raggiunge le Gorgoni, e una volta in vista di Medusa si protende con lo stratagemma suggerito dalla dea: l'avvicina procedendo verso di lei di schiena, limitandosi a guardarla in uno specchio, senza compromettere i suoi occhi.

La decapita, sempre senza voltarsi, con una falce, e dal suo collo esce scalpitando il cavallo alato Pegaso, concepito durante il rapporto con Poseidone. Ne esce anche Crisaore, "colui che ha la spada d'oro", e qualcuno dice che anche Anfesibena nasca da lei.

A me sembra più bella la voce che racconta che dal sangue colato dal capo mozzo di Medusa nasce in mare il corallo. Qualcosa che alla fine non ha più niente a che fare con il mondo dei mostri, in cui Medusa, ricordiamolo, cara lettrice e caro lettore, è precipitata incolpevole.

Il potere di Medusa, infliggere la pietrificazione, è quello più estremo sulla via della nullificazione. È perdita, è sconvolgimento dell'ordine delle cose, è innaturale privazione di mobilità, di calore, di carne e sangue: la spoliazione di ogni forma di vita organica, l'eterno vilipendio di una statua cadavere che non si può neppure seppellire.

Medusa diventa così suo malgrado la figura che incarna la pulsione della nostra anima all'odio totale e senza bersagli determinati, alla violenza totale, risolutiva nella sua potenza di distruzione e di nullificazione. La pietrificazione è quello che la nostra anima teme di più. È la trappola del non vivere, dello spogliarsi di carne e di spirito, del diventare simulacri vuoti, zombie di pietra.

Spicca tra i tanti mostri che popolano la nostra anima anche per il suo destino linguistico. Certi mostri sono diventati quasi domestici nel nostro gergo: centauro sta semplicemente per motociclista; sirena per qualcosa di ammaliante; chimera per un'idea impossibile; ciclope ha generato "ciclopico", gigantesco; sfinge ha generato "sfingeo", enigmatico; arpia poi ha addirittura preso un significato quasi amaramente scherzoso, da commedia, è una moglie o una suocera o una capufficio, secondo i casi, impicciona e aggressiva.

Medusa, la donna dai capelli di serpente, la pietrificatrice, abita nel recessi più profondi dell'anima, ci dice che l'odio nasce dall'ingiustizia subita, dalla deformazione, dalla degradazione della bellezza. E porta alla staticità, alla nullificazione, a una specie di parodia grottesca della morte. E poiché l'elemento più simile alla profondità e al movimento continuo dell'anima è il mare, è in mare che Medusa vive oggi.

Il suo nome è stato dato in molte lingue a un invertebrato della famiglia degli cnidari, che consta di una ombrella lattiginosa e di tentacoli che contengono cellule urticanti dette nematociti, velenose e in qualche caso addirittura mortali. Ancora oggi, Medusa fa paura. Il suo arrivo agita i bambini sulle spiagge, i suoi tentacoli sfregiano il volto o gli omeri di chi li sfiora.

Ma lei non odia: è odiata. È il più antico animale in cui la vita organica si è manifestata. Con il suo corpo fatto al novantanove per cento di acqua, se esce dal mare e finisce sulla sabbia, in un attimo, da bellissima creatura che era, traslucida e filiforme, diventa un ectoplasma incolore, un impiastro laido. Lo stesso destino, alla fine, della ragazza antica da cui prende il nome.

18

I cacciatori di mostri

Riconosciuto il fatto che nell'anima umana risiedono, nascosti e come sprofondati, i più terribili mostri, ci accorgiamo come nell'anima stessa agiscano anticorpi che li tengono a bada. Li cacciano e li distruggono. La pulsione verso la caccia e la cattura dei mostri, la necessità di renderli inoffensivi, si incarna in diverse figure eroiche che esercitano la loro opera ad ampio raggio, non accontentandosi spesso di un mostro solo, e facendo delle loro azioni metafore di vere e proprie bonifiche civilizzatrici.

Il livello dell'anima in cui sono i mostri è il più basso. Dormicchiano, vivono una vita larvale, incompleta, ma se si svegliano hanno ancora il fuoco dei draghi nelle loro fauci, la potenza dei cavalli nelle loro ginocchia, una forza smisurata e cieca.

Il livello in cui vivono gli eroi cacciatori è sopra. Non abbassano mai la guardia, sono consapevoli delle loro vittorie e glorie ma sanno che potrebbero anche essere chiamati a partecipare a una nuova campagna di caccia, che il pericolo c'è sempre.

Questi eroi si chiamano Perseo, Teseo, Eracle, Edipo. Il ciclo delle loro avventure è molto vasto, e i loro nomi incutono sicurezza. Se c'è in noi il male dei mostri, c'è anche il contrario, la forza salvifica degli eroi che combattono e sconfiggono i mostri.

Perseo è un vagabondo salvatore di vergini, come Andromeda, e un cacciatore di mostri, come Medusa: il più abissale, il più difficile da distruggere.

Teseo combatterà contro il Minotauro, avrà l'aiuto decisivo di una donna, Arianna, verso cui non sarà riconoscente e che abbandonerà (l'eroismo non mette al riparo da carognate, soprattutto in campo amoroso).

Eracle poi è il più popolare di questi eroi. La sua opera civilizzatrice contro i mostri avviene su vastissima scala e con una serie di avventure, che saranno chiamate le sue "fatiche", prove di coraggio, forza, abnegazione, dedizione al proprio compito. Nel linguaggio contemporaneo, sopravvive un aggettivo "erculeo", che sta a significare una forza fisica straordinaria. Ma l'anima sa bene che per Eracle, come per Perseo e Teseo, non soltanto di forza fisica si trattava.

Tra questi eroi, c'è anche chi usa solo l'intelletto per vincere i mostri: è Edipo, che risolve l'enigma della Sfinge, salva Tebe dalla rovina e ne diviene re. La sua storia di assassino inconsapevole del padre Laio e di marito inconsapevole della madre Giocasta è celeberrima grazie all'opera di Sofocle, autore di *Edipo re* e di *Edipo a Colono*, capisaldi del teatro mondiale.

Nel Novecento, il nome di Edipo ricorre così spesso in seguito all'uso che ne fa il padre della psicoanalisi, Sigmund Freud, che chiama "complesso di Edipo" il più basilare dei complessi psichici. Senza tener conto che Edipo diventa sì un parricida e si macchia sì di incesto, ma senza né volerlo, né saperlo. Mentre la sfida alla Sfinge è il frutto vero della sua intelligenza e della sua volontà.

In noi queste forze, le azioni di questi eroi, tengono l'anima in ordine. Sono una specie di FBI cosmico: appena avanza, anche soltanto in sogno, un'ipotesi maligna e mostruosa, loro intervegono, dicono no, la estirpano alla radice. Sono i nomi che diamo agli input civilizzatori, nemici di distorsioni e di derive barbariche.

Perseo

La storia di Perseo si può raccontare come una grande fiaba, piena di magie e di meraviglie, in cui si staglia la figura del ragazzo, di origine divina ma perseguitato dalla sorte, che si erge a difensore della madre, che sfida il potere malvagio, combatte contro i mostri, sia quelli di cui va a caccia sia quelli che incontra sul suo cammino: ristabilisce ordine e giustizia.

È un eroe del bene, senza macchia, come se ne trovano soltanto nell'immaginario fiabesco del mondo intero. E il mondo intero è lo sfondo delle sue imprese: dall'Argolide sino all'estremo confine del mondo dove c'è il gigante Atlante, e da lì ai cieli degli Iperborei, e da lì ancora all'Oriente...

Perseo nasce da Danae, figlia di Acrisio e di Aganippe, re e regina di Argo. Danae è l'unica figlia del re, che brama un erede maschio. Quando Acrisio consulta l'oracolo, la risposta è agghiacciante: «Non avrai altri figli fuori che Danae, e il figlio di Danae sarà il tuo assassino».

Acrisio, sconvolto, decide di chiudere Danae e la sua nutrice in una torre di bronzo circondata da cani da guardia ringhianti. Ma Zeus, da tempo invaghito di Danae, non rinuncia certo a possederla: fa filtrare dal tetto della torre una pioggia d'oro, che Danae raccoglie in grembo sollevando la sua veste: tanto basta per renderla incinta. Perseo nascerà in prigionia.

Quando Acrisio avverte provenire dalla torre, confusa al ringhiare dei cani, una voce di bimbo che gioca, scopre quanto è accaduto. Condanna a morte la nutrice, complice della sua signora e, non osando uccidere di sua mano figlia e nipote, li fa chiudere in una piccola arca che affida al mare: perché vi si perda, e i due soffochino, o naufraghino e siano preda di mostri.

L'arca invece viene avvistata da Ditti, un pescatore che tendeva le sue reti nel mare dell'isola di Serifo. Danae e Perseo sono ancora in vita, e accolti benevolmente dal pescatore, come uno straordinario regalo delle onde. Ditti porta Danae e Perseo a corte, dal fratello Polidette, re dell'isola.

Polidette vuole possedere Danae, la cui bellezza che già aveva incantato Zeus non si era sciupata tra tante traversie, ma lei resiste, e Perseo la difende. Allora Polidette finge di progettare le nozze con Ippodamia, figlia di Pelope, un gran matrimonio in terraferma per il quale, se non vuol sfigurare lui re di una piccola isola, deve partire con una gran quantità di cavalli. Chiede dunque che come dono di nozze ogni suddito ne porti uno al suo palazzo dove si tiene un grande banchetto.

Perseo teme che quella richiesta sia stata fatta per umiliarlo. Lui vive con Ditti, tra i pescatori, e i pescatori non posseggono cavalli. Si presenta dunque a palazzo con una proposta alternativa, superba e piena di tutta la forza avventata della giovinezza. Non un cavallo ma la testa della Gorgone, quello sarà il suo dono. Un lungo mormorio corre per la sala, qualcuno ride. Polidette, con un ambiguo sorriso, accetta: non sappiamo se allettato dall'idea del dono o dall'idea di sbarazzarsi in quel modo del ragazzo.

Perseo però non è avventato come sembra. Prepara diligentemente l'impresa, invocando gli dei amici: Atena gli dona uno scudo lucentissimo che fa da specchio, e gli insegna a non incrociare direttamente lo sguardo pietrificante di Medusa; Ermes, messaggero e viaggiatore instancabile, gli offre un falcetto dalla lama seghettata, dei calzari alati, un elmo che rende invisibile chi lo porta.

Così ben equipaggiato, Perseo inizia il viaggio: può volare alla velocità del fulmine, con i calzari alati di Ermes; può scomparire alla vista di chiunque, se c'è un pericolo nell'aria. E in mano brandisce il falcetto, con cui deve decapitare il mostro.

Per trovare la strada verso le Gorgoni, Perseo visita le Graie, le sorelle avvizzite e vecchissime che vivono con un occhio e un dente soltanto in tre, e se lo passano l'una con l'altra quando occorre. Perseo con astuzia intercetta l'occhio e il dente proprio mentre stanno andando da una mano all'altra. Li ha lui ora, e per ridarli indietro chiede di sapere dove abitano le Ninfe Stigie, da cui potrà avere l'unica cosa che ancora gli manca: la bisaccia dove chiudere la testa di Medusa, una volta tagliata.

Riprende il viaggio, e si accorge di essere arrivato molto vicino alle Gorgoni dal mutare del paesaggio intorno. Tutto è grigio, gli alberi sembrano di cenere, ma quello che più lo inquieta è la presenza di statue, tante, dalle forme di corpi di uomini e donne che, lo si capisce da qualcosa di sinistro nella materia di cui consistono, sono in realtà degli esseri umani pietrificati, rimasti lì come simulacri dilavati dalla pioggia, corrosi dal vento e dal ghiaccio, ancora nelle pose in cui avevano avuto la sventura di incrociare lo sguardo di Medusa.

Perseo aspetta la notte, sorprende nel sonno le Gorgoni e, seguendo le indicazioni di Atena, vince Medusa e la decapita.

La sua fuga dalla furia delle altre due Gorgoni, Steno e Euriale, è facilitata dalle ali ai piedi, e anche da Pegaso, il cavallo alato balzato fuori dal collo di Medusa e su cui Perseo salta in groppa. È salvo, ha nella bisaccia la testa del mostro. Un potere immenso è ora nella sua mani.

Il suo potere, Perseo lo prova subito sul gigante Atlante, che nega l'ospitalità al viaggiatore provato da tante fatiche: è il peccato più grave che si possa commettere, e Zeus è d'accordo. Così Perseo non esita a tirar fuori dalla sacca la testa di Medusa, e il gigante si trasforma in un monte, alto e ancora ben visibile oggi ai confini occidentali del deserto.

Nel suo vagabondaggio, Perseo visita anche il paese degli Iperborei, tra ghiacci luminosi e branchi di cigni bianchissimi; poi attraversa il cielo da Nord a Sud e visita l'Etiopia, tra palme da datteri ed elefanti; infine sorvola l'Egitto, torna al Mediterraneo, e scorge da lontano, sulla costa vicina a Jaffa, in Palestina, un'immagine che lo calamita e lo induce subito a avvicinarsi.

Una ragazza bellissima, nuda ma con tanti bracciali d'oro al polso, tante collane di perle, tante cavigliere d'argento, sta incatenata e legata a uno spuntone di roccia di fronte al mare: un drago orrendo, tutto squame verdastre e viscide dal collo in giù ma con la testa di cinghiale, setolosa, le orecchie ritte, le zanne sporgenti, sta per divorarla.

Perseo, è nella sua natura, va a combattere contro il mostro ancora prima di innamorarsi di quella ragazza bellissima. La lotta è dura, ma Perseo ha dalla sua l'astuzia e il falcetto dalla lama seghettata, dono di Ermes. Plana sul mare da cui il mostro è uscito, lentamente, così che la sua ombra si proietti lunga sulla superficie increspata dell'acqua. Il drago si lascia ingannare – sono refrattari all'astuzia, i draghi, rozzi ed elementari nella loro reazioni – e azzanna quell'ombra, accanendosi su di lei. Perseo non ha che da scendere con il braccio teso e il falcetto stretto nella mano, ed ecco che il drago è decapitato: la testa di cinghiale si perde tra le onde, il corpo squamoso, inerte, si inabissa sul fondo.

L'eroe non ha in mente nessun bottino da prendere, questa volta. Ha agito in nome della sua avversione ai mostri, a tutto quello che turba ordine e bellezza. La ragazza viene sciolta dalle catene. È davvero stupenda: ha i capelli lunghi più lucenti del sole, gli occhi più azzurri del mare, un corpo che l'incatenamento allo scoglio ha reso ancora più reattivo, la paura ancora più eccitato.

È una principessa. Si chiama Andromeda. Figlia di Cefeo e Cassiopea, stava per scontare la vanità della madre, che aveva decantato la sua bellezza osando dire che superava di gran lunga quella delle Nereidi. Abbiamo già visto che è rovinoso sfidare la suscettibilità degli dei. Le Nereidi, offese, avevano chiesto aiuto a Poseidone, il re dell'elemento dove esse vivevano, e il dio, iroso già di suo, pronto a scuotere il tridente per colpire gli umani, aveva sollevato onde gigantesche contro il paese su cui Cassiopea e Cefeo regnavano. Poseidone e la sua furia devastarono le coste, spazzarono via villaggi, fecero volare imbarcazioni, dilagarono nelle pianure, annegarono uomini e armenti: per placarla non c'era che da offrire un sacrificio. E il sacrificio richiesto era stato quello di Andromeda: la vergine offerta in pasto al drago uscito dalla notte del mare.

Ora Perseo, vincitore del drago, chiede la mano della principessa a Cefeo e Cassiopea che, non si sa quanto contenti, gliela concedono. Lei, passata così in fretta dal terrore di essere sbranata da un mostro alla gioia di avere l'amore di un eroe tanto valoroso, vuole che vengano celebrate nozze solenni.

Durante il banchetto nuziale, nuove forze ostili irrompono contro Perseo, predestinato a lottare e a vincere. Già il fratello del re, Fineo, aveva manifestato una sorda ostilità a Perseo ribadendo le pretese che aveva avanzato sulla bella nipote. Ma si presenta, alla sala della reggia, anche un fidanzato che viene da lontano, Agenore, di cui Perseo ignora l'esistenza e che Andromeda, presa nel gorgo della sua vicenda, ha completamente dimenticato.

Agenore reclama i suoi diritti, e per farli rispettare ha portato un intero esercito con sé. Perseo combatte con tutto l'eroismo di cui è capace. Il suo falcetto è micidiale sulle gole dei nemici, ma quando fuori della reggia si intravede il bagliore delle armi di duecento uomini che marciano verso di essa, Perseo non può che estrarre dalla bisaccia la testa di Medusa, e metterne ancora una volta alla prova il potere magico e mostruoso. In un istante, davanti alla reggia, duecento simulacri di pietra grigiastra e livida è tutto quello che resta di un esercito che era stato di uomini in carne e ossa.

Dopo la nuova vittoria, Perseo finalmente decide di tornare a Serifo. Riabbraccia la madre Danae e il pescatore che li aveva salvati, Ditti. Tutti e due si sono rifugiati in un tempio per sfuggire alle angherie del re Polidette, ancora invaghito di Danae, desideroso di averla in qualunque modo, moglie, o serva, o schiava.

Questa volta tocca a Perseo irrompere in una festa, e rovinarla, ma davvero. Trova Polidette tra i suoi commensali tutti in circolo intorno a lui, mentre si ingozzano di cibo e tracannano vino sino a diventare ebbri: «Ecco, ho portato il dono promesso» dice a voce alta Perseo, così che tutti lo possano udire nonostante il baccano del banchetto.

Polidette è il primo a ridere. E tutti pedestremente lo seguono, sghignazzano in faccia a Perseo, e qualcuno per compiacere il re prende anche a insultarlo: «Che cosa vuole avere mai portato, lui povero pescatore, giovane squattrinato, bugiardo e imbroglione...». «È più stupido d'un anatroccolo», urla un altro, quasi strozzandosi dal ridere. «È un lestofante,» gli fa eco un altro «cosa vuol fare credere, con le sue vanterie e le sue pagliacciate...».

Perseo non è preparato a un'accoglienza del genere. Ma di fronte ad essa lo assale una gran rabbia, incontrollabile: quei commensali corrotti negano che lui abbia portato a termine la sua impresa, ma la prova che l'ha compiuta è là, nella sua bisaccia. Non aveva messo in conto di aprirla ma il continuare delle risate di scherno e degli insulti lo spingono a farlo. La testa con la folta capigliatura di serpenti brandita in alto, lontana dai suoi occhi ma in piena vista di quella compagnia di canaglie, compie il suo miracolo: la pietrificazione.

Da allora, Serifo è una delle più rocciose isole dell'Egeo. In alcuni spuntoni di roccia consumati da venti e pioggia qualcuno crede ancora di vedere le tracce delle gambe e delle braccia di Polidette e dei suoi uomini.

Perseo ha salvato la madre Danae, ha messo Ditti, il buon pescatore, sul trono di Serifo. Ora il vincitore di mostri, arroganza e ingiustizie può tornare definitivamente a casa, ad Argo, dove era nato e aveva mosso i primi passi in quella turpe torre di bronzo.

Non trova il nonno Acrisio, fuggito per paura alla notizia del suo ritorno. Perseo ormai può permettersi di perdonare ma non può permettersi di cambiare i disegni del fato. Quell'Acrisio che avrebbe dovuto uccidere per vendetta, lo uccide senza volerlo, senza minimamente volerlo, durante una gara atletica a cui prende parte. Lancia il disco lontano, e un colpo di vento lo devia dalla traiettoria, gli imprime più forza, lo porta a precipitare diritto sul piede di Acrisio, che in breve ne muore. Perseo rinuncia a restare in Argo, dopo la tragedia. Scambia il suo regno con quello di Megapente, re di Tirinto.

Gli ultimi atti di Perseo, il viaggiatore vagabondo e volante, furono in realtà quelli di un costruttore, di un fondatore di città. Portò i Ciclopi Gasterochiri (tutti "ventre e mani", sembra capire dal nome) a innalzare le mura di Tirinto. E in effetti, chi ancora oggi viaggiando in Argolide ci capita davanti, si domanda come è possibile che quelle mura ellittiche di massi giganteschi siano state opera della forza nuda di braccia umane.

Lì vicino, sotto lo stesso sole sfolgorante, tra rupi irte e cespugli di lentischio, Perseo fondò Micene. Si dice che la chiamasse così perché un giorno, mentre la gola gli ardeva dalla sete e tutto intorno sembrava secco e arido, un ruscello sgorgò magicamente da un fungo, *mycos* in greco, e così poté dissetarsi.

La magia l'aveva sempre assistito. Una magia da fiaba. Non è fiabesco che un fungo, che spuntava in mezzo alla siccità dell'Argolide, desse vita a un corso d'acqua? E non è fiabesco che quel fungo desse il nome alla città che segnò una civiltà, quella micenea, piena di turgori, di splendori e di tragedie?

Forse perché tanto intriso di magia, Perseo non è tra gli eroi più popolari, non è Eracle, non è Teseo. Eppure è a lui per primo che la nostra anima guarda ogni volta che combatte contro i mostri del buio, che sceglie la strada della generosità e del coraggio, del ristabilimento della giustizia. E la sceglie vagabondando, volando, leggero come un'ala, come un'ombra che si proietta su un'onda, come una fonte d'acqua pura che sgorga dove e quando te lo saresti meno immaginato.

Chi è devoto a Ermes, non può non esserlo anche a Perseo. Ricordalo, cara lettrice e caro lettore.

Teseo

Il re di Atene, Egeo, non ha avuto figli dalle prime due mogli, Melite e Calciope. Quando sposa Medea, la maga, è perché spera che sia la magia di lei a dargli un erede.

Mentre torna da Delfi, dove è stato a interrogare l'oracolo, Egeo si ferma per la notte a Trezene, dove regna Pitteo, uno degli uomini più saggi del suo tempo, e forse anche dei più astuti. Sa che Egeo desidera un figlio, e lui ha una figlia in età da marito, Etra, che è stata promessa a Bellerofonte, l'eroe che ha ucciso la Chimera, senza che mai arrivi il giorno delle nozze.

Così durante il banchetto Pitteo offre coppe sempre più colme e più numerose al suo ospite. E quando è completamente ebbro, gli indica la strada verso la camera di sua figlia Etra.

Consumato il rapporto con Egeo, che ora finalmente dorme spossato dal vino e dal piacere, la ragazza si alza da letto, va verso la spiaggia, e raggiunge a guado – è possibile con la bassa marea – l'isola lì vicino, Sferia, dove finisce la notte nell'abbraccio di un amante divino, Poseidone.

Il mattino dopo, Egeo, prima di rimettersi in cammino per Atene, con la testa ancora dolorante e confusa, davanti agli occhi di

Etra pone la sua spada dall'elsa d'avorio con istoriati due serpenti e i suoi sandali di cuoio sotto una pietra alta più di un cavallo e larga più di un cocchio. Le dice che, se mai genererà un figlio e questi avrà nelle braccia forze sufficienti per rimuovere quel masso, a quel punto, quando avrà in pugno la spada e ai piedi quei saldali, dovrà mandarlo da lui, ad Atene.

Nasce il piccolo Teseo, figlio di quella notte in cui Etra godette di un duplice amplesso, umano e divino, e cresce come un principe alla corte di Pitteo. Dà precoci prove di coraggio: quando un giorno Eracle, ospite di Pitteo, si sfila dalle spalle la pelle del leone di Nemea e la getta su uno sgabello, tutti i bambini della reggia fuggono terrorizzati, soltanto il piccolo Teseo, a sette anni, afferra un'accetta e si mostra pronto, desideroso di combattere.

Giunto a sedici anni, solleva quella pietra colossale e scopre gli oggetti che nascondeva. È ora di lasciare Trezene e dirigersi ad Atene. Etra, in cui prevale l'istinto materno, si oppone. Ma Teseo non esita a brandire la spada contro di lei, minacciandola. Per un eroe, il richiamo del proprio destino è più forte di qualunque affetto.

Ed eccolo, il giovane dai capelli biondi che danno sul rossiccio e a riccioli, il berretto rosso come la tunica, un mantello di lana, che si mette per strada. Non sceglie il mare, via più sicura e più breve. Vuole andare per via di terra, come se presentisse quante opportunità di mostrare la sua forza quel tragitto costiero gli avrebbe offerto.

Va detto che Teseo non cerca rogne e non provoca nessuno: ma dove vede male, prevaricazione, latrocinio, violenza, anche se non colpiscono direttamente lui, allora combatte. E per gli esseri malvagi e sanguinari che costellano la strada tra Trezene e Atene non c'è scampo. A violenza, Teseo risponde con violenza eguale, anzi più forte. C'è altro modo per abbattere e cancellare per sempre i mostri?

Il primo che incontra è Perifete, figlio di Efesto, che dal padre ha ereditato l'abilità del fabbro ma anche piedi deboli e zoppicanti. Sbarra la strada a Teseo e cerca di ucciderlo con una grande mazza di bronzo, come fa con tutti i viandanti. Teseo ha buon gioco a strappargliela e a finirlo.

Più difficile neutralizzare Sini il ladrone: questi aveva la forza di piegare i pini più di quanto fa il vento di mare quando soffia nelle tempeste. La cima dell'albero, sotto la presa di Sini, finiva per toccare terra. E lui, dopo avere chiesto a un viandante di aiutarlo, mollava la presa di colpo, e il viandante volava in alto e ricadeva rovinosamente al suolo, perdendo così la vita. Ancora peggiore la sorte dei viandanti presi prigionieri. Sini disponeva il suo prigioniero in mezzo ai due alberi piegati, con le braccia aperte legate rispettivamente a uno e all'altro. Quando Sini staccava di colpo le sue mani dai tronchi, questi si divaricavano e laceravano in due pezzi il malcapitato. Teseo lo sconfigge e gli infligge quella stessa orribile pena.

Incontra poi la scrofa chiamata Fea, un mostro gigantesco che scorrazzando per i campi ha terrorizzato i villaggi, ucciso bambini, donne, e persino i cacciatori e i guerrieri che hanno tentato di catturarla. Teseo l'affronta con la spada e con un lancio di pietre, e riesce a lui quello che tanti altri invano hanno tentato.

Poi Scirone che domina su una strada stretta e tortuosa a mezz'aria tra l'alta parete di roccia e il mare. Il tributo che chiede è semplice: lui sta seduto nel mezzo di quel sentiero bloccandolo, e chi vuole passare deve inginocchiarsi a lavargli i piedi. C'è pronta una bacinella piena d'acqua, e c'è uno straccio lurido per asciugarli. Ma quando il viandante ha compiuto quell'umile servizio, Scirone, che non mantiene la parola, come sempre i malvagi, lo scaraventa tra le onde per essere divorato da una testuggine che nuota sempre lì sotto. Teseo capisce le sue intenzioni, gli lancia la bacinella sulla testa, lo stordisce e lo fa precipitare proprio dove la testuggine aspetta il suo pasto.

A Eleusi Teseo si scontra con Cercione, un lottatore sin qui imbattibile. Cercione è gigantesco, tarchiato, il collo rigonfio, i muscoli delle braccia e delle gambe in spaventoso rilievo. Abituato a prendere l'avversario e a stritolarlo, Cercione si trova davanti un giovane che alla forza bruta oppone una forza illuminata dall'intelligenza e dallo stile. Con eleganza, concetto del tutto estraneo a Cercione, Teseo afferra l'avversario per le ginocchia, una mossa sconosciuta, imprevedibile, lo ribalta e lo fa volare e ricadere al suolo. Si dice che Teseo sia dunque l'inventore delle regole della lotta libera, che tanto spazio avrà nei giochi dei Greci.

L'ultimo nemico che Teseo incontra è il più insidioso, Procuste, un mostro da incubo, che non a caso è rimasto nel linguaggio sino a oggi per indicare una spaventosa condizione di supplizio. Procuste vive in una casupola con due letti. Fingendo di dare ospizio ai viandanti, li fa accomodare sui due letti, badando con perfidia che quelli di bassa statura si sdraino sul letto grande, e quelli di alta statura in quello piccolo. I due letti si trasformano in due incudini. E con attrezzi simili alle tenaglie Procuste comincia a stirare i corpi più corti slogando e allungando gambe, torace, collo sinché non coincidono perfettamente con le dimensioni del letto. Per i corpi più lunghi, basta un attrezzo tagliente come la falce: le gambe e tutto quello che eccede la misura del letto viene amputato in un mare di sangue.

Anche per Procuste, Teseo adotta la sua regola: lo combatte e lo vince facendogli provare prima in un letto poi nell'altro le pene che il mostro si era sempre divertito a infliggere ai viandanti innocenti.

Ma l'impresa che dà a Teseo fama imperitura è quella che lo porta a Creta a uccidere il Minotauro. Succede così.

Teseo è finalmente ad Atene, rincorso dalla voce delle clamorose vittorie contro i briganti e i mostri della via costiera. E subito incorre nell'ostilità di Medea, che briga contro di lui e cerca di convincere Egeo che è una spia o un assassino in fuga, altro che un eroe.

Medea ha un'indole vendicativa e una capacità di odio senza freni. Visto che Egeo non si decide a scacciare il nuovo venuto, tenterà lei di sopprimerlo, con gli strumenti della magia a sua disposizione. Lei, maga ed esperta di ogni incantesimo, sa come fare, che erbe, che polveri, che siero animale deve usare per ottenere una pozione mortale. La versa in una coppa di vino, e nell'occasione di un banchetto la porge a Teseo.

Un momento di esitazione salva il giovane eroe. Vede arrivare in tavola infitto in due grossi schidioni un bue arrostito, e sguaina allegramente la spada per servirsi. In quel momento, Egeo riconosce l'elsa di avorio, i due serpenti incrociati, e, abbassando lo sguardo, i sandali che aveva lasciato a Trezene tanti anni prima sotto quella pietra. Ha un'illuminazione fulminea: quello è suo figlio, e un altrettanto fulmineo sospetto: Medea, che non ha mai cessato di mostrarsi ostile a Teseo, sta cercando di avvelenarlo con quella coppa offerta con troppa insistenza e con un sorriso obliquo e maligno.

Egeo con un colpo di spada fa cadere la coppa dalla mano di Medea. Il liquido cade sul pavimento e lo corrode, sollevando una nuvoletta di fumo bluastro. La donna, smascherata, se ne fugge da Atene avvolta da fumi del colore di quelli prodotti dal suo veleno, e si sottrae alla punizione di Egeo.

In quei giorni, un senso di lutto grava sulla città. Dovunque si vada, si vede gente piangere, donne soprattutto, madri, che manifestano il loro dolore con lacrime a fiumi, battendosi il petto, urlando parole di disperazione.

Teseo viene a sapere così che è arrivato il momento del sacrificio. Da molti anni, da quando un toro bianco e dalle narici di fiamma che scorrazzava spargendo terrore per la piana di Maratona aveva ucciso tra le sue vittime anche Androgeo, figlio di Minosse, il re cretese pretende un risarcimento dagli Ateniesi: sette ragazzi e sette ragazze vergini devono essere portate da Atene a Cnosso per andare a finire in pasto al Minotauro, il mostro tenuto prigioniero nel Labirinto.

Il sacrificio avviene ogni anno, o forse ogni nove anni. Resta che è un tributo di sangue troppo caro da pagare, e Teseo si offre volontario tra i sette giovinetti con l'intenzione di uccidere il Minotauro e farla finita.

Teseo ha un piano. Nel gruppo delle sette ragazze vergini ha introdotto due ragazzi dalla grazia femminea, ma che all'occasione si mostreranno molto abili nell'usare la spada.

La nave ha trenta rematori, e alza vele nere, in segno di lutto per il carico di giovani vite umane che trasporta a morire. Ma Egeo con gli occhi gonfi di lacrime ha dato anche una vela bianca a Teseo, con la preghiera di alzarla se mai fosse tornato salvo e vittorioso.

Al timone c'è Feace, antenato di quei Feaci che accoglieranno generosamente Odisseo, e la nave va sui flutti felice dopo che Teseo e tutti gli uomini dell'equipaggio hanno invocato Afrodite, protettrice delle navi e di chi va per mare.

Attracca dopo pochi giorni al porto, e Minosse accorre a vedere le sette ragazze. Di una si innamora istantaneamente e vorrebbe possederla lì sulla tolda della nave. Le fa scudo Teseo, nel nome del dio Poseidone, suo padre.

Minosse ride. Proprio Poseidone: che non si è mai tirato indietro di fronte a una vergine da insidiare... E poi lo sarà davvero figlio di Poseidone quel giovane chiacchierone insolente? Pensando così, Minosse si sfila un anello dal dito e lo getta in mare. «Se sei quello che dici, figlio di Poseidone, vai a riprenderlo...»

Teseo non ha esitazioni, si tuffa, scende verso il fondo mentre delfini e ippocampi lo accompagnano. Arriva al palazzo di Anfitrite, che sguinzaglia tutt'attorno le Nereidi, sinché l'anello, rimasto nascosto da un cespuglio di alghe, vien fuori in tutta la sua brillantezza.

Teseo può tornare in superficie, restituire l'anello a Minosse e mostrargli la corona d'oro, dono di Anfitrite, Signora del mare.

Per entrare nel Labirinto, dove il frutto dell'amore peccaminoso della regina Pasifae per un toro era tenuto prigioniero, Teseo ricorre all'aiuto della principessa Arianna. Una ragazza pura e appassionata, che si è all'istante innamorata di lui. Penetrare nel Labirinto è facile, lo sanno tutti. Quello che è difficile, una volta che ci si è inoltrati sin dentro il suo cuore, è tornare indietro. La concezione di Dedalo, l'artefice al servizio della famiglia reale cretese, prevede l'impossibilità a orientarsi in quell'edificio: un mostro come il Minotauro deve vivere isolato, senza la possibilità di uscire alla luce, facendo perdere memoria di sé.

È Arianna, che ha vissuto anni nell'angoscia di sapersi sorellastra di un simile mostro, lei che non può amare una madre e un padre come i suoi, a suggerire a Teseo il da farsi. È innamorata del bel principe ateniese, vuole partire, lasciarsi alle spalle tutto quell'orrore con lui, ha fiducia in lui. Così gli fornisce una spada, ma soprattutto gli mette nelle mani quel fuso magico, opera anch'esso di Dedalo, che gli permetterà di raggiungere il Minotauro e poi trovare la via del ritorno.

Un fuso, un gomitolo, non si è mai appurato se si tratti dell'uno o dell'altro. Quello che conta è il fatto che, legato con un nodo un capo di quel filo allo stipite della porta, proseguendo con in mano il gomitolo da srotolare, diventerà elementare tornare sui propri passi. Basterà seguire il filo di Arianna, espressione divenuta proverbiale per indicare una soluzione sicura che guida nei meandri non solo di un palazzo, ma della stessa vita.

Così Teseo va a raggiungere il Minotauro, mostro sì ma del tutto incolpevole, e quando lo trova, solo, immalinconito, gli occhi sporgenti e forse pieni di lacrime sulla sua testa taurina, lo attacca e lo finisce. Non si sa se con la spada di Arianna, se a mani nude, non dimentichiamo che Teseo è il fondatore della lotta libera e ne conosce tutti i segreti, sino al punto di elaborare mosse mortali, o con la clava che porta sempre con sé.

Il Minotauro è abbattuto, la catena dei malefici sacrifici spezzata, ora bisogna tornare alla nave e prendere la via della fuga. Teseo con Arianna per mano, entrambi pieni di una gioia esaltata, quasi feroce, corrono verso il porto.

Intanto i due ragazzi dall'aspetto femmineo che Teseo aveva fatto travestire per mimetizzarsi nel gruppo delle ragazze, hanno ripreso la loro vera natura e cogliendo alla sprovvista le guardie le hanno uccise e liberato le loro compagne e i loro compagni.

Feace sta al timone, pronto a salpare... Teseo e Arianna, con il favore delle tenebre di una notte di luna nuova, raggiungono il porto e si imbarcano, mentre l'ancora si leva e i trenta remi della nave cominciano a battere ritmicamente sulla superficie dell'acqua. Invano Minosse manderà la sua flotta per cercare di impedire la fuga a quelli che a lui non possono che apparire dei traditori.

Arianna ha tradito la sua famiglia e la sua patria per amore, ma non riceverà quel compenso che si aspettava. Nella sua purezza, nella sua innocenza, era convinta che Teseo l'avrebbe portata con sé ad Atene. Invece Teseo, ormai sicuro di non essere più inseguito, trova riparo all'isola di Nasso per la sua nave. E quando riparte da Nasso, Arianna non è più con lui.

È misterioso come e perché Teseo abbandoni la giovane donna cui deve un'infinita riconoscenza per l'aiuto che gli ha dato. Se l'impresa è riuscita, certamente è in parte merito del suo coraggio, ma in una parte molto maggiore è merito dei consigli, dell'amore, degli strumenti magici di Arianna. Senza il filo di lei, Teseo sarebbe ancora ora a cercare la strada dentro il Labirinto.

Allora perché l'abbandona? Il mito non ce lo spiega. Del resto, fornire ragionevoli spiegazioni non è suo compito. Può essere che Teseo non abbia mai amato Arianna, abbia finto per averla dalla sua parte. Può darsi che abbia provato un improvviso timore al pensiero di portare ad Atene quella straniera, figlia di un nemico acerrimo della città. O forse Dioniso gli è apparso in sogno e gli ha intimato di lasciare lì sulle sponde di Nasso quella giovane donna da lui amata.

Finisce che Dioniso arriva davvero a Nasso con il suo corteo di baccanti, ninfe, satiri e sileni, come una nuvola con il colore di una rosa e con il profumo del vino. Arianna diventa la sposa del dio dell'ebbrezza, danza in processione con lui, dà vita con lui a una coppia cui ci si rivolgerà ogniqualvolta che si vorrà festeggiare bellezza, giovinezza, piacere. Così Lorenzo de' Medici, nell'apoteosi della gioia sottratta al fuggire del tempo:

> Questi è Bacco e questa Arianna
> belli e l'un dell'altro ardenti.

Teseo ha un altro destino. In rotta verso Atene, con il peso di quell'abbandono irriconoscente e crudele sulle spalle, o, nell'ipotesi che abbia dovuto lasciare Arianna per volere di Dioniso, con l'angoscia in cuore di un amore spezzato, dimentica quanto aveva promesso al padre: in vista della costa dell'Attica, lascia la velatura nera con cui era partito, mentre avrebbe dovuto alzare vele bianche in segno di vittoria.

Egeo non resiste alla sofferenza e alla disperazione che lo soffocano, si sporge dallo spuntone di roccia sul quale attendeva l'arrivo del figlio che crede perduto, e si lascia andare, crollare tra le onde azzurre e tiepide del mare che prenderà il nome da lui.

Teseo diventò re di Atene, federò con essa tutti i sobborghi e i paesi vicini, aprì le porte agli stranieri, determinò così l'inizio della grandezza della sua città. Inventò i Giochi Istmici, lui che era stato grande atleta e campione di lotta libera, batté moneta su cui era effigiata la testa di un toro. Sarebbe stato il difensore di Atene, e lo avrebbe fatto con successo, dall'attacco di un esercito di Amazzoni. Ne avrebbe amata e presa una, Antiope, in moglie.

Insieme al fedele amico Piritoo, re dei Lapiti, per solidarietà con lui compì il viaggio agli Inferi senza il quale forse il curriculum di un eroe non appare completo, ma il progetto di rapire Persefone fallisce, Piritoo soccombette ad Ades, Teseo ritornò da solo grazie ad Eracle a rivedere la luce del cielo.

Ma oggi di tutto il ciclo delle sue imprese, restano quelle con cui liberò la terra da predoni, giganti, mostri orribili, con cui uccise nel Labirinto il Minotauro, qualcuno, qualcosa di cui la natura umana si vergognava, vergognandosi anche di sé e degli abissi del proprio essere.

Teseo è un portatore di chiarezza, di normalità, di ordine: sgombera le strade da chi impedisce di percorrerle, castiga durissimamente chi fa del male ai viandanti, sventa l'orrore del sacrificio umano uccidendo il mostro a cui era dedicato.

Non è immune da errori, ma compie le sue azioni in maniera lineare, generosa, dalla parte della luce, ed è in quanto tale che vive nella parte alta della tua anima, cara lettrice e caro lettore, là dove si tiene a bada tutto ciò che è abnorme, violento, oscuro. Il Minotauro che è in noi, e che Teseo continua ad aiutarci ad uccidere, mostrando la strada del coraggio, della saggezza, dell'ingegno: ce ne vuole per sconfiggere i mostri, ma Teseo ci dice ancora che è possibile farlo: entrare nel Labirinto del male e uscirne grazie al filo di Arianna, simbolo di una ragione che non imprigiona, non irretisce, ma permette di scendere in un inferno e di tornarne illesi.

ERACLE

Eracle è il più grande degli eroi greci. Il ciclo delle sue avventure è così ampio e complesso da farne l'eroe per eccellenza, conosciuto anche da chi non sa altro del mito greco. Dal suo nome latino, Ercole, è derivato l'aggettivo "erculeo" ancora oggi usato per dire robustissimo e forzuto. Certo Eracle è anche quello, un eroe dotato di una corporatura da gigante e di una forza invincibile. Ma le sue imprese non sono soltanto prove di coraggio e di abilità nel combattere. Se così fosse, non si spiegherebbe il suo stagliarsi su tutti gli altri eroi.

L'eroismo di Eracle è molto di più. È una costante volontà di affermare la luce e la vita sul buio e sulla morte, una costante lotta per cacciare i fantasmi e i mostri dall'orizzonte dell'umano e del divino. Eracle non è un re come Perseo e Teseo, non ha nessun potere se non quello di obbedire, servire, affrontare a cuore leggero, come è d'obbligo per un eroe, ogni sorta di difficoltà, e attraversare indenne la pazzia, la schiavitù, l'orrore.

Eracle nasce da Alcmena, moglie giusta e bella di Anfitrione, nipote di Perseo, in esilio a Tebe. Lei non è rapita ma amata una volta tanto dolcemente da Zeus. Con un espediente magico che ritroviamo nel mito celtico e che presiede alla nascita adulterina di Re Artù, il Padre degli dei prende le fattezze di Anfitrione, che guerreggia lontano e resta nel letto di Alcmena una notte felice. Tanto felice che durerà tre notti, perché il fido Ermes ha chiesto a Elio di non uscire in cielo con il suo carro, alla Luna di rallentare il suo corso e al Sonno di far dormire più a lungo i mortali.

Zeus torna all'Olimpo, e dopo nove mesi, memore della piena soddisfazione di quella lunghissima notte d'amore, si vanta che sta per nascere un bambino della stirpe di Perseo che sarebbe diventato un gran re.

Era, con in mente un trabocchetto, gli chiede di promettere che sarebbe diventato un gran re il primo a nascere della stirpe di Perseo. Ottenuta la promessa, si precipita a Micene dove affretta il parto di Nicippe, moglie di Stenelo, anche lui discendente di Perseo, che si sgrava di un bambino settimino. Subito dopo invia le Moire a Tebe, dove siedono davanti alla porta della stanza di Alcmena e incrociando le gambe, tenendo i lembi della veste sollevati e uniti con le mani congiunte, ne prolungano con un incantesimo le doglie e ne ritardano il parto.

Così a godere i frutti della promessa di Zeus sarà il figlio di Nicippe e Stenelo, Euristeo. Lui sarà un gran re. E il destino di Eracle è segnato: lui sarà suddito di Euristeo, e dovrà servirlo e obbedirlo.

Alcmena, temendo la terribile gelosia di Era, e non sapendo che si era già manifestata in quell'inganno a Zeus, abbandona il neonato nei campi alle porte di Tebe. Lì scendono Atena ed Era: rimangono colpite dalla bellezza e dalla robustezza del bambino. Atena convince Era ad allattarlo, ed Era porge il suo magnifico seno al bambino, che succhia così forte da provocarle un dolore atroce e da far sprizzare il latte divino sino al cielo. Così, si dice, nacque la Via Lattea.

Proprio perché figlio adottivo di Era, il piccolo, il cui nome originario era Alceo o Alcide, si chiamerà Eracle, "la gloria di Era". Ripreso in casa da Alcmena, cresce insieme al gemello Ificle. Una notte due serpenti entrano nella stanza dei bambini: Ificle fugge terrorizzato, Eracle, quieto, sorridendo, prende per il collo i due serpenti e li strozza. Anfitrione, sopraggiunto, ora sa chiaramente quale dei due è suo figlio e quale il figlio di Zeus.

Eracle ebbe i migliori maestri, Anfitrione gli insegnò a guidare il cocchio, Castore a dare di scherma, Eurite il tiro con l'arco, Chirone la chirurgia e la medicina, Autolico il pugilato, Eumolpo il canto, Lino l'arte della scrittura. Soltanto con quest'ultimo si verificò un incidente.

Lino imprudentemente rimproverò con asprezza e schiaffeggiò il suo allievo. Eracle, che non avrebbe mai attaccato briga per primo ma che non poteva non reagire a un'offesa come quella, sollevò una sedia e gliela spaccò sulla testa, uccidendolo.

Il delitto gli fu perdonato, perché commesso per difendersi da una sia pur piccola violenza. Ma Anfitrione preferì mandare il focoso Eracle a vivere in campagna, in un podere lontano, tra contadini e mandriani.

Eracle, dotato di una mira infallibile con l'arco, divenne cacciatore di leoni e di ogni tipo di belva. Viveva semplicemente, aveva occhi fiammeggianti, membra perfette, armoniche nella loro robustezza. Mangiava pochissimo a mezzogiorno, e la sera cenava invece con enormi pezzi di carne arrostita e una quantità smisurata di pane nero. Indossava una tunica corta e non amava dormire sotto un tetto, preferiva giacere sotto fronde di alberi alla luce delle stelle.

Anche la sua potenza di amatore è formidabile, se si pensa che il re Tespio, per ringraziarlo di aver cacciato un leone dai dintorni della sua città, gli offrì le sue cinquanta figlie, ed Eracle le amò chi dice una per notte, chi tutte insieme in una notte soltanto, prodezza di cui neppure il più accanito erotomane odierno oserebbe vantarsi.

Come amatore, Eracle non disdegnò anche i ragazzi e gli uomini fatti: i suoi compagni d'avventura Iolao, Abdero e Ila il Driope sono detti suoi amanti. Nasce persino il sospetto che la sua successiva sottomissione a Euristeo celi un qualche rapporto amoroso.

La sua indole generosa lo portò a impegnarsi nella difesa di Tebe contro i suoi nemici. Per riconoscenza il re Creonte gli dette sua figlia Megara in moglie. Sarebbe stata la prima moglie di

Eracle, che però non conosceva una vita matrimoniale e familiare tranquilla, destino comune degli eroi.

Già acclamato come valoroso cacciatore e guerriero, l'oracolo gli ricordò che doveva ora andare a Tirinto, e prepararsi a obbedire alle richieste di Euristeo. Benché tanto più forte e glorioso del re nato settimino, gracile e astuto, Eracle accettò di adempiere a quello che sembrava essere il volere degli dei. Si mise a servizio di Euristeo e, una dopo l'altra, compì quelle "fatiche" che sarebbero state al centro del suo mito e della sua gloria immortale.

Eccolo dunque a caccia del leone di Nemea. Chi conosce quei luoghi dell'Argolide, aspri, assolati, selvatici, con una vegetazione stentata che non va oltre i cespugli di lentischio, può collocare la prima impresa in un contesto geografico preciso, mentre molte delle altre imprese si svolgono in una geografia favolosa e visionaria, dall'Oceano all'Oriente.

Il leone di Nemea, figlio di Echidna e di Orto, fratello della Sfinge, è una belva che devasta e uccide, e resiste a ogni attacco di frecce, lance, pietre. Sembra invulnerabile. Sinché non arriva Eracle. Lui entra nella grotta che fa da tana al leone, ne sbarra l'ingresso, e poi scende nel buio assoluto incontro al mostro. Se impiega trenta giorni a raggiungerlo, quanto doveva essere profonda la caverna? Più lontana dalla terra che lo stesso Tartaro, il paese dei morti. Se invece trenta sono i giorni che Eracle dorme dopo aver affrontato e ucciso a mani nude il leone, immaginiamo la stanchezza dell'eroe, che definire mortale in questo caso non è un modo di dire. Trenta giorni di sonno sono un coma, un assaggio della morte. In qualunque dei due modi sia andata, Eracle sin dalla sua prima fatica va a scontrarsi con il principio della morte. La rasenta, la attraversa quasi, ma ne esce vittorioso. E definisce così l'essenza dell'eroismo: eroe non è colui che compie un'impresa per il potere e la ricchezza, o per averne qualche compenso, ma chi la compie per pura fatalità, per obbedire al principio della vita e opporlo a quello della morte, per uscire dal buio e far luce.

Anche l'Idra di Lerna, nella seconda fatica, assomiglia a un mostro degli Inferi. Vive presso una palude non lontana dal mare, ha la tana sotto un platano che quasi specchia i rami sulle onde. L'Idra ha un corpo di serpente acquatico, squamoso e viscido come quello di un drago, e tante teste, sul cui numero nessuno ha mai detto la parola definitiva: tre, trenta, cento, diecimila. Il suo fiato è pestilenziale e ammorba l'aria lì intorno. Eracle arriva a Lerna su un cocchio guidato da Iolao, il suo amato nipote, e su consiglio di Atena si avvicina alla tana trattenendo il fiato e scagliando frecce infuocate all'interno, in modo da costringere l'Idra a uscirne. Una volta che è fuori, Eracle comincia a mozzarle le teste a una a una, ma invano, perché ricrescono immediatamente. Per impedirlo, Iolao strappa i rami più robusti degli alberi, li incendia da un lato e li passa sui colli sanguinanti come per cauterizzarli. Finalmente Eracle individua la testa immortale dell'Idra, che era tutta venata d'oro, la mozza e la seppellisce. Aperta la carcassa del mostro, intinge nel suo fiele la punta delle frecce, che diventeranno ancora più letali.

La cerva di Cerinea ha il mantello maculato e grandi corna d'oro. È un animale divino, e per quanto si cibi dei frutti sugli alberi e calpesti gli orti, Eracle non può ucciderlo. Non può usare né l'arco né la clava. Comincia così l'inseguimento di quella cerva splendente che lo porta da un capo all'altro del mondo conosciuto, sinché in riva al fiume Ladone può avvicinarla e legarle le zampe, e portarla a Tirinto.

La quarta impresa, la cattura del cinghiale Erimanzio, che Euristeo vuole vivo, porta Eracle tra il popolo dei centauri. Accolto festosamente da Folo e da Chirone, suo antico maestro,

Eracle mangia con loro, lui carne arrostita, il suo piatto preferito, loro carne cruda, e poi per celebrare l'incontro aprono insieme un otre di vino custodito gelosamente da molto tempo. Gli altri centauri, sentendo il profumo del vino, si avvicinano sospettosi, come se qualcuno volesse rubarlo, e la loro indole selvaggia e iraconda li mette contro Eracle, che deve difendersi scagliando contro di loro frecce rese micidiali dal veleno dell'Idra. Purtroppo una freccia destinata a un assalitore sfiora e ferisce il ginocchio di Chirone. Eracle addolorato cerca di estrarre la freccia e medica il suo vecchio maestro seguendo le sue istruzioni, ma niente allevia quel dolore lancinante. Folo, chiedendosi come sia possibile che una ferita così lieve provochi un dolore così forte, ne solleva una. Malauguratamente gli cade sul piede e lo uccide. Eracle seppellisce Folo con una gran cerimonia funebre, si ferma ad assistere Chirone il cui male al ginocchio è diventato insopportabile. Di tutto si sente responsabile. Ma di niente ha colpa. Memore dell'ordine di Euristeo, Eracle riparte alla caccia del cinghiale, arriva al bosco dove si nasconde, emette urli strazianti, furiosi, non gli è difficile con tutta la rabbia e la sofferenza che ha in sé. Il cinghiale esce dalla sua tana spaventato da quei gridi, non sa da dove vengano, che cosa li produca. Enorme e goffo com'è, cade in una fossa dove è alta la neve. Eracle non attende altro, gli salta sulla schiena, lo immobilizza, lo lega con catene e se lo carica sulle spalle.

La galleria di animali mortiferi, nocivi all'uomo e alle sue opere, prosegue con gli uccelli Stinfali, oggetto della nuova impresa. Accalcati nella palude Stinfalia, questi uccelli con becchi, ali e artigli di bronzo si alzano in volo come una nube nera e lasciano cadere piume acuminate su uomini e armenti, e dappertutto feci velenose che bruciano erbe, messi e i frutti sui rami. Eracle non può avvicinarli, né entrare a piedi nella palude, né navigarla con una barca, il fondo è insidioso, l'acqua in certi tratti è troppo alta in altri troppo bassa. Allora su consiglio di Atena sale su una collina, e batte una contro l'altra due nacchere di bronzo, opera dell'officina di Efesto. Gli uccelli Stinfali si impauriscono e cominciano a svolazzare disordinatamente lì attorno. Ed Eracle ne uccide una gran quantità con le sue frecce.

Nella sesta fatica, vediamo Eracle non nella veste di cacciatore di mostri, ma di eroe civilizzatore. È alle prese con le stalle di Augia, l'uomo più ricco al mondo in armenti e greggi, con animali splendidi, immuni da ogni malattia, fertili in maniera prodigiosa, ma i cui escrementi erano stati lasciati da anni accumularsi su sé stessi, colmare le stalle, riempire la vallata dove gli animali erano al pascolo, tanto da ammorbare l'aria intorno e poi da provocare una pestilenza che si stava diffondendo in tutto il Peloponneso. Il nemico di Eracle, questa volta, è diverso: la sporcizia, i miasmi, l'epidemia. Forse Euristeo, che non ha nulla da guadagnare da quella fatica, lo ha mandato lì per il sottile gioco psicologico di rivalità e rivalsa che c'è tra i due: Eracle dovrebbe umiliarsi, spalare merda all'infinito, nelle intenzioni di Euristeo. Ma non va così. Eracle non prende in mano il badile. Con la sua forza sovrumana, devia il corso del fiume Alfeo e del fiume Peneo: le loro acque pure irrompono nella vallata e sin dentro le stalle e gli ovili, purificando l'ambiente, rendendo l'aria respirabile e mettendo fine alla pestilenza.

Un re di Tracia chiamato Diomede, da non confondere con l'eroe dell'*Iliade*, possiede delle cavalle magiche che spandono il terrore per tutto il suo regno. Queste cavalle sono parenti delle Arpie, delle Gorgoni, forse sono alate, certo hanno a che fare con gli Inferi e con la Morte. Galoppano travolgendo e uccidendo chiunque incontrino, poi, nella loro stalla, su mangiatoie di bronzo, si cibano della carne delle loro vittime. Eracle, sorpresi e uccisi gli stallieri, imbriglia con la sua forza le cavalle e le porta sulla riva del mare, dove le lascia in custodia ad Abdero, suo compagno e amante. Lui deve tornare a combattere contro Diomede e i suoi uomini che lo inseguono. Li sgomina, abbatte Diomede con un colpo di clava, lo trascina con sé sulla riva, dove scopre che le cavalle, obbedendo di nuovo al loro istinto malvagio, hanno divorato il povero Abdero. Allora Eracle dà loro in pasto Diomede, e dopo che si sono saziate le doma definitivamente. Fonda la città che porterà il nome di Abdera, poi prende la strada di Micene. Euristeo, ricevute la cavalle, le consacra ad Era, e le lascia libere. La fatica di Eracle è stata fine a sé stessa, pura prova di forza e di dedizione.

Così sarà anche per la prossima impresa. Euristeo manda Eracle a catturare il toro di Creta. Non è neppure chiaro di quale toro si tratti. Di quello che Zeus incita a prendere sulla groppa Europa, di cui è innamorato, o il toro bianco grondante spuma di onde che Poseidone fece uscire dal mare e di cui si invaghì pazzamente la regina Pasifae? Il toro che Eracle deve catturare esala fiamme dalle narici, si aggira potente per i campi portando devastazione ovunque, sradicando alberi, diroccando muri. Eracle deve combattere con lui a mani nude. La lotta dura chissà quanto ed è tremenda, incerta negli esiti, feroce, sinché Eracle ha la meglio, cattura il toro e lo porta a Euristeo, che lo consacra a Era e lo lascia libero di scorrazzare per l'Attica, dove viene conosciuto come il toro di Maratona e in seguito catturato da Teseo.

Nelle prossime tre fatiche, troviamo Eracle impegnato non più nella cattura di mostri ma nella ricerca della bellezza. Mostri, fiere, giganti si metteranno ancora sulla sua strada, e dovrà combatterli, ma il fine delle sue fatiche è questa volta trovare e impossessarsi di una cintura di pelle di drago, di bestiame pacifico, dal pelo fulvo e splendente, i più begli animali al mondo, e di tre antichissimi pomi dorati, dono di nozze della Madre Terra a Era, una dea a cui sembra che il destino di Eracle sia, sin dal nome, completamente legato.

La cintura di Ippolita, regina della Amazzoni, è in realtà una richiesta di Admeta, la figlia di Euristeo. Ma Eracle è tenuto egualmente all'obbedienza. Così va per nave sino alla foce del Termodonte, e attracca nel porto di Temiscira, capitale delle Amazzoni. Sono una casta di guerriere che hanno organizzato la loro società su principi matrilineari: obbligano gli uomini ai lavori domestici per riservare a sé stesse il combattimento. Si tagliano un seno, si dice, per poter meglio tendere l'arco, e arrivano a spezzare le gambe dei neonati maschi perché non possano neppure provare, da adulti, a contendere loro il ruolo di guerriere e il potere. Combattono con archi di bronzo e piccoli scudi a mezzaluna, sono straordinarie cavallerizze, anzi si dice che sono loro le prime a combattere a cavallo. Le loro cinture, come tutti i loro abiti, sono fatte di pelle di animali selvatici. Ippolita, la loro regina, ne ha una di pelle di drago tutta screziata e luminosa. Eracle non deve combattere per averla, perché Ippolita si innamora subito di lui e gliela cede con il piacere con cui si dona un innamorato. Sono le sue compagne a ribellarsi allo straniero venuto nel loro paese a ostentare la sua forza maschile, odiosa alle Amazzoni. Schiere a cavallo attaccano la nave ancora in porto. Una pioggia di frecce cade sulla tolda. Eracle pensa che Ippolita abbia tradito, e la uccide a poppa della nave, che le altre Amazzoni possano vederla cadere sotto il colpo della sua clava. Il terrore si sparge su quelle cavallerizze indomite. Le frecce di Eracle le uccidono anche soltanto a sfiorarle, cadono a una a una, crollando da cavallo, gli occhi pieni di lacrime per la loro regina.

Gerione, re di Tartesso, è figlio di Crisaore, uscito con Pegaso dal collo tagliato di Medusa, e della ninfa Calliroe. Viene considerato il più forte tra i viventi, ha tre teste, sei braccia, tre busti che si riunificano alla vita. Possiede del bestiame dalla bellezza risplendente e, per avere quello, Euristeo ha ordinato a Eracle la decima delle sue fatiche. Quel bestiame pascola nell'isola di Erizia, ai confini occidentali del mondo. Eracle vi arriva, e per prima cosa si occupa di segnare i confini tra Europa e Africa di fronte all'Oceano. Erige le due colonne che da allora porteranno il suo nome. Solo non è chiaro se Eracle abbia diviso le sponde europee da quelle africane, sino ad allora unite, o se abbia ristretto il canale tra di esse, in modo che dall'Oceano non possano transitare balene, draghi e altri mostri. Poi dalla terraferma, su un'imbarcazione a forma di coppa, usando come vela la pelle del leone di Nemea che dalla prima impresa porta sulle spalle, arriva all'isola di Erizia, e si trova davanti allo spettacolo di quel bestiame quieto, mansueto, di una bellezza sfolgorante che rivaleggia con quella del sole all'alba e al tramonto. Eracle colpisce con la clava il cane Orto e il mandriano Eurizione, custodi del bestiame. E quando accorre Gerione, lo finisce con tre micidiali frecce scoccate in rapidissima successione, una per ogni busto. Il ritorno verso l'Argolide riserva a Eracle molti cattivi incontri, il mostruoso pastore Caco, il gigante Anteo, i Pigmei, il bellicoso popolo dei Liguri. Dovunque, Eracle combatte vittoriosamente, fonda città e profonde energie nel portare ordine e civiltà.

Per cominciare la ricerca del Giardino delle Esperidi dove splendono gli alberi dai frutti d'oro, penultima tra le sue fatiche, Eracle non conosce il cammino, e deve trovare chi glielo insegni. Arrivato alla foce dell'Eridano, si rivolge a un antichissimo signore del mare, Nereo, che come tutte le divinità marine ha il dono della preveggenza e quello della metamorfosi, che Eracle deve ingegnarsi a bloccare.

Nereo assume tutte le forme possibili per sfuggire alla sua presa, serpente, leone, fuoco... ma Eracle ha lottato troppo e con troppe forze avverse per temere quei subitanei mutamenti di aspetto del Vecchio del mare. Nel momento in cui appare come leone, Eracle lo blocca fulmineo stringendogli il collo col braccio, e lo costringe a parlare. Il Giardino delle Esperidi, gli viene detto, richiede un altro viaggio verso i confini occidentali del mondo, là dove il Sole scende tutte le notti con il suo cocchio e i suoi cavalli. A fare da guardiani al Giardino, sono il gigante Atlante e il drago Ladone.

Una volta arrivato, Eracle usa con il primo l'astuzia – strano per lui, ma siamo alle ultime fatiche, forse affiora un po' di umana stanchezza – e con il secondo la potenza della clava. Le tre mele d'oro sono ora in suo possesso. Ha raggiunto il tesoro, ha conquistato le bellezza, ma non per sé. Ancora una volta con il suo agire Eracle non tiene in nessun conto il proprio interesse personale. Sembra addirittura che non ne abbia, di interessi privati, che combatta sempre per adempiere a un ordine oggettivo, a necessità oggettive: distruggere mostri e conquistare bellezza.

Fermati un momento, cara lettrice e caro lettore, e chiediti se non è questa la forma di eroismo più alta anche per noi, che non siamo eroi, per la nostra anima, in movimento continuo tra il basso, il buio, il male e la promessa del cielo, della luce, del bene, dello splendore sognato delle nostre Esperidi, dovunque si trovino.

L'ultima fatica è la più cruda, quella con cui Euristeo pensa di far cadere Eracle, di vederlo almeno una volta sconfitto. Deve andare agli Inferi e catturare il cane guardiano, il Cerbero dalle tre teste. Così anche Eracle intraprende il viaggio nell'Aldilà come prima di lui Orfeo, Teseo e Piritoo e dopo di lui Odisseo ed Enea, e Dante con Virgilio, in tempi più vicini a noi.

Caronte, il demone traghettatore, sempre così arrogante e duro con le anime, si spaventa di fronte all'aspetto così fiero e agli occhi fiammeggianti di Eracle. Lo lascia imbarcare senza fare storie, e la sua barca fatta di cortecce d'albero risente del suo peso, l'acqua infernale risale di qualche palmo la chiglia.

Passato lo Stige, Eracle entra nell'Ade e incontra Teseo e Piritoo, che vi erano scesi per rapire Persefone, e vi erano rimasti imprigionati su letti bronzei di tortura. Eracle libera con uno strappo Teseo, ma a niente vale la sua forza per Piritoo, responsabile primo di quel tentativo sacrilego. Ora è di fronte ad Ades, e apprende che gli concederà Cerbero se sarà in grado di catturarlo senza usare frecce o clava.

Ancora una volta, la forza nuda delle sue braccia sarà l'unica che potrà usare, e la userà per stringere Cerbero al collo da cui si diramano le sue tre teste: una presa micidiale, alla quale Cerbero risponde con colpi della sua coda piena di aculei. Ma la schiena di Eracle è protetta da quella pelle di leone che niente può scalfire. Cerbero insiste, spera che Eracle molli la presa, si divincola, continua sinché può colpire di coda. Ma tutto è vano. Cerbero ormai sta soffocando, non può che scuotere le tre teste in segno di resa.

Dopo questa vittoria in cui forse nessuno, a cominciare da Euristeo, crede, Eracle ha il titolo di Callinico, "dalla bella vittoria". Nessuna è più bella di quella sul buio degli Inferi.

Altre esperienze toccarono all'eroe, esperienze estreme come la sua forza, conobbe la schiavitù presso la regina Onfale, e la pazzia che provocò in lui Era e lo trasformò in assassino. Ben prima degli Achei fece guerra a Troia e al re Laomedonte, abbattendolo. Partì con gli Argonauti per la ricerca del Vello d'Oro insieme al suo giovane amante Ila il Driope, ma per ritrovare lui rapito dalle Ninfe abbandonò la nave Argo e la spedizione. Fondò i Giochi Olimpici, che si celebravano ogni quattro anni, come succede ancora oggi. Ed ebbe un secondo matrimonio dopo quello con Megara.

La seconda moglie, che gli sarebbe stata fatale, fu Deianira, figlia di Dioniso. Tutti i suoi pretendenti si erano ritirati, alla notizia che avrebbero dovuto contenderla a Eracle. Soltanto Acheloo, dio fluviale che poteva assumere la forma di un serpente, di un toro, di un uomo con la testa di toro dal pelo rigato da rivoli d'acqua sozza, restò in lizza. Eracle, per conquistare Deianira, combatté per l'ultima volta contro un mostro e, con gran gioia della donna, alla fine di una lotta furiosa, fu vincitore.

Tuttavia il matrimonio non si addice agli eroi. Deianira avrebbe finito per causare involontariamente la fine della vita mortale di Eracle. Ingelosita dal suo interesse per la giovane Iole, gli fece indossare una tunica cosparsa di un unguento composto di seme, sangue e olio d'oliva, che il centauro Nesso le aveva descritto come un talismano che procurava la fedeltà in amore, e invece si rivelò strumento di vendetta del centauro stesso, e fonte di un supplizio terribile per Eracle che, al contatto con la stoffa della tunica, venne bruciato da cento fiamme e piagato su tutto il corpo, sino a morirne. Zeus lo volle però sull'Olimpo con lui: gli diede per moglie celeste Ebe, figlia sua e di Era, coppiera degli dei, e dea dell'eterna giovinezza.

Anche Eracle così restò giovane: le sue fatiche restano solo un ricordo, e riaffiorano nelle nostre ogni volta che dobbiamo obbedire, per amore, per predestinazione, e cacciare le fiere che abitano la parte nascosta della nostra anima, o andare a scandagliare, in quel fondo, la primitiva, splendente, magica bellezza del mondo.

Edipo

Nella tragedia greca, Edipo è protagonista delle opere più acclamate di Sofocle, *Edipo re* ed *Edipo a Colono*, due capisaldi della storia del teatro e della cultura occidentale.

Nel Novecento, invece, Edipo è protagonista delle vicende della nuova scienza della psicoanalisi. Il suo nome, tra quelli degli eroi greci, è certamente il più ricorrente da quando Sigmund Freud lo scelse per incarnare un aspetto fondamentale della sua teoria dove, nel triangolo padre-madre-bambino, quest'ultimo, polimorfo perverso, prova ostilità omicida verso il padre e desiderio incestuoso per la madre: quello che fu chiamato appunto "il complesso di Edipo".

Il freudismo "edipico" dominò buona parte della cultura novecentesca, sia a livelli alti sia a livelli di massa. E quando venne attaccato e superato, fu ancora con un riferimento a Edipo, se si pensa al saggio di Gilles Deleuze e Félix Guattari intitolato appunto *L'anti-Edipo*. È un testo nel quale mi imbattei con entusiasmo da giovane appassionato lettore di David Herbert Lawrence e di Henry Miller, che con le loro pagine attraversate da flussi di sessualità libera e fuori da logiche familistiche erano stati gli antesignani di una critica alla psicoanalisi freudiana.

È il caso ora di raccontare chi è davvero questo eroe. Non stupirti, cara lettrice e caro lettore, di trovarlo in questo capitolo del libro, in questa tappa del viaggio che stiamo compiendo insieme, tra gli eroi che combattono i mostri. Per me, Edipo è l'avversario della Sfinge. Non so come si sia potuto dimenticarlo.

Siamo a Tebe, re Laio, figlio di Labdaco, è tornato dall'esilio portando con sé il giovane Crisippo, "dai cavalli d'oro", del quale era pazzamente innamorato. Se fu lui o se fu il cantore Tamiri oppure Orfeo il primo a praticare l'amore con esseri dello stesso sesso non è certo: Laio non nascose la sua passione, destando sconcerto tra i sudditi, gelosia nella moglie Giocasta e l'ira di Era.

L'oracolo aveva predetto a Laio che suo figlio l'avrebbe ucciso. Per questo forse il re si dedicò con tanto trasporto a un amore non procreativo come quello con Crisippo, ma non fece i conti con Giocasta, che rimaneva la sua legittima sposa. Desiderosa di maternità, una notte Giocasta ubriacò Laio con i vini più profumati di resina e miele, lo fece distendere nudo sul letto matrimoniale e suscitò in lui il desiderio di possederla.

Nove mesi dopo, nacque un bambino che Laio, senza esitare e incurante delle proteste di Giocasta, diede ordine di portare e abbandonare sul monte Citerone, dopo avergli trafitto i piedi con un grosso spillo e averglieli legati.

Trovò il neonato il pastore Euforbo, che impietosito lo prese e lo consegnò al suo re, a Corinto. Sulla città regnava allora Polibo con la moglie Peribea, che non erano riusciti ad avere figli. Quel piccolo fu per loro una benedizione. Lo chiamarono Edipo, che vuol dire "dai piedi gonfi", visto come era stato conciato alle estremità, e lo crebbero a corte con tutti gli onori dovuti a un principe.

Quando Edipo fu un giovane, venne alle sue orecchie la voce, diffusa da qualcuno roso da invidia o da malizia malvagia, che seminava dubbi sulla sua nascita. Edipo consultò l'oracolo e la risposta fu agghiacciante: il suo destino era quello di uccidere il proprio padre e sposare la propria madre. Sconvolto, Edipo, che credeva che Polibo e Peribea fossero i suoi veri genitori, decise di fuggire lontano. Lui li amava entrambi, e non avrebbe mai voluto far loro del male.

Mentre viaggia verso Delfi, su una strada stretta tra rocce e cespugli di rovo, si imbatte in un carro che procede in senso contrario. È un carro dorato trainato da cavalli bianchi, e sopra, insieme a un auriga, vi viaggia Laio, re di Tebe, diretto a Delfi per chiedere lumi all'oracolo sul flagello della Sfinge che sta insanguinando la sua città.

Laio chiede a Edipo di lasciargli il passo. Lo chiede sgarbatamente, con tutta la sicurezza arrogante che gli viene dalla sua condizione. Edipo non cede, non retrocede di un passo. Allora

Laio dà ordine al suo auriga di avanzare: la ruota del carro passa sul piede di Edipo, rinnovandogli antichi dolori. È così che il giovane colpisce con il suo bastone di viaggiatore e uccide prima Laio, poi l'auriga, che ha tentato invano di difenderlo.

Edipo non conosce nulla dell'uomo che gli ha sbarrato il passo, tranne che è un ricco prepotente e vanaglorioso. Prosegue il viaggio, senza più pensarci, e senza sentirsi colpevole. Come tutti gli eroi, come Perseo, Teseo, Eracle non ha iniziato lui la contesa, non ha insultato, non ha aggredito. Ha risposto alla violenza altrui, e l'ha punita con la morte.

Intanto a Tebe, dove Laio non è più tornato, Creonte, il fratello di Giocasta, ha preso il governo della città oppressa dalla presenza funesta della Sfinge.

Mostro con la testa di donna, il corpo di leone e la coda di serpente, la Sfinge è stata inizialmente mandata a Tebe da Era, la dea che protegge i legami familiari, per punire Laio che trascura così apertamente la moglie, tutto preso dall'amore per il bel giovinetto Crisippo. Ma ora che Laio è morto, continua a opprimere i tebani come se vi prendesse gusto, o credesse che la colpa di Laio sia ricaduta sui suoi sudditi. Ferma su uno spuntone di roccia ai confini della città, volando poi qualche volta sino a prendere possesso della cima di una mastodontica colonna nel centro della piazza, come spesso le cicogne con i loro nidi, la Sfinge impone i suoi enigmi, e i coraggiosi che osano provare a scioglierli e danno una risposta sbagliata vengono da lei uccisi e divorati.

Tebe è rossa del sangue delle vittime: anche Emone, nipote di Giocasta, è stato sbranato e divorato dal mostro. La sua presenza malefica, quasi derisoria con quella pretesa che sia risolto un enigma irrisolvibile, pesa come una maledizione sulla città. Così Creonte, allo stremo, non osando sottoporsi lui alla prova, a malincuore si decide a emettere un bando: chiunque riuscirà a dare la risposta giusta alla Sfinge, otterrà la mano di Giocasta e regnerà sulla città.

Quando Edipo nel suo vagabondaggio sente parlare di quel bando, prende la via di Tebe. Disperazione e coraggio non gli mancano: va lui a sfidare la Sfinge.

Il mostro, che almeno nella sua testa umana sente l'incanto della parola, ha appreso un indovinello dalle Muse: se poi ne fa un uso colpevole, è forse da addebitare al suo corpo leonino e a quella viscida coda di serpente.

Il mito non ci dice che voce ha la Sfinge. Femminile, è probabile, ma anche profonda, o sibilante. Ecco l'enigma che propone a Edipo, arrivato ai suoi piedi con ancora addosso il cappello e in mano il bastone del viaggiatore:

C'è sulla terra un essere che va
senza cambiare mai nome e natura
su quattro, poi su due, poi su tre gambe
ed è più lento quante più ne ha.

Edipo trova la soluzione di colpo, come spesso accade quando l'intuizione arriva dove il ragionamento non arriverebbe mai.

«È l'uomo,» risponde «che da piccolo gattona incerto e lento su quattro appoggi, da uomo cammina fiero su due, da vecchio arranca su tre, essendo il terzo il suo bastone.»

La Sfinge, che dà per certo che nessuno svelerà mai il suo enigma, prova nella sua natura di mostro una rabbia così furiosa che si lascia cadere giù dalla sua postazione, si sfracella al suolo e muore.

Così Tebe fu liberata. Il popolo esultò e acclamò lo straniero, lo sconosciuto che aveva sconfitto la Sfinge, e Creonte dovette mantenere la promessa: Edipo ebbe in sposa Giocasta, e regnò su Tebe. Dal matrimonio nacquero quattro figli, due maschi Eteocle e Polinice, e due femmine, Ismene e Antigone.

Ma le sventure non erano ancora finite per quella città martoriata. Scoppiò una pestilenza, che cominciò a colpire gli uccelli del cielo che caddero al suolo in massa, le ali rattrappite, il becco sanguinante, poi gli animali delle fogne, i topi, e quelli dei cortili, i gatti, i cani, sinché toccò ai muli, ai cavalli e ai tori. Gli uomini, che si erano illusi di farla franca, cominciarono ad ammalarsi e a morire uno dopo l'altro, tra bubboni che spuntavano da sotto le ascelle e si rompevano in fiotti verdastri e sbocchi di sangue nero dalla bocca.

Venne consultato l'oracolo. E la sua riposta aggiunse angoscia a quella terribile che già regnava in città: «Cacciate da Tebe l'assassino di Laio».

Laio era morto lontano dalla sua città, nessuno conosceva il nome di chi l'aveva ucciso. Questo mistero non era alla portata di Edipo, e neppure di Giocasta o di Creonte.

Così fu chiamato a palazzo Tiresia. Il cieco che aveva vissuto una vita da uomo e una da donna, e che aveva avuto in dono la qualità di veggente e di indovino, il più grande in tutta la Grecia. Il vecchio si presentò a corte con le sue umili vesti e il suo bastone, curvo sotto il peso degli anni, procedendo a tentoni. Chi avrebbe detto che quel povero essere sapeva leggere il futuro e interpretare i segreti delle cose, divenendo così più potente di qualunque re e qualunque guerriero?

Tiresia esitò un po'. Aveva di fronte i signori della città, e di loro avrebbe dovuto parlare. Poi uscì dalla sua bocca, dalla sua voce calma e antica, una verità terribile. La pestilenza cesserà soltanto quando l'assassino di Laio verrà cacciato, è vero, ma l'assassino di Laio era lì, davanti a lui. Creonte e Edipo si guardarono negli occhi, Giocasta smarrita li squadrava entrambi.

Tiresia, portando in avanti un braccio brancolante nel vuoto, proseguì: «L'assassino di Laio è qui, è suo figlio, Edipo».

Prima prevalse l'incredulità, un'incredulità turbata, angosciosa, ma poco dopo arrivò il messaggero di Peribea, regina di Corinto, che dopo la morte del marito Polibo si sentì libera di svelare che il piccolo Edipo non era loro figlio di sangue e che un pastore l'aveva trovato neonato con i piedi trafitti e legati sul monte Citerona. Il pastore Euforbo, ormai vecchio decrepito, fu rintracciato e confermò le parole della regina.

Allora tutto divenne orribilmente chiaro, una disperazione mortale scese come una nuvola nera di tempesta sul palazzo degli eredi di Labdaco. Le profezie si erano avverate. Laio era stato ucciso dal figlio. Edipo aveva ucciso il padre e sposato la madre.

Giocasta, incolpevole ma invasa dall'orrore, corse a impiccarsi a una trave nella sua stanza. Edipo si accecò con un fermaglio preso dalla sua veste. Creonte divenne re a Tebe.

Edipo, ridotto a mendico da coraggioso vincitore della Sfinge e da potente re che era stato, diventa, nel vortice di sciagura tremenda che l'aveva travolto, emblema di quanto è precaria ogni gloria e ogni felicità umana, come il coro della tragedia di Sofocle esprime in tesissima, mistica poesia.

Edipo, cieco, si esiliò e si mise in cammino. Visse l'ultima parte della sua vita vagabondando perseguitato dalle Erinni, antichissime dee della vendetta, Aletto, Tisifone e Megera, vecchie nere dalle capigliature di serpenti e dalla voce che sembrava un latrato.

Unico suo conforto fu la figlia Antigone, che lo sorresse sinché arrivarono a Colono, nell'Attica, in un bosco sacro dove le Erinni si placarono e i tormenti di Edipo ebbero fine. Così si legge nell'*Edipo a Colono*:

> [...] senza pianto, senza malattia, senza dolore,
> se ne è andato, come nessun altro dei mortali, nel miracolo.

Sottratto all'abbraccio novecentesco della psicoanalisi, Edipo torna a essere l'eroe che ha sconfitto la Sfinge, la tortuosità dei suoi enigmi, le parti basse del pensiero al servizio del male, in linea con ciò che hanno compiuto gli altri eroi, battaglie in favore della chiarezza, dell'equilibrio della vita, della luce.

19

Costruire, donare, condividere

Da sempre è insita nell'anima umana una pulsione a modificare la natura a proprio uso e consumo, a occuparne gli spazi, a creare strumenti per farlo più agevolmente e radicalmente, a edificare dove erano soltanto praterie e foreste. Questo è un movimento umano antichissimo, preistorico, che ha aiutato i nostri antenati primitivi a muovere i primi passi verso la civiltà.

Tutto comincia da quando il fuoco celeste fu rubato e portato sulla terra, a cuocere i cibi, a scaldare la caverna e a rendere incandescenti i metalli per forgiarli. Allora nasce il rapporto controverso tra anima e natura.

L'anima è natura, ma qualcosa di potente e contraddittorio la spinge a domare la natura in sé e fuori di sé, a costruire baluardi, templi, castelli, strade e poi via via palazzi, piazze, officine, metropoli con i loro grattacieli sempre più alti. Si riduce lo spazio del selvatico, dell'erotico, del meraviglioso a favore del civilizzato, del pratico, dell'utile. È un processo che ha raggiunto il massimo di potenza nella civiltà industriale occidentale: è grazie ad esso, sostanzialmente alla tecnica, che i bianchi hanno dominato il mondo.

Il dio che presiede a tutto questo è Prometeo, il Titano, il ribelle che ruba a Zeus il fuoco celeste per farne dono agli uomini, candidandosi così a diventare, come scrisse Marx, il primo santo di un calendario comunista (neppure il materialismo scientifico fu immune da riferimenti al mito!): prometeica è l'industria pesante con il suo paesaggio di ciminiere fumanti, prometeiche le grandi infrastrutture, le trivelle per estrarre petrolio dal fondo del mare, le gigantesche navi portacontainer, i gazometri, i metanodotti.

Ma nel XXI secolo, con la natura avvelenata e ferita, le foreste che bruciano, i mari che si impestano di plastica, l'aria che si ammorba di polveri sottili, il clima che cambia rovinosamente, le specie animali che sopravvivono a stento e la nostra specie sempre più insidiata da nuove, sconosciute pandemie, il rapporto dell'anima con la sua forza prometeica è cambiato.

L'anima riprende a scorrere, ad essere soffio vitale, dimentica o mette sotto accusa Prometeo. Vuole che il fuoco torni sacro, vede lì la sua salvezza, e che tornino sacre le onde, le foreste, le nuvole. Quello che dei grandi costruttori mitici agisce oggi nell'anima non è tanto il senso del potere, della sfida alla natura, ma quello della condivisione e della salvezza.

Il figlio di Prometeo, Deucalione, costruisce l'arca per salvarsi dal diluvio, in uno strano parallelo con il Noè della Bibbia, e far rinascere il genere umano. E altri grandi costruttori sono Dedalo, che a Creta è al servizio della lussuria di Pasifae, della potenza di Minosse, ma che soprattutto è il costruttore delle ali per sé e per il figlio Icaro in vista della fuga dall'isola; ma anche Pigmalione, cipriota, che costruisce una statua d'avorio, la coltiva e ama come fosse umana.

L'anima vuole donare sé stessa, volare, creare, costruire vita anche dove sembra impossibile.

Prometeo

Prometeo è un eroe che il XIX secolo, per la sua aspirazione al progresso, per la sua inquietudine romantica, per il suo spirito filantropico, visse come una specie di ossessione. Ne scrissero i maggiori poeti dell'Occidente, Goethe gli prestò la voce in un canto di rivendicazione e di rivolta contro la miseria e l'apatia degli dei:

Qui sto io, plasmo uomini
a mia immagine,
una stirpe che mi somigli
nel soffrire, nel piangere
che goda e si rallegri
[...]

Shelley ne fece il protagonista di un intero poema drammatico, *Prometeo liberato*, in cui l'eroe della sfida al Potere, diventato vittima del Potere più cupo, si riconnette con la parte orientale, femminile di sé, con la natura, la magia, la contemplazione.

Nel XXI secolo si è capito che la forza superiore a cui Prometeo si è ribellato è la natura: lui ed Eracle con le sue fatiche sono i protagonisti iniziatori di quel processo che prima doma, poi imbriglia, poi usa, poi distrugge la natura e tutto ciò che è natura. Il fuoco celeste rubato e dato all'uomo è diventato ormai quello che ha martoriato Hiroshima, che ha fatto inabissare uccelli in mare, volare pesci sugli alberi, mutare la materia e le sue regole interne per provocare distruzione totale e morte.

Prometeo oggi costruirebbe sempre più aeroporti, autostrade, acciaierie, grattacieli. È un nobile eroe, ma del passato. La natura e il pianeta Terra hanno bisogno oggi di dei ed eroi che nell'anima umana suscitino nuovi desideri, verso nuovi assetti della società e nuove forme di convivenza tra gli uomini e con il cosmo.

Prometeo è un Titano, figlio dell'Oceanina Climene e di Giapeto, nome così simile allo Jafet biblico, figlio di Noè. Ha per fratelli Atlante e Menezio, ma soprattutto quell'Epimeteo che sin dal nome sembra il suo doppio sciocco, controfigura comica dell'eroe. Prometeo vuol dire "che vede prima", Epimeteo "che vede dopo". Il primo è previdente, accorto, coraggioso, quando occorre astuto. Il secondo è un pasticcione, un confusionario, un buono a nulla che arriva sempre in ritardo sulle cose.

Quando i Titani alleati di Crono si ribellano a Zeus e insidiano l'ordine olimpico, Atlante e Menezio si mettono dalla loro parte, e pagano cara la sconfitta: il primo è condannato a reggere il cielo sulle spalle, il secondo è folgorato da Zeus.

Prometeo, e con lui Epimeteo, la cui indole è scimmiottarlo, si schiera invece dalla parte di Zeus. Lui, che viene dal mondo primordiale e brutale dei Titani, sceglie il luminoso ordine del nuovo potere olimpico e dei suoi dei. È il più intelligente dei Titani, e stringe un legame forte con Atena, la più intelligente tra le nuove divinità. Ma non tarderà a entrare in contrasto con Zeus, è il suo fato, quel fato a cui né dei né Titani possono opporsi.

Prometeo, si dice, ha creato i primi uomini. Li ha impastati modellando terra mescolata ad acqua, che poi ha solidificato con il calore del fuoco, e ha chiesto ad Atena di soffiare in queste creature di argilla l'alito di vento dell'anima, della vita. Data da allora la sua benevolenza verso il genere umano. Lo vede così fragile, così in balia delle forze soverchianti della natura che desidera con sincera, disinteressata passione, aiutarlo a sopravvivere. È lui che mostra come accendere il fuoco, è lui che impara da Atena l'architettura, l'astronomia, l'arte di lavorare i metalli, l'arte di navigare, e poi trasferisce agli uomini tutto questo bagaglio di conoscenze perché possano farne buon uso.

A Prometeo, il potere di Zeus sugli umani deve sembrare troppo oppressivo ed esigente. Quando si tratta di decidere quali parti di un toro sacrificato deve andare agli dei e quale agli uomini, Prometeo, che per la sua prontezza e intelligenza è chiamato a fare da giudice, elabora uno stratagemma a danno di Zeus. Del toro sacrificato, prende lo stomaco, la parte meno appetibile, e ne fa una sacca che riempie di tagli di carne succulenta e di appetitose frattaglie, poi prende le ossa e le rifascia con un bello strato di grasso bianco e sugoso.

Prometeo invita Zeus a scegliere, e il signore degli dei si lascia ingannare dalle apparenze, abbagliare da quel biancore così morbido. Quando si accorge che contiene soltanto ossa, ha un violento moto d'ira, e decide di punire Prometeo attraverso i suoi protetti, gli uomini. Toglie loro il fuoco: che non possano più illuminare la notte, riscaldare i rifugi, e che si mangino cruda tutta quella carne prelibata che Prometeo ha destinato loro, ogni volta che sacrificano agli dei. La privazione del fuoco mette in ginocchio gli uomini, che regrediscono a quello stato selvaggio da cui Prometeo li ha tratti con tutti i suoi insegnamenti.

Prometeo, il Titano benevolente non può permetterlo. Per questo avviene il furto del fuoco celeste, l'impresa delle imprese, che lo rende il più grande e il più amato. Non è certo dove avvenga il furto. Chi dice a Lemno, e allora il fuoco è rubato a Efesto, che ha lì le sue più importanti officine. Ma è più probabile che avvenga sull'Olimpo, dove Prometeo può salire per intercessione di Atena.

Non si sa nulla della vita amorosa del Titano, che sembra non possederne neppure una. Ascetico, tutto preso dal suo compito, dai suoi propositi, dalla sua idea del bene dell'umanità, non ha tempo da dedicare ai piaceri. Al contrario di Teseo e di Eracle, non si conosce né una ninfa né un ragazzo che abbia amato. Un'aura di santità è davvero intorno a lui. Eppure, quell'aiuto di Atena che lo fa entrare e lo guida di nascosto nel palazzo dell'Olimpo, che gli consiglia dove cercare il fuoco da riportare sulla terra ha fatto nascere una voce, subito smentita, di una notte d'amore tra loro.

Con chi altro avrebbero potuto unirsi se non tra loro, quei due? Intelligenza con intelligenza, spirito pragmatico con spirito pragmatico, serietà di intenti con serietà di intenti. Tutte qualità però di cui Afrodite, Eros ed Ermes sono pronti a irridere e a farsi beffe.

Atena aiuta Prometeo perché è giusto. Il fuoco è eterno nel carro del Sole, Prometeo vi accende una torcia, poi ne stacca un po' di brace ardente che nasconde nel cavo di una grossa canna. Così, spenta la torcia, può uscire non visto dal palazzo degli dei e correre veloce come il vento a portare il suo dono agli uomini.

Questa volta l'ira di Zeus non ha limiti. Prometeo viene incatenato e portato all'estremità del mondo, su un monte del Caucaso, e lì, nudo, in balia di pioggia, nebbia e tempeste viene inchiodato da Efesto (sempre lui) a una colonna, dice qualcuno, a una rupe, sostengono altri.

Dal profondo del cielo compare un avvoltoio che si avvicina a larghi giri, poi plana lentamente, si posa sul Titano, che di istinto ha protetto i suoi occhi. Non è a quelli che punta l'avvoltoio. Squarcia a colpi di becco e aiutandosi con gli artigli la pelle del ventre, ha il fegato davanti, e comincia a mangiarlo, pian piano, sinché il sole scompare, e l'avvoltoio si allontana.

Durante la notte, la carne immortale di Prometeo ricresce, il fegato si riforma, e l'indomani mattina il Titano sarà integro, pronto a subire lo stesso tormento per il giorno intero. Così per trentamila anni, si dice. Ma se sarà Eracle a liberarlo, possiamo pensare che il supplizio di Prometeo duri molto meno.

Non contento di questa punizione così atroce, Zeus ne pensa un'altra. Chiede a Efesto di creare, impastando terra ed acqua, una figura femminile dotata di un fisico perfetto. Efesto ha già costruito tante donne meccaniche d'oro e d'argento che tiene come ancelle nella sua fucina, ha per modello le Ninfe, è addestrato, nessuno potrebbe costruire quell'essere, la prima donna, meglio di lui.

È la prima mortale. Atena le insegna subito tutte le arti femminili, Afrodite dona al suo volto un fortissimo fascino seduttore, Ermes le consiglia come usare astuzie e inganni. Così forgiata,

Pandora, questo è il suo nome, che vuol dire "dono di tutti gli dei", è mandata sulla terra, offerta in sposa a Epimeteo.

Prometeo, conoscendo la dabbenaggine del fratello, gli ha imposto, già in catene, mentre partiva per il Caucaso, di non accettare nessun dono proveniente da Zeus. Prevedeva, perché prevedere è la sua natura, che si sarebbe trattato di una trappola.

Ma Epimeteo, sgomento per la lontananza del fratello, incapace di guardare più in là del suo naso, trova bellissima Pandora e pensa che almeno lei gli farà compagnia. Accetta dunque lei e il grande vaso di argilla chiuso alla sommità, dono anch'esso di Zeus, con il patto che non venga mai aperto.

Pandora è troppo curiosa per resistere più di qualche giorno al desiderio di aprirlo, ed Epimeteo è troppo sventato e imprudente per proibirglielo. Così il vaso di Pandora (l'espressione è passata in proverbio, non sempre usato propriamente) venne scoperchiato a quattro mani.

Era quello su cui Zeus contava. Dalla sommità di quell'anfora panciuta sul cui fondo i due si sono immaginati che stiano chissà quali ricchezze, escono tutti i mali che una felice umanità primordiale non conosce: esce la Vecchiaia, esce la Fatica, la Debolezza, la Malattia, l'Epidemia, il Vizio, la Morte, e si spargono tra gli uomini. E la linea di confine tra gli dei immortali e gli uomini mortali viene tracciata una volta per tutte, precisa e indelebile.

Prometeo non può farci niente. Il suo supplizio finisce grazie ad Eracle che, nei suoi vagabondaggi da una parte all'altra della terra, arriva al Caucaso per chiedere a Prometeo la strada che conduce al Giardino delle Esperidi, e quando vede l'avvoltoio che scende a posarsi su Prometeo gli punta contro il suo arco infallibile e lo abbatte con una freccia.

Ormai anche Zeus giudica che Prometeo abbia scontato abbastanza la sua pena.

Rimane uno scoglio da superare: che un immortale rinunci alla sua immortalità e scenda all'Ade, in cambio del ritorno di Prometeo alla libertà. Eracle ha pronta una soluzione: Chirone il centauro, colpito al ginocchio per errore da una sua freccia nel corso di una delle sue fatiche, gli ha detto in lacrime di non poter sopportare quel dolore lancinante per l'eternità, che preferirebbe morire come un mortale qualunque. Affare fatto: con quella transazione, Chirone e Prometeo finiscono di soffrire, ed Eracle si libera di un peso che portava nel cuore.

Dopo di allora, il mito non racconta più niente di Prometeo, né del suo doppio comico, il povero Epimeteo. Incontreremo soltanto i loro discendenti: Pirra, la fulva, figlia di Epimeteo e Pandora. E Deucalione, figlio di Prometeo e di... Non ho trovato un nome sicuro per la madre... Pandora, Prilea, Prinea, Pronoe, Esione... chissà qual è. Forse, mentre la sciocca e vanitosa Pandora è la degna moglie di Epimeteo, è difficile dare un nome a una donna degna di Prometeo. Lo sarebbe stata la dea Atena, con la quale forse si erano congiunti quella notte, la notte del furto del fuoco.

Deucalione

Deucalione era re di Ftia, in Tessaglia. Un uomo giusto e pio. A lui, figlio di Prometeo, che aveva creato il genere umano con la terra, l'acqua e il fuoco, toccò far rinascere gli uomini, tutti scomparsi dopo una terribile catastrofe, attraverso la pietra e una magica metamorfosi. Andò così.

Figlio di Pelasgo e dell'Oceanina Melibea, Licaone regnava sull'Arcadia. Ricevette la benevolenza di Zeus, ma non la seppe usare bene. Credette a un certo momento di poter vantare un credito maggiore con il Padre degli dei, offrendogli sul suo altare un sacrificio umano. Zeus ne provò orrore, scese sulla terra e punì Licaone mutandolo in un lupo.

Licaone aveva cinquanta figli, che non capirono la dura lezione vedendo le vesti del padre trasformarsi in peli, le braccia in zampe, il volto allungarsi e la bocca diventare cavernosa e gli occhi freddi, come hanno i lupi. Continuarono a praticare sacrifici umani, sempre di ragazzi, le cui membra poi divoravano in un orrido pasto rituale.

Zeus questa volta calò dall'Olimpo tra loro con l'aspetto di un umile viandante, che chiede ospitalità. Entrò così nella loro vasta e sordida casa, sedette alla lunghissima tavola con tutti loro. Ne mancava uno, dei figli di Licaone.

Fu data a Zeus una ciotola di zuppa. Si distinguevano a occhio nudo nella brodaglia le interiora di pecora e di capra, ma a Zeus non sfuggì un particolare mostruoso: in mezzo a quelle frattaglie, ce ne erano altre, umane, del fratello che mancava, il giovane Nittimo, sacrificato.

Di fronte a tanta arroganza e orrore, Zeus reagì subito con maestà e violenza: ribaltò la tavola, per lunga che fosse gli riuscì di farlo con una sola mano, rovesciò quella zuppa sacrilega e prima che i quarantanove figli di Licaone potessero capire la loro sorte, li trasformò tutti in lupi. A Nittimo invece ridiede un corpo intatto e la vita.

Tornato all'Olimpo, lo sdegno di Zeus non accennava a placarsi, anzi aumentò. Non soltanto Licaone e i suoi figli, ormai un branco di lupi tra le foreste dell'Arcadia, ma tutto il genere umano gli parve perverso, empio, meritevole di una punizione esemplare. Istintivamente portò la mano alla folgore, avrebbe dovuto lanciarne tante, per colpire tutti gli uomini, troppe per non rischiare che qualcuna cadendo vicino incendiasse anche l'Olimpo. Da qualche parte il Fato aveva scritto che un fuoco immenso avrebbe inghiottito tutto l'universo, ma in un futuro così lontano che non era contenuto neppure nella mente di Zeus. Non era ancora il momento del fuoco distruttore. Così Zeus pensò all'acqua.

Liberò il vento che portava nuvole, cacciò via quello che le avrebbe allontanate. Il cielo divenne pesante e grigio, nell'aria passò un soffio freddo, e cominciò a piovere a dirotto. Una pioggia che nascondeva tutto, fittissima, battente, senza tregua. Poi Zeus chiese la collaborazione del fratello Poseidone: il mare alzò onde colossali portandole a invadere la riva, i fiumi si gonfiarono oltre misura, passarono gli argini, debordarono nella pianura. Tutto fu frane di fango e inondazioni. Il livello dell'acqua saliva implacabilmente. E velocemente. Nessuna tra le opere a terra dell'uomo si salvò. La pioggia diluviante, con alleate le inondazioni e le esondazioni, cancellò templi, città, campi coltivati, foreste, navi, armenti e uomini, donne, bambini, vecchi, non risparmiò nessuno.

Si salvano solo Deucalione e sua moglie Pirra, la rossa, una coppia devota e innocente. Zeus gli comunica in anticipo la sua intenzione di mandare un diluvio a spazzare il male dalla terra, e gli suggerisce che in un'arca, dove portare tutto quello che possa essergli utile per sopravvivere, si salveranno.

Così Deucalione, non a caso figlio di Prometeo, si mette a costruire quell'arca. Non è facile concepirla lì, lontano dal mare: ma l'arca non è una vera e propria nave, e non entrebbe o uscirebbe mai da nessun porto, deve essere una grande e stabile casa galleggiante, sicura, in grado di resistere al sollevarsi enorme delle acque.

Gli servono in gran quantità il legname, la corda, la tela, la stoppa, la pece. Si procura tutto, e tra gli sguardi stupefatti degli abitanti di Ftia, che non capiscono il senso di quella specie tozza di imbarcazione in mezzo alla pianura verde e alle colline.

Deucalione non si perde d'animo. Si fa carpentiere, mastro d'ascia, calafato, lui che non è mai stato un uomo di mare. E quando dal cielo si rovescia quella pioggia spaventosa, l'arca è pronta, e lui e Pirra sono già al riparo dentro di essa.

Deucalione non deve governare, non c'è neppure timone sull'arca. La sua non è una nave, di quelle che si sono rinchiuse nei porti o sono state sorprese in mare aperto e sono subito affondate sotto l'infuriare della tempesta. L'arca è stata concepita senza alberi, senza vele, senza remi. Sale galleggiando sinché l'acqua sale, poi vaga sulla superficie deserta di quel nuovo mare padrone di tutta la realtà.

Nove giorni e nove notti dura la pioggia, poi cessa e comincia lentamente a rifluire. Deucalione si trova in salvo su una delle vette rimaste al di sopra delle nuvole, chi dice sul Parnaso, chi sul monte Athos, chi sull'Etna.

Con tutte le precauzioni, Deucalione e Pirra escono dall'arca, ringraziano Zeus e gli offrono un sacrificio. Si guardano intorno. Il cielo è limpido, ora, il carro del Sole lo percorre sfavillante, gli dei sono rimasti nella gloria dell'Olimpo. Ma gli uomini sono scomparsi, così come i segni della loro presenza sulla terra.

Il diluvio ha cancellato tutto e, con un senso di sollievo misto a malinconia e forse di orrore, Deucalione e Pirra si rendono conto di essere rimasti gli unici due esseri umani sulla terra.

Deucalione rinnova la sua preghiera a Zeus. Il Padre degli dei, che ha stima di quel giusto, gli manda Ermes a dire che esaudirebbe qualunque suo desiderio. E Deucalione, non a caso figlio di Prometeo, chiede che riviva il genere umano.

Zeus, toccato dallo spirito di benevolenza e altruismo di Deucalione, acconsente, e gli consiglia di consultare l'oracolo di Temi, il più antico. Temi è una Titanessa, figlia di Urano e di Gea, che ha generato a Zeus le Parche e le Ore, e sovrintende alle leggi naturali e alla separazione tra il lecito e l'illecito.

Deucalione e Pirra giungono al suo tempio, lo trovano ancora tutto pervaso di umidità, con conchiglie incrostate sulle colonne e alghe ammassate sul tetto. Temi dà il suo responso: «Se volete far rivivere il genere umano, piegatevi, velatevi e poi gettate alle vostre spalle le ossa di vostra madre». Il responso è stato arcano, come deve essere, ma Deucalione non si perde d'animo. Pirra continua a dire che è impossibile, non hanno la stessa madre, e le due che hanno avuto non sono più in vita. Il marito sorride. Le dice soltanto: «La Madre Terra», e Pirra capisce.

Le ossa della Madre Terra sono le pietre. E lì intorno, sulla sponda di un torrente e nella pianura, ce ne sono tante. Non resta che obbedire: chinano il capo, si velano, cominciano a raccogliere ciottoli e a gettarli alle loro spalle, senza voltarsi, senza titubanza, decisi a fare tutto quello che Temi ha ordinato, anche senza ben capirne il senso. Proseguono di molti passi, continuando in quella operazione che sembra assurda, ma che deve avere il senso che l'oracolo ha stabilito.

Finalmente Deucalione e Pirra decidono all'unisono di voltarsi. Rimangono senza respiro: i ciottoli gettati alle loro spalle in quella folle semina non sono più gli stessi, sono cresciuti di dimensioni, si sono modellati, hanno addolcito la loro natura, mutato la loro sostanza, e quelli gettati da Deucalione hanno assunto forme che comincino ad assomigliare a quelle degli uomini, quelli gettati da Pirra prendono lentamente la sagoma di una donna.

I due sposi si guardano sgomenti e felici, capiscono che da quelle pietre, dalle ossa della Madre Terra stanno rinascendo gli esseri umani che ripopoleranno il mondo:

> [...] Così siamo una stirpe dura e rotta alle fatiche
> e documentiamo quale sia stata la nostra origine.

In questi due versi del libro I delle *Metamorfosi* Ovidio, che racconta in maniera suprema questo e tanti altri miti, sintetizza con ironia malinconica un giudizio sulla nostra condizione eterna di esseri umani: siamo stati originati dalla pietra, i nostri comportamenti, la nostra durezza, la nostra sopportazione spesso lo testimoniano.

Si dice ancora oggi: avere un cuore di pietra. Ma si dice di chi non ama, di chi non conosce pietà e disinteresse, al contrario di Deucalione, sangue di Prometeo e, tramite il figlio Elleno, antenato eponimo, lontano padre di tutti i Greci.

Dedalo

Figlio di Metione e di Ifinoe, o di Alcippa, o di Merope, ateniese di stirpe regale, discendente di Eretteo, Dedalo è il più celebre costruttore, architetto, scultore e inventore di cui si racconta nel mito.

Allievo di Atena, impara da lei ogni arte, e la mette in pratica con abilità sovrumana e con una spregiudicatezza che lascia perplessi. Non costruisce per il bene del genere umano: costruisce per i suoi committenti, chiunque essi siano e qualunque fine abbiano; costruisce per il piacere di farlo, per l'ambizione di primeggiare, per sfidare le leggi stesse della natura.

Personaggio ambiguo, dunque, ebbe il suo momento di fulgore in Creta, dove arrivò in fuga da un passato poco limpido.

Ad Atene, Dedalo ha un apprendista che è anche suo nipote, figlio della sorella Policaste. Il ragazzo mostra una straordinaria capacità di imparare, è pronto, veloce a carpire i suoi insegnamenti più di quanto lui lo sia stato con gli insegnamenti di Atena e di Efesto.

A dodici anni, Talo, questo il nome dell'apprendista, si muove già nella fucina come un padrone, e dalla sue mani escono oggetti in bronzo, in oro, in argento che brillano per la loro perfezione più di quelli di Dedalo.

Com'è possibile? Si chiede Dedalo, abituato a essere il primo artefice di Atene, quasi per investitura divina. Come può accettare che il suo primato fosse insidiato da un ragazzino imberbe, presuntuoso, viziato, che lui sospetta persino di incesto con la madre Policaste? In breve l'odio verso Talo spinge Dedalo a pensare di ucciderlo. E poiché è un uomo abituato a mettere in pratica quello che pensa, ecco come progetta ed esegue il delitto.

Una mattina chiede a Talo di seguirlo sul tetto del tempio di Atena con il pretesto che gli mostrerà... e qui farfuglia qualcosa che Talo non capisce. Segue lo zio e il maestro con fiducia, e quando è sul tetto del tempio vede tutta la città, il Licabetto, il mare lontano e rimane incantato. Dedalo gli si avvicina e, indicandogli con il braccio teso un punto dell'orizzonte, lo spinge con l'altro braccio in avanti e lo fa precipitare.

Scende poi a recuperare il corpo di Talo, lo nasconde in una sacca e si incammina per andarlo a seppellire in un luogo deserto. A chi gli chiede «O Dedalo, e cosa porti sulle spalle?» risponde che ha catturato e ucciso un serpente e che va a gettarne via la carcassa. Ma qualcosa che, pur con tutto il suo acume non ha previsto, lo tradisce: la sacca comincia a tingersi di una, due, tre macchie rosse, e poi a lasciar colare fili di sangue.

Il delitto viene scoperto. Dedalo è condannato all'esilio, e parte per Creta. Altri dicono che non aspetta il processo, e trova rifugio da latitante nell'isola di Minosse.

I palazzi del re di Creta erano i più ricchi al mondo, e la sua flotta la più potente. Grandi ricchezze affluivano nelle casse reali, c'erano mura, templi, nuove città da costruire, e Minosse accolse a braccia aperte il valente e famoso architetto e artefice ateniese.

Dedalo si dedicò a illustrare con opere di grande bellezza la gloria di Minosse. Ma quando Pasifae, la regina, gli espose il suo progetto mostruoso, Dedalo non batté ciglio, non si ritrasse, non mise in guardia la regina. Anzi, gli sembrò una sfida più grande di quelle in cui si era sino ad allora messo alla prova.

Andò a studiare le forme possenti del toro bianco grondante spuma di cui Pasifae si era innamorata, studiò le conformazioni del suo corpo, prese misure, valutò come disporre il corpo della regina, si immaginò innaturali congiunzioni.

Da scultore, costruì la vacca in legno grezzo che rivestì di pelli. Da inventore, le applicò agli zoccoli quattro ruote, per darle la possibilità di muoversi.

Fu così bravo, che il toro la scambiò per una vacca vivente e corse a montarla.

Quando da quel coito mostruoso nacque il Minotauro, con un corpo umano e una testa di toro, Minosse volle che fosse rinchiuso in un palazzo dove nessuno avrebbe mai più potuto vederlo. Volle cancellare quell'incancellabile vergogna, o almeno che se ne perdesse la memoria.

Soltanto Dedalo poteva concepire un edificio simile. E Dedalo accettò, forse non avrebbe potuto fare altrimenti, quella sfida a cui si legò per sempre il suo nome. Costruì il Labirinto, palazzo-prigione dove un groviglio inestricabile di corridoi rendeva sì possibile entrare, ma avrebbe fatto perdere a chiunque la via del ritorno. Al centro del Labirinto, lui, il mostro incolpevole della propria stessa ferocia, che bisognava nutrire di carne umana.

Minosse fu soddisfatto di quell'opera, ma non riuscì mai a perdonare Dedalo dell'opera precedente, la finta vacca che aveva permesso a Pasifae di soddisfare le sue voglie mostruose.

Dedalo era troppo a parte, ormai, dei segreti della casa regnante a Creta. E quando poi accadde, con il fuso o gomitolo di sua invenzione, che Arianna rese possibile l'impresa di Teseo, la misura fu colma. Dedalo, con l'amato figlio Icaro, avuto da Naucrate, una schiava di Minosse che gli si era concessa ammirata dalla sua ingegnosità di artefice, fu imprigionato nel Labirinto stesso.

Quando Pasifae riuscì a farli liberare, Dedalo capì che non potevano restare a Creta un giorno di più. Dal suo nascondiglio, cominciò a lavorare a un'opera che a lui stesso parve magica, più adatta a un dio che a un uomo mortale, qualcosa con cui poter rivaleggiare con Ermes, con Perseo, che volavano per il cielo.

Non avendo calzari con le ali né cavalli come Pegaso a sua disposizione, Dedalo prende spunto da quelli per la sua invenzione: per volare ci vogliono ali, e lui si mette a inventare ali artificiali.

Alla faccia di Minosse, dei suoi soldati che battono l'isola cercandoli, della sua flotta pronta a bloccargli ogni via di fuga per mare, lui e suo figlio fuggiranno nell'aria, volando, più veloci di qualunque cocchio e di qualunque nave.

Dedalo costruisce le ali con piume e cera. Le penne più grandi le intreccia tra loro, le più piccole è la cera a tenerle insieme. Poi appronta un'imbragatura di cuoio con cui applicare le ali alle spalle.

Alla sera, il lavoro è finito. Dedalo e Icaro fremono dalla voglia di partire. Ma con il buio non è possibile prendere il volo. Dedalo dorme tutta la notte, per riposarsi. Icaro per tutta la notte sogna il volo, il salto nel cielo, la libertà di muoversi come una gru e un cigno. Le grandi ali bianche costruite sembrano quelle di un cigno. E lui non vede l'ora di indossarle.

Al mattino, Dedalo scruta il cielo, ascolta il vento. Ci sono le condizioni per partire. Dà a Icaro le istruzioni fondamentali: «Non scendere troppo, che qualche spruzzo di onda non bagni e appesantisca le penne, non salire troppo, soprattutto, non avvicinarti troppo al sole, che non sciolga la cera. Vola a mezz'aria. Segui me. Tieniti a ridosso di tuo padre, che ti farà da guida».

Che momento è quello, l'aprirsi lento delle due grandi ali, il loro battere calmo, il primo sollevarsi, quasi uno strappo da terra, e poi l'ascesa, libera, nell'aria azzurra del mattino.

Ancora una volta, Dedalo è stato un grande inventore. Nessun mortale ha mai volato, lui ha costruito le ali per farlo. Prosegue pieno di sé, con l'orgoglio dipinto in volto, e già vede i profili delle Cicladi, quelli di Nasso, di Delo, di Paro.

Icaro segue per un po' le direttive del padre. Poi, a contatto con il fresco dell'aria, si impossessa di lui un entusiasmo che lo fa incominciare a vibrare, a tendersi, a identificarsi con il suo volo. Lascia che il padre prenda un po' di vantaggio su di lui. E poi vira verso l'alto, dove la luce è più dorata, dove incontra leggere nuvole che volano come lui e attraversano il suo corpo lasciandogli sulla faccia goccioline di brina. È troppo esaltante per non continuare. In alto, ancora un po', dimentico di quanto gli ha prescritto il padre, e di quello che sembra mormorargli il vento.

Quando Dedalo si volta e non lo vede dietro di sé, capisce. Il sole ha sciolto la cera, le ali si sono squagliate, le piume girano a vortici nell'aria, e Icaro precipita, precipita, sinché il mare non lo prende.

Dedalo compie un'ultima impresa planando sulla superficie dell'acqua, una, due, tre volte, allungando le braccia e tenendo il resto del corpo al riparo dalle creste delle onde, sinché riesce ad afferrare il corpo del figlio ormai annegato. L'abilità, questa volta, per la prima volta, l'ha messa al servizio della pietà. Raggiunge un'isola vicina, e dà degna sepoltura al figlio.

L'isola si chiama Icaria, da allora.

Dopo questo ciclo di avventure straordinarie, Dedalo continuò a esercitare il suo mestiere di costruttore e di artefice senza più grandi scosse. Fu prima in Sicilia, a Camico, alla corte di re Cocalo, che non era neppure lontanamente avvicinabile a quella di Minosse, si accontentò di vivere lì, di fabbricare per le figlie del re bambole d'oro che potevano muoversi e parlare come bambine mortali.

Minosse non aveva smesso di dargli la caccia. Arrivato in Sicilia, raggiunse re Cocalo, e chiese di Dedalo: la voce che si fosse rifugiato in Sicilia era diffusa. Ma il re, pregato con dolcissima insistenza dalle sue bambine che non lo avrebbero mai perdonato se le avesse private del loro magico artefice, lo nascose proprio nelle stanze delle figlie.

La stanza e il bagno degli ospiti, nella reggia, confinavano proprio con gli alloggi delle piccole principesse. Furono loro, quasi per gioco, a suggerire a Dedalo di inventare un modo per liberarsi di Minosse per sempre. Bastò far passare un tubo che spuntava dal tetto proprio sopra la vasca dove Minosse stava rilassando le membra, e in quel tubo incanalare e far precipitare acqua bollente, o pece, che lo investì dall'alto uccidendolo. Che fine fece Minosse, il re più potente del mondo, nudo in una vasca, scottato a morte o riempito di una sostanza nera e vischiosa, soffocante!

Dedalo lasciò la Sicilia quando vide arrivare Iolao, nipote e amasio di Eracle. Con lui passò in Sardegna, e costruì edifici per tutta l'isola. Qualcuno vede ancora oggi nei nuraghi la sua mano.

Nel linguaggio odierno, "dedalo" è anche un nome comune, che vuol dire labirinto, groviglio di vie e, figuratamente, groviglio inestricabile di idee e di parole. L'aggettivo "dedaleo" si usa per definire qualcosa di mirabilmente complicato e ingegnoso.

La nostra anima è dedalea quando costruisce senza porsi un fine, per obbedire a qualche forza al di fuori di lei o interna a lei, quando concepisce la sua costruzione come una sfida con sé stessa per un primato da ottenere, quando si attorciglia intorno alla propria idea di costruire, e diviene lei stessa un labirinto.

Dedalo non è prometeico, come Deucalione. Il bene dell'umanità non è il suo fine. Costruisce per costruire. Quando capita all'anima, è allora che diventa un groviglio da cui è davvero difficile uscire a vedere la luce del cielo, o fuggire, senza precipitare in abissi più profondi di quelli che conobbe Icaro. All'anima non basta l'ingegno. È Amore che ci vuole.

Pigmalione

Pigmalione era un re a Cipro, l'isola benedetta da Afrodite, che dopo il suo vagare in mare era approdata proprio lì, in una località chiamata oggi Petra tou Romiou, dove una roccia simile a una sfinge si protende sul mare per incontrare l'aurora.

Era un re, ed era devoto ad Afrodite. Ma il suo nome ci dice forse qualcos'altro di lui. Se *pygmaios* significa "nano" in greco, allora può essere che Pigmalione appartenesse anche a quella stirpe di artefici caratterizzati dalla statura molto bassa e dalla corporatura sgraziata, il cui patrono era il dio Efesto, infelice marito di Afrodite.

L'infelicità di Pigmalione era la sua solitudine. Non aveva mai avuto un buon rapporto con il genere femminile. O forse, se è vero quello che il suo nome suggerisce, era il genere femminile che non aveva e non voleva avere un buon rapporto con lui. Fatto sta che Pigmalione giudicava le donne maligne e bugiarde, litigiose e folli, e da anni ormai viveva lontano da loro. Solo nel suo palazzo sontuoso, dotato di una attrezzatissima officina.

Soffrendo per la solitudine ed essendo un buon artefice, Pigmalione cercò conforto nel suo lavoro. Cominciò a lavorare l'avorio, materiale levigato più del marmo e del bronzo, materiale splendente, con il ricordo lontano in sé di essere appartenuto a un animale vivente. Sotto il suo scalpello, quell'avorio prendeva forma, e Pigmalione si stupì di sé stesso perché la forma, per ora solo abbozzata, era quella di un essere femminile.

Gli venne l'idea di colpo, così, come arrivano certe volte le idee che cambiano le nostre vite: avrebbe costruito la statua di una ragazza, certo, si sarebbe creato una compagna ideale, come la voleva lui, che gli sarebbe stata vicina, finalmente.

Lavorava con entusiasmo, ora, con una specie di frenesia, giorno e notte, sinché non terminò l'opera. Le stette davanti a lungo, rimirandola. La ragazza d'avorio aveva gambe lunghe e snelle, il ventre tornito, natiche sporgenti simili a quelle di Afrodite Callipigia, braccia e mani perfette, capelli lunghi e ondosi, un volto dai lineamenti che l'avorio faceva sembrare ancora più dolci e luminosi.

Fu così che Pigmalione si innamorò della ragazza eburnea, della sua creazione. Non credeva a sé stesso, provava quella passione a cui sino ad allora si era negato, amava, traboccava d'amore. E di una nuova, insperata felicità.

Incominciò presto a parlare con la statua. E a fingere che lei potesse rispondere. Che bei dialoghi d'amore immaginava. E poi incominciò a baciarla, e a credere che anche lei lo potesse baciare. La abbracciava, la stringeva a sé, le mordicchiava le labbra, le copriva il corpo di carezze.

Le portò presto i regali che piacevano allora alle ragazze, conchiglie, uccellini, gioielli. Le mise orecchini di diamante, al collo collane di cento perle leggere. Pettinava i suoi capelli, li cospargeva dei profumi più preziosi.

Le allestì un guardaroba da regina. Abiti di tutte le più preziose sete d'Oriente, mantelli di porpora, cinture di pelle di drago. La rivestiva lui stesso dopo aver immaginato quello che lei avrebbe scelto.

Poiché era solito parlarle, gli sembrò naturale darle qualche rudimento del suo sapere. Educarla. Le fece conoscere i segreti della poesia, componendo lui stesso per lei qualche verso dal ritmo molto cadenzato, che fosse facile tenere a mente. Le insegnò l'astronomia, i nomi di tutte le stelle che con il buio comparivano in cielo. Le diede qualche lezione di giardinaggio: come si potano i cespugli di rose, come si piantano i bulbi da cui nascono i crochi.

Stava spesso con lei in giardino. Le adornava la capigliatura di fiori dai petali leggeri, come gli anemoni e i ranuncoli. Il sole rendeva l'avorio una colata di luce. Se passavano in cielo nuvole, le loro ombre sottolineavano i lineamenti della ragazza, li rendevano quasi mobili.

La notte, Pigmalione portava la statua nella sua camera. La spogliava con la maggior delicatezza concessa alle sue grosse mani di nano e artefice. La faceva entrare nel suo letto, rimboccava le coperte se l'aria si raffreddava, le scostava quando faceva caldo, poggiava la testa della statua su cuscini morbidi, come se l'avorio potesse sentire quella morbidezza e trarne piacere.

Nel corso della notte, Pigmalione si stringeva alla sua statua. Non poteva farne a meno. Era tutto gonfio d'amore. La accarezzava, in tutto il corpo, senza trascurare la minima parte. E poi fingeva che anche lei potesse accarezzarlo.

Per qualche stagione durò quella felicità. Ma poiché la felicità non è pane per i denti né dei re né dei comuni mortali, Pigmalione cominciò a rendersi conto che tutto era una finzione, sia pure magnifica. Continuava ad amare la ragazza d'avorio, non avrebbe amato altra donna al mondo. Ma ora desiderava che il soffio della vita raggiungesse davvero quell'avorio lucente.

Sinora, le parole, i gesti, i baci, le carezze notturne di lei era lui che li immaginava. Aveva avuto la capacità di costruire quella statua che sembrava viva, ma doveva riconoscere che per infonderle la vita le sue forze non bastavano. Quello era un lavoro per gli dei.

Arriva il giorno della grande festa che annualmente si celebra nell'isola di Cipro per la sua dea.

Il popolo intero si raccoglie sotto l'altare, e due buoi bianchi vengono sacrificati, e tra i fuochi e le nuvole di fumo si levano canti in onore di Afrodite, che porta l'amore nei cuori degli uomini, nelle distese dell'erba, nei rami degli alberi, nelle onde del mare.

Tutta Cipro, dai monti che la sovrastano tra pendii di abeti e di cedri sino ai deserti dai laghi di sale con i loro riflessi cangianti, è in festa, una festa a cui nessuna creatura vuole mancare, i cespugli di ibischi aprono alla luce del sole fiori più rossi del fuoco e del sangue, i pellicani scendono sui moli e sulle rive sabbiose del mare.

Pigmalione è tutto compreso nei propri pensieri. Soltanto gli dei possono finire la sua opera. Soltanto Afrodite può esaudire la sua preghiera. Così, con una fede esaltata, si rivolge alla dea, a capo chino, mormorando mentre tutt'intorno ai canti si erano unite danze che diventano sempre più sfrenate.

Le chiede di aiutarlo, lui l'ha sempre adorata, l'ha sempre considerata la Signora di ogni bellezza, e persino nello scolpire quella statua nell'avorio, nel dare forma e lineamenti a quella ragazza ha pensato a lei. Le chiede di esaudire il suo desiderio, di dargli quello che ancora gli manca. I desideri, non sono sempre quello che manca?

E il suo desiderio, che Pigmalione esprime alla dea con voce ancora più bassa ma con un tumulto tambureggiante nel petto, è quello di sposare... non osa dire la ragazza d'avorio, si limita a dire «Una donna che assomigli a quella d'avorio che ho costruito e che ho nella mia casa».

A questo punto, Pigmalione scoppia in lacrime. E Afrodite, ascoltandolo, vedendolo, quel re, che è anche un piccolo uomo, fabbro e artefice come Efesto, con gli occhi gonfi e il petto agitato dai singhiozzi, decide a suo favore. Che l'amore compia il miracolo!

Tornato a casa, Pigmalione si infila nel letto, dove la ragazza d'avorio è stesa, e come tutte le notti si avvicina a lei per un bacio. Sente una sensazione di tepore che lo fa trasalire. Abbraccia la statua. La sensazione si fa ancora più forte. Il letto è più caldo del solito. E quell'avorio ha più morbidezza del solito, toccandolo non percepisce più soltanto la levigatezza, ora sente qualcosa di più malleabile, le dita della mano che accarezza trovano un varco morbido, affondano in qualcosa che assomiglia sempre di più alla carne, la bocca trova la spugnosità di due vere labbra, di una lingua umida. Pigmalione non riesce a crederci. Ma è vero. Sente che il bacio della ragazza non è più immaginazione, che il corpo della ragazza freme come il suo, che una trama di vene lo percorre, che un cuore pulsa nel suo petto.

Così quella notte può amare la ragazza come si ama una ragazza viva, può soddisfare completamente la propria brama.

Afrodite lo ha esaudito. Dopo un sonno lunghissimo, Pigmalione si risveglia e il primo pensiero è il ringraziamento alla dea. Poi si china sulla ragazza, ha gli occhi aperti, un sorriso che illumina il volto, i capelli sul cuscino, lunghi come li ha scolpiti lui. È bellissima. Non smetterebbe mai di amarla.

La chiama Galatea. E dopo quella notte d'amore ne vengono infinite altre, e continua a riempirla di doni sempre più preziosi, ma soprattutto a educarla al bello. Scopre che lei ha già messo a frutto, nel giardinaggio, l'astronomia e la poesia, quello che lui le ha insegnato quando era ancora una statua di avorio.

Dopo nove mesi nasce un bimbo. Si chiama Pafo. Come si chiama ancora oggi, sulla costa occidentale di Cipro, una cittadina dove, scavando sotto la polverosa, povera realtà contemporanea, tutto sembra ancora parlare di Afrodite e del suo passaggio.

Pigmalione, a differenza degli altri costruttori, fu artefice di una sola opera. Prometeo e Deucalione avevano in mente il bene dell'umanità. Dedalo costruì tanto, e non sempre per fini lodevoli. Lui concentrò la sua capacità di artefice sulla ragazza d'avorio, che diventò il suo amore assoluto, prima nella sua natura di statua poi, per intercessione di Afrodite, nella sua natura di donna. Pigmalione aveva soltanto l'amore come fine: i suoi strumenti erano al servizio di un sogno d'amore.

Il termine "pigmalione" è arrivato sino a noi per indicare chi scopre e valorizza con l'educazione le doti di qualcuno più giovane e rozzo, trasformandolo in una personalità raffinata con amore, come capita al professor Higgins del *Pigmalione* di Bernard Shaw e di *My Fair Lady*: il mito prende anche queste strade, rispunta dove meno ce lo aspetteremmo.

Se la parte pedagogica del suo sogno, quella per cui il suo nome vive ancora oggi, potrebbe infastidirti, cara lettrice e caro lettore, la sua fedeltà al sogno, il suo sottomettere la tecnica all'amore mi sembrano oggi quanto mai attuali e lodevoli.

La nostra anima ha bisogno di imparare a costruire. Anche l'amore è frutto di un progetto, di una costruzione, oltre che della passione. Quando lo sentiamo, allora, soltanto allora possiamo dire che è Pigmalione che ci sta parlando.

20

La pietà e la giustizia del sangue

La pulsione che muove l'anima verso la pietà e la giustizia è rara. Pietà e giustizia sono a rigor di termini sentimenti che nascono da un superiore atteggiamento etico verso la vita più che pulsioni primarie. Gli dei greci non sono diversi dalla natura, è difficile pensare che Zeus, nel reame del cielo, Poseidone, nel reame del mare, e Ades, nel reame dell'Aldilà considerino la pietà e la giustizia come più importanti del piacere, della collera, delle tenebre.

Eppure non bisogna attendere l'insegnamento di Cristo per essere pietosi, anche se soltanto il Cristianesimo afferma con mite forza rivoluzionaria la pietà come centro fondamentale di una nuova visione del mondo.

In fondo all'anima umana, prima della religione, prima delle leggi della società, e anzi capace di contrapporsi a esse, c'è una inclinazione alla protezione dei consanguinei, alla pietà per chi muore, alla giustizia intesa come giustizia dei sentimenti e del sangue.

È significativo che per incarnare tutto questo il mito greco scelga una giovane donna nubile, non madre ma sorella, che si scontra sino alla morte con il potere dello stato e della legge per affermare la sua legge, con una forza virginale e invincibile, che troviamo di rado in eroi maschili, e mai così assoluta.

Parlo di Antigone. Forse è proprio la parte femminile, giovane, virginale della nostra anima che dobbiamo lasciar emergere perché la pietà si ponga contro il potere adulto, sclerotizzato, cieco di fronte ai sentimenti.

Antigone è il migliore antidoto al potere, alla freddezza della legge e alla parte di arbitrio che c'è in ogni istituzione. Lei è il calore, la passione accesa, il coraggio di andare sino in fondo.

Anche oggi una, cento, mille Antigone farebbero il mondo più umano e più giusto.

Antigone

Sul trono di Tebe, a Cadmo, fondatore della città e unico mortale alle cui nozze (quelle celebri con Armonia, figlia di Ares e di Afrodite) per l'ultima volta sedettero su dodici troni d'oro gli dei dell'Olimpo, successe Polidoro, e a Polidoro Labdaco, i cui successori furono detti labdacidi e su cui si accanì la sventura: Laio, Edipo, Eteocle e Polinice.

L'ultima dei labdacidi fu una giovane donna straordinaria per coraggio, fierezza, decisione: si chiamava Antigone, aveva assistito alle fasi più crude della tragedia della sua famiglia, ed era stata vicina al padre Edipo nel suo lungo esilio di cieco, sino alla sua morte.

Subito dopo, Antigone era tornata a Tebe e lì si era resa conto che il male e la rovina pesavano ancora sulla sua città e su quello che restava dei suoi cari.

Eteocle e Polinice, succeduti a Edipo, si erano accordati per regnare a turno. Ma Eteocle, scaduto il suo mandato, non aveva voluto cedere il potere a Polinice accusandolo di indegnità. Così Polinice prese la strada dell'esilio per Argo, dove allora regnava Adrasto.

Ad Argo, incontrò un altro fuggiasco, Tideo, figlio di Eneo re degli Etoli, che durante la caccia aveva ucciso, anche se lui diceva per errore, uno zio, e per questo era stato bandito da Calidone, la città su cui Eneo regnava.

Adrasto diede le sue due figlie in moglie a tanto illustri principi. Argia sposò Polinice, Deifile sposò Tideo: da loro, sarebbe nato Diomede, uno degli eroi più valorosi dell'*Iliade*. Poi promise loro che li avrebbe aiutati a riprendersi il trono di Tebe e di Calidone.

Fu deciso di attaccare per prima Tebe. Adrasto aveva con sé Capaneo, Ippomedonte, Anfiarao, Partenopeo: in tutto cinque principi argivi, oltre i suoi nuovi due generi, Polinice e Tideo. Se si fa il conto, sono sette. Sono i celebri "Sette contro Tebe", di cui racconta Eschilo nell'omonima tragedia.

La guerra fu sanguinosissima, conobbe atrocità inaudite. E l'epilogo fu ancora più cruento e, se possibile, più doloroso. Visto l'andamento incerto della guerra, senza vincitori e vinti, e vista la perdita spaventosa di uomini sotto le sette porte della città, Eteocle e Polinice decisero di sfidarsi a duello, loro due soli, i due fratelli, per stabilire chi avesse il diritto definitivo di regnare su Tebe.

Il duello fu combattuto all'ultimo respiro, con rabbia e odio che le prime ferite e il primo scorrere del sangue ingigantirono. Alla fine, in un equilibrio agghiacciante, Eteocle colpì a morte Polinice, che trovò la forza disperata di colpire a morte Eteocle.

Ora i cadaveri dei due fratelli giacevano riversi, coperti di sangue e fango, sulla piana davanti alla città. Creonte, cui toccava il comando perché fratello della regina Giocasta, zio dei due fratelli, ordinò che il cadavere di Eteocle, che aveva difeso la propria patria, fosse sepolto con tutti gli onori, mentre quello di Polinice, che aveva tradito e portato la morte sin sotto le mura della propria patria, fosse abbandonato lì dov'era, banchetto di uccelli e di cani.

Antigone rientra a Tebe in tempo per assistere allo scempio del cadavere del fratello Polinice, e per ribellarsi.

Per Antigone, il fatto che un fratello combatta dalla parte giusta e l'altro dalla parte sbagliata non conta nulla. Per lei conta la pietà religiosa che impone di dar sepoltura ai cadaveri, e il fatto che quel cadavere attorniato da mosche e su cui volteggiano gli avvoltoi è suo fratello, legato a lei da un legame indissolubile di sangue.

Così questa ragazza provata dalle sventure, che ha passato la giovinezza a sostenere il padre cieco ed esule, trova il coraggio di disobbedire all'editto di Creonte.

La sorella Ismene le ricorda che è una donna, che non può reggere lo scontro con i maschi. Lei ha la funzione di riportarla a una logica realistica, appiattita, compromissoria: «Non si deve cercare l'impossibile». Ma è proprio contro questi principi che Antigone si ribella.

«Avrai il mio odio se parli così» dice alla povera Ismene. «Avrai il mio odio se cerchi di sottrarmi, anche a fin di bene, sicuramente a fin di bene, la forza delle mie decisioni, e quella dei miei sogni.»

Per lei, una donna può reggere lo scontro con un maschio, non lo sta facendo lei con lo zio Creonte, tanto più grande e potente? E l'impossibile è sempre giusto, è sempre bene cercarlo.

Così forse la nostra anima dovrebbe ripetere a chiunque pronunci parole che puntano a tarparle le ali: «Avrai il mio odio, se parli così». Ma, come Antigone dice di sé, la nostra anima non è nata per condividere l'odio ma per amare con chi ama.

Antigone dunque di nascosto seppellisce il fratello, non tiene in nessun conto l'ordine di Creonte.

Creonte non accetta nessun discorso che riguardi l'amore. Per lui Polinice è un infame, di cui neppure gli dei devono occuparsi. A niente valgono i legami di sangue, Polinice è suo nipote, ma che cosa ha a che fare con le leggi dello Stato?

Creonte incarna il Potere con la sua logica inflessibile, con i suoi schemi mentali, le sue paranoie. Forse, pensa Creonte, sono i suoi avversari che hanno voluto seppellire Polinice, forse è un attacco nascosto al suo potere quel gesto di disobbedienza, forse è opera di bassa e vile gente prezzolata, corrotta dal denaro che plagia gli animi e li avvia alle azioni più infami, al delitto e al sacrilegio. Che sia una giovane donna ad aver sovvertito un suo ordine, che sia stata mossa soltanto dall'amore del fratello e della giustizia, non riesce quasi ad afferrarlo.

Antigone non prova neppure a nascondere quello che ha compiuto. Ne è come dolorosamente orgogliosa, sa di essere nel giusto. Le leggi di Creonte sono leggi di Creonte, non sono state emanate da Zeus, e neppure da Dike, dea della giustizia. E non è certo che tutti le condividano, Antigone anzi crede che tra i Tebani molti siano d'accordo con lei, ma non osino manifestarlo proprio per paura di un Potere che ha il vantaggio di fare e dire quello che vuole, e di costringere gli altri a tacere.

La critica di Antigone al Potere è radicale, ma non ha fondamenti politici. Forse neppure etici in senso proprio. Ha piuttosto fondamenti istintivi, è il sovvertimento della legge dello Stato in nome di una giustizia superiore, naturale oltre che divina, oscura, radicata nel sangue. Nessuna legge, nessuno Stato vale più di un fratello, della sua fine, della pietà che gli è dovuta.

Creonte non è in sé malvagio. È accecato dalla sua legge, e dalla sua idea del potere. Accecato al punto di dimenticare tutto il resto, di non vedere nella giusta dimensione la pietà di Antigone, l'amore che suo figlio Emone nutre per lei, l'amore che la madre Euridice prova per Emone. Integralmente calato com'è nella sua concezione del bene pubblico, dello Stato, tutto quello che riguarda la sfera privata dei sentimenti gli è estraneo.

E pagherà carissima questa estraneità, quando arriverà tardi per evitare che Antigone si impicchi, ahimè come la madre Giocasta, chiusa nella sua prigione di roccia, che suo figlio Emone si pianti la spada nella gola alla vista del cadavere della sua amata, e che la stessa sua moglie Euridice si dia la morte.

Il Potere è solo. Sanguinante. Mortale. Destinato a grandeggiare orribilmente sul vuoto di affetti e di amore.

Hegel, il grande filosofo tedesco che considerava l'*Antigone* di Sofocle "una delle opere d'arte più eccelse e per ogni riguardo più perfette di tutti i tempi", annota che contro la giustizia degli uomini Antigone invoca la giustizia degli dei, ma gli dei che Antigone onora sono quelli inferi, dell'Ade. Non quelli della luce che proteggono la comunità, la libera e autocosciente vita dello Stato e del popolo. Antigone onora gli dei interiori del sentimento, dell'amore e del sangue.

Creonte rappresenta per Hegel la ragione di stato. Per Goethe, il crimine di Stato. Contro Creonte, la principessa tebana, eroina della libertà, del coraggio, dell'amore, l'ultima della stirpe maledetta dei labdacidi, incarna la giustizia come movimento umano, pulsione primaria, qualcosa che la ragione non domina e non deve dominare. Una pietà infinita radicata nelle vene, assertiva, sacrificale. Un soffio dell'anima che, al contrario di quello che diceva la povera, saggia Ismene, deve, non può fare a meno di cercare l'infinito.

21

Viaggiare verso un fine

Il mito greco, di un popolo che non sfidava il mare aperto e nella sua ricerca di equilibrio tra le cose teneva le sue navi il più possibile in vista della terraferma, concepisce prima di tutto il viaggio come un'impresa, una sfida eroica per andare a conquistare un immenso trofeo, o per riconquistare una patria e sé stessi.

Prima della partenza degli Achei per Troia, a riprendersi Elena sotto il comando di Agamennone, e prima del ritorno travagliato di Odisseo alla sua Itaca, il viaggio per eccellenza del mito greco è quello degli Argonauti, cinquanta eroi, il fior fiore della Grecia, guidati da Giasone, figlio di Esone, il re spodestato di Iolco, alla conquista del Vello d'Oro.

L'anima è incline al viaggio: è per sua natura in movimento, è un soffio, ha qualcosa dell'energia del vento. L'anima viaggia per viaggiare. Si muove, si sposta, segue un suo ritmo casuale. Come il poeta Baudelaire, lui che sosteneva che il vero viaggiatore viaggia per viaggiare, si muoveva per le vie e le piazze in trasformazione frenetica della sua città, Parigi, che cambiava, ahimè, più velocemente di un cuore umano.

Qualunque viaggio crea esperienze e memorie. Anche quello intrapreso a forza, per punizione: come il viaggio del giovane Baudelaire a Mauritius, dove abitò qualche mese in una linda casetta bianca di Port Louis (mi sa che tra tanti pescatori di marlin e tipi da spiaggia esotica sono l'unico, italiano almeno, ad averla individuata...). Il ricordo di quelle palme, di quei cieli, della pelle ambrata di quelle donne dei Tropici rimarrà fisso nella sua immaginazione e l'alimenterà.

Ma l'anima, nei tempi eroici, viaggia anche per compiere un destino, finalizzata verso uno scopo che dà senso al suo stesso essere: la pulsione fa partire per cercare un tesoro, qualcosa di prezioso che è andato perduto e che quanti si mettono in viaggio vogliono riportare a casa. Partire per l'ignoto, come Cristoforo Colombo per le sue Indie, per una meta precisa ma anche misteriosa, per conquistare luce e fama, è cercare il Vello d'Oro. Qualcosa di magico, meraviglioso, arcano per cui bisogna sopportare mille difficoltà e prove per raggiungerlo.

In epoca cristiana sarà il Santo Graal, il suo segreto, a mettere in movimento anime e cavalieri, in un grandioso susseguirsi di avventure, raccontate nelle opere di quello che è detto "ciclo bretone", fondamento dell'immaginario occidentale.

Per i Greci, l'eroe viaggiatore, il capitano della nave Argo, è Giasone. È meno popolare degli altri eroi, anche se la sua storia è piena di avventure. Non so perché. Certo, quella fama che gli resta è legata al viaggio, all'averlo organizzato e vissuto con la nave Argo e i suoi compagni Argonauti. Per il resto, la sua vita è meno interessante, e la sua fine è addirittura anti-eroica.

Per l'anima l'impresa conta più di chi la compie. E il progetto e il coraggio più dell'impresa. È la pulsione verso un futuro che ci chiama da lontano, irraggiungibile: quel Vello d'Oro, quel Graal, quelle Indie che forse ognuno di noi ha nel proprio sogno, e che, al contrario di Giasone, non potremo metterci alle spalle, e saremo sempre costretti a cercare.

GIASONE

A Iolco, il vecchio e prepotente Pelia, figlio di Poseidone, detronizzò il fratello Esone e lo tenne in vita, sia pure da prigioniero. Un oracolo gli aveva pronosticato che un figlio di Esone sarebbe stato un pericolo per il suo potere, e Pelia manifestò la volontà di ucciderlo. Ma Esone finse bene che il bambino appena avuto da Alcimede fosse morto, inscenò anche un piccolo funerale, versò fiumi di pianto. Intanto Alcimede poté sgattaiolare fuori del palazzo e portare il suo bambino lontano, sul monte Pelio, dove venne affidato al centauro Chirone, maestro di tanti eroi.

Da Chirone il piccolo ricevette anche il nuovo nome. Fu chiamato Diomede. Per Chirone, e poi per tutti, sarebbe diventato Giasone, "colui che guarisce, che porta salute".

A vent'anni, Giasone, completata ormai la sua educazione, consapevole della sua stirpe, si mise in cammino per Iolco. Mentre guadava un fiume, accolse la richiesta di aiuto di una vecchia raggrinzita e vestita di nero che si caricò sulle spalle: sentì un peso sproporzionato alla sua corporatura, in realtà stava aiutando a guadare il fiume la possente dea Era, che gliene sarebbe stata sempre grata. Nell'attraversamento, uno dei suoi sandali si slacciò e scivolò preso dalla corrente.

Si presentò dunque a Iolco come un giovane alto di statura, con i capelli lunghi giù per le spalle, portando una tunica di cuoio e sulle spalle una pelle di leopardo, e un solo sandalo ai piedi. Ciò allarmò Pelia, cui un oracolo aveva detto di guardarsi da un uomo che indossava un sandalo solo: lo impaurisce, lo mette in guardia.

Dunque alla richiesta di Giasone di rientrare nei propri diritti e di avere il trono usurpato a suo padre Esone, non risponde di no ma detta una condizione: che il giovane vada a recuperare il Vello d'Oro; sarebbe come dire oggi a qualcuno di andare a recuperare quello che Neil Armstrong lasciò sulla superficie della luna.

Il principe Frisso, figlio di Atamante, era fuggito tanto tempo prima per non essere sacrificato agli dei, ed era volato verso Oriente sulla groppa di un ariete dal vello d'oro. Nessuno sapeva bene dove fosse di preciso, ma doveva essersi rifugiato nella Colchide, in una parte lontana e oscura del mondo, non lontano da dove Prometeo scontava la sua pena.

Iolco non avrebbe conosciuto una stagione di pace e prosperità sinché il Vello d'Oro non fosse tornato in un suo tempio, e l'ombra di Frisso non fosse stata placata per sempre.

Giasone accetta. Gli eroi non fanno discussioni e distinguo. Accetta perché, dopo vent'anni passati sul monte Pelio tra i centauri, ritiene che ora sia il momento di viaggiare, di conoscere il mondo.

Prima di tutto, Giasone procura di costruire una nave. Atena è con lui, lo ammaestra, gli dà tutte le indicazioni più importanti. Il costruttore è Argo di Tespi, esperto di legname, corde, tele: la nave si chiamerà come lui, Argo, sarà snella e veloce e a cinquanta remi, capace di prendere la parola, persino, come non se ne erano mai viste sino ad allora. Qualcuno insinua che sia stata la prima nave costruita da uomini per uomini.

Giasone non parte però da solo. Non è come Perseo, Teseo, Eracle, che compiono le loro imprese in gloriosa solitudine. Lui preferisce condividere, impresa e gloria. Non è un cacciatore di mostri, anche se ne appariranno sul suo cammino. Giasone è un capitano, un navigante, è colui che salva, guarisce viaggiando.

Io, che viaggiando ho tante volte lenito le mie ferite, lo vedo soprattutto così, a poppa della nave Argo, a gridare più forte del vento e delle onde gli ordini ai marinai.

La ciurma della nave Argo, in realtà, non è composta da veri marinai. Giasone ha chiamato a raccolta tutti gli eroi della Grecia, e in cinquantadue accorrono: non hanno niente a che vedere con i problemi dinastici di Iolco, con l'ombra di Frisso figlio di

Atamante, e magari ignorano l'esistenza del Vello d'Oro sino ad ora. Sono eroi attratti dall'idea di partire, di battere rotte ignote, di conoscere paesi misteriosi come la Colchide, di misurare le proprie forze davanti a ostacoli e avversari nuovi e imprevedibili.

Al contrario di quanto pensano i moderni, nel loro limitatissimo orizzonte, l'eroe non deve obbligatoriamente compiere imprese utili, edificanti, volere il bene dell'umanità. L'eroe vuole far sprizzare luce da sé e, come il Carlo XII di Svezia della poesia di Borges, sa:

> [...] che vincere o essere vinto
> sono facce di un Caso indifferente
> che non c'è altra virtù che essere valorosi.

Per questo partono gli Argonauti. La nave Argo salpa mentre a bordo fervono i canti e i voti agli dei: alla dea Afrodite, che protegge i naviganti; alla dea Atena, che ha permesso la costruzione della nave stessa.

Tra le cinquantadue anime a bordo, ci sono: Acasto figlio di Pelia; Anfiarao, il veggente; Castore e Polluce, i Dioscuri figli di Leda; Echione figlio di Ermes, l'araldo; Eracle di Tirinto; Ila il Driope, giovane assistente e amante di Eracle; Meleagro di Calidone; Mopso l'indovino; Nauplio il navigatore; Orfeo il cantore; Peleo il Mirmidone; Tifide il timoniere; e persino una donna, una vergine guerriera e cacciatrice di nome Atalanta.

In un libro di bordo, se qualcuno lo avesse tenuto, ne avremmo lette di tutti i colori. Ma i fatti salienti del percorso degli Argonauti sono stati tramandati, sia pure in una maniera succinta, che non ci dice niente della vita che gli eroi conducevano sulla nave. Soltanto l'episodio della gara di voga ci racconta che ai remi non c'erano marinai semplici, o peggio schiavi, ma grandi re ed eroi, e il capitano della nave stessa.

La sosta all'isola di Lemno ebbe un risvolto piacevole per i naviganti. Le donne dell'isola avevano ucciso tutti i loro mariti con l'accusa che si erano dedicati ad amori adulterini, solo Ipsipile, la principessa, aveva messo in salvo lontano il padre Toante. Dunque, a Lemno vivevano in quel momento soltanto donne, e l'arrivo degli Argonauti fu festeggiato come la discesa della manna dal cielo. Ci furono accoppiamenti liberi, vissuti alla luce del sole, in un clima bacchico, sfrenato. Non ci è detto come si regolò Atalanta, l'unica donna dell'equipaggio, la vergine amica di Artemide.

Sappiamo invece come reagì Eracle, quando la sosta diventò troppo lunga e il baccanale troppo allegro. Fu lui che richiamò all'ordine i compagni, e agitando la sua clava ci riuscì benissimo. Va detto che Eracle si era imbarcato con il suo amante Ila, e dunque non partecipava all'interesse per le donne di Lemno mostrato dai suoi compagni.

Si misero di nuovo per mare, Giasone lasciò delusa Ipsipile, che aveva creduto nel suo amore.

Avvicinandosi al paese dei Dolioni, gli Argonauti sbarcarono nella penisola di Arto e vi furono bene accolti da re Cizico, figlio di Eneo, amico di Eracle, che li invitò a un banchetto. Attaccati con pietre e clave nella notte da giganti a sei braccia, gli Argonauti li respinsero senza perdite.

Ma poco dopo che erano ripartiti una tempesta furiosa, contro cui nulla poterono Tifide il timoniere e i cinquanta rematori, spinse a ritroso la nave Argo verso la riva. Era una notte di luna nuova. Non si vedeva altro che l'infuriare nero delle onde. Cizico scambiò i suoi amici Argonauti per pirati, gli Argonauti combatterono, senza capire contro chi, una battaglia che il buio rese più feroce. Terribile fu al mattino quando Giasone e i compagni riconobbero sulla spiaggia i cadaveri di Cizico e dei suoi uomini.

Quando ripresero la navigazione, dopo gli onori funebri resi a Cizico, forse per scaricare la tensione accumulata, con la nave Argo che fendeva un mare calmissimo, ci fu la gara di voga. Chi avrebbe remato più a lungo? Alla fine, rimasero in gara Castore, Polluce, Eracle e Giasone. Fu combattuta con un'energia spaventosa, senza risparmio. Cedette Castore, cedette Polluce, Giasone svenne dalla fatica, Eracle vinse e, nella foga dell'ultimo colpo di remo, lo spezzò. Dovette sbarcare per andare a tagliare un tronco adatto a diventare un remo nuovo.

Nel frattempo che Eracle cercava tra gli alberi il suo giovanissimo amante, Ila, figlio di Teodamante re dei Driopi, si addentrò nel bosco, e le Ninfe, attratte dalla sua irradiante bellezza, lo circondarono e lo portarono con sé. Quando Eracle tornò a bordo e vide che Ila non era ancora rientrato, cadde in un'ansia sempre più profonda. Poi, col passare delle ore, come in preda alla pazzia si mise a urlare che non sarebbe ripartito senza Ila: sbarcò e cominciò a correre sulle sue tracce, chiamandolo con quanta voce aveva in gola.

Fu così che Eracle lasciò per sempre la nave Argo e dimenticò il Vello d'Oro. Tornò e si sottopose alle sue personali fatiche. Di Ila il Driope non si sentì mai più parlare.

Costò a Giasone ripartire senza Eracle? Forse no, la legge del viaggio è andare avanti, aspettare non è previsto.

Nell'isola di Bebrico un re, di nome Amico, arrogante figlio di Poseidone, sfidò gli Argonauti a un match di pugilato. Si vantava di essere lui il più forte in quella disciplina. Solo se il loro campione avesse vinto li avrebbe lasciati rifornire e ripartire senza attaccarli. Il più forte pugile tra gli Argonauti, vincitore ai Giochi Olimpici, era Polluce. Toccò a lui combattere e uccidere quel re.

A Salmidesso, nella Tracia, incontrarono Fineo, re e indovino, figlio di Agenore, a cui Giasone giunse a chiedere lumi sulla rotta per arrivare alla Colchide. Fineo volle che prima lo liberassero dalle Arpie che svolazzando sulla sua tavola e insozzandola ogni giorno gli impedivano di mangiare e lo avevano ridotto pelle e ossa. Gli Argonauti che si occuparono di attaccare e mettere in fuga quelle orrende creature furono Calaide e Zete, figli di Borea e veloci come il vento. Ancora una volta Giasone restò defilato, tutto concentrato sulla sua meta.

Con i consigli preziosi di Fineo vennero superate le Simplegadi, insieme di isolotti rocciosi dotati di movimento e capaci di strozzare una nave come prendendola dentro una tenaglia al suo passaggio: venne mandato in avanscoperta un airone, gli scogli si chiusero raschiandogli la coda. Mentre si stavano riaprendo, la nave Argo si gettò in quel passaggio con una furia sovrumana, con i rematori eccitati dai canti di Orfeo.

Entrati nel Mar Nero, gli Argonauti soffrirono la perdita del timoniere Tifide, strappato alla nave da una tempesta, e lo sostituirono con Anceo, costeggiarono il paese delle Amazzoni, subirono la pioggia della piume di bronzo di uno stormo di uccelli, si dovettero riparare con gli scudi a fare da ombrello, toccarono l'isola di Filira, la figlia di Oceano amata da Crono e madre di Chirone.

Poi finalmente comparvero in lontananza le misteriose, cupe vette del Caucaso, e la nave Argo entrò nell'estuario del fiume Fasi, che attraversa la Colchide.

Così arrivano a Eea, la città tutta risplendente di riflessi solari, come intagliata nell'ambra e nel diamante, su cui regna il malvagio, fosco re Eete, figlio del Sole e di Perseide, fratello di Pasifae. La sua prima moglie è morta, lui si è risposato con Idia, e da lei ha un figlio, il piccolo Apsirto.

Dalla prima moglie ha avuto Medea: la sua storia da qui si interseca con quella di Giasone che lei, maga potente e fascinosa, astuta e malvagia, ama, incoraggia, aiuta, e poi punisce vendicandosi nel modo più atroce.

Giasone reclama il Vello d'Oro, e il re Eete sogghignando gli risponde che lo avrà se supererà prima due prove: è la legge degli eroi, a essa non ci si può sottrarre.

La prima è aggiogare a un aratro due tori dalle narici fiammeggianti, dagli zoccoli e dal muso di bronzo, e arare un campo. Nessuno è mai riuscito a sfuggire alle fiamme mefitiche che i due tori emettono, si finisce ustionati a morte. Giasone ce la fa grazie a un unguento magico che Medea gli ha cosparso su tutto il corpo: ha l'effetto di una sostanza ignifuga.

Per superare la seconda prova, basta a Giasone un colpo di astuzia. Deve seminare nel campo appena arato dei denti di drago: da questi denti germineranno dei giganti, e dovrà combatterli e sconfiggerli tutti: una prova superiore alle sue forze di guerriero, e alle forze di chiunque. Eete lo sa, e riprende a sogghignare. Anche Giasone lo sa. Dopo la semina, vede salir su dalle zolle e prendere forma giganti scuri e rozzi, dallo sguardo come ancora impastato di terra, dai movimenti incerti, barcollanti. Allora Giasone prende un macigno e lo fa rotolare su di loro. Ed ecco che, colpiti e gettati a terra, si rialzano spingendo i pugni contro la faccia dei vicini: tutti in un momento diventano nemici di tutti, si accapigliano, si strozzano a vicenda, si finiscono senza che Giasone debba metter mano alla spada o scagliare una freccia.

È il momento di esigere il Vello d'Oro, ma re Eete si rimangia la parola. A Giasone non resta che rubarlo dalla roccia su cui è steso, brillante come il sole di mezzogiorno: ma deve prima vincere il drago che fa da custode. Non sarebbe facile, forse neppure possibile, se ancora una volta Giasone non avesse l'aiuto di Medea: oltre agli unguenti, la maga ha dominio sui filtri e le essenze magiche e, spruzzando una di queste sul muso del drago, lo fa dolcemente addormentare.

E così, Giasone deve solo staccare il Vello dalla roccia, ripiegarlo, portarlo in fretta sulla nave Argo in attesa nel porto. Nessuna grande impresa fu mai condotta così, senza spargimento di sangue, da sembrare un abile furto. Per Giasone non c'è altro da fare: ora può mettersi sulla via del ritorno.

Giasone non è come Odisseo, non è un eroe del ritorno. Se non fosse per Medea, che si imbarcò con lui come sua sposa, che consumò con lui la prima notte distesa sul Vello d'Oro come letto nuziale, sulla storia del suo viaggio a ritroso verso Iolco ci sarebbe meno da raccontare. E Medea diventò protagonista, efferata, astuta, vendicativa, terribile, del tutto inadatta come compagna al generoso e pacifico Giasone.

Tra le varie imprese ci fu l'incontro con le Sirene, che Orfeo neutralizza con il suo controcanto ancora più dolce, soltanto uno tra gli Argonauti cedette alle incantatrici: Bute di Atene, apicultore. Ci fu il vano, labirintico vagare per i fiumi, dall'Eridano al Rodano; ci fu anche la tempesta lungo la costa della Libia che scagliò la nave nel deserto, dove sarebbe stata portata sulle spalle sino a ritrovare un corso d'acqua. A Creta poi ci fu la minaccia di Talos, il gigante di bronzo che circumnavigandola a grandi passi custodiva l'isola e impediva agli stranieri di sbarcarvi, e che sarebbe stato neutralizzato da Medea con le sue arti magiche.

Giasone cosa faceva? Sembrava già vivere di ricordi. Quando arrivò a Iolco scoprì che Pelia regnava ancora, dopo aver ucciso Esone e Alcimede. Gli Argonauti non potevano combattere contro Pelia, uno di loro era Acasto, suo figlio e legittimo successore. Ci avrebbe pensato Medea, ancora una volta, a togliere di mezzo Pelia.

Non sarebbe toccato nessun trionfo a Giasone. Portava con sé il Vello d'Oro, di cui nessuno però sapeva più niente. Si trasferì a Corinto. Qui una volta che Medea, sentendosi tradita, si era vendicata nella maniera più orribile di lui e poi si era eclissata, visse solitario, immalinconito: la tunica di cuoio si tendeva sul ventre, tanto si era ingrossato, i capelli erano diventati grigi e radi, li portava corti ora. E passava il tempo sotto la nave Argo portata a secco sulla spiaggia, piegata su di sé, in disarmo, in rovina: un fantasma di legno e alghe ormai tutto corroso e consumato, a cui nessuno dedicava più uno sguardo. Lui sì. Lui non sapeva guardare altro.

Quella nave era stata il suo sogno, e ora di sogni non ne aveva più. Ricordi sì, ma confusi. La sua mente era come quello scheletro di nave: stava lì, portava con sé un otre di vino, a volte non tornava neppure a casa, si addormentava al riparo di quella chiglia rovesciata.

Una mattina lo trovarono morto lì: durante la notte il fasciame aveva ceduto, una trave lo aveva colpito alla testa e ucciso.

22

La magia e la vendetta

Connessa alla storia di Giasone e del Vello d'Oro c'è quella di Medea. Eroina che ha conquistato i poeti, da Euripide a Pasolini, Medea rappresenta l'inclinazione dell'anima umana alla magia, all'odio e alla vendetta. Ci sono altre maghe nel mito, e valga per tutte Circe, che trasformò gli uomini in lupi, leoni e maiali, e che Odisseo con l'aiuto di Ermes riuscì a conquistare, ottenendo che i suoi uomini ritornassero tali dopo essere stati mutati in porci. Ma nessuna come Medea ha arti tanto potenti e istinti tanto selvaggi.

L'odio e la vendetta sono movimenti umani primari nell'anima: pulsioni inconfessabili, spesso tenute segrete ma che continuano a vivere dalle epoche più remote e che oggi esplodono in casi di omicidio che la cronaca racconta, destando raccapriccio nei lettori. Sono casi non infrequenti, che seguono proprio quello che potremmo chiamare l'infausto "metodo Medea".

Spinta dall'odio per il marito Giasone che l'abbandona, uccide i loro figli, o secondo un'altra tradizione, la nuova moglie di Giasone stesso, Glauce. Medea dunque infierisce su chi odia colpendo i suoi congiunti, perché l'essere odiato debba soffrire di più. Lei distrugge l'oggetto d'amore per vie traverse, lo ferisce a morte senza versare una goccia del suo sangue, ma versando il sangue delle creature a lui care. Come può l'anima reggere qualcosa di così orrendo? Eppure l'orrore è in lei, nella perversione del suo amore, che è l'odio, nella vittoria del mostro.

Medea è anche pronta a sacrificare in modo orrendo il povero bambino Apsirto, il fratellastro che l'ha seguita sulla nave dei Greci per favorire la fuga del suo amato Giasone: indurrà le figlie del decrepito re Pelia a ucciderlo e smembrarlo con la falsa promessa di una metamorfosi che l'avrebbe ringiovanito. Medea tende un agguato con il veleno a Teseo, quando si intromette tra lei ed Egeo: la sua follia parla ancora nelle anime di chi è pronto a qualunque nefandezza per amore, in chi usa inganno e astuzia malvagia per raggiungere i propri fini, in chi non ha paura di sporcarsi le mani di sangue in delitti efferati, in chi fa della vendetta lo scopo della propria esistenza.

Contro questa pulsione, così forte e cieca, così ineliminabile, occorre una pulsione di senso contrario che sappia lottare eroicamente. Ma attenti, il fatto che il fascino di Medea dopo millenni sia ancora ben superiore a quello del pacifico Giasone vuol dire qualcosa. L'anima ama la magia e la follia amorosa. Nel nome della passione, può accettare brutalità e disonore, orrore e tenebra.

Soltanto la saggezza fattiva e luminosa di Atena può metterla in guardia. Ma forse ancora di più è l'amore di Afrodite che può riportarla verso la luce, quell'amore che comprende quello del sole, del mare, degli alberi, dei fiori, delle primavere, del cosmo.

Medea

Medea era figlia di Eete, re della Colchide, e di Asterodia. Dati i natali di Eete, Medea, che viveva a Eea, la città intagliata nell'ambra e nel diamante, era la diretta discendente di Elio, del dio del Sole. Ma la sua figura e la sua storia sono avvolte di ombre, di magie nere, di delitti, e di delitti orrendi come gli infanticidi.

Non sappiamo come viveva prima di vedere l'approdo di Giasone ad Eea. Allora il capitano della nave Argo era ancora un giovane raggiante, portava ancora i capelli lunghi sulle spalle e indossava una pelle di leopardo. Medea, la principessa, nascosta da un velo d'argento, lo vide mentre poneva le sue richieste a re Eete, e se ne innamorò di colpo.

Non immagineremmo Medea innamorarsi in altro modo: furiosamente. Tentò invano di resistere, sapeva che quell'amore la spingeva a tradire suo padre, la sua terra. Perché la spingeva a desiderare di aiutare lo straniero in qualunque modo, e a qualunque costo. Non sottovalutiamo la giovane, splendente Medea. La sua bellezza era grande, ma ancora maggiore la sua potenza: la conoscenza di arti magiche che potevano influire sulla realtà modificandola a suo piacimento.

Medea lottava con sé stessa, vedeva e approvava con la ragione cosa sarebbe stato meglio fare per lei, ma seguiva per istinto ciò che era peggio: «*Video meliora proboque, deteriora sequor*» (Vedo il meglio e lo approvo, ma seguo il peggio), secondo la formula lapidaria di Ovidio, nel ritratto che fa di Medea nelle *Metamorfosi*. Una formula che avrà fortuna per dire i dissidi disastrosi interni alla nostra anima. Non basta sapere dove è il bene, non basta approvarlo. Il male ha un fascino che corrode conoscenza e volontà. Così fa spesso l'amore.

Certo, l'amore per lo straniero venuto a reclamare il Vello d'Oro significava il tradimento. Ma a lei, nel fondo vero di lei stessa, non importava niente del re, della sua famiglia, della Colchide.

Un mattino in un bosco vede spuntare Giasone raggiante di bellezza. Non l'ha mai visto bello come quel mattino, e lo desidera. Ogni dubbio svanisce. È lei che si avvicina a lui, che gli offre amore e aiuto, che si fa promettere che la sposerà e la porterà con sé sulla nave Argo, quando riprenderà la rotta verso Iolco.

Giasone acconsente. Non sappiamo se si sia mai innamorato davvero di Medea, o se sia succube del suo incantamento. O se abbia fatto prosaicamente i suoi calcoli. Certo, senza Medea non combinerebbe niente, e si vede subito, quando Eete gli impone le sue prove.

Giasone non soffre le fiamme che fuoriescono dalle narici dei due tori grazie al suo unguento ignifugo, e chissà se anche lo stratagemma astuto di confondere i Giganti, nati dai denti di drago seminati in terra mettendoli gli uni contro gli altri, non gli sia stato suggerito da lei.

Il Vello d'Oro non sarebbe arrivato nelle mani di Giasone se il Drago, spaventoso, con la sua cresta e le sue tre lingue, non avesse udito le formule magiche di Medea, le stesse che lei usava per placare il mare e riportare nel loro alveo i fiumi in piena, se non avesse visto dondolare davanti alle sue fauci il ramo di ginepro che Medea ha intinto di sostanze soporifere. E non fosse caduto per la prima volta addormentato, come per effetto di ipnosi. Ma ben presto Giasone deve conoscere gli aspetti crudeli della magia della moglie.

La nave Argo viene inseguita dalla flotta di re Eete. Certo il re della Colchide non ha navi come Argo, snella e veloce, ma in quanto figlio del Sole possiede imbarcazioni a forma di coppa dorata, simili a quella con cui la notte Elio torna dall'estremo Occidente a Oriente, per riposare prima di riprendere il suo eterno viaggio per il cielo. La flotta solare di Eete sta dunque avvicinandosi alla nave Argo, punta direttamente su di essa.

Medea, tra lo sconcerto degli Argonauti e del marito, studia come impedire a Eete di raggiungerli. Ha portato con sé il ragazzo Apsirto, figlio di Eete e della sua seconda moglie Idia, suo fratellastro. È ancora un bambino, inconsapevole dell'avventura che sta vivendo, si fida di Medea, e non immaginerebbe mai che cosa si aggira nella mente fosca e tortuosa di lei.

Ecco cosa fa. Afferra Apsirto e lo porta a poppa della nave. E poi con un pugnale dalla lama lunga e affilata lo uccide. Non ha esitato un momento di fronte al primo disperato lamento, agli occhi sbarrati, increduli, terrorizzati del bambino. Poi non esita di fronte al fiume di sangue che provoca la sua orrenda macellazione, continua la sua opera mostruosa: smembra il bambino, gli taglia la testa, le orecchie, apre il busto dal collo al pube, amputa e spezza in due o tre parti le braccia, le gambe e i piedi, e poi getta i brandelli del corpo in mare, dietro la nave, nella sua scia.

Nessuno degli Argonauti ha il coraggio di guardare. Ma quell'eccidio ferma la flotta degli inseguitori. I resti del corpo di Apsirto sono portati qua e là dalle correnti, e dalla sua imbarcazione re Eete li scopre con orrore. Malvagio, ma non empio: Eete dà l'ordine di recuperare quanto rimane dello sventurato suo figlio per la sepoltura.

E intanto la nave Argo si invola, e Medea trionfa.

All'arrivo a Iolco, le cose non vanno come lei ha pensato. Giasone, il suo amato sposo, non viene accolto come un vincitore, il Vello d'Oro, ora che è conquistato, sembra aver perso il suo valore. Il vecchio re Pelia non intende cedere il trono al nipote, che, contro i suoi maligni pronostici, è riuscito nell'impresa che gli aveva imposto.

Ancora una volta, Medea aiuta Giasone, si prodiga per lui ma a suo modo, sempre più feroce. Sbarcata da sola a Iolco, riesce a farsi amiche le quattro figlie del re. Ha dalla sua le arti magiche, che destano sempre interesse, complicità. Con le quattro ingenue ragazze, Medea sostiene di conoscere il modo di far ringiovanire chi porta su di sé il peso della vecchiaia.

È il caso di Pelia, le figlie sono in ansia per il suo decadere, lo vedono malfermo sulle gambe, senza forza nelle braccia, quasi sordo alle loro parole, gli occhi ormai annebbiati. Potrebbe la loro nuova amica Medea fare il miracolo?

E lei dice di sì. E lo dimostra. Prende un vecchio ariete, cadente, anche lui in procinto di morire, lo uccide tagliandogli la gola, lo dissangua e lo fa a pezzi. Poi dispone i pezzi in un calderone che contiene acqua, e comincia a farla bollire. Mentre l'acqua gorgoglia e le carni si cuociono, da sotto il calderone si sente un belato, e si vede venir fuori un agnellino dal vello bianchissimo e ricciuto.

Le quattro figlie di Pelia rimangono incantate. Non si pongono la domanda se Medea per caso sia ricorsa a qualche trucco, cosa possibile, visto che in tutti i maghi c'è un illusionista. E così si decidono a seguire le indicazioni di Medea: una sola si ritira, non è convinta, o non ha il coraggio di procedere. Le altre tre, dopo che un filtro di Medea ha addormentato il padre, lo scoprono, lo sgozzano come avevano visto fare Medea con l'ariete, e poi fanno a pezzi il suo vecchio corpo.

Intanto l'acqua bolle già nel calderone. Sporche di sangue, esaltate, esultanti all'idea di vedere tornare il padre alla prima giovinezza, ne gettano i pezzi nell'acqua. Aspettano.

Aspettano ancora. Invano. Allora si stracciano le vesti, i capelli, gridano e piangono, imprecano. La maga le ha ingannate.

Sicura ancora una volta della bontà delle sue azioni, Medea segnala a Giasone che la via per la città è libera, il re è morto. Ma quando gli Argonauti, che hanno sempre sopportato Medea come un corpo estraneo sulla nave, capiscono di che magia sanguinosa si è avvalsa per far morire Pelia, si mettono tutti dalla parte di Acasto, loro compagno, figlio del re e suo successore.

Per Giasone, le arti della moglie non sono servite. Insieme devono andare a cercarsi un'altra città dove vivere. Del Vello d'Oro, che li ha fatti incontrare, nessuno sa più niente.

Ritroviamo Medea a Corinto. Da dieci anni vive lì con Giasone e gli dà quattordici figli. La fama dell'eroe è ancora quella, ma la sua posizione è insicura, e potrebbe rafforzarsi sposando Glauce, una giovane principessa figlia di Creonte, il re di Corinto. Con quelle nozze, finalmente avrebbe un regno.

Lui fa i suoi conti, più come un borghese che come un eroe del mito: «Dopo tante vicissitudini, raggiungo la sicurezza, mi sistemo in una casata importante, mi metto tranquillo per il resto dei miei giorni».

Medea, che ama ancora Giasone, che ha perso tutto per aiutare e seguire lui, quando le nozze vengono annunziate medita una vendetta che diventi proverbiale per tutti i traditori, tale che nei secoli rimanga come la più crudele. Non è più maga, è donna e, secondo Euripide, sa che:

> quando una donna subisce un torto nella vita coniugale
> non esiste mente più sanguinaria della sua.

La vendetta di Medea è duplice. Ma è guidata dallo stesso principio: far soffrire il traditore, toglierli tutto. Finge di non essere offesa, di accettare le decisioni di Giasone, e manda i figli Mesmero e Fere a portare doni per la sposa: un mantello di porpora lungo e regale, una corona d'oro. Sin troppo generosa, data la situazione. Ma nessuno sospetta niente. Glauce è incantata, tanto sono luminosi quei doni, degni davvero di una discendente del Sole.

Sinché arriva il giorno delle nozze. Glauce indossa mantello e corona. Non considera che Medea è la regina degli unguenti e dei malefici: quel mantello è cosparso di una sostanza che corrode e che si infiamma, in un attimo il corpo della giovane è straziato da dolori mortali, la corona è diventata un cerchio di fiamme, che si sviluppano sibilando e attaccano tutti quelli che si avvicinano per soccorrere Glauce. Così perisce nelle fiamme il re Creonte, così arde tutto il palazzo: è una strage. Si salva, bisogna dirlo, ingloriosamente Giasone, che salta da una finestra.

Ma la vendetta di Medea non è finita. Il suo ultimo gesto è una profanazione dell'amore, i suoi figli sono anche figli di Giasone, lei li ama ma, per colpire ancora e nel più profondo del suo essere il padre, non può lasciarli vivere. Ama i figli. Ha amato anche quelli che non ci sono più: per renderli immortali, li ha sempre chiusi piccoli nel tempio di Era, dove i loro corpicini venivano regolarmente trovati cadaveri, rinverdendo la sua fama sinistra di infanticida. Ora non vuole neppure più rendere immortali Mesmero e Fere, vuole rendere immortale la sua vendetta.

«Li ho uccisi per farti soffrire,» così dice a Giasone. «per distruggere te in quello che ami. Per annullarti nel dolore, perché la tua pena sia più terribile di quella di chi ho ucciso.»

Grandiosa Signora dell'efferatezza e della magia, Medea fuggì da Corinto sul suo carro trainato da quattro draghi, andò a Tebe, poi ad Atene dove, con arti di seduttrice pari a quelle di maga, si fece sposare da Egeo. Ma poi rovinò tutto tentando di avvelenargli il figlio Teseo appena ritrovato.

Medea era dominata dall'inquietudine più nera. Il suo passaggio fu segnalato in Italia, forse in Sicilia, dove insegnò per qualche tempo l'arte di incantare i serpenti, ma anche in Tessaglia, in Asia, dove sposò un re sconosciuto da cui ebbe il figlio Medo.

Alla fine, quando sentì che suo padre Eete era stato detronizzato, tornò alla sua terra d'origine, alla Colchide, e con l'aiuto del figlio Medo gli ridette il regno. Al contrario dell'eroe che aveva più amato e odiato, Medea non era mortale.

L'ultima sua apparizione fu nell'eternità dei Campi Elisi. Lì qualcuno la dice sposata ad Achille, ma sembra davvero incredibile.

23

Sfida e accettazione del destino

C'è in tutti noi, nelle nostre anime, un movimento che ci spinge a sfidare il destino. Da giovani, perché non sappiamo ancora se e come si compirà, da vecchi perché troppa parte di esso si è già compiuto. L'anima si ribella a ogni costrizione: vuole affermare il primato indiscusso della sua libertà. Ma il destino, che è una volontà esterna a noi, è una costrizione. Comanda lui, alla fine. Il Fato è talmente potente e oscuro che persino gli dei lo temono. È il negativo rispetto alla vita, la forza che ci porterà verso l'unica cosa certa della vita stessa, la sua dissoluzione, la morte.

Questa inclinazione a sfidare il Fato ha un nome, Achille, l'eroe che si ribella ad Agamennone, Signore di uomini, così più maturo e potente di lui, che ama di eguale amore Briseide e Patroclo, che strazia il cadavere di Ettore e alla fine ha pietà del vecchio Priamo, arrivato alle tende degli Achei a cercarne il cadavere.

Mentre gli altri eroi non sanno il loro Fato, lui lo conosce, e quando il cavallo Xanto, in uno dei canti più misteriosi dell'*Iliade*, gli parla e gli conferma che sta andando incontro alla fine, ha una formidabile alzata di spalle: che stia zitto, a lui non importa.

Qualunque giovane anima prova l'istinto di affrontare la sorte. Anche per gioco. Io da giovane sulle autostrade liguri, famigerate per la loro pericolosissima serie di viadotti sospesi nel nulla e di gallerie, vivevo una mia certo non eroica sfida: in piena notte, quando comparivano nello specchietto retrovisore dei fari, pensavo che fossero gli occhi della morte che mi inseguiva, dunque acceleravo sino a che non li vedevo più, esponendomi così al rischio di volare via, ma almeno secondo una mia legge.

James Dean, Marlon Brando erano gli eredi moderni di Achille, anche loro giovani eroi solari, votati ad arrivare al culmine del cielo e poi discenderlo: di colpo il primo, lentamente l'altro. Brando vecchio e sfatto, il volto un tempo bellissimo seminascosto da enormi occhiali da sole, non faceva dimenticare che era stato Fletcher Christian ne *L'ammutinamento del Bounty*, il malinconico, altero, aristocratico ribelle in nome di un principio di umanità contro il comandante Bligh, anima di bottegaio, arrivista e feroce. Come Achille contro Agamennone, eternamente.

L'anima giovane, in qualunque condizione sociale sia incarnata, è incline a vivere senza saperlo il mito di Achille. Il cameriere che lascia precipitare a terra il vassoio pieno di bicchieri e tazzine all'ennesimo sgarbato rimprovero del padrone, lo studente che alza la fronte e la voce contro la professoressa all'ennesimo atto di ingiustizia, il soldato semplice che preferisce la camera di punizione piuttosto che obbedire all'ordine di un ufficiale che reputa disonorevole (a me è capitato anche questo).

L'anima, che ama i racconti, ha difficoltà a raccontare Achille in una complessa opera completa. Al poeta latino Stazio, fu la morte a impedire di terminare la sua *Achilleide*. Goethe concepì una sua *Achilleide* lasciandone soltanto dei frammenti. Rispetto all'eco immensa di Ulisse, Achille ne ha suscitato ben poca, nella letteratura.

Perché la sua anima giovane è labile, contraddittoria, ritrosa oltre che ribelle, pura vitalità. La sua sfida al destino non conosce astuzie, meandri, vie di fuga: ed è troppo breve e troppo grande il destino che in lui si è compiuto perché lasci trovare impunemente le parole che lo raccontino.

Qui, cara lettrice e caro lettore, troverai un semplice, breve ritratto. La fredda sinossi di quella che potrebbe essere un'opera su Achille. Anche a me, ti confesso, ogni volta che ho provato a scriverla, la mano è caduta sul foglio.

Achille

Achille nacque da Peleo, un uomo mortale, e da Teti, divinità marina, figlia di Nereo e di Doride. La loro unione non era stata semplice. Come tutte le divinità marine, Teti aveva il dono di trasformarsi istantaneamente, e fu un serpente, un cavallo, un leone, un falò mentre Peleo tentava di abbracciarla. Lui dovette resistere, stringerla con una forza sovrumana mentre lei assumeva tutte queste nature e alla fine riuscì a possederla: fu una lotta durissima, e fu giusto che da quella unione nascesse il più forte, il più bello tra gli eroi della Grecia.

Teti desiderava che anche suo figlio diventasse un immortale. Per questo lo immerse appena nato nelle acque dello Stige, fiume degli Inferi, tenendolo per un tallone: tutto il suo corpo divenne invulnerabile, tranne quel tallone che la madre dovette stringere nella mano per non perdere la presa.

Lo affidò al centauro Chirone, celebre istitutore degli eroi. Chirone, sulle pendici del monte Pelio, lo nutrì a midollo di leone e di cinghiale e a grassi di orso per renderlo più forte. Pare anche a miele e midollo di cerbiatto, per rendere le sue gambe più veloci. Il centauro gli insegnò a cavalcare, a usare l'arco, a cacciare, e anche a suonare il flauto. Richiamata dalle note, scese dall'Elicona la Musa Calliope e gli diede lezioni di canto.

A sette anni, Achille uccise il primo cinghiale. Per cacciare i cervi, non doveva far uso di cani, perché correva più veloce di loro.

Quando Teti venne a conoscenza che Calcante l'indovino aveva previsto che senza l'apporto di Achille Troia non sarebbe mai caduta, e sentì che Agamennone e Menelao stavano convocando tutti gli eroi Greci per andare a riprendere Elena, mandò Achille nell'isola di Sciro, presso il re Licomede.

Alla corte di Licomede, l'eroe ragazzo visse nel gineceo, travestito da ragazza. I capelli tra biondi e rossicci, la finezza dei lineamenti del volto rendevano verosimile il travestimento. Prima contraddizione nel carattere di Achille: possibile che uno che a sette anni uccide già un cinghiale accetti pochi anni dopo di trascorrere le giornate tra le tranquille occupazioni di un gruppo di ragazze? Evidentemente Achille era a suo agio, e gli abiti femminili non mettevano in dubbio né tenevano a freno la sua virilità incipiente, la sua terribile fame d'amore.

Eccolo che in tutta libertà e promiscuità amoreggia con Deidamia, la figlia di Licomede, e da quell'unione precoce nascerà un eroe che sarà chiamato Pirro, il "rossiccio", o Neottolemo, il "rinnovatore della guerra".

Ci volle l'astuzia di Odisseo per stanarlo e sottrarlo a quelle condizioni di vita non eroiche, non consone al suo destino. Bastò a Odisseo, travestito da mercante, far balenare tra abiti di seta e gioielli d'oro, argento e ambra il luccichio di una lama di spada e di uno scudo. Achille li afferrò subito, e il suo travestimento da ragazza non valse più a niente, fu reclutato per la guerra da portare a Troia, dovette partire anche lui. Tra le lacrime della madre Teti e l'abbraccio rassegnato del padre, che gli donò la coppia di cavalli magici, parlanti, che aveva ricevuto da Poseidone.

Ancora una volta l'astuzia di Odisseo lo mise a mezzo, quando suggerì ad Agamennone di far credere a sua figlia Ifigenia che il viaggio in Aulide aveva come fine sposare Achille. Un buon specchietto per le allodole, degno della mente di Odisseo. Il fine del viaggio invece era terribile: Ifigenia sarebbe stata sacrificata perché la flotta degli Achei, trattenuta in porto da una bonaccia stagnante, potesse finalmente partire.

Quando Achille lo seppe, protestò, si oppose a Odisseo e ad

Agamennone, prese con tutte le sue forze la difesa di Ifigenia. Ma la ragazza volle obbedire al padre e agli dei, e sappiamo che non fu Achille, ma la dea Artemide, all'ultimo momento, a salvarla.

Achille fu il secondo eroe greco a posare il piede sul suolo della Troade. Il primo fu Protesilao, che fu anche il primo caduto sotto i colpi di Ettore, l'eroe troiano. Achille si trovò attaccato da Cicno, un re della Tracia, un essere informe, primordiale, di una sostanza biancastra più simile al seme e al latte che alla carne. Cicno torreggiava dondolando, sembrava impossibile fermarlo. Achille ci riuscì scagliandogli contro un'enorme pietra. Cicno cadde rovinosamente: i Troiani, che lo ritenevano un alleato invincibile, si dispersero, indietreggiarono sino alle porte della città, cercando riparo dietro le mura. Fu così che cominciò il decennale assedio.

Le porte più celebri di Troia erano le porte Scee. Di fronte a loro, c'era un pozzo dove le donne troiane si recavano con le loro anfore per fare provvista di acqua. Si ergeva anche un tempio ad Apollo Timbreo, considerato al di sopra della contesa tra Achei e Troiani, terra di nessuno, zona franca.

Come venne in mente ad Achille di appostarsi tra la vegetazione che circondava il pozzo non si spiega. Con la sua forza, poteva sfidare in campo aperto chiunque. Eppure quel giorno sta lì, in agguato. Vede arrivare le donne in processione, e con loro un giovanissimo guerriero, il principe Troilo, di cui una profezia diceva che, se arrivava a compiere vent'anni, Troia non sarebbe mai più caduta. Achille balza fuori del nascondiglio e lo invita a combattere con lui.

Il confronto è impari. Ma succede qualcosa di totalmente imprevedibile, per le donne che guardano terrorizzate, per il re Priamo e i maggiorenti troiani che seguono pallidi lo svolgersi dei fatti d'in cima alle mura.

Mentre incrocia la spada con Troilo, Achille se ne innamora.

Qualcosa del ragazzo che ha davanti scatena il lui un desiderio che non ha paura di abbattere qualunque frontiera. «Ti salvo la vita, se ti concedi a me!» urla Achille a Troilo. Di fronte a quella proposta inattesa, Troilo sceglie la via della fuga. Non sa che l'epiteto «piè veloce» non è toccato ad Achille per caso. Viene raggiunto in un attimo. Achille, indispettito dal rifiuto, lo decapita proprio nel punto dove anni dopo verrà ucciso lui. Ma altri dicono che Achille, afferrato Troilo dopo la breve rincorsa, lo possiede con tanta brutale violenza amorosa da spezzargli le costole e rendergli tumefatto e irriconoscibile il volto.

Dopo nove anni di guerra, in cui Achille ha inflitto gravi perdite ai Troiani e ha saccheggiato tante città e isole vicine, Troia resiste ancora.

Qui inizia il racconto omerico, dalla parola *menin,* "ira", quella che monta in Achille per aver subito la prepotenza, l'angheria, il sopruso di Agamennone, il capo supremo degli Achei, più potente di lui ma molto meno valoroso, che Achille avrebbe ucciso, aveva già la mano sull'elsa della spada, se Atena, lo sappiamo, non fosse intervenuta a domarlo, frenarlo tirandolo per i lunghi capelli biondo-rossicci.

Ma poi Achille avrà una seconda ragione d'ira, questa volta mista a un dolore straziante.

Dopo che lui si è ritirato alle tende per protestare contro Agamennone, i Troiani riprendono fiato, fanno sortite, arrivano a lambire gli accampamenti e le navi degli Achei.

Nella sua tenda, Achille viveva con Patroclo. Questi si era rifugiato presso la corte di Peleo per sfuggire a una condanna per omicidio in seguito a una rissa scoppiata durante una partita ai dadi. Una credenziale non troppo eroica. Eppure Achille ha legato fraternamente con Patroclo, e ne è diventato naturalmente l'amante.

Forse il più bello tra i *Dialoghi con Leucò* di Cesare Pavese è quello intitolato "I due" (così, i due per antonomasia), in cui i due amici parlano della ineluttabilità della morte, del vino – i bambini, ci avete mai pensato, non bevono vino perché per loro la morte non esiste –, della gloria di essere ragazzi, la notte prima che Patroclo, vedendo peggiorare tanto le condizioni dei Greci, esca generosamente a combattere indossando le armi di Achille.

Sulle prime le file dei Troiani arretrano per la paura, poi però capiscono con chi hanno a che fare, e per Ettore non è difficile sconfiggere Patroclo e ucciderlo. Allora Achille deve tornare a combattere. Non per Agamennone, non per Menelao né per Elena, e neppure per la Grecia. Torna a combattere per vendicare l'amico più caro al suo cuore, quello con cui si sentiva una coppia inscindibile. Combatte per lui. Per il culto che ha dell'amicizia, dell'amore. E perché si compia il suo destino.

Glielo ricorda la madre Teti, che pure gli ha procurato nuove armi fabbricate da Efesto e ancora più belle e splendenti delle prime: se ucciderà Ettore, poi dovrà morire. Achille alza le spalle. Il gesto di ogni giovinezza assoluta. Dovrò morire? Che muoia pure! E glielo ricorda il cavallo Xanto, al suo grido di incitamento mentre parte per il combattimento. Reclina la testa, tutta la criniera scende a toccare il suolo, gli parla con voce umana. Gli dice che lui e Balio, figli gloriosi di Podarge, lo salveranno ancora per quella volta. Ma la sua ultima ora gli è vicina, e se cadrà non sarà colpa loro, loro due potrebbero anche correre come il soffio di Zefiro, velocissimo tra i venti, eppure per lui è destino essere vinto dalla forza congiunta di un dio e di un mortale.

Sono le Erinni a bloccare la voce di Xanto. E Achille irato risponde così:

Xanto, a che morte mi predir? Non tocca
questo a te. Qui cader deggio lontano,

lo so, dai cari genitor, ma pria
trarrò tutta di guerre a' Troi la voglia.
Disse; e gridando i corridor sospinse.

Così termina il canto XIX dell'*Iliade*, che qui cito con i perentori e un po' altisonanti endecasillabi di Vincenzo Monti, la sua è stata la prima traduzione che ho letto da bambino, e che ha lasciato su di me un'impronta indelebile, fatta anche di magia e di favola.

C'è tutto Achille in questi versi. Il fastidio per la predizione non richiesta, la consapevolezza del fato, il pensiero della fine lontano dalla famiglia, triste prerequisito per una fine eroica, e nondimeno la sfida al fato, la sventatezza da ragazzo, una specie di gioia inneggiante e sarcastica nel voler andare sino in fondo. Poche parole decise. E poi la frusta, e la partenza verso il clangore della battaglia.

Nel confronto con Ettore, Achille sembra aver tutto da perdere. Ettore, il domatore di cavalli, combatte per difendere la sua città, il re Priamo, suo padre, la moglie Andromaca, il figlio Astianatte. È un uomo abitato da una profonda moralità. Non conosce eccessi, crudeltà, ripicche, passioni violente. Ama teneramente la moglie e il figlio, ne piange in cuore a pensarli, se lui cade, prigionieri di qualche rozzo signore acheo. Ma è sottomesso al fato, non lo sfida.

Al suo senso del dovere, i lettori ottocenteschi incollarono il patriottismo, e ne fecero il loro eroe.

Vicino a lui, Achille ha qualcosa di mostruoso. Ma quello che bisogna avere il coraggio di dire è che ha la mostruosità contraddittoria, un po' teatrale, gigionesca quasi di certi adolescenti ribelli. Achille non combatte per la sua terra, lo afferma con chiarezza, non ha nessun conto in sospeso con i nemici Troiani, non gli hanno fatto niente di male, è lì sotto le loro mura perché è il guerriero più forte degli Achei, perché era destino che partisse.

Combattendo si innamora di un nemico, è possibile? C'è disordine, nella sua mente, c'è fuoco nel suo corpo. Achille ed Ettore dovevano avere la stessa età, almeno in senso anagrafico, e per come sono labili i tempi del mito: ma come caratteri, come figure dell'anima, Ettore era un uomo, Achille un ragazzo.

Nel combattimento tra i due, Achille vince, Ettore cade con onore. Ma Achille non si ferma lì. Lega i piedi del nemico sconfitto al suo carro, e lo trascina intorno alle mura della città, straziandone e oltraggiandone il cadavere in maniera orrenda. Non è contento, continua a trascinarlo nella polvere anche intorno alla pira funeraria di Patroclo. Il suo odio non ha fine, si direbbe.

Invece accade che Priamo, il padre di Ettore, guidato nella notte da Ermes, si rechi alle tende di Achille, e gli chieda la restituzione della salma. Ci si immaginerebbe un Achille furioso, che continua a negare l'onore della sepoltura ad Ettore. Invece il vecchio Priamo lo muove a pietà. Il suo cuore non è indurito, pietrificato. Può ancora sciogliersi di fronte alle lacrime di un padre.

Durante le esequie di Ettore, che durarono undici giorni, compare a Troia Pentesilea, figlia di Ares, che sta vagando per sfuggire alle Erinni dopo aver causato involontariamente la morte della sorella Ippolita durante una partita di caccia.

Le Amazzoni, che regnano su terre estese tra la Cappadocia e la Scizia, sono formidabili cavallerizze e guerriere. Pentesilea cerca subito il più forte tra i nemici con cui misurarsi, e finisce così davanti ad Achille.

Duellano. Achille pianta la spada nel petto di Pentesilea, che si accascia a terra. Soltanto allora le si apre l'armatura e Achille si accorge della sua bellezza: le gambe snelle ma temprate dalle lunghe cavalcate, le braccia da tiratrice d'arco, un volto dai lineamenti stranieri incorniciato da lunghi capelli scuri: e mentre si accorge di quella fiera bellezza ormai esangue, caduta a terra con il petto squarciato, se ne innamora. Sente un desiderio irresistibile di lei. Si inginocchia, si piega sul suo volto, la bacia, le carezza i capelli, si sdraia su di lei.

A qualcuno sembra un atto di necrofilia. Per lui, è un atto di altissimo omaggio al valore guerriero dell'Amazzone, alla sua bellezza non scalfibile dalla morte. È un inseguimento esaltato, impossibile, della vita sin dentro la morte, un gesto di ribellione suprema. Ma i vili non lo capiscono. E il primo vile del campo Acheo si chiama Tersite.

Achille si rialza, con Pentesilea rimasta inerte, bianchissima, come fatta di conchiglie e spuma ai suoi piedi, e chiede aiuto ai guerrieri greci per seppellirla. Tersite il vile per tutta risposta si avvicina ghignando e punta la lancia agli occhi della morta e glieli cava. E intanto, con il volgare, calunnioso, fangoso coraggio dei vili, inveisce contro Achille, lo accusa di aver commesso atti indegni sul corpo dell'Amazzone, lo mima a gesti osceni, ridacchia e grida i suoi improperi che tutti li ascoltino.

Achille non si ferma alle bastonate con cui Odisseo già aveva punito l'insolenza di Tersite. Achille lo uccide. Soltanto allora può celebrare solennemente i funerali di Pentesilea, figlia di Ares, che lui ha amato nella morte, in un istante in cui vita e morte, gioia e lutto, passione e tormento si sono intrecciati inestricabimente nella sua anima.

Il destino è in agguato alle porte Scee, dove Achille aveva assalito Troilo, e dove ora Poseidone e Apollo vogliono vendicarlo, lui e Cicno, tutte vittime cadute per mano dell'eroe greco.

Gli dei si servono di un damerino, di un eroe da camera da letto, di un rubamogli come Paride. Perché Achille si recò quella volta alle porte della città, di fronte al pozzo, vicino al tempio di Apollo Timbreo, in terreno neutrale, non è chiaro del tutto. Alcuni dicono che ci arrivò inseguendo con la sua irruenza funesta dei guerrieri troiani. Altri che vi andò per Polissena. Una principessa troiana dalla bellezza così splendente da rivaleggiare con quella di Elena. Achille, instabile nei sentimenti, facile alle accensioni istantanee, si era innamorato anche di lei, una nemica. E aveva chiesto a Priamo di concedergliela in sposa, cosa che aveva fatto girare strane voci al campo greco. Per le nozze, o per un incontro con lei, Achille va disarmato, vestito di una tunica bianca, a piedi nudi. Ed ecco che nascosto, al sicuro, Paride scocca la freccia che va a colpire il tallone dell'eroe, quello rimasto fuori dalle acque dello Stige, e di conseguenza sottoposto alla legge della morte.

Apollo, arciere infallibile, ha avuto una parte nel dare a quella freccia la traiettoria giusta. Ma lo schema mitico è quello del giovane eroe invincibile, autore di mille gloriose imprese, ucciso da un inetto, non con uno scontro frontale, ma approfittando dell'unica parte vulnerabile del corpo. Lo stesso schema della storia di Sigfrido, nella mitologia germanica, e di Krishna, in quella indiana.

Achille è forte, innocente, coraggioso, come un sole che scala il cielo. Che poi cade nel mare o dietro un monte, e basta niente per nasconderlo. Persino una nuvoletta può farlo.

Intorno al suo cadavere si dovette combattere a lungo. Tra i Greci, emerse in tutta la sua forza Aiace, che era stato sempre secondo soltanto ad Achille, ed ora aveva la responsabilità di essere in prima fila a difenderne e a portarne in salvo la salma.

Ai funerali di Achille, vennero su dal mare la madre Teti con tutta la corte della ninfe marine, le Nereidi, che erano cinquanta, le Oceanine, che erano migliaia, e le tre Moire. I loro canti funebri, i loro lamenti, che erano più lugubri del rumore delle onde e del vento nelle tempeste che colano a picco le navi, riecheggiarono al campo greco così terribili che in tanti non ebbero la forza di udirli, e dovettero tapparsi le orecchie tremando, chiudendosi nelle tende.

Il tumulo che fu innalzato era più alto di qualunque altro al mondo. Giganteggiava sull'Ellesponto, in memoria eterna dell'eroe più grande che la Grecia avesse generato. Rimase lì nei secoli, Alessandro Magno vi si inchinò, mentre guidava i suoi eserciti alla conquista dell'Oriente.

Finite le cerimonie e i giochi funebri, che durarono diciotto giorni, Teti prese l'anima del figlio e la portò all'Isola di Leuca, alla foce del Danubio, ricca di boschi e di selvaggina, ed è lì che si favoleggiò di nozze con Medea. Ma anche con Ifigenia. E infine con Elena. Si accontentò di farle da quinto marito, dopo Teseo, Menelao, Paride, Deifobo? Conoscendo la natura di Achille, verrebbe più naturale pensare che anche a Leuca continuò ad amare giovinetti e giovinette a prima vista, accendendosi di desiderio e facendo subito seguire al desiderio il piacere, come è nella logica degli dei.

Ma l'ultima immagine di Achille che noi lettori conosciamo è quella crepuscolare che compare nell'*Odissea*, quando Odisseo, sceso agli Inferi, lo sente dire che preferirebbe essere il più umile dei vivi, piuttosto che re nel regno delle ombre.

Quel rimpianto straziante della vita concreta, della carne, del sangue, non è strano nell'eroe che ha vissuto per la morte, che ha sfidato il fato soccombendo a esso, che ha visto troncare la sua giovinezza, dopo averne troncate, e amate, tante.

Lì, come ombra, appare più dolorosamente umano che in tutte le battaglie dell'*Iliade*. Ormai siamo nel clima dell'*Odissea*, dove i valori sono altri, sono quelli che appartengono all'eroe da cui il poema prende il titolo. Ne abbiamo già parlato, ed è ora di concludere con lui.

24

La necessità del ritorno

Quando l'anima desidera tornare a sé stessa e si perde nel gran mare delle cose, deve superare tentazioni di ogni sorta e difficoltà immense, sottrarsi a seduzioni mortali, guadagnarsi il ritorno combattendo arco alla mano contro forze nemiche e usurpatrici: quello che vive è una "odissea", e Odisseo, o Ulisse, è l'eroe che presiede al suo viaggio.

Ulisse ha avuto una fortuna immensa nella civiltà occidentale. Da Omero a Joyce, e in qualche modo allo Stanley Kubrick di *2001: Odissea nello spazio,* il suo viaggio ha toccato le corde più mature dell'anima, è diventato l'eroe più citato, più cantato, più raccontato della storia.

Esiste anche un Ulisse medioevale, quello di Dante che, varcate la colonne d'Ercole, sfida il mare della parte inesplorata del mondo in cerca di "virtute e canoscenza": l'anima di Ulisse nell'*Inferno* di Dante racconta la propria storia che diverge da quella omerica: non sono più il ritorno a casa e agli affetti familiari che lo spronano, ma una ansia verticale, con l'afflato verso l'alto delle cattedrali gotiche, l'idea di un viaggio mistico e impossibile.

Tutte orizzontali sono invece le vicende vissute dall'incarnazione di Ulisse in Leopold Bloom nel romanzo omonimo di Joyce, in cui lo schema omerico è preso come per dare ordine a un materiale franante di insensatezza e di miseria del vivere quotidiano. Che culmina nel monologo finale di Molly Bloom, la Penelope fedifraga e viziosa.

Odisseo è l'anima dell'uomo maturo che ha dismesso i sogni. Non sfida più il destino, lo subisce. Respinge le tentazioni con astuti stratagemmi. Privilegia l'astuzia, che non è fatta per i giovani, e forse neppure per i poeti. Eppure il paradigma di esperienze che incarna è così vasto, le sue avventure così multiformi, almeno quanto è detto multiforme il suo ingegno, il suo esilio così doloroso che i poeti continuano a costeggiarne la figura: mi vengono in mente Foscolo, Tennyson, Pascoli, D'Annunzio, Kavafis, Saba, Katzantzakis, Adonis, chissà quanti altri ce ne saranno.

Odisseo è nella nostra anima come un monito: dovunque andiamo, dovremo tornare. Parla in noi quando ci sentiamo esiliati e in balia delle onde. Quando nel gran mare dell'essere dobbiamo trovare una rotta che non si vede, e sembra che da un momento all'altro affogheremo. Quando mille peripezie ci portano lontano, sempre lontano da dove vorremmo stare, e sempre in luoghi che non abbiamo scelto. E quando desideriamo che l'esilio finisca, che all'orizzonte compaia la nostra isola, un falò di ginestra ed erica che ci guidi come un faro per approdare, riguadagnare la nostra casa.

Se il Fato non ci fa varcare prima le soglie del nulla e dell'invisibile, tra mille traversie, con mille dolori e pesi sulle spalle, dovremo tornare.

Odisseo

Già nel primo verso del poema che trae il titolo dal suo nome, Odisseo viene definito *polutropon*, multiforme, versatile, scaltro, ricco di accorgimenti, o che ha molto viaggiato. "Dal lungo viaggio" traduce Maria Grazia Ciani, cui dobbiamo due eccellenti versioni in prosa dei poemi omerici. "Ricco d'astuzie" preferì Rosa Calzecchi Onesti, e "di multiforme ingegno" è la traduzione, divenuta poi locuzione comune, dovuta a Ippolito Pindemonte nei primi decenni dell'Ottocento.

A ben vedere, *viaggio*, *astuzie, ingegno* sono le parole chiave per parlare di questo eroe sbattuto dalle avversità da costa a costa e da isola a isola per tanti anni, pronto a far degenerare la furbizia in inganno e menzogna, e a inventare ogni trama per piegare la realtà ai suoi interessi e ai suoi bisogni.

Odisseo ha per madre Anticlea, figlia a sua volta di Autolico, ladro provetto, il cui divino genitore è Ermes, protettore dei ladri. Una voce poi voleva che Anticlea, già promessa a Laerte, subisse la violenza di Sisifo, fondatore di Corinto, la cui fama era quella di re dei furfanti e promotore dei commerci e della navigazione. Sembra dunque che anche Sisifo entri, sia pure obliquamente, nel ben poco eroico albero genealogico del re di Itaca.

Odisseo non ha niente di marziale, ed è guerriero suo malgrado, nonostante sappia ben destreggiarsi in combattimento e sia un lottatore e un tiratore con l'arco fortissimo. Non è Achille, sembrerebbe quasi il suo opposto se i due non avessero un comune nemico nel vile Tersite; non è Aiace, innocente e prode; non è Diomede, suo crudele compagno di scorribande a far danno ai Troiani. Eppure tutta la sua storia, dall'inizio, ha a che fare con la guerra di Troia: senza di essa, Odisseo non si sarebbe mosso da Itaca, e neppure l'*Odissea* sarebbe mai stata scritta.

Come pretendente di Elena, si rese subito conto di essere perdente, lui re di una piccola isola sassosa, contro Menelao, fratello del Grande re di Micene, Agamennone. È lui, quando già si temeva che i pretendenti si sarebbero uccisi in duello l'un l'altro, che consiglia a Tindaro, padre di Elena, di riunire gli aspiranti alla mano della figlia e di chiedere loro un solenne giuramento: non si sarebbero opposti alla scelta, qualunque essa fosse, e anzi avrebbero giurato al prescelto di correre in suo soccorso in caso di pericolo o di offesa. Così, grazie a un accorgimento suggerito da Odisseo, dopo il rapimento di Elena da parte di Paride, si formò l'armata degli Achei e l'intera Grecia portò la guerra a Troia.

Di suo Odisseo cercò di evitare di partire. Un oracolo aveva profetizzato che sarebbe dovuto stare vent'anni lontano da casa, un'infinità di tempo. Quando i prìncipi achei andarono a convocarlo, mise in atto una delle tante sue finzioni e dei tanti travestimenti cui amava ricorrere: si finse pazzo.

Di fronte a tutti, con abiti sbrindellati e un cappellaccio in testa, cominciò a seminare sale sulla riva del mare, e ad arare affondando l'aratro nella sabbia. L'unico che intuì l'inganno fu Palamede, figlio di Nauplio e Climène, re dell'Eubea. Ricorse a una soluzione salomonica, per decidere se Odisseo era pazzo o no: prese in braccio Telemaco, il figlio appena nato da Penelope, e lo posò dove l'aratro stava per passare.

Odisseo alzò di colpo la lama affilata in mezzo all'aratro, che avrebbe tagliato in due il bambino. La sua pazzia si rivelò falsa a tutti, e gli fu d'obbligo partire.

Sotto le mura di Troia, Odisseo non si segnala per atti di eroismo militare. Ma ancora una volta esercita l'ingegno per raggiungere i suoi fini.

Intanto trama la vendetta contro Palamede, che lo ha smascherato come finto pazzo e si è mostrato accorto e astuto almeno quanto lui. Togliendo di mezzo Palamede, Odisseo si vendica, anche se non si può propriamente chiamare torto quello che ha subito, e nello stesso tempo elimina dal campo greco l'unico che può fargli ombra quanto ad astuzia e ingegnosità.

Per disfarsi di Palamede, Odisseo esercita una parte ripugnante del suo ingegno: gli tende una trappola perfetta, fondata su una menzogna, e lo fa condannare sapendolo innocente. Depone di nascosto nella sua tenda una sacca piena d'oro. E mostra ad Agamennone una falsa lettera di Priamo, fatta scrivere da un prigioniero della Frigia, in cui il re di Troia ringrazia Palamede delle informazioni ricevute sull'armata achea, per le quali ha versato un cospicuo compenso.

Niente è vero, di tutto ciò: Odisseo, oltre che un bugiardo, è anche un falsario e un traditore. Un vero bastardo degno di Autolico e di Sisifo, da cui proviene il suo sangue, che con la sua macchinazione fa cadere su Palamede l'accusa di alto tradimento, punita dai soldati achei con la lapidazione.

Dopo di che assistiamo, come se l'ombra di Autolico e quella più lontana di Ermes continuassero ad agire su Odisseo, ad altre due operazioni di furto, due incursioni tra i Troiani di cui lui è la mente e Diomede, il torreggiante, violento, figlio del terribile Tideo, il braccio.

La prima, dopo l'incontro con Dolone, che da spia dei Troiani diventa traditore e dà preziose informazioni a Odisseo e Diomede senza per questo salvare la sua misera vita, è il furto dei cavalli di Reso, re della Tracia: cavalli bianchissimi, più veloci di qualunque vento, di cui la profezia aveva detto che, se avessero pascolato nei prati sottostanti Troia e bevuto acqua dello Scamandro, la città non sarebbe mai più caduta.

La seconda, è il furto del Palladio, l'immagine sacra di Atena, che è una delle colpe per cui Dante condanna Ulisse e Diomede nel suo *Inferno*. Finché il Palladio è conservato nel cuore della città, Troia sarà inespugnabile. Odisseo esce dal campo greco travestito, con gli occhi lividi e contusioni sul volto e sulle braccia per i pugni che si è fatto dare da Diomede, ha per abiti degli stracci, i piedi nudi: tutto per farsi credere uno schiavo fuggiasco. Vi riesce, entra a Troia, è così abile da non farsi denunciare da Elena dopo che, una volta accolto e fatto lavare e rivestire dalle sue ancelle, l'ha riconosciuto. Con le informazioni raccolte da Odisseo, Diomede, ancora una volta suo braccio armato, potrà entrare in Troia scalando le mura appoggiato sulle spalle di Odisseo, per impossessarsi del Palladio. Il ritorno al campo greco è traumatico: in parte drammatico, in parte comico. Odisseo vorrebbe che la gloria dell'impresa fosse riconosciuta soltanto a lui. Fa passare davanti a sé Diomede, che si accorge in tempo dell'ombra di una spada sguainata: Odisseo era pronto a colpire alle spalle un amico. Ma questa volta gli va male. La forza di Diomede prevale, lo prende, gli lega le mani dietro la schiena e lo riporta all'accampamento a calci. Partito travestito da schiavo, ritorna trattato da schiavo. Non proprio il rientro glorioso che Odisseo voleva procurarsi con l'inganno, il tradimento e il delitto.

E infine il grande Cavallo, lo stratagemma con cui dopo nove anni d'assedio Troia è espugnata. Se anche il costruttore materiale è un altro, Epeo, giunto dalle Cicladi, abile artigiano e famoso codardo, non c'è dubbio che l'artefice e il regista di tutta l'operazione è Odisseo. Sua l'idea di far bruciare le tende dei Greci, di far salpare le navi soltanto per nasconderle alla vista dei Troiani, di mettere in giro la voce attraverso il suo fido allievo Sinone che il cavallo era stato costruito dai Greci per farsi perdonare da Atena, irata con loro per il furto del Palladio, e che se era più alto delle mura, era perché non volevano che entrasse in città.

Il Cavallo, in legno di faggio, vuoto all'interno, con una porticina nascosta in un fianco, e una dedica in caratteri cubitali ad Atena sull'altro, rimane lì davanti alle mura di Troia. Vinte le resistenze, dure, disperate, di coloro che diffidano delle intenzioni dei Greci e non vogliono che il Cavallo entri nella città, il re Priamo ordina di portarlo davanti al suo palazzo. Quel Cavallo appare ai Troiani il simbolo della loro vittoria. E si gettano a capofitto in un festeggiamento bacchico, uomini e donne, a bere, a danzare, come liberati da un incubo. Invece l'incubo sta per cominciare. E ha il volto di Odisseo.

La strage è sanguinosissima. Troia è incendiata. Odisseo sostiene che tutta la progenie di Priamo deve essere distrutta. Potrebbe essere lui ad avere gettato giù dai bastioni il bambino Astianatte, figlio di Ettore e Andromaca, l'ultimo di una gloriosa dinastia. Ma più probabilmente è Pirro, detto anche Neottolemo, figlio di Achille, che lo prende per un piede e dopo averlo fatto roteare gli spappola la testa contro una roccia: perché Neottolemo è molto più guerriero e crudele di Odisseo, e poi perché è lui che si prende come schiava Andromaca, la madre.

A Odisseo tocca Ecuba, la vecchia regina, come schiava. Quando lei inveisce con gli insulti più infamanti contro di lui, Odisseo la condanna a morte: il suo valore sul mercato degli schiavi deve essere basso, vecchia e malconcia com'è. Se no Odisseo passerebbe sopra qualunque ingiuria.

Nel suo lungo e tormentato ritorno a casa, Odisseo mette in luce altri aspetti del suo carattere di *polutropos*. Astuzia e ingegno erano e sono rimaste il suo forte. Ora però è finalmente un viaggiatore, ed è viaggiatore per mare, per quel mare colore del vino e del seme che cela pericoli spaventosi. È mutevole, oltre che multiforme, non ha più in cuore il peso della guerra, che certamente ha evidenziato e potenziato i lati più duri del suo essere.

Ritornerà a far guerra, e in maniera feroce, una volta terminato il viaggio, una volta arrivato a Itaca. Ma finché è per mare, nel regno di Poseidone, suo nemico, le sue armi sono la pazienza, l'accortezza, la resistenza, la capacità di governare i suoi uomini, la forza di respingere la magia e l'incanto di amori che lo avrebbero tenuto al di qua della sua terra, la perseveranza, la lucidità di narratore, che grandeggia quando arriva da Nausicaa e alla corte dei Feaci: «Sono Odisseo, figlio di Laerte, per la mia astuzia noto fra gli uomini, la mia fama va fino al cielo. Abito a Itaca piena di sole».

Nel viaggio di ritorno, Odisseo mostra dunque le sue qualità migliori, quelle che lo hanno reso l'eroe più popolare tra quelli greci e gli hanno meritato attenzioni maggiori, nei secoli, rispetto a tutti gli altri. Viaggia in un clima magico, e domestico nonostante l'eccezionalità di certi incontri, con una sensibilità più acuita, più fine, più attenta ai dettagli e ai sentimenti umani: tanto che Samuel Butler, romanziere e polemista inglese dell'Ottocento, ha attribuito l'*Odissea* a una giovane siciliana, e Robert Graves, grande scrittore e mitologo novecentesco, ha ripreso l'idea nel volume *La figlia di Omero*.

È suggestivo pensare l'*Odissea* scritta da una donna, un'opera femminile, con quella galleria straordinaria di caratteri: Circe, Calipso, Nausicaa, Penelope. Sarebbe anche un modo per gettar acqua sulla polemica contro la prevalenza maschile in letteratura: a due donne, l'anonima autrice siciliana e Saffo, toccherebbe il merito di aver inaugurato, nell'epica e nella lirica, la letteratura occidentale.

Odisseo è accorto, buon amministratore di sé stesso. I suoi compagni meno. Sono addebitabili a loro gli errori che creano più danno.

Quando la nave di Odisseo sta arrivando in vista di Itaca grazie all'otre che gli ha donato Eolo, re dei Venti, un otre magico in cui erano chiusi tutti i venti contrari, lasciando libero di soffiare soltanto quello favorevole alla rotta, sono gli uomini dell'equipaggio che credendolo stoltamente un otre di vino, mentre Odisseo dorme lo aprono per bere, scatenando improvvise tempeste che riportano la nave in alto mare, lasciando a Odisseo danno e beffe insieme.

All'arrivo alla terra dei Lestrigoni, sono ancora i suoi uomini a far l'errore di mettere in secco le navi, alla mercé degli attacchi di quel popolo selvaggio e dedito al cannibalismo. Più accorto e prudente dei capitani delle altre tre imbarcazioni della sua flotta, Odisseo àncora la sua nave all'imboccatura del porto, legando la gomena a un grosso sasso: così può riprendere velocemente il mare, mentre le altre vengono distrutte da una pioggia di pietre.

E quando Odisseo, sbarcato in Sicilia, ordina ai suoi uomini di stare lontano dalla mandria sacra del Titano Iperione, come gli aveva raccomandato il profeta Tiresia, loro, allo stremo per la fame, si impossessano di qualche vacca e se ne cibano in un lungo banchetto sacrilego. Pagheranno un prezzo altissimo, perché questa volta non è più soltanto Poseidone a perseguitare la nave, è Zeus stesso che adirato decide per una punizione terribile, mandando una tempesta di quelle che nessuna nave può reggere. Le onde spazzano via l'equipaggio, annegano tutti gli uomini, soltanto Odisseo si salva, ma la nave è perduta, e non gli rimane che una piccola zattera fatta con l'albero maestro e qualche pezzo di fasciame. Sarà ancora una volta la sua ingegnosità, insieme alla sua abilità di nuotatore e alla sua resistenza ai colpi della sventura a portarlo a riva.

Nel viaggio, Odisseo incontra naturalmente dei mostri. Ma lui non è Perseo, né Teseo, né tanto meno Eracle. Lui non va a caccia di mostri. Per lui, potrebbero vivere. Lui se li trova sul suo cammino. E non li affronta con la spada, la lancia, la clava, ma con astutissimi accorgimenti, come è nella sua natura.

I due casi in cui l'astuzia di Odisseo raggiunge i suoi vertici sono quelli con cui libera sé e i suoi uomini dal Ciclope Polifemo, e schiva le pericolose, mortali lusinghe delle Sirene.

I Ciclopi, esseri giganteschi con un solo occhio in mezzo alla fronte, non avevano più la dignità titanica dei tempi primordiali, erano ormai un popolo di rozzi pastori che pascolavano pecore e montoni in riva al mare di Sicilia. Finito nelle loro mani con tutti i suoi uomini, Ulisse, prigioniero in una grotta che il Ciclope

Polifemo chiudeva con un macigno che nessuno sarebbe riuscito a spostare fuorché lui, deve escogitare un modo per uscirne. E al più presto, perché Polifemo, come gli orchi delle fiabe, fa colazione e pranzo con la carne umana, e già quattro dei suoi uomini sono stati divorati, ossa e tutto.

Odisseo, mentre Polifemo è assente, al pascolo, riesce a trovare un tronco d'ulivo sfrondato che rende appuntito a una sommità, facendone una specie di grossa lancia che nasconde accuratamente. Poi la sera, quando il Ciclope rientra, ricorre all'otre di vino delizioso che aveva portato con sé. Ha capito che Polifemo, ingenuo e rozzo, non ha mai bevuto altro che latte, e che quanto a cervello, ne ha uno inversamente proporzionale alla massa del suo sgraziato fisico di gigante.

Dunque gli offre da bere, gli fa scoprire quel piacere sin lì sconosciuto, abbassare un po' la guardia. Polifemo è subito conquistato da quel vino, ne chiede ancora. È quello che voleva Odisseo, che gliene offre per tre volte. Si conquista una specie di elementare benevolenza di quell'essere quasi animalesco. Il vino lo rende persino appena più loquace: «Come ti chiami?» chiede. «Nessuno» risponde Odisseo, *Outis*, in greco. «Nessuno mi chiamano i compagni, il padre e la madre.» Il povero Ciclòpe non ci trova niente di strano.

Si addormenta ebbro, e dorme un sonno pesante, russando emette il suono di un mantice. È il momento buono. Odisseo e i suoi compagni arroventano la cima appuntita del tronco e la spingono nel cavo dell'unico occhio del Ciclope. Lo risveglia il dolore terribile, e gli urli che emette sono così strazianti e forti che il popolo dei Ciclopi si sveglia e va davanti alla sua grotta a chiedere che cosa stia succedendo.

E Polifemo urla che Nessuno gli sta facendo del male. L'incredibile, sottile espediente di Odisseo, di uno tanto multiforme e tanto pronto a prendere nuove identità e annullarle, vale più dell'atto di forza, che da solo non sarebbe mai stato risolutivo.

Nessuno? I Ciclopi scuotendo le loro grosse teste dall'unico occhio se ne vanno, Polifemo accecato non riesce ad acciuffare nella grotta gli uomini di Odisseo. Al mattino dopo, eccolo sanguinante e piangente scostare il macigno che fa da porta e mettersi lì davanti, convinto che almeno di lì i suoi prigionieri dovranno passare. Ma Odisseo ha pensato anche a questo. Lui e i suoi uomini sono legati al ventre delle pecore e degli arieti, quando il gregge esce Polifemo palpa il dorso, sente la consistenza del vello, non sospetta niente. E così Odisseo e i suoi riguadagnano la nave.

Quando poi arriveranno all'isola delle Sirene, Odisseo dovrà ancora aguzzare l'ingegno.

Questi mostri, metà donne e metà volatili, dal volto bellissimo e dal canto più che soave, si diceva che fossero le compagne di giochi di Persefone, così trasformate da Demetra irata perché non avevano fatto nulla per difenderla dal rapitore Ades. Altri, sostenevano che fosse stata Afrodite a punirle, per il loro insistere a mantenere la verginità senza concedersi ai marinai di passaggio.

Erano pericolosissime le loro insidie. Ammaliavano i marinai con i loro canti, li inducevano a saltare giù dalla nave, e poi li uccidevano. Sembrava che il loro canto fosse irresistibile.

Allora Odisseo, prudente oltre che astuto, mette tappi di cera nelle orecchie dei compagni e, per quanto lo riguarda, si fa legare da un solido giro di fune all'albero maestro della nave: ascolterà così le Sirene, ma anche se ne subisse il fascino fatale non potrebbe seguirle. Poi va a zigzag tra i mostri, evita Scilla e Cariddi, evita le Rupi Vaganti tra le quali si era già fatta largo la nave di Giasone. Non li caccia, non fa l'eroe. Li considera incidenti di percorso, ostacoli al suo viaggiare.

Se il viaggio può mettere davanti all'anima violenza (Polifemo) e seduzione (Sirene), Odisseo insegna come guardarsene. Aprendosi vie di fuga, o imponendosi di restare dove si è. Mimetizzandosi sino ad annullarsi, a perdere il proprio nome. O mettendo un freno ferreo non alla propria voglia di conoscere il fascino, la bellezza, ma alla propria tendenza a perdervisi.

In mare da troppi anni, Odisseo compie il viaggio sino al paese grigio e nebbioso dei Cimmeri e discende all'Ade. Deve interpellare Tiresia, per sapere cosa gli riserva il fato per quel suo così difficile e contrastato viaggio di ritorno a casa. Le ombre si affollano intorno alla pozza dove sta il sangue del sacrificio, bevendo il quale riacquisterebbero la forza di parlare. Ma Odisseo ha uno scopo preciso. Non lascia avvicinare Elpenore, il marinaio che ha perduto poco prima, e neppure la madre Anticlea, neppure lei, prima che si avvicini, beva e parli Tiresia.

È stata Circe a consigliare a Odisseo quel viaggio infero. E ora mi resta da parlare, cara lettrice e caro lettore, delle donne che si pongono tra Odisseo e Itaca.

Quello che sorprende è che Odisseo non si innamora mai. Sono le donne a innamorarsi di lui, a volerlo trattenere per sé. Circe è la maga, la Signora dell'isola di Eea, la figlia del Sole e di Perseide come Pasifae regina di Creta e Eete, re della Colchide. Invita al suo desco gli umani e poi li trasforma in fiere, e così ha mutato in maiali i compagni di Odisseo. Soltanto con l'erba moli, dalla radice nera e dal fiore candido, che Ermes, suo lontano progenitore, viene a donargli, potrà contrastare gli incantesimi della maga. Circe si innamora. Odisseo non si fida, e prima di entrare nel suo letto chiede che per amor suo faccia tornare umani tutti quegli esseri che ha così mutato. Onora poi il suo letto, le dà tre figli, tra cui Telègono, che avrà in seguito una parte decisiva nella sua sorte.

L'altra donna si chiama Calipso, una Ninfa figlia di Teti e di Oceano che vive nell'isola di Ogigia, ricca di ogni fiore, dove Odisseo arriva dopo aver perduto nave ed equipaggio. Bellissima e dotata anche lei di poteri magici, offre a Odisseo il dono dell'eterna giovinezza, se vivrà con lei. Odisseo resta a Ogigia ben sette anni. Genera con lei i due gemelli Nausitoo e Nausinoo. Ma ha nel cuore il tarlo di Itaca. O del viaggio. O di una certa qual insofferenza all'amore. Di lui, per altro, non si conoscono amori omosessuali, così frequenti nei grandi eroi guerrieri Eracle e Achille. Fatto sta che vuole ripartire da quel paradiso. E Zeus manderà il suo più efficace ambasciatore, Ermes, a convincere Calipso che non deve opporsi. Su una zattera, con abbondanti provviste di grano, vino, acqua e carne secca, Odisseo si rimette in mare.

Quando Poseidone, suo eterno nemico, vede la zattera e Odisseo al remo, suscita una tempesta, ancora una, l'ultima, che lo affonda e lo farebbe annegare se Odisseo, trascinato sul fondo dalla pesantezza delle vesti, non capisse subito che dovrà sfilarsele e risalire nudo a galla. Atena, sua eterna benefattrice, libera venti contrari che spianano le onde, e Odisseo è un buon nuotatore: in due giorni arriva, stremato, nudo, all'ultima tappa del suo favoloso viaggio, da Nausicaa e i Feaci.

Arrivato a Itaca, Odisseo riprende la sua abitudine di travestirsi e a spiattellare menzogne, gettando un'ombra di dubbio su tutto quello che ha raccontato nella reggia di Alcinoo, su tutto l'aspetto favoloso e marino delle sue avventure. Il mare, Poseidone, gli è sempre stato ostile. Atena sempre vicina. Ma quando sul suolo di Itaca gli appare in vesti di giovane pastore, racconterà un sacco di balle anche a lei, dirà di essere cretese, di essere fuggito dopo aver ucciso il figlio del re... Atena ride, perché sa che quelle menzogne fanno parte dell'intelligenza prudente, tattica, accorta di cui lo ha dotato.

E la stessa Atena, che l'ha reso splendente di bellezza e persino più alto davanti a Nausicaa, ora lo trasforma in senso contrario, lo invecchia, gli dà un aspetto da mendicante. Solo gli esseri più umili e fedeli lo riconoscono, il porcaro Eumeo, il cane Argo, e infine la vecchia nutrice Euriclea, che riconosce l'antica ferita sulla coscia dovuta alle zanne di un cinghiale.

Nella sua casa, occupata dai pretendenti alla mano di Penelope, che sta rinviando il giorno della scelta grazie alla celebre tela per Laerte, tessuta di giorno e disfatta la notte, Odisseo entra travestito, gira mendicando, sopporta l'oltraggio di Antinoo, il più arrogante tra i pretendenti, che gli tira in testa uno sgabello. Perfino a Penelope, che non lo riconosce, di cui non sappiamo se si fidava del tutto, rivolge menzogne ambigue e mezze verità.

E poi finalmente la prova dell'arco, che dovrebbe indicare una volta per tutte il pretendente vittorioso. Si tratta di riuscire a infilare una freccia tra dodici anelli di ferro. Ma nessuno riesce neppure a tendere il vecchio grande arco che Odisseo aveva lasciato a casa venti anni prima. Soltanto il vecchio mendico ce la fa, e la prima freccia vola al bersaglio, la seconda alla gola di Antinoo.

È l'inizio della strage. Odisseo, con pochi uomini dalla sua, uccide centoventi pretendenti, rimasti in sua balia dopo che lui, gran stratega, ha fatto portare via le armi dalla sala dove si svolgeva la prova, e dove ora svolazza in forma di rondine Atena, compiaciuta dell'eccidio.

In definitiva, Odisseo massacra dei disarmati, senza pietà per nessuno. Neppure per le dodici tra le cinquanta ancelle di Penelope che hanno parteggiato per il nemico. Sono costrette a ripulire la sala dal mare di sangue, e poi impiccate.

Cosa ne fu poi di Odisseo, ognuno può immaginarlo a suo modo. Chi lo immaginò con più grandiosa potenza fu Dante, lo sappiamo.

Dopo che il combattimento tra lui e gli itacesi ribelli cessò per l'intercessione di Atena, qualcuno dice che ripartì e andò lontano dal mare per placare Poseidone con il sacrificio di un ariete, un toro e un cinghiale. Vagò per altri dieci anni, poi tornò a Itaca dove Telègono, il figlio avuto da Circe, che era in viaggio per trovare il padre, non lo riconobbe e lo uccise. Un equivoco finì l'eroe che aveva fatto dell'equivoco, del travestimento, della menzogna le sue regole di vita.

Per la sua complessità polimorfa e spesso contraddittoria, maschile e femminile, eroica e antieroica, astuta e sofferente, meschina e gloriosa, Odisseo, o Ulisse come si preferisce chiamarlo, parla all'anima umana con una voce che lei riconosce. Quasi spregevole nella guerra, quasi sublime nel viaggio di ritorno a casa, sembra dire all'anima che il suo compito non è combattere, è muoversi, viaggiare, cercare sé stessa. E le proprie origini. Sembra sancire la necessità del ritorno.

PARTE TERZA

La manutenzione dell'anima

Quale mito stiamo vivendo?

Il Ponte Morandi, quel ponte grandioso che collegava la parte a ponente con quella a levante di Genova scavalcando tutta la Valpolcevera, aveva un'essenza che io pensavo sempre prometeica. Soltanto un Titano amante delle sfide al cielo poteva averlo ispirato. Perché, sbucando in automobile su quel ponte, anche senza procedere a forte velocità, tu cara lettrice e caro lettore, avevi davvero l'impressione di alzarti in volo sulla città, e i suoi piloni e i suoi stralli apparivano giganteschi, di una misura non rapportabile né a un uomo né a una automobile.

Quando ci passavo con mio padre, nei nostri giudizi veniva fuori tutto lo iato culturale che ci divideva. Per mio padre, ufficiale dei Granatieri di Sardegna durante la Seconda guerra mondiale, uomo tutto d'un pezzo, all'antica, quel ponte era il segno poderoso di una vittoria dell'ingegno umano sulla natura, per il quale non mancava mai di manifestare un entusiasmo orgoglioso. Per me, che in quegli anni flirtavo con la controcultura californiana, libertaria ed ecologista, aveva sì un fascino aereo, ma era il segno di un eccesso, di un'arroganza dell'uomo occidentale nel voler sfidare le leggi della natura stessa.

Quel nebbioso, piovoso mattino di agosto che il Ponte crollò, nessuno di noi abituati a transitarci con una certa frequenza voleva crederci. Sembrava del tutto impossibile. Le prime immagini che arrivarono ci fecero sentire come se una voragine si fosse aperta sotto i nostri piedi, come se all'improvviso fossimo stati separati da una parte del mondo e da ogni nostra sicurezza.

Il Ponte detto Morandi dal nome dell'ingegnere che lo progettò era venuto giù inghiottendo le sue povere vittime tra le macerie, e aveva lasciato due spezzoni dirimpettai nel vuoto, assurdamente intatti: quel furgoncino verde fermo, illeso a un passo dall'abisso faceva riflettere sulle dinamiche mai calcolabili del destino.

Fu subito chiaro, e ora è addirittura stabilito da una sentenza, che se fosse stata fatta un'adeguata, responsabile e assidua manutenzione, quella tragedia sarebbe stata evitata.

Che abbia bisogno di manutenzione un motore, è esperienza che tutti facciamo quando portiamo in officina la nostra automobile per i controlli periodici. Perché l'insieme del motore regga e adempia al suo compito, ogni singolo pezzo deve funzionare. Così il meccanico apre il cofano e controlla parti del motore che per me sono, lo confesso, puri suoni, il cui significato devo cercare sul dizionario: candela, carburatore, filtro dell'olio, filtro dell'acqua. Mi devo fidare di lui, che il motore lo conosce. E ogni tanto capita che qualche parte debba essere sostituita. Sono accorgimenti preventivi, per evitare danni mentre si viaggia. Appena il mio meccanico me lo ha consigliato, ho disposto di rifare la frizione, prima che si bruciasse. Le gomme vanno sostituite prima che si consumino sino a scoppiare.

Ora ti sarai forse spazientita, cara lettrice e caro lettore, e mi chiederai: cosa ha a che fare l'anima con un motore e con un ponte? A quale tipo di *manutenzione* dobbiamo pensare, pensando a lei?

Si sa, quando si parla di anima, si è dentro il vasto regno del simbolico. E, simbolicamente, l'anima può essere avvicinata a un ponte almeno in quanto collega tra loro il corpo e lo spirito, il buio e la luce, la coscienza e l'inconscio, l'umano e il divino. Un ponte sospeso, infinito, più audace del vecchio ponte Morandi.

D'altra parte, l'anima si muove al suo interno e mette in movimento, il suo soffio vitale regge la nostra esistenza di esseri umani. È il "motore" del nostro essere nel mondo. Ed è composta di tante componenti che interagiscono tra loro: tutti quei "movimenti umani" incarnati dalle figure del mito greco di cui abbiamo sin qui parlato insieme.

Per continuare la metafora: manutenzione dell'anima significa conservare l'anima *in buono stato*.

Non è una terapia, non guarisce dove ci sono psicopatologie, dove il rapporto tra corpo e spirito è già decisamente compromesso. Per esempio: per un serial killer paranoico, che ha bisogno di efferati delitti per procurarsi piacere, e che li ha già commessi, non c'è manutenzione dell'anima che tenga. Una volta catturato dovrà essere preso in carico da altre officine. Da quella psichiatrica e psicoanalitica, *officina clinica con lunga riparazione onerosa*. E poi, se lo richiede, da quella religiosa, *officina con pronta riparazione gratuita*, attraverso il sacramento cattolico della Confessione, per cui se affiora un pentimento il sacerdote ha il potere di perdonare e cancellare qualunque colpa, anche la più orribile.

La manutenzione funziona prima: prima di essere un serial killer, di diventare un Charles Manson, un Jeffrey Dahmer, un Donato Bilancia, un Andres Breivik, chiunque è stato innocente: innocente è stato persino Hitler, ho pensato vedendone un raro ritratto da bambino. Che cosa, quale squilibrio, quale insorgenza di forze oscure, quale malvagia fascinazione ha agito nelle loro anime perché diventassero quello che sono diventati? Hanno conosciuto in sé quali immagini di Dioniso, con i suoi eccessi, quali di Pan, con i suoi impulsi violenti, quali di Agamennone, con la sua volontà di potenza e dominio? Forse hanno lasciato emergere figure conficcate nella parte più buia dell'anima, i mostri che abitano dentro tutti noi, senza il contrappeso luminoso delle dee e degli dei che portano saggezza e degli eroi che, contro i mostri, combattono per noi le loro battaglie.

James Hillman, analizzando con i suoi straordinari strumenti la figura del dittatore tedesco, si sofferma molto sul suo rapporto con alcuni simboli: il Ghiaccio, quello che Dante pone nell'estremo fondo dell'inferno in cui stanno Caino, Giuda e Lucifero, e che Hitler afferma sino all'ultimo di avere nel cuore; il Fuoco, di cui depotenzia la parte che porta calore, luce e trasformazione vedendone soltanto la parte distruttiva, sino al rogo finale nel cortile del bunker; e infine il Lupo, la sua indentificazione con quell'animale emblema di ferocia che lo portò da ragazzo a farsi chiamare Herr Wolf e a chiamare Frau Wolf la sorella, e a immaginare che il suo stesso nome, Adolf, derivasse da *Athalwolf*, "Nobile Lupo".

Possiamo dire che la manutenzione dell'anima, come quella di un ponte o di un motore, ha un carattere preventivo?

Sei da solo a lavorare su di te. Il tuo equilibrio è intatto ma instabile. Come tutti gli equilibri viventi. La tua anima è affollata, senti i movimenti umani che vi si sviluppano e che possono diventare tuoi padroni, se tu non li conosci e non li chiami con il loro nome.

Hai davanti le figure del mito greco, e ora puoi vederli rappresentati da dee e dei, eroine ed eroi. Puoi vedere il quadro del "politeismo dell'anima". E cominciare a intervenire su di esso.

Il fine della manutanzione è rendere la tua vita più piena e più ricca, più consapevole dei suoi limiti e delle sue aspirazioni all'infinito, e lenire il senso di vuoto, valorizzare le tue memorie, vedere in prospettiva i tuoi desideri. Ti aiuta a confessare a te stesso i tuoi sogni, quelli a occhi aperti, le fantasticherie (*Tagtraum*, in gergo freudiano), a capire le tue aspirazioni, ad aver chiaro ciò che ti rende infelice, e ciò che ti rende felice.

In genere, gli esseri umani non lo sanno. La loro vita si muove come un pendolo tra dolore e piacere: ma non se ne rendono conto, e non si interrogano sulle origini lontane di questo continuo oscillare. Lo fece Goethe, sintetizzando in un verso folgorante la domanda eterna sull'essenza di ciò che sentiamo come esseri umani, e che ci qualifica come tali:

Was soll all der Schmerz und Lust?
(Che vale tutto questo dolore e tutto questo piacere?)

Più tardi un umile, misconosciuto poeta ligure, Camillo Sbarbaro, si rivolse così alla sua anima, ancora una volta individuando nel godimento e nella sofferenza i poli tra cui un'anima vive la propria vita essenziale, senza opporre resistenza:

Taci, anima stanca di godere
e di soffrire (all'uno e all'altro
vai rassegnata).

Come avrai capito, cara lettrice e caro lettore, una buona manutenzione è un processo, richiede attenzione, e si svolge per gradi.

Siamo sicuri che nella conchiglia della nostra anima soffino ancora tutti quei venti arcani che ci parlano del mare delle origini, dell'energia del mistero? Siamo sicuri che ci si muovano dentro ancora tutte le passioni che in quanto tali definiscono un essere umano nella pienezza del suo essere?

Il poeta Robert Bly, amico e collaboratore di James Hillman, autore di una bellissima poesia che tradussi tanti anni fa, dal titolo *Siano benedetti quelli che danzano*, ha raccontato in un suo aureo libretto che c'è un peso, un sacco che ciascuno di noi porta dietro le spalle. Un sacco, un borsone, uno zaino da viaggio: che sta dietro di noi, e noi non possiamo più vederlo.

In realtà, ciascuno di noi nasce senza niente di tutto questo. Il neonato gode di una libertà polimorfa, senza condizionamenti, senza costrizioni.

Poi, man mano che gli anni passano e il bambino cresce, il sacco alle sue spalle compare e pian piano comincia a riempirsi. Si riempie di tutto ciò che il suo portatore deve rifiutare e gettare lì dentro secondo quanto prescrivono la famiglia, prima, poi la scuola, poi la società. Il padre e la madre, la maestra, il professore, i dirigenti dell'azienda per cui comincia a lavorare. Con una serie di norme sempre più vincolanti e di maggior peso, dalla prima infanzia alla maturità. Più il sacco sulle spalle si riempie, più si svuota la nostra anima, ci si sente meno liberi, sono meno leggeri i nostri movimenti.

Ora il sacco, il borsone, lo zaino, chiamiamolo come ci pare, è gonfio, ed ecco cosa ci è finito dentro: poco per volta, ci sono finiti il gioco, la spontaneità, il senso del meraviglioso, il piacere, la libertà sessuale, le passioni disinteressate, l'individualità, l'anticonformismo, l'entusiasmo, la fame di Dio, la ricerca della verità, la fede nell'invisibile.

Così, con un sacco sempre più grosso e greve sulle spalle, cui ormai si sono assuefatti, moltitudini di umani si aggirano nelle loro città e nelle loro case, resi semplici pedine di un gioco economico e tecnologico di cui non sanno le regole, amorfi, tutti eguali, senza più interiorità, con movimenti umani smorzati e banalizzati.

Una buona manutenzione dell'anima ha come primo momento la *verifica* di quanto abbiamo gettato dietro e di quanto abbiamo ancora dentro di noi. È un processo di riappropriazione: si svuota il sacco, si riempie l'anima. E si verifica che i movimenti umani, le passioni, le pulsioni, i desideri, i sogni, le antiche divinità e le antiche eroine ed eroi, accantonati forzosamente, siano di nuovo in lei nella loro autenticità.

Fondamentale è l'esercizio del *raccontare*. Sono d'accordo con Thomas Moore, anche lui come Bly vicino a Hillman, maestro decisivo: «Lo storytelling è un mezzo eccellente di prendersi cura della propria anima. Ci aiuta a vedere i temi che circolano nelle nostre vite, i temi profondi che ci dicono quale mito stiamo vivendo».

Ciascuno di noi deve fare a sé stesso il racconto della propria esperienza. Ma senza veli e infingimenti. Deve adottare un metodo che è il contrario di quello del post su Facebook dove, tranne rarissime eccezioni, uno si racconta come vuole che gli altri lo vedano, più bello, più felice, più alla moda, più invidiabile.

No, la narrazione di noi a noi stessi deve essere sincera, cruda. Bisogna trovare il tempo e il coraggio di farlo. È più di un diario, è più di un autoritratto. Non è facile ma è di fondamentale importanza. Bisogna imparare a parlare con sé stessi, con le proprie memorie e i propri desideri, soltanto così si individuano i poli intorno a cui si organizza la nostra esistenza.

Bisogna isolare i momenti di infelicità e quelli di felicità alla fine di ogni giornata, e saper dare spazio a questi ultimi, ricordare l'invocazione di Giuseppe Ungaretti «Bel momento, ritornami vicino» e farla propria. Tesaurizzare tutto quello che di bello ci viene donato.

Attraverso la narrazione emerge tutto: tutti i movimenti umani che vivono nella nostra anima, organismo complesso, pieno di caverne buie e di vette sfavillanti, di foreste e di radure assolate, di deserti e di mari ora calmi ora ondosi. Ora, bisogna *individuare* "quale mito stiamo vivendo". Individuarlo significa davvero avvicinarci all'autentica, primordiale energia della nostra anima, poterne saggiare le condizioni, capire di quali aggiustamenti necessita. E per capire che cosa significa "vivere un mito", dobbiamo ricorrere a qualche semplice esempio.

Sei una donna di quarantacinque anni, età in cui oggi le donne possono ancora essere bellissime, hai passato i tuoi anni più giovani nello studio approfondito e appassionato della biologia, una laurea, un master negli Usa, esperienze in vari laboratori di ricerca. Hai vissuto da sola, in piccoli appartamenti d'affitto in zone eleganti della tua città. Qualche fine settimana nella casa di campagna dei tuoi, che vedi soltanto in quelle occasioni. Hai affetto per loro, in particolare per il tuo primo nipotino, figlio della sorella minore. Tu non hai mai pensato a riprodurti. Ad avere una famiglia tua. Ora hai una posizione di rilievo in una grande multinazionale farmaceutica. Hai comperato un appartamento di ampia metratura, hai controllato tu stessa i lavori di ristrutturazione, meticolosa e competente. Nel tuo grande living passi serate tranquille, in compagnia di un bicchiere di rosso di gran marca e di buona musica. Preferisci la classica, il suono dell'arpa e del flauto. Le tue energie di vita sono tutte investite nella tua attività importante, che ti appaga. Le tue amicizie tutte ristrette al tuo gruppo di lavoro, hai frequentazioni che non vanno oltre i colleghi e un anziano professore di riferimento. Non pensi che alla tua carriera. Non vivi che per progredire nella conoscenza del tuo campo di studio. Pubblichi articoli, vai a convegni, ti distingui anche per la capacità strategica di intessere rapporti funzionali al tuo lavoro. Sei equilibrata, calma, attiva, la ragione è la tua prima guida. Di te si può dire che stai vivendo il mito di Atena.

Sei un uomo di quarantacinque anni, età in cui oggi ci si dice ancora giovani, ma in cui in ogni caso metà della vita è passata, hai fatto studi tecnici, poi hai lavorato come commesso in un negozio di ferramenta nella tua città. Ora che il padrone ha deciso per età di lasciare, hai rilevato tu l'attività. C'è voluto coraggio, ma per te è stato importante restare dove eri, non dover cambiare, ti sentivi intimamente legato a quel negozio dopo avervi passato vent'anni e più da commesso. Trovavi rassicurante vedere gli stessi clienti, fare con loro sempre le stesse chiacchiere. Ma più rassicurante ancora la tua casa, a poche centinaia di metri dal negozio, in una via semicentrale. Stavi ancora pagando un mutuo per quella quando hai dovuto accenderne un altro per subentrare al padrone. La tua è una casa accogliente, semplice nell'arredamento, senza particolari qualità. A te va bene com'è. Hai eseguito tu stesso tanti lavori di ristrutturazione, per renderla sicura, porta blindata, isolamento acustico delle pareti. In questa casa vivi con tua moglie e un figlio. Sei legato moltissimo a loro, ti prodighi perché stiano bene, sono l'oggetto di tutti i tuoi pensieri. Gli affari in negozio non sono più quelli di una volta. La concorrenza dei grandi centri commerciali si fa sentire. Ma tu trovi conforto nello stare sempre di più in casa. Quei centocinquanta metri di strada tra la casa e il negozio quasi ti pesano. Non ti fermi mai a bere un caffè. Non vedi altro che il nucleo domestico radunato nella sala davanti a un televisore: la moglie, il figlio adolescente e tu. Niente ti piace di più e ti dà più sicurezza. Ti fai un vanto della tua fedeltà alla moglie, e cerchi di tenere il figlio al riparo dal mondo esterno. Non hai amici. Il focolare ti conforta, ti dà un centro e un senso. Di te, si può dire che stai vivendo il mito di Estia.

Non hai neppure trent'anni, hai vissuto una breve vita da nerd in un appartamento di venticinque metri quadri in una metropoli, chiusa lì davanti al tuo pc, ai tuoi videogiochi, in penombra, lasciando fuori tutto il resto. Piercing alle sopracciglia, abiti maschili, neppure un filo di trucco, capelli lasciati lunghi sulle spalle o raccolti alla nuca. Poi la svolta. I tuoi, preccupati che passino anche settimane senza vederti, ti comunicano che nelle sue disposizioni testamentarie la nonna ha lasciato a te una piccola casa di campagna, isolata, nel cuore di una vallata ancora vergine, con un terreno intorno confinante con un bosco di querce, di castagni e di abeti. Così, senza sapere bene il perché, hai abbandonato la tua vita da reclusa in città all'improvviso, e sei andata a vivere da sola nella piccola fattoria ereditata dalla nonna. Dall'isolamento tra le mura di quattro pareti, sei passata all'isolamento in mezzo al verde e nel bosco. Ora non respiri che nel verde, ti appassioni alla vita degli animali, la nonna possedeva un cavallo e tu impari a montarlo, prima per qualche giro al trotto intorno alla casa, poi ti slanci al galoppo nella radura e per le colline. Ti distacchi sempre di più dal consorzio umano. Vesti con ancor più semplicità di prima, la tua gioia sono le corse sotto la pioggia mentre sale nell'aria l'odore di erba bagnata, le passeggiate nei boschi le notti d'estate, a sentire l'urlo della civetta e a guardare i riflessi della luna tra i rami. Non vuoi essere toccata da nessun uomo. Basti a te stessa. Accetti talvolta la compagnia di qualche amica, purché sia simile a te. Questo vuol dire che stai vivendo il mito di Artemide.

Sei un giovane che ama in egual misura lo sport e lo studio. Forse anche la danza. Un giovane un po' rétro, in cui affiora un bisogno di compostezza che porta anche a vestirsi in maniera tradizionale, i pantaloni con la piega, il blazer blu, a mettere intorno al collo la cravatta a strisce blu e granata. Accetti senza batter ciglio di essere giudicato leggermente fuori tempo, o omosessuale. Forse in fondo lo sei. Guardi le masse che seguono le mode con un po' di disprezzo. Vuoi eccellere nel salto in alto, nella corsa sui 100 metri, ma soprattutto nel lancio del disco, dove hai sempre ottenuto ottimi piazzamenti nelle gare di atletica della tua scuola. Curi il tuo corpo, lo vuoi armonioso, forte, ma soprattutto bello da vedere. Hai avuto una breve storia con una ragazza, senza impegnarti sentimentalmente, mantenendoti al di sopra di un coinvolgimento emotivo troppo forte. Ami l'equilibrio. Lo cerchi. Lo costruisci. Ti piace la musica senza frastuono, di fronte ai milioni di coetanei che cercano su Youtube i video dei rapper, tu cerchi canzoni dal giro melodico ben strutturato, tra Cole Porter e George Gershwin, che hanno magari soltanto poche visualizzazioni. Allora, in una società spazzata da correnti dionisiache banalizzate che spingono masse giovanili alla trasgressione, allo sballo, allo scatenamento senza scopo, sei tra i pochi che stanno vivendo il mito di Apollo, un dio lontano, contemplativo, aristocratico, diverso da Atena, sempre così sollecita, fattiva, vicina agli esseri umani.

Non c'è distinzione di genere nel mito: Atena, Estia, Artemide, che sono femmine, Apollo, che è maschio, vivono nell'anima di un uomo, di una donna, di un omosessuale, di un transessuale, indifferentemente.

Una volta individuato il mito dominante della nostra vita, dobbiamo sottoporlo al vaglio di un giudizio impietoso: ci rende felici? Sentiamo in noi la pienezza della vita grazie ad esso?

Forse una buona manutenzione ci dirà che in genere sbaglia chi sacrifica, a quello che sta vivendo, tutti gli altri miti. Se parla in te un'unica divinità, un'unica corrente di energia psichica, puoi diventare col tempo uno di quei tipi umani squadrati, severi, senza le esitazioni salutari del dubbio, senza la tenerezza del mettersi in discussione, dominati da idee che possono sfociare nell'ossessione e nella monomania. Si può diventare schiavi del proprio mito di riferimento.

Coloro in cui parlano le voci di Atena o di Estia dovrebbero temere ed evitare che il sapere o l'attaccamento al focolare diventino paraventi che celano tutto quello che c'è di altro e di vivo al mondo. Forse l'appagamento nel sapere della biologa quarantacinquenne maschera un'inconfessabile insoddisfazione: quella di non avere il calore di un rapporto intenso, di non essersi mai messa in gioco fuori dai confini del suo lavoro per puro piacere, il non aver mai riso con Ermes, dio malizioso e fornito di senso dell'humor.

Il nostro commesso e poi padrone del negozio di ferramenta, così legato al culto della moglie e del figlio, forse non ha mai pensato che né sua moglie né suo figlio sono come un negozio, che rilevi, possiedi e gestisci. Chiuso nel suo culto, non ha mai fatto niente per capire chi ne è oggetto. Basterebbe niente, la moglie che si annoia di quella vita, il figlio che reclama di andare a studiare all'estero, e il suo equilibrio comincerebbe a scricchiolare. Se poi nella sua fedeltà conclamata scoprisse un giorno che la moglie ha una storia con un altro uomo e intende chiedere la separazione, tutto il suo castello di certezze cadrebbe, e rovinosamente. Sino a portarlo al delitto. Non avete mai fatto caso che molti delitti maturano in ambienti familiari chiusi? Più raro che a uccidere per gelosia o perché abbandonato fosse un playboy, quando ne esistevano ancora.

La ragazza devota ad Artemide, dovrebbe temere che la sua selvatichezza diventi presto misantropia, compiacimento della propria solitudine. Non vuole un focolare, anche se ha in casa un bel camino dove bruciare ceppi che taglia lei stessa, tonica com'è diventata, a colpi di accetta. Se ne sta lontana da Atena. Non studia. Non cerca un lavoro, né di mettere a frutto la fattoria. Con gli anni, rischia di inselvatichirsi, di diventare povera. E quando non potrà più correre a cavallo? E quando le rare amiche non verranno più a trovarla e non avrà più l'aiuto da lontano dei genitori?

Il ragazzo che vive un mito apollineo deve sapere che il suo bisogno di equilibrio può produrre secchezza, aridità, incapacità di ricominciamento. La cura del corpo può diventare una posa. Ha le spalle ben scolpite, la vita stretta, i muscoli addominali in rilievo. E allora? Il suo stesso bisogno di bellezza può avvizzire senza un confronto con qualche altro essere, maschio o femmina che sia. Il suo approccio aristocratico alle cose può diventare solipsismo, chiusura, maniacalità. Se non Dioniso, almeno Pan è in agguato. È deforme, lui, ha le corna, il piede di capro, ma instilla desideri e vive piaceri carnali che esseri perfetti e luminosi neppure si sognano.

È vero che Atena, Estia e Artemide sono tendenzialmente nemiche di Afrodite. C'è qualcosa di virginale, in tutte loro: e questo le carica di riprovazione e di fastidio verso la dea della bellezza e dell'amore inteso anche in senso pienamente fisico.

Il contrasto tra Atena, che i Romani chiamavano Minerva, e Afrodite, che i Romani chiamavano Venere, è ben rappresentato allegoricamente in un quadro di Andrea Mantegna, intitolato *Il Trionfo della Virtù*, o *Minerva scaccia i Vizi dal giardino della Virtù*, dipinto nel 1502. In un giardino affollato che ha archi scuri sullo sfondo sotto un cielo di nuvole gonfie e uno strapiombo di rocce, Venere è al centro, bionda, bianca di carnagione, morbida nelle forme, coperta appena con un piccolo velo di traverso sul pube che ne accentua la nudità, con un sorriso malizioso ma anche assente, lontano, carico di sensualità ammiccante e, forse, di ironia. Davanti a lei sosta mansueto un centauro, antico emblema della lussuria. Da sinistra sembrano correre contro Venere due giovani donne appaiate, con abiti che lasciano scoperte soltanto le braccia, i piedi quasi sollevati da terra, forse una rappresenta Diana, una la Castità. Ma la figura che irrompe e campeggia è Atena, con un corpetto di acciaio, elmo, una lancia e un arco, un'espressione guerriera, severa, di condanna, la bocca semiaperta, come di chi lancia un grido, mettendo in fuga un nugolo di Amorini. In un angolo, la ninfa Dafne, dai lineamenti lignei, magra e altissima, si è ormai metamorfosata in alloro per restare pura, preservata così dai desideri di Apollo. Il giardino diventa palude, si popola delle allegorie di tanti vizi, vi svolazzano Cupidi come fastidiosi calabroni. Venere sembra indifferente a tutto questo. Minerva arriva a combattere, in pieno assetto di guerra, tutto il disordine che vi regna.

Prendiamo il giardino come una allegoria della nostra anima: non si poteva raffigurare meglio una diversità inconciliabile tra forze divine, l'eterna lotta tra l'abbandono amoroso di Venere e l'attivismo guerriero di Minerva, che in realtà si combattono in un campo di battaglia – paludoso, nuvoloso – sempre interno a noi stessi.

Queste figure divine così diverse definiscono movimenti umani che in noi sono presenti e forti. Dentro le nostre anime, dei ed eroi guerreggiano più che nell'*Iliade*. Rappresentano i conflitti che sono in noi, e che dobbiamo cogliere e mettere a nudo. Niente è per sempre, e tutto è in movimento, dentro di noi. Ci muoviamo tra poli opposti. La ricerca del sapere e l'abbandono all'eros, l'amore e il dominio, la castità e la perversione, la staticità e il bisogno di viaggiare, la leggerezza e la pesantezza, la luce e il buio, la mostruosità e la nobiltà eroica, la pulsione di morte e il desiderio di rinascere.

Le figure del mito ci aiutano a individuare tutti questi contrasti, e a fare chiarezza, per come può essere fatta nella realtà dell'anima, sfuggente e mutante.

Soltanto nel campo dell'arte l'unicità assoluta di una passione ha senso: nessun artista creerebbe, nessuno diventerebbe Dante, Michelangelo o Beethoven se non si dedicasse con dedizione totale, maniacale, alla propria opera. Ma gli stessi artisti contemperano nella loro esistenza terrena movimenti umani diversi, a cominciare da Dante, il più grande, il più potente, quello che contiene più mondi e moltitudini, e dal quale proprio l'espressione "movimenti umani" è stata tratta per dire sentimenti, stimoli, passioni.

Nel suo desiderio giovanile di viaggiare libero per mare su un vascello incantato prestato dal mago Merlino con gli amici più cari Guido e Lapo e le donne che corrispondevano il loro amore, Dante ha vissuto il mito di Ermes e di Eros insieme. Nell'esacerbata passione carnale di cui parla in una canzone per «Madonna Pietra», quando chiede alla donna perché insieme a lui non latra come una cagna nel caldo fosso del desiderio, ha vissuto il mito di Pan, con una forza feroce.

Nel suo viaggio di visionario pellegrino celeste testimonia una tale fame di sapere, combattiva e concreta, che sembra vivere in pieno il mito di Atena, la protettrice di Ulisse, cui non a caso Dante affida il compito di esaltare con una folle impresa al di là delle Colonne d'Ercole, nell'ignoto, proprio i principi del valore e della conoscenza. Su tutto però ha trionfato Amore: sulla ragione e sul sapere, incarnati in Virgilio, ha trionfato Beatrice, simbolo dell'Amore che porta alla conoscenza e alla visione di Dio.

Nel corso della manutenzione dell'anima bisogna individuare in essa le figure che portano con sé annichilimento, violenza, ira, eccesso, lussuria, mostruosità. Non fare finta che non esistano. Sarebbe comodo, e dannosissimo, ignorare i movimenti umani che possono portare verso il baratro, che possono far collassare l'equilibrio su cui si regge la nostra vita, significa rischiare di essere, da un momento all'altro, in loro balia.

Dobbiamo sapere che Ades ci può tirare per i piedi e farci precipitare nella sensazione che sia il nulla a dominare la nostra esistenza. Che il demone in erezione perpetua, Ares, può scatenare anche nei più pacifici tra noi momenti di violenza, di gusto della baruffa, dell'aggressione, del sangue. Poseidone, che scuote la terra con il tridente, può alla stessa maniera scuotere la nostra anima e sollevarvi onde di furia rabbiosa. Dioniso può piegarci ai suoi piaceri, alla volontà di uscire da noi stessi con l'alcool e la droga, in uno stato di eccesso dove è facile commettere atti di orribile sopraffazione. E Pan, danzatore libidinoso, può invitarci alla lussuria senza freni. Persino i mostri nascosti nella parte più profonda e arcana di noi possono erompere se la guardia si abbassa, e i cacciatori di mostri, dall'alato e coraggioso Perseo all'acuto e sventurato Edipo, si assopiscono.

Una buona manutenzione si accerta che tutte queste pulsioni non vengano rimosse o ignorate, ma studiate e sottoposte a una forma di "mitigazione": che vengano addolcite, smussate, tenute sotto controllo nella loro oscurità da energie più forti, quelle che portano verso la luce.

La vasta varietà di pulsioni, stimoli, sentimenti, movimenti umani rappresenta la parte sensibile di noi stessi, per definizione caotica e instabile: potremmo chiamarla, cara lettrice e caro lettore, il "politeismo dell'anima". Ma in noi c'è anche l'intelletto, che è uno e che ci spinge a mettere ordine in quel *mare magnum* e a scegliere liberamente che cosa vogliamo diventare: potremmo chiamarlo il "monoteismo della ragione e della volontà".

Non c'è contrapposizione tra loro ma coesistenza. Sbagliavo anni fa quando contrapponevo Atene a Gerusalemme. Ritornavo più e più volte a visitare il Partenone lassù nella sua luce assoluta e verticale perdendomi poi nell'ombra un po' losca della Plaka. E intanto mi rifiutavo, con un atteggiamento provocatorio e stolto, di andare a vedere il colle di Sion. Poi vi fui portato. Visitai Gerusalemme, Betlemme, Kumran, il Mar Morto. E tra il Santo sepolcro, il Muro del pianto e la Cupola d'oro, nella culla dei tre monoteismi, mi ritrovai a fare i conti con la tradizione religiosa in cui sono nato e da cui avevo creduto di essermi allontanato così tanto.

Ho capito che posso adorare il Dio Unico, ascoltare i precetti morali di Mosè, di Cristo, di Mohammed, siano benedetti i loro nomi. E nondimeno sentire che la mia anima contiene una pluralità di movimenti umani che io devo conoscere e vagliare, prima di far scendere su di essi la mannaia della Legge, la sentenza di condanna.

Tra gli esseri del creato, soltanto all'uomo è data "la libertà di scegliere". È data la volontà, che è il soffio del destino dentro di noi. Non può scegliere una pietra, che sta nella sua immobilità, appena corrosa da piogge e venti. Non può scegliere un albero, la cui vita è confinata tra le radici abbarbicate nel buio e i rami frondosi tutti rivolti verso il cielo, tra il mettere e il perdere le foglie. Non può scegliere un salmone, nonostante la sua capacità di movimento dovrà andare attraverso gli oceani a cercare la fonte del fiume da cui proviene e che deve risalire per deporre le uova e continuare la sua specie, non può un gabbiano, che quando plana sui cassonetti della spazzatura non è che lo abbia deciso lui, ma sta seguendo l'istinto che lo porta a cercare cibo anche dove sembrerebbe impossibile. Il gatto, questo animale elettrico e cangiante, al suo fondo rimane sé stesso, e non ha altro programma per sé che mettersi in casa al caldo e fuori al sole.

Neppure un robot può scegliere. Può incepparsi, dare l'impressione di non obbedire agli ordini del padrone. Ma alla fine non è lui, è il padrone che decide della sua esistenza. E neppure il Dio del monoteismo sceglie, in quanto Essere in sé compiuto, perfetto e senza interne contraddizioni. In definitiva, "nell'universo l'unico essere che sceglie cosa diventare" è l'uomo, che sa di dover morire e non si rassegna, agisce, sente, viaggia, combatte, ama, odia, vive con tanta forza i movimenti umani. Per questo la scelta è per lui il momento più alto dell'esperienza, dove si gioca tutto, dove afferma la sua essenza e la sua libertà.

Di fronte a un bivio, bisogna decidere che direzione prendere. Si può esitare sino a un certo punto, poi basta. Poi le divergenze diventano chiare. Una strada porta verso il buio, l'altra verso la luce. Una porta verso la pietà, una verso la vendetta. Una verso l'eroismo, una verso la viltà. In ultima istanza, scegliere sta a noi. Definitivo atto di manutenzione: scegliere chi e che cosa porta verso la vita, contro chi e che cosa porta verso la morte.

La vita contro la morte

La vita contro la morte è il titolo di un libro di Norman O. Brown uscito nel 1959, che ebbe non poca influenza sul movimento libertario che si sviluppò negli anni successivi in tutto il mondo occidentale: sul movimento hippy, cui la cultura europea non ha mai dato importanza, mentre alcuni esponenti della Chiesa Cattolica ne hanno saputo indicare la portata apocalittica, sul femminismo e sulla Beat Generation, con i suoi Allen Ginsberg, Jack Kerouac, William Burroughs, Lawrence Ferlinghetti, Diane di Prima.

Sorte ha voluto che nella mia vita di viaggiatore li incrociassi tutti, tranne Kerouac, quello che forse avrei amato di più. Ginsberg in diversi *poetry reading* in Italia, Bourroughs una domenica pomeriggio in un palazzo nella Bowery a Manhattan. Scendo per le scale accompagnato da John Giorno, a cui avevo appena fatto visita, e a un certo punto sento su un pianerottolo provenire da un appartamento le voci di qualche programma televisivo a volume altissimo: «Chi sta lì?» chiesi a John. E lui, tranquillamente: «Ah, è Bourroughs». Ebbi uno dei soprassalti di incredulità più divertenti della mia vita: allora l'autore del *Pasto nudo*, lo scrittore maledetto, il grande trasgressore, passava le domeniche pomeriggio, in casa, solo, davanti al televisore, praticamente come mia madre? Gli ultimi due ho avuto la fortuna di frequentarli a San Francisco, di ricevere un disegno che illustra il tema di *The Ocean and the Boy* dal primo, una prefazione all'edizione americana di un altro mio libro dalla seconda.

Tutti loro, e vorrei anche ricordare l'Herbert Marcuse di *Eros e civiltà* e *L'uomo a una dimensione*, oggi troppo dimenticato, hanno inciso fortissimamente sulla mia generazione, creando subbugli e sconquassi nel suo ordine mentale, incrinando il dominio patriarcale e maschile, mettendo in discussione ogni autorità costituita, facendo intravedere libertà nuove e, finalmente, liberando Eros dalle cappe mortifere che la civiltà gli aveva fatto sedimentare sopra.

Se una manutenzione dell'anima è oggi possibile, è anche grazie a quella ventata liberatoria che ha sorpreso la mia generazione mentre stava progettando il suo essere nel mondo. E l'effetto di una buona manutenzione sarà proprio il riappropriarsi della libertà interiore, dell'autoconsapevolezza dei propri sogni, della dignità del proprio corpo, della portata creante dell'amore: in definitiva, della vita contro la morte.

Scegliere tra vivere il mito di Ades o quello di Persefone, pur sapendo che le loro strade si intersecano, che l'inabissamento verso il buio e la risalita verso la luce sono parte della stessa avventura della nostra esistenza, è una delle prime scelte necessarie per una buona manutenzione dell'anima.

Sei un giovane sui vent'anni, disoccupato, non hai trovato sinora che lavoretti precari, malpagati. I tuoi studi – hai frequentato l'Università senza appassionarti a nessuno dei corsi seguiti – non sono serviti a niente. In famiglia non comunichi con il padre e la madre, tuo fratello maggiore vive ormai per conto suo. Le giornate passano tra una sosta sempre allo stesso bar, alla stessa palestra, e una passeggiata nella via centrale della città, piena di vetrine luccicanti di oggetti che non potrai mai comprare. Che senti l'istinto di rompere, fare in mille pezzi. Ti annoi, non hai amori, solo qualche scopata casuale. Svogliata. Senza convinzione, e con scarso piacere. Sai che troverai a casa un letto, un pasto, caldo qualche volta, più spesso da riscaldare, la doccia che funziona a intermittenza. E ti umilia. Ti umiliano tuo padre e tua madre insieme e soli davanti a un televisore acceso, appena dopo la solita lite senza ragione. Non sono soltanto le difficoltà materiali a pesarti. È altro. Quella routine ti fa schifo. Quella prigione senza finestre. La sensazione che niente vale, niente ha senso, che tutto è già cenere, che non ci sono possibilità di ripresa e vie di uscita. Fumi un po' d'erba. Prendi qualche pasticca. L'unico mondo in cui si può abitare ti sembra un mondo grigio, popolato di ombre, un cimitero perduto nella nebbia. Niente ti fa stare meglio. Non trovi appigli in una società che offre sempre meno momenti di vita associata, anzi per tutto il tempo lunghissimo dominato dalla Pandemia, hai vissuto in un isolamento forzato, chiuso in una casa dove non eri abituato a stare che nelle ore dei pasti, chino su un computer o su un cellulare, vagabondando a casaccio in un cyberspazio sempre più affollato e infido. Ades è con te.

Poi un giorno, mentre navighi sui soliti siti porno, dalla tua finestra entra un raggio improvviso di luce che finisce sullo schermo del computer, abbagliandoti. Ti alzi arrabbiato, bestemmiando, per chiuderla. Di là della finestra, non ci avevi mai fatto caso, c'è un piccolo giardino su cui giganteggia un albero che tu non sai come si chiama, con un tronco robusto ma soprattutto con rami frondosi di foglie leggere che basta un soffio di vento ad agitare. Foglie, vento. Non ti ricordavi neppure più che esistevano. Decidi di uscire di casa. Indossi la mascherina, te ne vai per una strada che non hai mai fatto. Mentre cammini, suona il cellulare. Ti fermi, rispondi, tuo fratello ti chiama, finalmente, era un po' troppo che non lo faceva, ti chiede di papà e mamma, ridete insieme parlando dei loro bisticci. Riattacchi che ridi ancora. Passa una ragazza, nonostante il volto sia coperto dalla mascherina si capisce che deve essere bella. Il portamento, la luce degli occhi. E il tuo ridere la contagia. Si ferma. Ti guarda. Due parole diventano nel pomeriggio assolato di una primavera precoce un fiume di parole. Lei ama raccontarsi. Anche lei disoccupata. Anche lei una famiglia pesante. Anche lei palestra, si vede da come ha toniche le braccia, ma ora non le dispiace neppure che sia chiusa, non ha più voglia di andarci. Confinata in casa, si è messa a leggere, ha un libro sottobraccio. Te lo mostra, ti incuriosisce. Lei è più avanti di te. Lei non ha smesso di sperare. Se le parli del tuo nulla, alza le spalle. Se le parli della tua insensatezza, lei ti fa segno di guardare dei fiori rossi spuntati sul ciglio della stada. Che senso hanno quelli? Eppure, che meraviglia che sono. Ti dà appuntamento il giorno dopo. Tu passi la notte a pensarla, a chiederti quando e come la bacerai. Persefone ti sta chiamando.

Un individuo, anche il più desolato, povero, infelice, alla fine può riuscire a ritrovare lo spirito della primavera, vivere il mito di Persefone, porre lei in primo piano rispetto alle ombre autunnali di Ades, al clima cinereo degli Inferi, attraversare la pulsione di morte e uscirne illeso. Persefone, alleata ad Afrodite, è sempre disponibile a dare spazio alla rinascita, alla luce e alla vita. Mentre per la società in cui storicamente viviamo, per come è strutturata, per i condizionamenti che subisce, rinascere sembra un'impresa impossibile. Il dominio della tecnica, dell'economia e dell'utile è assoluto. Non ci sono, non sono neppure pensabili, momenti di entusiasmo vitale, di slancio disinteressato, di respiro ideale, di sogno condiviso. L'Europa è stecchita, muta. Non ha ancora pagato abbastanza per le sue colpe pregresse, il colonialismo, l'imperialismo, il razzismo? Il sangue dei popoli che ha distrutto, (Aztechi, Incas), che ha fatto schiavi (gli africani Wolof, Yoruba, Ashanti), non ha ancora smesso di versarsi su di lei?

L'aveva profetizzato più di sue secoli fa un poeta illuminista e cristiano, l'immenso Giuseppe Parini, un altro che nessuno legge più. Adesso l'Europa non è che un agnellino debole in mezzo ai lupi e ai leoni che possono sbranarla. A nessuno frega niente di lei, del suo spirito, nonostante tutti a parole si dichiarino europeisti. Nessuno la ama, e come tutte le cose non amate deperisce, invecchia precocemente.

In Europa, l'esaltazione della primavera è stata considerata una scelta politica e ideologica, è appartenuta al fascismo, certo, come il culto molto esteriore della giovinezza e della bellezza. Ma c'è stata anche una "rossa primavera" che è appartenuta invece alla tradizione resistenziale ("a conquistare la rossa primavera / dove sorge il sol dell'avvenir" recita una canzone scritta dal capo partigiano ligure Felice Cascione, amico di gioventù di mia madre, ucciso dai nazifascisti nel 1944) e a quella socialista.

Una rinascita vera, profonda, che riporti in Europa la forza del creare e del credere, gli ideali di una giustizia universale e di un primato morale del lavoro e dello spirito, un nuovo equilibrio con le energie del pianeta Terra, un rinnovato senso della propria grandezza, scontate le proprie colpe, non sembra davvero alle porte se si guardano le miserie della classe politica e la pavidità della classe intellettuale. Ci sarà, forse, anche se noi che la ipotizziamo non la potremo vedere, come Mosè non vide la Terra Promessa.

Per l'anima individuale invece Persefone è già qui, una presenza salvifica. In lei viviamo il nostro bisogno di luce dopo ogni buio, il nostro desiderio di felicità dopo ogni specie di inferno in cui ci ha cacciato la nostra esistenza. Capiamo con lei che la lotta della vita contro la morte è la lotta eterna della luce contro l'oscurità.

Pan, con la sua corte di Ninfe, di Satiri e di Sileni, corre nella nostra anima come in una radura, si nasconde come in un bosco, urla come quando viene disturbato nel suo riposo pomeridiano.

Ci chiama verso i piaceri della carne con tutto il loro disordine. Fomenta in noi gli istinti più bassi e inconfessabili. Le pulsioni più buie. In Pan e nella sua corte i nostri movimenti umani diventano anche animali, ferini, violenti.

Poiché è l'unico dio di cui fu annunciata la morte, Pan è andato a nascondersi nella parte più remota e cavernosa della nostra anima. Non ha più diritto di esistenza in Occidente, e così è andato a vivere presso popoli che noi diciamo primitivi e che in realtà sono ancora vicini allo spirito della natura.

Chi vive il mito di Pan, è spinto a ogni eccesso carnale. Non ha a che fare con l'innamoramento. Il sentimento per lui è già qualcosa di troppo civilizzato. E di languido, di debole. Ha a che fare con la lussuria naturale, l'energia della libido. Quanti avranno il coraggio di confessarlo a sé stessi?

Chi è nell'orbita di Pan sta all'erta per nascondersi, opera in incognito, finge di vivere altro. Invece insegue il piacere dovunque lo trovi. Lo concepisce come un gioco. Lo pratica sfrenatamente. Siccome abita nelle parti profonde e oscure dell'anima, e viene tenuto sotto pressione, Pan non affiora, Pan erompe. Viene fuori con uno scatto intrattenibile, addita la meta nella soddisfazione immediata dei desideri.

Se si impossessa di un'anima e ne diventa la principale forza divina, ha un'azione rovinosa, perché non si limita a incentivare la masturbazione (che in fondo non ha mai fatto male a nessuno) ma spinge anche verso la rincorsa delle Ninfe e dei Satiri, alla conquista violenta, e persino allo stupro (che, con il passare delle epoche, è diventato, e giustamente, un atto criminale, male assoluto).

Le cronache ci hanno messo di fronte a una recrudescenza di istinti oscuri e incontrollabili: si può far parte della più grande dinastia italiana di industriali, e finire in coma in un letto di poveri transessuali, salvandosi grazie a essi per un filo, si può essere stati a capo di importantissime organizzazioni economiche mondiali, essere a un passo dal diventare presidente di uno dei grandi paesi che contano ancora sulla scena del mondo, e poi una mattina una cameriera d'albergo che entra per pulire la tua stanza ti suscita un desiderio sopraffattore, al quale non sai, non puoi dire di no.

Puoi essere un grande produttore di Hollywood, un grande finanziere, persino un principe di sangue reale: Pan non fa sconti, non guarda in faccia nessuno. Chi lo vive senza esserne consapevole, entra in uno stato di ebbrezza avvilente che lo riduce a pura macchina di piacere sessuale.

Lavorare su Pan è un momento importantissimo della manutenzione dell'anima. Non si può girare la testa, dirsi schifati, prendere le distanze. Non basta.

Bisogna affrontare Pan. James Hillman ha scritto su Pan un piccolo grande libro che è stato uno dei momenti capitali nella mia conversione al mito, tanti anni fa. Bisogna sapere tutto su questa antica divinità selvatica. Non rimuoverlo, non averne paura. Sottrarlo alla demonizzazione, che ha addirittura imprestato le sue corna e il suo piede caprino alla figura del Diavolo.

Perché Pan non è soltanto l'inseguitore e lo stupratore di Ninfe. Bisogna prima di tutto capire questo. E distinguere. Un suo aspetto è certamente da rigettare e condannare: quello delle avventure predatorie e della libidine violenta, *la morte contro la vita*. Ma c'è un altro suo aspetto: quello più antico, cosmico, di Grande Dio della Natura, il Gran Pan, il dio che ci connette con l'erba e gli alberi, il vento e il sole, gli esseri della terra e quelli del cielo. Sentire ancora in noi questo Pan è benefico per le nostre vite, le gonfia di sostanza celeste, le carica di energie nuove, fa andare la carne al di là di sé stessa, senza rinnegarsi, sempre incline a un piacere diffuso, condiviso, portatore di gioia: *la vita contro la morte*.

Antigone contro Medea

Chi vive il mito di Antigone, mette il legame di sangue al primo posto, e tra i legami di sangue esalta quello della fratellanza. Non conosco un elogio dell'amore fraterno più alto di quello che tesse Antigone nella tragedia a lei dedicata da Sofocle, quando afferma che quello che ha fatto per il fratello Polinice, cui ha dato quella degna sepoltura proibita dalle leggi del re Creonte, ricavandone una condanna a morte, non lo avrebbe fatto per nessun altro al mondo, né per uno sposo, né per il padre e la madre.

Antigone spinge a combattere come una tigre per difendere il diritto di un consanguineo contro la ragione di Stato che spesso, come vide Goethe, diventa crimine di Stato. A lottare per una giustizia superiore a quella delle leggi di qualunque Stato, la giustizia che portiamo come un'esigenza primaria dentro di noi e per la quale siamo disposti a batterci senza risparmio.

La cronaca recente ci ha messo davanti a poche figure sicuramente abitate dallo spirito di Antigone.

Penso a Ilaria Cucchi. Una giovane donna che ha difeso il corpo martoriato del fratello oltre che la sua memoria con la determinazione e la continuità con cui si adempie a una missione. Ogni volta mi ha colpito tanta fermezza, tanta dedizione. Ha avuto il coraggio di andare contro il Creonte di turno, in questo caso l'Arma dei Carabinieri, contro i suoi esponenti, pochi per fortuna, che si sono accaniti con violenza sul fratello in carcere, per affermare il proprio diritto a lottare per la giustizia dovuta anche post mortem a un consanguineo. La sua immagine mentre mostra in pubblico la gigantografia del volto emaciato e straziato di Stefano Cucchi aveva qualcosa di combattivo, di fermo, di tragico. Sottraeva la sua storia alla politica e alla cronaca per consegnarla allo spazio e al tempo del simbolico. Dava al suo impegno la dimensione sovrapersonale di un'attivista non soltanto per il rispetto dei diritti umani, ma per il rispetto della pietà. Chissà quanti ragazzi sono morti in circostanze simili a quelle del povero fratello di Ilaria Cucchi. Lei ha fatto la differenza: non bisogna per forza condividere la sua posizione politica per provare ammirazione per lei. Quell'ammirazione che ha spinto un carabiniere a improvvisare un improbabile, forse goffo, ma bellissimo baciamano per lei.

E penso a Carola Rackete, un'attivista anche lei, un'ambientalista nata e cresciuta in un contesto molto diverso, il padre militare tedesco di altro grado, un'esperienza cosmopolita, studi in scienze navali e trasporti marittimi, perfezionati poi in Inghilterra. Parla quattro lingue, ha esperienza di navigazione come primo ufficiale su navi di ricerca marina e polare. Nel giugno 2019, si trova al comando della Sea Watch 3, una nave di 645 tonnellate di stazza, con equipaggio prevalentemente tedesco ma che batte bandiera olandese. Al largo delle coste libiche, imbarca cinquantatré migranti e chiede di poter approdare a Marsiglia. Non ottiene l'autorizzazione e decide di far rotta verso il porto europeo più sicuro, quello di Lampedusa. Ma dal 14 giugno i porti italiani sono bloccati. La Sea Watch 3 non può attraccare. Il capitano Carola Rackete aspetta sino al 29 giugno. Nonostante dieci migranti, bambini, malati, donne incinte siano stati sbarcati, le condizioni a bordo diventano sempre più difficili, insopportabili. Carola allora ha un gesto di coraggio assoluto: in nome di un'umanità sofferente, dei suoi diritti inalienabili, sfida la legge di Creonte, osa forzare il blocco del porto di Lampedusa. Una giovane donna, sola, forte dei suoi principi, su una piccola nave, che si mette coscientemente contro la Marina militare italiana: si può discutere sul piano legale la sua azione, ma non si può mettere in discussione il suo coraggio, ed è quello che le dà una dimensione eroica, mitica. Coraggio e pietà, una miscela incendiaria contro un mondo imbolsito e spietato. Durante l'attracco, si scontra con una motovedetta che cerca di intercettarla. Vince la sua battaglia, i migranti a lei affidati sono in salvo. Una volta a terra, viene arrestata, accusata di favoreggiamento dell'immigrazione clandestina e di resistenza a navi da guerra. La si è accusata persino di avere compiuto un atto di guerra: pensate, una donna di una trentina d'anni sola contro la settima potenza industriale del pianeta, se lo è ancora. In realtà e al di là di qualunque passione e posizione politica, si sarebbe dovuto parlare di un atto di pietà e di primordiale senso della giustizia. Da vera eroina del mito. Che poco dopo ritroviamo a battersi nel suo paese contro il taglio di una foresta: un'altra causa giusta, una nuova manifestazione di pietà per il pianeta.

Penso infine a Greta Thunberg. Mi è capitato di difenderne l'immagine, di fronte agli attacchi derisori della vecchia politica italiana. Salvate la soldatessa Greta, ho scritto. Salvatela dal livore, dal disincanto, dallo scherno. So benissimo, poiché mi occupo dei temi della salvaguardia della natura dagli anni Settanta del secolo scorso, che Greta Thunberg non ha inventato niente. Ancora una volta, quello che mi importa e che mi colpisce è l'aspetto simbolico che la ragazzina svedese assume, tramite la sua azione. Eccola, con le sue treccine all'antica e con quel volto quasi inespressivo, segno forse della sindrome di Asperger che l'ha colpita quando aveva tredici anni, sola sulla piazza davanti al Parlamento svedese, e il suo cartello con scritto semplicemente: "sciopero scolastico per il clima". Tutti i venerdì è lì, imperterrita, decisa, pronta a sfidare oltre al Parlamento anche un'opinione pubblica cinica e svagata. E tramite il suo perseverare il tema della lotta contro i mutamenti climatici arriva alla ribalta mondiale presso il pubblico dei giovanissimi. Il suo impegno ambientalista agisce anche nella sua vita quotidiana: è vegana, e impone in famiglia la sua scelta, non sale su un aereo, fonte di pesante inquinamento dell'aria, e va in America via mare su un'imbarcazione a vela. Diventata un personaggio iconico, ottiene la parola in consessi internazionali come le Nazioni Unite, pronunciando parole di fuoco per responsabilizzare i potenti del mondo, e anche per accusarli, di fronte al disastro ambientale che si sta preparando se la nostra civiltà non cambierà passo. L'eroismo in lei è soprattutto nella abnegazione con cui ha sottratto tutto il resto alla propria adolescenza per poterla dedicare alla battaglia che ritiene giusta. E che è giusta. E decisiva per la sorte del pianeta Terra.

Sono tutte e tre giovani, e donne. Come se questa vocazione a una giustizia pre-politica, radicata nella compassione, per un fratello, per i migranti, per il pianeta, fosse soltanto, dal tempo di Antigone, loro appannaggio.

Ben più frequenti i casi di cronaca in cui, ahimè, è il mito di Medea a essere vissuto. Mentre Antigone ispira ancora forme nuove di eroismo e di lotta, Medea ispira crimini tutt'altro che eroici, in esseri spesso mediocri, spenti, banali, che lei ha il potere, da maga, di trasformare in protagonisti assoluti del male.

Tradita, Medea uccide i figli per far soffrire il padre. Le vittime di questo modo perverso di intendere amore e vendetta sono sempre i figli, visti come proiezione di sé e dell'amante traditore. Ucciderli vuol dire punire sé stessa ma soprattutto punire l'altro, provocandogli un dolore immedicabile, e distruggendo l'unico bene ancora in comune, il sangue dei figli.

È impressionante come ancora oggi questa pulsione perversa travolga anime umane e trasformi uomini e donne all'apparenza normali in autori e autrici di delitti orribili. Quanti innocenti sono stati finiti per mano di un genitore spinto dall'odio per l'altro.

Spesso chi vive il mito di Medea è un maschio. Un uomo che non possiede neppure in minima parte la forza tragica della maga della Colchide, uno anzi debole, impaurito proprio dall'indipendenza e dalla coerenza femminile.

Un caso dalla particolare, sinistra valenza simbolica è stato quello di un padre di quarantacinque anni, un uomo che tutti descrivono gentile, metodico, una vita spesa tra lavoro, famiglia, oratorio e calcetto, che, all'avvicinarsi della prima udienza di separazione dalla moglie concepisce un piano colmo di orrore. Porta i suoi due figli, due gemelli di dodici anni, un bambino e una bambina, nella sua casa di campagna nel cuore della Valsassina, loro tre soli, all'apparenza felici. Ma l'uomo cova nell'anima un odio maledetto per la moglie che si sta separando da lui: la vede come una traditrice, un elemento di disturbo in tutto quell'ordine quasi maniacale che lui aveva costruito, un decreto di smantellamento dei pilastri della sua vita. Il terreno gli frana sotto i piedi. La vendetta deve essere totale. Obliqua. Subdola. Simile al destino che gli sta toccando, totalmente imprevedibile. Al mattino porta i due ragazzini a fare un'escursione in alta montagna, la sua passione, e poi la sera, dopo avergli preparato la cena mentre giocano in giardino, li chiama per andare a tavola, probabilmente gli mescola con l'acqua un sedativo, e una volta addormentati, distesi e ancora con i calzoncini e la maglietta addosso, li uccide soffocandoli con un cuscino. Li veglia per ore. Dio solo sa cosa prova in quel lasso di tempo infinito, a cospetto della morte, del delitto, dell'innocenza, della colpa. Dio solo sa se ha chiesto perdono. Ha solo l'avvertenza di girargli i volti dalla parte opposta a quella dove è lui, per non doverli vedere. Poi all'alba un SMS alla moglie: «Resterai tu sola». Per la donna, un verdetto più terribile che una condanna alla pena di morte. Infine prende l'automobile, raggiunge un ponte, e si getta dall'alto di novanta metri. E tutto è finito.

Il protagonista di questo orrendo delitto ha vissuto in pieno il mito di Medea nell'epilogo della sua vita. Ma prima aveva scelto Estia come modello – il focolare, la famiglia – con una fissazione che già aveva qualcosa di distorto. E poi ha sentito il fortissimo richiamo di Ades: quel volo nel vuoto, il contatto con la terra come se potesse aprirsi e farlo finire direttamente agli Inferi, lo sfracellarsi, il cancellarsi del corpo.

Un tentativo ultimo di sovraccaricare di colpe la moglie? Una richiesta di oblio totale? Un'impossibile richiesta di pietà?

Medea gli ha dato l'odio e la vendetta, e l'idea che la vendetta trasversale sia la più appagante e feroce. Ma lui, l'assassino, in qualche modo vittima a sua volta, non ne sapeva niente.

Non aveva nessun parametro per capire cosa stesse succedendo all'interno di lui.

Frequentava chiesa e oratorio. Evidentemente i precetti religiosi, un po' esteriori, un po' convenzionali – la donna che si separa è una peccatrice – non bastavano a sbrogliare il guazzabuglio che aveva nell'anima. Se essere così attaccati alla famiglia, se vivere Estia e il suo culto del focolare non riusciva a evitare una separazione dalla moglie, allora famiglia ed Estia non valevano niente. E la moglie era la colpevole, a lei si doveva la profanazione e la distruzione di quel culto. Allora tutto poteva capovolgersi. E Medea affacciarsi, nera come la notte.

Cosa avrebbe potuto fare una buona manutenzione dell'anima per evitare quello che neppure saldi principi religiosi hanno evitato?

Medea usa la magia, fa a pezzi, avvelena. È una propinatrice di morte. Chi si accorge o anche solo sospetta di essere nel suo mito deve subito chiedersi dove vuole arrivare. E fermarsi in tempo. Lavorare perché nella sua anima arrivi Apollo con il suo equilibrio e la sua luce, e irrompa Atena a esercitare la funzione di trattenere, bloccare quando le nostre pulsioni rischiano di andare fuori controllo e di portarci alla perdizione.

La manutenzione dell'anima è anche questo: non può cancellare il male, ma può individuarlo sul nascere. Dargli un nome. Provare a deviarlo, a incanalarlo verso la luce.

Troppa grazia per Tersite

Ma qualcuno vive ancora il mito di Achille? È stato Ulisse a vincere la gara tra i due, a perpetuarsi nell'immaginazione degli uomini. Ma i due eroi non si sentono in contrasto, convivono senza scontri nell'*Iliade*. E pur essendo così diversi, hanno un nemico comune: Tersite.

Omero lo descrive con molti particolari fisici, per mostrarne la ripugnanza. È il più brutto tra tutti i Greci, ha le gambe storte, le spalle ingobbite, zoppica da un piede e la sua testa fatta a punta è cosparsa di rado pelo.

Anche lui combattente a Troia, di nobile stirpe ma non nobile d'animo, sa molte parole ma confuse, e non perde occasione per gracchiare, malignare, coprire di insulti gli eroi, lanciare parole d'ordine disfattiste.

Si rivolge agli Achei con l'invito a tornarsene a casa, a lasciar solo Agamennone a godersi gli onori e le giovani prigioniere che i suoi uomini gli portano perché ci faccia l'amore. E commentando la lite tra Achille e Agamennone, dice del primo che non ha fegato, che è troppo remissivo: Achille, capite, il più valoroso dei Greci, diventa un vile nel subdolo discorso di Tersite, che non rispetta nessuno, che punta a ottenere il consenso fatto di risate dagli astanti come un hater di oggi punta a ottenere più like. Ma questa volta ha passato il segno.

Odisseo prende la parola per zittirlo, e lo minaccia: se lo sorprenderà ancora una volta a vomitare insulti e a parlare di ritorno a casa, lo afferrerà, lo spoglierà di tutte le sue vesti lasciandogli nudi pene e testicoli e battendolo lo spedirà in lacrime dall'assemblea alle navi.

Alle parole fa seguire un colpo di scettro sulle spalle incurvate di lui. Tersite si contorce, gli cade una grossa lacrima, gli si gonfia una tumefazione sanguinolenta sulla schiena e si siede, dolorante, lo sguardo inebetito. Tra le risate dei guerrieri Achei.

Più tardi, Tersite si metterà contro Achille, a suo danno. Sappiamo come è andata. Verrà ucciso per aver profanato il cadavere di Pentesilea, cavandole gli occhi tra ghigni e oscenità. Dopo che Achille, in un raptus folle che lo ha spinto a inseguire il turbinare della vita sin dentro la staticità della morte, lo ha amato.

Dice un antico proverbio cinese: è inutile parlare di oceano ai ranocchi. Achille è l'oceano, profondo, cupo, splendente, turpe, capace di nefandezze e di donare ricchezze preziose. Tersite un ranocchio che non può neppure concepire che esistano grandezza e infinito.

Di Vittorio Alfieri, un nostro poeta dimenticato – non a caso, perché crede nell'eroismo e nel destino – leggiamo questo verso in un sonetto concepito come un autoritratto:

> Or stimandomi Achille, ed or Tersite.

Nell'anima umana, in questo abisso senza fondo, possono convivere un eroe e un vigliacco, un cultore dell'onore, del coraggio, della grandezza con uno che vive di scherno, maldicenza, bassezza.

Se sentì dentro di sé il contrasto tra Achille e Tersite un uomo come Vittorio Alfieri, un aristocratico ricchissimo che aveva scelto con una volontà ferrea la parte del letterato e del poeta tragico, lui che, supremo intenditore di cavalli, scorrazzò in Europa dalla Russia all'Inghilterra, che in Inghilterra sfidò a duello Lord Pitt, il marito di Penelope, sua amante (e amante, per inciso, antesignana delle romantiche donne inglesi, anche del proprio stalliere), figuriamoci noi poveri diavoli in un'epoca dove ogni nobiltà d'animo è irrisa o guardata con sospetto, dove ogni grandezza è trascinata nel fango, e l'idea stessa di grandezza appare colpevole.

Il mito di Tersite, il dissacratore, il calunniatore, il cane rognoso pronto ad abbaiare e a vomitare insulti, e poi a piagnucolare alla prima dura reazione, è vissuto da tantissimi umani.

Qualcuno ha provato a rivalutarlo, sembra incredibile. Nella sua foga di ambiguo oratore che protesta contro i re e gli eroi maggiori, Tersite diventerebbe l'anti-eroe (non se ne può più di questa retorica dell'antiretorica) portavoce delle classi assoggettate contro i padroni. Diventerebbe soprattutto il portavoce di quella battaglia contro il concetto di onore che molti intellettuali non hanno ancora finito di tranquillamente combattere, privilegiando tutto ciò che è basso e vile.

Capopopolo, allora, sindacalista ante litteram, rivoluzionario? Troppa grazia per Tersite.

Non è niente di tutto ciò. Attribuirgli ruoli come questi è un offesa per i veri capipopolo, per Cola di Rienzo, per Masaniello, per i grandi protagonisti del sindacalismo alla Di Vittorio, per un console dei camalli come Paride Batini, per tutti i tipi di rivoluzionari del mondo, da Robespierre a Fidel Castro, da Che Guevara a Bobby Sands.

Tersite era e resta il prototipo del vigliacco, del profanatore, del parlatore a vuoto. Nell'*Iliade* è un figlio di re anche lui e, bersagliando i re, dei soldati cerca soltanto il consenso, e non il riscatto. Oggi di sicuro sarebbe in rete un odiatore accanito e seriale, e sparerebbe sconcezze, insulti e *fake news* contro obiettivi indifesi. Rappresenta un movimento dell'anima volto al basso, distruttore, incompatibile con la morale omerica, compatibile o quasi con quella dei nostri poveri tempi.

Siamo stati tutti un po' Tersite? Guardiamo dentro di noi, nella parte purulenta, vischiosa della nostra anima. Chi non ha usato almeno una volta nella vita malignità e maldicenza contro qualcuno? Ci sono ambienti in cui non si fa altro tutto il giorno. Chi non ha trovato gli insulti più barocchi e grondanti disprezzo per qualche avversario? E a tutti è capitato di giocare con le parole confondendole e facendo passare la verità per menzogna e viceversa. A tutti, anche ai migliori.

Tanti sono quelli che odiano la grandezza, cercano sempre di sminuire chiunque compia qualcosa di nobile, di deridere chiunque cerchi il bene, di abbassare al proprio livello chiunque voglia volare più alto: tantissimi vivono così la loro povera vita.

Questo non vuol dire che siamo tutti dei vili, e che Tersite abbia il diritto di parlare con la sua voce gracchiante dentro la nostra anima più che tanto. Se un piccolo Tersite rimarrà sempre dentro di noi, abbiamo il dovere, durante la manutenzione dell'anima, di tacitarlo, di rimetterlo al suo posto, usando i sistemi di Odisseo e di Achille.

La viltà stracciona non è un valore. Non c'è vecchio discorso sull'anti-eroe che tenga. Nessuno di noi riuscirà a vivere il mito di Achille. Neppure degradato, neppure come nel capolavoro di Joyce Ulisse rivive in Leopold Bloom. Però, sognando sulle pagine di Omero, ci è possibile farne il compagno di scuola che avremmo voluto, il primo nella corsa sui cento metri o nel lancio del disco, il ribelle contro ogni ingiustizia, il primo a sfidare la sorte su una moto o al volante di un' auto, il primo a leggere Baudelaire, il nostro super-eroe: quello che davanti a bassezza, prepotenza, arroganza alza la fronte e dice: no! E se sconfitto accetta di piangere, e se ne va a correre sulla sabbia, lungo il mare striato di luce del sole, in cerca di quello che ha di più caro, la libertà.

Non sogniamo più la potenza di Prometeo

Nella nostra anima hanno spazio le figure del mito che ci spingono a vivere la natura, e quelle che invece ci spingono a contrapporci a essa.

Artemide, Demetra, Persefone, Pan: vivendo i loro miti, noi ci immergiamo nella natura in tutti i suoi aspetti, la selvatichezza di un bosco illuminato dalla luna, l'oro di un campo di grano nel momento in cui le spighe maturano, i fiori primaverili più leggeri e dai colori più sgargianti o delicati, la forza del richiamo sessuale e della danza di vita che agita corpi, alberi, fiumi, animali, e il vento, e la pioggia.

Ma se viviamo i miti di Eracle e di Prometeo, ci troviamo ad avere della natura una percezione molto diversa. Eracle, l'eroe per eccellenza, assume senza fiatare il compito di ripulire e di riportare ordine in una natura abitata da mostri e da meraviglie. Le sue dodici fatiche sono una strenua battaglia con la natura, contro il selvatico, l'eccesso, la dismisura, anche quando non è di questa terra, e infatti scende sino agli Inferi per catturare Cerbero, il cane a tre teste, guardiano di Ades.

Affiora in lui la vena di costruttore, di geometra, per pulire le immense stalle stracolme di sterco del re Augia devia per primo il corso dei fiumi (poi diverrà nella storia una rovinosa pratica che dura tuttora), fissa con le Colonne che portano il suo nome, tra Europa e Africa di fronte all'Oceano, un limite invalicabile per gli uomini.

Prometeo, il Titano, è il costruttore per eccellenza, lui che ruba il fuoco agli dei per donarlo agli uomini inizia con questo gesto il processo di civilizzazione che porterà a fondere i metalli e a costruire tutti gli strumenti di dominio dell'uomo sulla natura stessa.

Ho definito titanico, prometeico il Ponte Morandi, tragicamente crollato a Genova. Potrei definire allo stesso modo i grattacieli, che si spingono ormai sino a ottocento metri dal suolo, come certo non sarebbe neppure riuscito a immaginare chi costruì la biblica Torre di Babele. O gli airbus e i jumbo che si alzano in cielo portando sopra le nuvole centinaia e centinaia di esseri umani, le portaerei colossali che presidiano i mari, le piattaforme petrolifere con le loro trivelle, le gru che costellano i porti con le loro sagome di draghi meccanici.

La civiltà nata dalla rivoluzione industriale non ha potuto essere che prometeica. Prometeo non è stato il primo santo soltanto del calendario comunista, lo è stato anche del calendario capitalista, spingendo l'uomo a osare sempre di più per la conquista del mondo e per il profitto di pochi.

L'atteggiamento contrastante dell'anima nei confronti della natura, rispecchia un contrasto profondo che c'è all'interno della natura stessa. Prima fonte di vita, incomparabile spettacolo di bellezza, la natura contiene in sé un principio di interna violenza che non può non saltare agli occhi di un uomo civilizzato: nel mare, il pesce più grande mangia il più piccolo, il salmone si rimpinza di gamberi, così tanto che la sua carne assume quel suo delizioso colore rosato, mi è perfino capitato di vedere l'interno dell'ombrella trasparente di una medusa, che diremmo la più debole delle creature marine, tener prigioniero un pesce neonato.

In terraferma, il leone insegue e divora la gazzella. Può anche attaccare l'uomo; in un parco zoologico sudafricano arrivai quando ancora non era spenta l'eco di un fatto atroce accaduto il giorno prima: una leonessa aveva sbranato l'imprudente che, contravvenendo a una regola che ripetono mille volte a chi entra in un parco, aveva appena aperto il finestrino della sua auto e sporto il gomito, forse per fotografare meglio. In cielo, può capitare che un rapace ghermisca un uccello indifeso e ne faccia il suo pasto. Niente mi colpì come vedere una delle colombe bianche liberate dal Papa da una finestra di San Pietro presa al volo dal becco di un gabbiano e portata chissà dove, per essere straziata e mangiata.

Non c'è malvagità in tutto questo, c'è istinto e sopravvivenza, un piano primordiale dell'esistenza da cui gli esseri umani sono lentamente usciti. Anche se la catena non si è spezzata: io sono un consumatore abituale di salmone, dunque mangio, nel salmone ucciso dai pescatori per me, i gamberi uccisi dal salmone per sé stesso, che a loro volta si erano alimentati di molluschi, insetti, alghe e persino sostanze in decomposizione. Insomma, una strage per arrivare sulla mia tavola civilizzata, in un piatto con olio d'oliva e limone.

Una volta, un fondatore dell'OAL, Organizzazione anarchica ligure, Enrico Adler, un intellettuale dall'anima generosa, impegnato in tante cause umanitarie, che io avevo conosciuto perché il Primo Maggio preferivo sfilare in corteo tra i suoi che con gli altri gruppi – ai tempi, era più normale per un giovane sfilare un giorno festivo in corteo piuttosto che gironzolare per un centro commerciale – mi chiese se, potendo, avrei iniettato in un leone una sostanza che ne inibisse l'aggressività.

Paradossalmente, ricordo la domanda, tanto era interessante e inattesa, ma non la risposta. Probabilmente risposi di no. Quella è la natura del leone, si tratta di conoscerla e di prendere le dovute precauzioni. Contro ogni violenza bisogna fare così: non la puoi cancellare. L'utopia di abolirla nel mondo è impraticabile. Puoi combatterla. E, nella tua anima, puoi starne al riparo. Come raccomandano a chi va in un parco zoologico africano di non aprire per nessuna ragione il finestrino della propria automobile, così va raccomandato, in una buona manutenzione, di non aprire alla violenza nessuna porta della propria anima.

Per affrancarsi dalla violenza della natura, l'uomo ha cominciato a praticarne una di segno contrario e di ancora maggior forza contro di lei. Ha cancellato sistematicamente tutto ciò che era selvatico, ha tagliato le foreste riducendole a ben poca cosa, quando si legge che nella stessa Europa del Settecento il Barone rampante di cui scrisse Italo Calvino avrebbe potuto arrivare dalla Riviera alla Polonia albero dopo albero, ramo dopo ramo, senza mai mettere piedi al suolo. Ha imbrigliato i fiumi, come ha insegnato Eracle. Ha avvelenato l'aria con le sue ciminiere. Ha fatto nascere isole di rifiuti plastici in mare, isole che hanno preso ormai dimensioni gigantesche e sono immense prigioni-cimitero di pesci e uccelli marini. Ha trivellato i fondali in cerca di gas e petrolio, continuato a estrarre energie che non potevano rinnovarsi. Infine ha creato un'energia, quella atomica, il cui potere distruttivo intacca lo stesso equilibrio interno della cellula, provocando oltre che rovine anche malformazioni e malattie inguaribili.

Era questo che sognava Prometeo quando rubò il fuoco a Zeus per darlo al genere umano? Forse no.

Nella nostra anima di uomini del XXI secolo qualcosa è cambiato, in molti non sogniamo più la potenza prometeica. La natura non ci sovrasta più, e se ci aggredisce ora è per ribellarsi alle nostre sempre più frequenti aggressioni. Mareggiate rovinose come quella dell'ottobre 2018 sulle coste liguri, tsunami, trombe d'aria, cambiamenti climatici, incendi, frane, siccità: la natura rimane nonostante tutto più forte dell'uomo, è la Madre Terra che ci ha generato, che può distruggerci. E ce lo ricorda.

L'anima comincia a sentirlo: per millenni, la foresta è stata simbolo del male, selva oscura, perdizione. Oggi le ultime gigantesche foreste, in Amazzonia, in Siberia, in Australia, polmoni di ossigeno per tutti noi, nel loro essere spazzate via da sempre più terribili incendi sono simbolo di una ricchezza in pericolo che va salvaguardata per la nostra stessa sopravvivenza. Il lupo è stato in tutte le fiabe del mondo il simbolo della malvagità, dell'agguato, del pericolo mortale. E il mito greco ci ha parlato dell'empietà di Licaone, re d'Arcadia, che pratica i sacrifrici umani, trasformato da Zeus in lupo per punizione, quello nordico del lupo Fenrir, che alla fine dei tempi muoverà all'attacco del Walhalla insieme alle forze del caos e delle tenebre.

Ma oggi nessun bambino del mondo, io credo, scorge un pericolo nelle foreste, o sarebbe felice vedendo uccidere un lupo a colpi di fucile.

La manutenzione dell'anima ci suggerisce di misurarci con quanto di Artemide e Pan, con quanto di Eracle e Prometeo c'è in noi. Si profila uno scontro dentro di noi e tra di noi. Ecologisti, quelli veri, i sempre più numerosi vegani, gli animalisti convinti, gli attivisti di Greenpeace, tutti loro vivono soltanto il mito di Pan come dio della natura incontaminata. Industriali, uomini d'affari, costruttori, militari, banchieri vivono anche se in modo non gridato il mito di Prometeo, della conquista della natura, o, impegnati nella finanza globale, quello di Ermes, della volatilità immateriale, condizione che regna nelle Borse e che provoca crack ma anche improvvise sconfinate ricchezze.

Quando si dovrà arrivare a una scelta, allora bisognerà far valere criteri etici. Cosa sembra etico oggi, sfruttare ancora le risorse del pianeta e prosciugarle, o cercare nuovi assetti economici e politici che permettano di salvaguardare la civiltà e lasciar respirare la Madre Terra? È più etico l'atteggiamento del magnate americano che vuole produrre sempre di più anche a costo di perforare le Montagne Sacre, o quello del Nativo Americano, del capo Sioux che difende la sua Montagna Sacra, incurante di qualunque oro non sia quello dello Spirito?

Per me, io ho già scelto da decenni. Una buona manutenzione dell'anima, cara lettrice e caro lettore, permetterà forse di scegliere anche a te.

Effetto Afrodite

La storia della dea della bellezza e dell'Amore è stata la prima a essere raccontata, in questo libro. E torniamo a lei per concludere.

Nel mito greco, Eros, Amore, è all'origine di tutto. Così Esiodo, nella traduzione di Cesare Pavese:

> Perché veramente per primo il Caos nacque, ma poi
> Gaia ampiopetto, di tutti dimora incrollabile sempre
> [...]
> e Eros, il più bello tra gli immortali dei
> scioglimembra. [...]

Anche Afrodite nasce ai primordi dell'universo, e altre versioni del mito la vogliono madre di Eros: ora ha il suo posto nella reggia dell'Olimpo, ma è più antica di Zeus e di Era, figlia innocente di un delitto cosmico e della spuma del mare.

Afrodite, tra le dee e gli dei, è la più connaturata all'energia limpida e creante della natura. In apertura del suo *De rerum natura*, il poeta latino Lucrezio si rivolge a lei, a Venere, come a una forza suprema, voluttà di uomini e dei, come a colei che riempie di vita il mare ricco di navi e le terre ricche di messi, che fa sì che ogni specie di essere animato sia concepito e arrivi a vedere i raggi del sole. Di fronte a lei tacciono i venti, si dileguano le nuvole, e al suo avvento la terra operosa fa spuntare dovunque i fiori, e ridono le onde, e il cielo placato risplende di luce diffusa. Non appena finiscono le brume e viene primavera, volano ad annuciarla gli alati percossi nel cuore dalla sua forza, saltellano per i pascoli rigogliosi le greggi e passano a nuoto vorticose correnti, avvinte dai lacci della sua bellezza la seguono avide dovunque voglia portarle. Nei mari, nei monti, nei fiumi impetuosi, nelle frondose case degli uccelli, nei campi verdeggianti Venere infonde a tutti nei petti un amore *blandum*, carezzevole, sinuoso, un amore che fa sciogliere e grazie al quale le stirpi si eternano. Lei sola governa la natura delle cose.

Questa di Lucrezio, oltre che grandissima poesia, è l'insuperata attestazione della natura cosmica di Afrodite, del suo essere legata alla luce, alla nascita, al seme di ogni procreazione, alla primavera, al piacere, alla continuazione della vita nell'universo.

Chi vive il mito di Afrodite, lo sappia, sta vivendo un mito arcano, primigenio, felice, difficile. Ma l'unico su cui non c'è dubbio che sia ancora oggi dalla parte della rinascita, della bellezza, della primavera, del sole, del mare, di tutto ciò che si muove e splende, l'unico che guidi carezzando verso un piacere in cui i corpi si sciolgono e si fondono, che ci confermi con assoluta certezza che siamo parte di un universo il cui destino è continuare a espandersi nella vita.

Da Afrodite, dipendono in più alta misura la felicità e l'infelicità che tocca a ogni essere umano. Afrodite è in cielo e in terra. È nelle più lontane galassie e nelle nostre anime. Può essere Celeste, può essere Terrena. Ma è sempre lei. Chi ama, sa che all'interno del proprio amare c'è tutto, la dolcezza di un'alba, il fremere del sangue, la passione smodata, la dolce perdizione, il piacere, la lussuria, la complicità, il sentimento della pienezza della vita, raggiunta non fosse che per un attimo.

Oggi si tende a parlare di amore in un modo riduttivo, misero, che lo vede come un sentimento privato e superficiale, quando non melenso e vuoto. Invece l'amore è sospeso tra caverne profonde e vette di luce. Tra vino che spuma e sangue che cola. Tra rose e merda. Tra gioco e affanno, fedeltà e infedeltà, dolcezza e fermento, appagamento e agitazione, natura e bellezza.

Una vera manutenzione dell'anima insegna che nell'amore c'è il solipsismo e l'egocentrismo di Narciso, la bestialità di Pasifae, la pazzia di Fedra, la fuga di Elena dal marito e dai figli dietro un bellimbusto come Paride. Quante volte questo schema mitico, avendo per protagonisti non la più bella donna del mondo, ma una normale massaia, non un principe e damerino, ma magari un robusto camionista, si è ripetuto nel tempo e continua a ripetersi?

C'è un'energia oscura nell'amore. Certo. Incurante di tutto il resto. Che tende ad annullare tutto il resto, a renderlo insignificante, noioso, sino talvolta a respingerlo. C'è la presa della carne mortale, che è forte, che non lascia respiro. Ma c'è luce nell'amore. È quella luce verso cui alla fine ci guida proprio lei, Afrodite. C'è il senso di una via di uscita dalla sofferenza del vivere. Dalle spire del buio infernale che ci avvolgono e ci soffocano.

Ricordando la mia adolescenza, ho scritto che ho rischiato di vivere in maniera maniacale il mito di Atena, di amare lo studio e il sapere sopra ogni cosa. A ben ricordare, vissi per breve tempo anche il mito di Apollo: sentivo un ribrezzo istintivo per la carne, per la sguaiataggine, per le masse, che mi spingeva a rinchiudermi in un ridicolo modello aristocratico, che per mia fortuna l'irrompere di Afrodite, che ebbe il volto di disinibite, dolcissime ragazze inglesi, mandò in frantumi.

Ma successe anche altro. Intorno ai vent'anni, alla prima morte di un amico di scuola, Pucci Lavezzari, altissimo, atletico, buono, a me infinitamente caro. Dopo un'angosciante visita all'obitorio dove la sua salma era stata composta, Ades mi ghermì e vissi il suo mito di inabissamento. Caddi in un vero e proprio esaurimento nervoso. Ansia e angoscia, la scoperta di essere mortale, si somatizzarono in dolori fortissimi alla nuca, in una progressiva perdita del senso dell'equilibrio, in una spaventosa difficoltà a deglutire, in sogni mostruosi: un lungo ago uncinato che mi estraeva il cervello dal naso. In breve non fui più in grado di uscire di casa da solo, non ebbi più la forza di leggere, di studiare.

La somatizzazione richiese cure, uno psichiatra di Genova, il dottor Garello che ricordo sempre con affetto, un uomo calmo, colto, con il quale parlammo di Kierkegaard e di Sartre, mi rimise in grado di tornare a scuola e di superare l'esame di maturità. Usò medicine, era giusto. Fui tra i primi a provare il Librium, talmente forte che faceva sprofondare in un sonno mortale. Non era stata ancora scoperta la sua incompatibilità con il consumo di formaggio, e mi provocava dei mal di testa come non ho mai più avuto nella vita.

Ma se dessi tutto il merito della guarigione alla medicina direi una mezza verità. Proprio in quei mesi, appena ritrovai la forza di uscire di casa, di affacciarmi alla vita dopo l'inabissamento in cui mi aveva irretito Ades, incontrai per puro caso, per gioco, una ragazza dall'aria fragile, magrissima, con gli occhi luminosi e il volto chiaro cosparso di lentiggini, e tra noi iniziò un *romance*, un idillio che non so come dura ancora oggi. Fu ancora una volta Afrodite a salvarmi, alleata a Persefone, che sa la strada per uscire dal mondo delle tenebre. Era primavera. L'inizio dell'amore ha sempre qualcosa che viene da lontano, dall'origine dell'universo. Ci furono passeggiate e baci. Un'attrazione che presto diventò spasmodica, e che lasciava presagire un destino.

Amare, sentirmi amato, sentire scorrere una corrente misteriosa di energia chimica tra me e un altro essere umano a cui niente mi legava prima, e che restava incomprensibile, quasi inattingibile per me se non attraverso i sensi e la sensualità, tutto questo mi ha ridato luce, e la sensazione che esiste una forma, labile quanto si voglia, di felicità. Era ed è l'effetto Afrodite.

Da allora, non ho più smesso di sentirlo in me. Tremo al pensiero che un giorno possa affievolirsi. Che altre divinità, altri movimenti umani mi si impongano. Voglio continuare ad amare tutto, ad amare sempre. Ad amare l'Amore sempre di più. Non smetterò mai di credere che la cosa più importante per un essere umano è fare l'azione di amare. Perché l'amante, «chi ama», come si legge nel *Simposio*, «è qualcosa di più divino di chi è oggetto d'amore, perché egli è pieno del dio».

Essere soggetto attivo, generoso, diffondere amore, non legarlo mai al possesso, questo conta. Se fai l'azione di amare, "sei pieno del dio", in qualunque Dio tu creda. L'ultimo passaggio di una buona manutenzione dell'anima, è dunque scegliere di vivere il mito di Afrodite. Di interrogarsi in proposito.

Come stai ad amore? Che rapporto hai con il risveglio della natura in primavera? Sei ancora capace di alzare gli occhi verso le costellazioni e la stella della Sera? Quanta energia, quanta bellezza hai dentro di te? Come riesci a tenere insieme, mai divisi, corpo e spirito? Hai paura di sognare giochi dell'Eros? Come stai insieme al tuo compagno, alla tua compagna (che tu sia eterosessuale o omosessuale è la stessa cosa)? Avete costruito qualcosa insieme che non sia dell'ordine materiale o economico? Vi sentite toccati da un destino d'amore?

È un bel rompicapo, l'amore. Perché ci si sceglie, perché ci si piace, perché si decide di stare insieme, perché ci si separa, tutto fa parte del grande mistero della vita, per cui bisogna avere il massimo rispetto. E però, è bello seguire Afrodite. Nella nostra manutenzione, si suggerisce di ricorrere sempre a lei qualunque altra dea o dio ci capiti di seguire, capire che il suo raggio d'azione è più antico e più vasto di quello di Atena, di quello di Estia, di quello di Artemide, invano sue nemiche.

Afrodite ci mostra il desiderio di vivere dell'universo, e ci dice che noi ne siamo parte. Così vivere il mito di Afrodite non vorrà dire essere dei libertini, o dei debosciati come qualcuno avrà pensato, ricordando che nel linguaggio di oggi Afrodite ricorre ormai soltanto nell'aggettivo "afrodisiaco", usato per un cibo o un cocktail che abbia funzioni eccitanti. Ancora peggio è andata a Venere che, tramontato quel delizioso plurale "veneri" per dire grazia e bellezza, oggi è presente soltanto nell'aggettivo "venereo", sempre riferito a qualche fastidiosa malattia dell'apparato sessuale.

Vivere Afrodite vuol dire lasciarsi guidare da chi e cosa crea vita: il sole, il vento, le api, la pioggia, il seme. Da tutto quello che rinasce. E disfiora, e rinasce di nuovo. Da una bellezza in movimento, non canonica, non commerciabile, pura energia vitale. Lasciarsi guidare dalla libertà. Sempre, da ogni libertà. E infine dal sentiero che va verso la Luce.

La manutenzione dell'anima ci porterà a capire che l'approdo nella Luce è il suo fine principale. Composita com'è, con tante dee e dei, eroine ed eroi e persino mostri che si agitano dentro di lei, l'anima, per essere "in buono stato", per funzionare bene, per assicurarci pienezza di vita e una dose anche minima di felicità, deve cercare di volgerli tutti verso la loro parte di luce.

Non dimentichiamoci mai che prima c'è il Caos. E che, come scrisse Victor Hugo, "ha bisogno di un caos chi vuole fare un mondo". Il mondo si fa uscendo dalle tenebre, seguendo, o forse addirittura creando, sentieri luminosi. Amore è la guida più sicura.

I movimenti umani possono essere messi tutti al riparo di Amore. Sarà lui a frenarli quando vanno in direzione dell'odio e della distruzione, a incoraggiarli quando vanno nella sua direzione, in quella di chi crea, di chi dà vita e consente alla vita di continuare.

Seguendo Afrodite, non si sbaglia mai. Volgendo gli occhi alla bellezza, l'anima, che è sempre in movimento e per questo, come scrive Platone nel *Fedro*, è immortale, conferma la sua origine divina. Il suo viaggio è simile a quello che il più grande poeta mai apparso sulla faccia della terra, Dante, ha raccontato nel suo poema: lui che è andato dal buio di pece, dalle fiamme, dal fango, dal ghiaccio dell'Inferno sino alla Luce sfolgorante del Paradiso, al mistero di Dio.

L'anima attraversa inferni quotidiani, di dolore, solitudine, cecità, freddezza, povertà, malvagità, malafede, esilio. In questo tempo in cui scrivo, gennaio 2021 dopo Cristo, spazzato dai venti apocalittici della Pandemia, in cui regnano divisione, sospetto, clausura, rabbia, immiserimento, mancanza di fiducia nel futuro, l'anima sente acuirsi la sua paura, la sua sofferenza. Ma non si arrende e non si ferma. Va avanti, come è bene che faccia la tua automobile quando arriva improvvisa la bomba d'acqua dal cielo: pochi chilometri più in là, e sei in salvo. Se ti fermassi, l'acqua finirebbe per travolgerti.

L'anima continua il suo viaggio. Esce dalla zona d'ombra. Si lascia alle spalle la tempesta di pioggia e l'addensarsi del buio. Se sa riconoscersi nei miti che sta vivendo, è già oltre il pericolo di tracollare.

Questo può fare una buona manutenzione. Non miracoli terapeutici, non è il suo compito. Può traghettarti, cara lettrice e caro lettore, dove c'è più Luce. Dove puoi incontrare Amore che è Dio, e che in quanto Amore muove tutto, è il "motore" di tutto, di te, e del vento, del mare, del cielo, delle galassie.

PARTE QUARTA

Vademecum
per una manutenzione quotidiana

Mattino

Non dimenticare mai che i Greci divinizzavano l'aurora: la chiamavano Eos, figlia di un Titano e una Titanessa, sorella del Sole, avida di vita e di amore.

Ogni mattino, appena sveglio, racconta brevemente a te stesso (solo a te stesso) quello che ricordi dei tuoi sogni.

I sogni contengono l'Oceano e il Sole, l'acqua e il fuoco, il buio più profondo e la luce più abbagliante. Le potenze divine più antiche. Sono loro che si ricordano di te.

Alle volte, dopo il sogno leggero di un bacio a chi non lo hai mai dato, ti svegli che lo senti ancora sulle labbra.

Ogni mattino, appena sveglio, indirizza gli occhi alla luce, ringrazia lo spirito della vita che sei in vita, e che la luce è tornata.

Ogni mattino prega lo spirito della vita (qualcuno lo chiamerà Dio) per coloro che ami, per quelli che soffrono, per la vita stessa.

Niente di più salutare al mattino che lasciarsi prendere da una musica, che fare un passo di danza. Anche breve e goffo va bene.

Quando non danza più il corpo, l'anima può continuare a farlo.

Come puoi credere nel visibile, ed essere così sicuro che il suo opposto, l'invisibile, non esista?

Benedici il primo sorso di ciò che bevi. Quando apri un rubinetto e scorre l'acqua, ci sono fiumi, fonti, nuvole, piogge che raccogli lì, nel tuo bicchiere.

Benedici il primo boccone di ciò che mangi. Ringrazia anche per esso. Non cominciare la giornata con distrazione e indifferenza.

Niente è insignificante, nella tua vita. Ogni gesto ha un senso, anche se tu non lo conosci.

Ama il lavoro che fai. Non esistono lavori umili. Incontro spesso un ciabattino che ha sul volto un sorriso luminoso e felice come non avrà mai nessun banchiere.

Cerca sempre il punto di contatto possibile tra i tuoi desideri e il tuo lavoro.

Non è un diritto dell'anima diventare una rockstar. Diritto dell'anima è diventare felici.

Pretendi il rispetto di tutti i tuoi diritti civili. Ma pretendi anche con decisione che siano rispettati i diritti dell'anima: felicità, bellezza, incanto, meraviglia, conoscenza, amore.

Si può essere pienamente umani soltanto scoprendo la propria dimensione divina.

Studia prima di tutto per conoscere, per conoscerti, per diventare pienamente umano. Per imparare a fare un mestiere basta spesso la pratica.

Chi ha detto che una visione metafisica della vita diminuisce o nega la libertà? La libertà è potenziata dalla devozione al mistero.

Pensa sempre di essere un mistero tu stesso, in cammino attraverso il mistero della vita e dell'universo.

La vera libertà è sottomissione al principio del divino, e a nient'altro.

Non barattare la libertà della tua anima con l'offerta di tutta la potenza e tutta la ricchezza del mondo. Cristo, di fronte a Satana e alle sue offerte, ha insegnato a fare così.

Se raggiungi la ricchezza, godila, condividila, offrila. Non c'è niente di male nell'essere ricchi. Il male è in quelli che usano la ricchezza come silenziosa fonte di potere, per sopraffare e opprimere gli altri.

Se ti capita di comandare, pensa prima se vorresti obbedire tu all'ordine che stai dando.

Impara a vivere a stretto contatto con la tua idea di felicità.

Elabora un'idea personale su qualunque argomento affronti. Non farti condizionare, non accettare mai pregiudizi, idee preconfezionate da altri.

Non avere paura di pensare controcorrente. Di essere considerato bizzarro e perdente. Il criterio della maggioranza, che vale nella democrazia politica, non vale mai nell'ambito del pensiero: "nel pensiero, la maggioranza si sbaglia sempre" (Joseph Campbell).

Fa' i conti con i tuoi desideri. Non reprimerli mai. Impara a governarli sempre.

Ogni repressione, ogni compressione, produce sommovimenti ciechi, scoppi furiosi, energia che rimane negativa a meno che non si incanali verso la ribellione individuale o verso la rivoluzione sociale.

Meglio essere un ribelle vinto che un coglione vincente.

Di' sempre la verità, ma in primo luogo a te stesso.

Se senti di dover odiare, odia, ma tutto in una volta, in fretta, liberandoti dell'odio come di un grumo di catarro in gola. Sputa, disprezza, e torna a sorridere.

Vivere nell'odio è un ossimoro. L'odio produce e spande morte, negli individui, nella società, nella Storia.

Il sentimento della vendetta è malvagio. Ma la vendetta è una pulsione primaria incancellabile. Altrimenti c'è la rassegnazione, o il perdono. Solo che il perdono ci porta su un altro piano. Il perdono non è una pulsione primaria, è una dura conquista della coscienza morale.

È più facile identificarsi in Edmond Dantès, il vendicatore del *Conte di Montecristo*, che in Jean Valjean, l'eterno oppresso dei

Miserabili. Eppure è nel romanzo di Victor Hugo che il vero protagonista è l'infinito.

Amati, ma non troppo. Non come Narciso. Giudicati, mettiti sotto osservazione, guarda che cosa in te non "lavora" bene.

Accetta una volta per tutte che amare vuol dire desiderare il bene di chi non ci appartiene. Vuol dire lavorare in vista della felicità di un altro essere.

Mi ami? Allora desidera la mia felicità. Prima della tua, e di tutto.

Se segui i passi di Afrodite, non sbagli mai.

Niente ti sia più caro della natura in amore, delle fioriture, delle gemme sui rami degli alberi, dei fiumi che scorrono, del mare che alza onde, del vento e delle api che spargono il polline.

Spargi il seme con voluttà e rispetto.

Non aver paura di Pan, dei Satiri, delle Ninfe. Lascia che ti appaiano e che giochino. Lussuria e libido sono parte integrante della vita.

Abituati a vedere nella natura (e in te in quanto natura) le tracce incancellabili del divino.

La tua saggezza sia come quella di Pallade Atena. Severa, guerriera, strategica, capace di domare e sconfiggere i Giganti del Caos primordiale, di prefigurare per la sua e la tua città una vera democrazia.

Adora il Sole. Lo ha fatto Goethe, che disse conversando con Johann Peter Eckermann: «Se mi domanda se appartenga alla mia indole di adorare il Sole, rispondo senz'altro. Perché esso è una rivelazione dell'Altissimo, e invero la più potente che ci sia dato percepire, a noi figli della Terra. Io adoro in lui la luce e la forza procreante di Dio, in virtù della quale noi viviamo, ci muoviamo e siamo, e con noi tutte le piante e gli animali». Dico, Goethe. Dunque, adora il sole anche tu. E se l'ultima carogna di intellettuale contemporaneo ti deriderà, tu deridilo.

Non basta rispettare la natura. Va amata. Non basta piantare alberi. Bisogna abbracciare gli alberi. Abbracciane uno, una volta. Sentirai che corrente di energia si trasmette in te e ti risale dai piedi alla testa, dalla terra al cielo.

Il cinismo è una divertente, forse elegante, malattia senile. Sii entusiasta e innocente. Sii giovane.

La pazzia cresce alle volte con l'età, e «i vecchi pazzi sono più pazzi dei giovani» (François de La Rochefoucauld).

Quando provi ira, cerca di sentire Poseidone in te, il suo tridente che si agita e solleva onde. Così ti calmi, come dopo ogni tempesta fa sempre il mare.

Non aver paura di cambiare, sii come Proteo, inafferrabile per gli occhi e le mani degli altri.

Non aver mai paura di contraddirti, sii A e il contrario di A, e non accettare di dover sacrificare qualcosa al principio di non contraddizione in te.

C'è una gran ressa nella tua anima. Sembra la sala cinematografica di una volta, stracolma di gente, e dove tutti fumavano.

Non credere soltanto in qualcosa, credi nel credere, credi nell'energia risorgente della vita, nella Resurrezione.

Individuare un centro nella propria anima è più difficile che tener fermo il mare o bloccare il vento. Il centro di un'anima è il suo scorrere.

Diffida di quelli che ti dicono: «la verità non esiste». Sono loro i primi bugiardi, e per di più cercano la tua complicità.

Negli ultimi decenni, dicono che è diminuita del venti per cento la luce solare percepita nei paesi industrializzati. Non è la nostra vista che corre i rischi più gravi. È la nostra anima.

Allena la memoria così: ricostruisci se puoi le prime immagini in assoluto che ricordi nella tua mente, dov'eri, con chi. Ricostruisci i momenti decisivi del tuo passato, uno per uno in ordine di importanza, le parole più belle che hai udito o detto, i volti di tutti quelli che hai amato.

L'anima vive tra desideri di futuro e memorie del passato. Se guardi il quadrante di un orologio, il presente dura il tac, il "mille e tre" di un secondo.

Non c'è desiderio così pazzo o impudico di cui tu debba vergognartene. Governalo, aggiustalo, potenziane la parte in luce.

Sii devoto a Ermes. Non temere se ti scappa qualche volgarità, se ti esalta il furto d'amore, se trovi divertenti i lestofanti, se ti piace la velocità, il mercanteggiare, il silenzio improvviso: pensa che un dio protegge tutto questo.

Dialoga con l'Aldilà. Rivolgiti ai tuoi Lari domestici, ricorda almeno una volta al giorno chi ora è in un'altra dimensione dell'essere.

Mezzogiorno

A pranzo, pensa che tutto quello che hai in tavola era vivo e ha dovuto essere sacrificato, ucciso, pescato, tagliato, estratto dalla terra, staccato da un ramo d'albero per far vivere te.

Un vitello in un prato, un salmone nell'oceano, un cespo di lattuga nell'orto, una pesca su un ramo di pesco: sulla tua tavola c'è il creato, rispettalo.

Sacralizza il tuo spazio, la natura è sacra, la tua casa è sacra, tu sei sacro, l'eros è sacro: «*For every things that lives is Holy*» (William Blake).

«Conosci te stesso» non vuol dire soltanto rientrare dentro di sé, ma anche uscire da sé in un atto di adorazione per l'universo.

«Conosci te stesso», conosci il Sole che è in te.

Rifletti sul rapporto tra la luce e lo spirito: entrambi «la prima predominante in campo fisico, il secondo in campo etico, sono le energie più alte che si possano concepire» (Johann Wolfgang Goethe).

Chi parla sempre di colpe è colpevole.

Non lasciarti impressionare da tutto il discutere sul "diverso", sull'"altro". Il "diverso", l'"altro", sei tu.

Non avere paura delle fantasie erotiche più stravaganti e irragionevoli. Non vergognartene. Pan, Ermes, Eros sono con te. Ma stai attento che siano sempre finalizzate al piacere condiviso. Arginale se vanno verso la violenza e la sopraffazione. E cancellale subito.

Far l'amore non significa possedere un corpo altrui: significa sciogliere il proprio corpo in quello di un altro. Come caffè solubile nell'acqua bollente. Valli a dividere, poi.

Qualunque brutalità è figlia dell'idea di possesso. Agamennone lo sapeva, almeno?

Impara la forza erotica della carezza, pari a quella del vento sulle corolle degli anemoni.

Chi dice: questa donna è mia, comincia in quel momento a ucciderla.

Non puoi rimanere te stesso, in amore. Devi trasformarti, adattarti, renderti compatibile. Anche Zeus, che era il Signore degli dei, faceva così.

Quando provi invidia, è perché ti senti inferiore. Quando provi superbia, è perché ti senti superiore. Cerca di sentirti pienamente te stesso, non avrai più bisogno di guardare né in alto né in basso: l'orizzonte sarà davanti a te, e soltanto tuo.

È difficile, direi impossibile raggiungere la completa pienezza della vita: vorrebbe dire aver trovato il Santo Graal, che come tutti sanno esiste sinché verrà cercato, sinché durerà il tempo prima dell'eternità.

Beato il Paese che non ha bisogno di antieroi.

Non smettere mai di cercare. Il Graal, il Vello d'Oro, la conoscenza, il piacere, la bellezza, la meraviglia, la fede, la verità, l'amore. Non potrai avere che la minima parte di quello che cerchi. Ma la ricerca in sé è appagante, dà una ragione alla tua vita, una direzione alla tua anima.

Non smettere mai di desiderare. Nessuno è mai troppo giovane o troppo vecchio per il desiderio.

Quando pensi a cosa è l'omosessualità, ricorda che Eracle, il più grande degli eroi, si innamorò talmente di Ila il Driope, ragazzo bellissimo, che per cercare lui rinunciò a cercare il Vello d'Oro.

Qualunque amore-passione vale più di ricchezza e potere, alla fine, e rende l'eroismo superfluo.

Quando mi chiedo perché sono eterosessuale, mi rispondo: per puro caso.

Gli omofobi sono contro natura.

Nella nostra anima siamo tutti Tiresia, siamo tutti Ermafrodito. Il principio del maschile e quello del femminile sono compresenti, inscindibili.

Quando sembra che un istinto violento, distruttivo ti sovrasti, senti alle tue spalle Atena che ti prende per i capelli come Achille e che ti atterra e sconfigge come ha fatto con i Giganti del Caos primordiale. Lascia che intervenga lei. Arrenditi a lei.

Quanto danno hanno portato al Cristianesimo le vecchie beghine che hanno passato una vita in chiesa a spettegolare e a stigmatizzare chi? Le poco di buono, le prostitute, le adultere, i gay. Soggetti che Cristo tratta da amico, o perdona, o di cui non fa minimamente parola. Una volta per tutte, l'amore sessuale non è male. Male è giudicare e condannare dall'alto di una presunta superiorità morale, vivere nella freddezza del cuore e nell'odio, credere che ogni azione debba avere come fine il lucro, il profitto, respingere con violenza ciò che è diverso da te, sfruttare gli uomini sino a ridurli a cose e sfruttare la Madre Terra sino al suo esaurimento e alla sua fine.

Il male assoluto, Satana, è la mancanza di amore, di pietà e di giustizia. Stai alla larga da chi non ama, non ha pietà e non è giusto.

Ogni volta che durante la giornata senti suonare la sirena dell'autoambulanza, prega per chi in quel momento sta soffrendo. Potrebbe essere un tuo amico, o un tuo nemico. Tu prega.

Va' contro i tuoi nemici frontalmente. Non avere paura di odiare e di colpire. Ma frontalmente, con lealtà, rispettando le leggi dell'onore.

È stato un bell'affare prendere in giro il concetto stesso di onore (considerato "di destra"...) per più di mezzo secolo. I risultati si vedono. Dilagano a destra e a sinistra bassezza, doppiezza, infingardaggine, viltà. Che sono fango per l'anima.

Non aspettarti mai riconoscenza. Se decidi di fare del bene, sono fatti tuoi.

L'anima non è quotata in borsa. Le sue oscillazioni non le stabiliscono le vendite e gli acquisti. L'anima non ha mercato. Ma anche lei ha i suoi ribassi e i suoi sbalzi verso l'alto. I suoi Orsi e i suoi Tori. Si inabissa con Ades, rifiorisce con Persefone: le sue quotazioni sono divine.

Abbi più dubbi che certezze. Ma più sogni e speranze che dubbi.

Non sentirti mai abbandonato. Ermes c'è, anche se non lo sai e non lo vedi c'è, come un messaggero, come un angelo.

Chi fa diventare la fine di un rapporto una tragedia (in genere i maschi) è prima di tutto un analfabeta, uno che non conosce i principi rudimentali dell'amore: donare, non possedere, ricominciare.

Per costruire un rapporto a due, bisogna che i due ci credano, lo vogliano, e lavorino costantemente per tenerlo vivo, evitare i crolli, verificarne la tenuta. Un lungo rapporto a due richiede il massimo di manutenzione.

Eros fa nascere i rapporti. Ma affidandosi ad Eros, nessun rapporto durerebbe. Subentrano Estia, Era, Atena, Apollo. E Spes, la dea dei Romani che personificava l'attesa di eventi favorevoli, ed era raffigurata con un fiore nella mano destra.

Pan, Ermes, Dioniso sono per i rapporti brevi, rubati, lussuriosi, a due, a tre. Quelli più vicini alla gioia assoluta, e alla caducità assoluta.

Le dee del focolare e del matrimonio, Estia ed Era, francamente non se le è mai filate nessuno. Eppure sono divinità dal vasto, oscuro potere. Non dimenticarle.

Anche dopo un semplice spuntino, lascia che l'anima si riposi. Anche seduta o seduto al tavolino di un bar o sulla panchina di un parco liberati per qualche minuto di tutti i pensieri, fantastica, prega, non lasciare che il gorgo delle preoccupazioni quotidiane ti avvolga e ti sommerga.

Sera

Arrivato a sera, racconta brevemente a te stesso la tua giornata. Valuta quello che hai fatto o che ti hanno fatto di bene, e quello che hai fatto o ti hanno fatto di male. Ripensa a chi hai incontrato, di persona o anche sullo schermo del tuo computer. Ricostruisci di cosa avete parlato. Rivedi un momento piacevole, risenti un sapore gustoso, ricorda di cosa hai riso, e ridi ancora un po'. Racconta a te stesso, senza finzioni, senza censure. È un buon esercizio per l'anima.

Se puoi, guarda il sole mente tramonta. Prepara l'anima all'arrivo delle ombre.

Appena puoi, accendi la luce di una lampada «anche se non c'è alcuno a vederla: Dio la vedrà» (Jorge Luis Borges).

Hai diritto a lavorare. Esigilo con tutte le tue forze. Vagabondare e oziare non sono diritti, sono scelte, che possono avere un lato creativo e uno distruttivo. L'anima lo sa.

Consumare non è un diritto. È una necessità. L'anima sa valutare che cosa le serve e le dà piacere davvero. Chi si lascia sedurre e indurre a consumare dalla pubblicità e dagli influencer ha un'anima ballerina, fragile, a rischio.

La fantasia crea fantasmi. Abbi fantasia. Creati il tuo fantasma. Guardati nelle vesti di un dio e di un eroe greco, e pensa quali imprese potresti compiere. Più esaltanti che in un videogioco.

Se non riesci a vedere l'invisibile, mettiti gli occhiali del mito.

Per favore, mamme, preliminarmente dite ai bambini che il mondo è cattivo, che ci sono in giro mostri, che non devono fidarsi di nessuno. E poi mostrategli con il vostro amore che il mondo è meraviglioso, che ci sono gli angeli, che è buono aprirsi agli altri con un sorriso.

Tutti hanno bisogno di una madre, anche Dio.

Conosco donne e uomini che non sopportano i film dove viene mostrata la violenza più cruda. Non ho mai capito perché. Violenza, crudeltà, perversione, empietà, incesto, tradimento, è inutile proclamare che non sono nell'anima umana. Il mito greco e la tragedia greca mettono in scena le efferatezze più dure. Eppure provocano un senso di pacificazione e di purificazione. Si chiama "catarsi". Processo indispensabile per l'anima.

Se sei padre, non fare il padrone, ma neppure l'amico dei tuoi figli. Fa' il padre, è già tanto.

Se sei madre, non investire tutto sui tuoi figli. Il troppo amore non viene mai ricompensato. Ama e basta. L'amore di una madre ha in sé un'energia tremenda. Governala. E, sempre, tieni un po' di amore per te stessa.

Per la saggezza degli Indù, l'amore tra sposi è al quarto grado di intensità e importanza. Al quinto, il più alto, c'è quello che non ci aspetteremmo: l'amore trasgressivo, illecito, passionale, quello che lega Krishna a Radha, quello mistico della falena che non può resistere all'attrazione della fiamma sulla candela.

Se Dio attraverso Mosè ha sentito il bisogno di prescrivere a lettere di fuoco che il padre e la madre vanno onorati, è perché sapeva già che molti figli non l'avrebbero fatto.

È difficile, ma un figlio può onorare e amare una madre sino alla fine, sentendosi legato a lei con lo spirito e con la carne: cioè nella profondità abissale dell'anima.

Chi ha un'anima, ha un destino. Guardati da quelli che osano deridere il Fato.

Sposi felici, alla fine, sono quelli che si sono rotti i piatti sulla testa e hanno vomitato uno sull'altro gli insulti più feroci, come Zeus ed Era, e nonostante questo hanno continuato ad amarsi, senza un perché, come se fosse il loro destino.

Prima di dubitare della sostanza divina della tua anima, pensa a Shiva, a Zeus, ad Afrodite, a Dioniso, a Ermes. Dei che danzano, tradiscono, amano, si ubriacano, viaggiano tra l'invisibile e il visibile: proprio come la tua anima fa sempre.

Non sentirti obbligato a fare cose che non ti piacciono. Cerca di capire perché non ti piacciono, e poi cambiale.

Anche il più complicato problema, quando lo risolvi, cade a terra e muore, come la Sfinge alla risposta di Edipo.

Per cacciare il mostro, insediato nella parte più bassa e arcana della nostra anima, che tenta di pietrificarci, renderci insensibili, annullarci, ci vogliono coraggio, incoscienza, senso della sfida, preparazione, perseveranza, intelligenza, forza e fortuna. Pensa a Perseo che va a caccia di Medusa.

L'unica entità per cui vale la pena di affidarsi al fabbro Efesto, di focalizzare tutto il proprio impegno, è "lo stile", se sei un creatore, in qualunque campo tu lo sia. Nell'amore, nell'amicizia, nella vita sociale, nel lavoro, occorre tenersi sempre pronta una via di fuga. Affidarsi a Ermes. «Tieni un piede in pratica e uno in stazione», mi consigliò, quando ero studente, un mio celebre professore.

Creazione, Conoscenza, Amore. Se il Dio Uno e Trino è tutto questo, per l'anima può bastare.

Viaggia più che puoi, appena puoi. Non hai alibi. Non costa caro, non è pericoloso, almeno non lo è stato sino a poco tempo fa, puoi farlo in compagnia o da solo, troverai sempre il tempo. Muoviti. E muovendoti ama sempre di più il punto d'arrivo che quello di partenza. Sii "filo-barbaro".

Credici, il bello deve sempre ancora venire.

Quando sei in un Paese straniero, adotta i suoi usi e costumi, la sua cucina, la sua idea di bellezza, le sue divinità. Ne uscirai rafforzato, quando tornerai al Paese d'origine.

Il tuo Paese d'origine, in verità, è l'Universo.

Se ti senti intimamente sedentario, non ti preoccupare: puoi viaggiare tra i fiori del giardino, e in casa con i libri, con i film, con la musica. Ma in quel caso procura di avere con te un gatto o una gatta. Nessun sedentario dovrebbe mai farne a meno.

Notte

Dedica un'ora della tua giornata alla musica, al cinema, alla lettura. Un'ora, o almeno mezz'ora, si può trovare. Si può ricavare nel caos della tua quotidianità. Corri, ma un po' meno, vai in palestra, ma un po' meno (e soprattutto guadagna tempo non guardando più dibattiti politici in televisione). L'anima vuole equilibrio tra spirito e corpo. Cerca di nutrire equamente tutti e due.

Se dici che le altre religioni non sono vere, significa che non credi neppure nella tua.

Certi chiedono: «Ma davvero credi in Allah?» Che sarebbe come per un italiano stupirsi che un inglese creda in God. *Oh my God!* Allah in arabo vuol dire semplicemente "Dio". Ed è lo stesso di Abramo, di Isacco e di Giacobbe.

Non credere di aver soltanto radici nella tua terra. Tu hai radici nella Terra, come tutti gli esseri umani. È questa consapevolezza cosmica che conta ormai, nel XXI secolo.

Non ti accontentare dei paesaggi, che sono semplici invenzioni culturali. Guarda quello che c'è dietro una collina, un lago, un monte, un campo di girasoli. Ama la corrente di energia divina che percorre la natura. Amala fuori di te, e in te.

L'anima della Terra e l'anima del Sole sono come la tua: c'è un nesso tra loro, sono legate come tre anelli in una catena: se si spezza un anello, è in pericolo l'equilibrio tuo e dell'universo.

Pretendi che nelle città vengano creati sempre più giardini. È uno dei diritti dell'anima. Esigilo contro chi vorrebbe ancora oggi soltanto cemento, vetro, acciaio, palazzi tutti eguali, centri commerciali tutti eguali. È in un giardino, nel suo fiorire e sfiorire, nella molteplicità dei suoi colori, nel suo apparire coltivato e selvatico che si specchia l'anima. È da un Giardino che proveniamo dai tempi di Adamo, ed è un Giardino la meta verso cui il viaggio della nostra anima tende.

Se vuoi lanciare un sos (*Save Our Souls*) per il pianeta, salva prima di tutto la tua anima.

Rida' Poseidone al mare, Zeus al cielo, Afrodite alla primavera, Artemide alla luna, Pan ai boschi, le Ninfe e i Satiri agli alberi, alle fonti, alle montagne. Solo così salverai la natura. E io sono convinto che il Dio Unico, quello dei Cristiani, degli Ebrei e dei Musulmani, quello in cui tu adori lo spirito del divino, non avrà nulla da ridire.

Comincia a pensare che ogni pezzo della tua anima è sacro. Anche quelli bui, purulenti, cavernosi, cui tu cerchi con la tua manutenzione di dar luce.

Non sappiamo perché noi umani siamo sulla Terra. Se la nostra avventura nel cosmo ha un senso. Qualunque esso sia, noi sentiamo che «nell'uomo è insito uno spirito in lotta contro il nulla e la dissoluzione» (Percy Bysshe Shelley). E forse il senso è questo. Lottare, spargere luce.

Non c'è nome più bello e rassicurante di "sorella" e "fratello". Non sarà un caso che lo usino per chiamarsi tra loro le donne e gli uomini consacrati a Dio. O partecipi di qualche grande e terribile impresa comune: «Di che reggimento siete / fratelli» (Giuseppe Ungaretti).

L'anima è sorella del corpo e dello spirito, e li tiene collegati al principio del divino.

Per Francesco, fratello è il sole, e fratelli il vento e il fuoco, e sorelle la luna, le stelle, l'aria, l'acqua, la terra, fratelli e sorelle sono tutte le cose, a qualunque regno del creato esse appartengano. Così sente l'anima, quando è pura.

Quando arrivano angoscia e panico, perché arrivano, inevitabilmente, convoca Apollo, Atena, Ermes, Persefone, che tengano a bada Pan, che del panico è il signore.

Non lasciare che la tirannia della scienza, della tecnica, dell'economia cancellino il meraviglioso insito nelle cose.

L'anima è affamata di meraviglioso. Di magia. Di foreste come quelle di Brocéliande e di castelli come quello di Tintagel, dove abitava e faceva i suoi incantesimi Merlino.

Nei rave party, si adora un Dioniso low cost, una sua parodia. Il vero Dioniso aborrirebbe di essere adorato così.

Dioniso è nel grande monologo teatrale e nella grande musica che rapisce. Bacco è in un bicchiere di vino, anche del più umile, che consola e smemora.

Il vino ha un'anima e una gloria che pochi bevitori conoscono.

Sii saggio, bevi e goditi il profumo delle primule.

Se ti senti triste e svuotato, pensa alla bellezza del risveglio l'indomani, all'umile gioia del primo caffè del mattino.

Se puoi, guarda la luna sorgere. L'anima si prepara ad accogliere Artemide, la sua luce senza calore e tutta argento, la selvatichezza della notte.

Prima di dormire, ringrazia lo spirito della vita (puoi chiamarlo anche Dio) che ti ha tenuto in vita. Qualunque preghiera va bene. Prega il Padre, la Madre. Dialoga con i tuoi Lari, non negargli il tuo saluto.

L'anima ama i racconti.

Hypnos, per i Greci, era il dio del Sonno. Era il gemello di Thanatos, la Morte. Ma era il fratello buono: che portava riposo, sollievo e oblio. Prova una volta anche tu a pensare al tuo sonno come a qualcosa di divino.

Se tardi ad addormentati, fantastica. Raduna tutte le cose che l'anima desidera, elencale e da' loro spazio.

Rispetto ai sogni della notte, sono più importanti per l'anima quelli che fai ad occhi aperti, o nel dormiveglia, quando la coscienza non si è ancora spenta e affiorano i desideri più profondi.

Per i Greci, tutto è divino. Anche l'oscurità e il dolore. Ma tutto tende verso la Luce. La notte culmina in Eos "dalle rosee dita", nell'aurora.

Piccola bibliografia personale, ad uso di lettrici e lettori curiosi

Alfieri, Vittorio, *Opere*, Milano 1969.

Alighieri, Dante, *Divina Commedia*, introduzioni di Stefano Carrai, Giuseppe Conte, Fabio Pusterla, Firenze 2021.

Apollodoro, *I miti greci*, a cura di Paolo Scarpi, traduzione di Maria Grazia Ciani, Milano 1996.

Apollonio Rodio, *Le Argonautiche*, traduzione di Guido Paduano, Milano 1986.

Bachofen, Johann Jakob, *Il matriarcato* (1861), Torino 1988.

Barthes, Roland, *Miti d'oggi* (1957), Torino 2016.

Baudelaire, Charles, *I Fiori del male - Lo Spleen di Parigi,* in *Baudelaire è vivo. I fiori del male tradotti e raccontati*, a cura di Giuseppe Montesano, Firenze 2021.

Baudino, Mario, *Il mito che uccide*, Milano 2004.

Bettini, Maurizio, *Nascere*, Torino 1998.

Bettini, Maurizio - Pellizer, Ezio, *Il mito di Narciso*, Torino 2003.

Bly, Robert, *A Little Book on the Human Shadow*, San Francisco 1988.

Borges, Jorge Luis, *Manuale di zoologia fantastica* (1957), Torino 1962.

Id., *Elogio dell'ombra* (1969), in *Tutte le opere*, vol. II, Milano 1985.

Calasso, Roberto, *Le nozze di Cadmo e Armonia*, Milano 1988.

Calvino, Italo, *Saggi*, Milano 1995.

Campbell, Joseph, *Il potere del mito. Intervista di Bill Moyers* (1988), Parma 1988.

Id., *Le figure del mito. Un grande itinerario illustrato nelle immagini mitologiche di ogni tempo e paese* (1974), Como 1991.

Id., *Miti per vivere. Sulla terra e sulla luna, in guerra, in pace, in amore* (1972), Como 1990.

Carlyle, Thomas, *Gli eroi. Il culto degli eroi e l'eroico nella storia* (1841), Milano 1992.

Cheng, François, *L'anima. Sette lettere a un'amica* (2016), Torino 2018.

Citati, Pietro, *La mente colorata. Ulisse e l'Odissea*, Milano 2002.

Id., *L'armonia del mondo. Miti di oggi*, Milano 1998.

Id., *Sogni antichi e moderni*, Milano 2016.

Conte, Giuseppe, *Terre del mito*, Milano 1991 (nuova edizione ampliata Milano 2009).

Id., *Il passaggio di Ermes. Riflessione sul mito*, Firenze 1999.

Id., *Il sonno degli dèi. La fine dei tempi nei miti delle grandi civiltà*, Milano 1999.

Id., *Lettera ai disperati sulla primavera*, Firenze 2002.

Copioli, Rosita, *Elena*, Milano 1996.

Deleuze, Gilles - Guattari, Félix, *L'anti-Edipo* (1972), Torino 1975.

Détienne, Marcel, *Il mito. Guida storica e critica*, Bari 1976.

Id., *L'invenzione della mitologia* (1981), Torino 1983.

Diodoro Siculo, *Biblioteca storica*, voll. III, Milano 2004-2016.

Dorfles, Gillo, *Nuovi riti, nuovi miti*, Milano 1965.

Id., *L'estetica del mito (da Vico a Wittgenstein)*, Milano 1967.

Dumézil, Georges, *Mito e epopea* (1968-1973), Torino 1982.

Eco, Umberto, *Sulle spalle dei giganti*, Milano 2017.
Eliade Mircea, *Spezzare il tetto della casa. La creatività e i suoi simboli* (1986), Milano 1988.
Id., *Trattato di storia delle religioni* (1955), Torino 1976.
Eraclito, *Dell'Origine*, traduzione di Angelo Tonelli, Milano 1993.
Eschilo - Sofocle - Euripide, *Tutte le tragedie*, a cura di Angelo Tonelli, Milano 2011.

Foscolo, Ugo, *Opere*, a cura di Franco Gavazzeni, Torino 1994.
Frazer, James George, *Il ramo d'oro. Storia del pensiero primitivo. Magia e religione* (1915), voll. III, Torino 1965.
Freud, Sigmund, *L'uomo Mosè e la religione monoteistica* (1939), Torino 1977.

Gallo, Max, *Victor Hugo*, Paris 2001.
Goethe, Johann Wolfgang, *Massime*, Roma-Napoli 1983.
Id., *Tutte le poesie*, voll. III, Milano 1994-1997.
Graves, Robert, *La figlia di Omero* (1955), Milano 1992.
Id., *I miti greci* (1955), Milano 1977.
Guidorizzi, Giulio, *Il racconto degli dèi*, Milano 2020.
Id., *I colori dell'anima. I Greci e le passioni*, Milano 2017.
Id., *Il mito greco*, voll. II, Milano 2009-2012.

Hegel, Georg Wilhelm Friedrich, *Estetica* (1835), Torino 1963.
Hillman, James, *Il codice dell'anima. Carattere, vocazione, destino* (1996), Milano 1997.
Id., *Il mito dell'analisi* (1972), Milano 1979.
Id., *Il potere* (1995), Milano 2002.
Id., *Re-visione della psicologia* (1975), Milano 1983.
Id., *Saggio su Pan* (1972), Milano 1977.

Jaynes, Julian, *Il crollo della mente bicamerale e l'origine della coscienza* (1976), Milano 1984.

Jung, Carl Gustav - Kerényi, Kàroly, *Prolegomeni allo studio scientifico della mitologia* (1941), Torino 1972.

Kerényi, Kàroly, *Figlie del Sole* (1949), Torino 1991.

Id., *Gli dèi e gli eroi della Grecia. Il racconto del mito* (1964), Milano 1984.

Id., *Hermes. Guide of Souls* (1943), Dallas 1986.

La Rochefoucauld, François de, *Maximes* (1665), Paris 1994.

Lawrence, David Herbert, *Pan in America,* in *Teatro e prose varie*, Milano 1975.

Id., *Poesie*, a cura di Giuseppe Conte, Milano 1987.

Lucrezio, Tito Caro, *Il poema della natura*, a cura di Pietro Parrella, voll. II, Bologna 1956.

Montesano, Giuseppe, *Baudelaire è vivo. I fiori del male tradotti e raccontati*, Firenze 2021.

Moore, Thomas, *Care of the Soul*, New York 1992.

Id., *The Education of the Heart*, New York 1996.

Id., *L'incanto quotidiano*, Milano 1997.

Id., *The Soul's Religion*, New York 2002.

Nancy, Jean-Luc - Lacoue-Labarth, Philippe, *Il mito nazi* (1991), Genova 1992.

Omero, *Iliade*, traduzione di Vincenzo Monti, a cura di Gaetano Gigli, Bologna 1948.

Id., *Iliade*, a cura di Maria Grazia Ciani, Venezia 1990.

Id., *Iliade*, a cura di Franco Ferrari, Milano 2018.

Id., *Odissea*, a cura di Maria Grazia Ciani, Venezia 1994.

Otto, Walter Friedrich, *Gli dèi della Grecia* (1929), Firenze 1941.
Ovidio, Publio Nasone, *Le Metamorfosi*, a cura di Enrico Oddone, voll. II, Milano 1988.

Pavese, Cesare, *Dialoghi con Leucò*, Torino 1947.
Id., *La "Teogonia" di Esiodo e altri inni omerici*, traduzione, Torino 1981.
Perrignon, Judith, *Victor Hugo vient de mourir*, Paris 2015.
Platone, *Simposio*, in *Opere complete*, Roma-Bari 1982.
Id., *Fedro*, in *Opere complete*, Roma-Bari 1982.
Pontani, Filippo Maria, *Saffo, Alceo, Anacreonte. Liriche e frammenti*, Torino 1965.

Ronchey, Silvia, *L'anima del mondo*, Milano 2001.
Id., *Il piacere di pensare*, Milano 2004.
Id., *La cattedrale sommersa. Alla ricerca del sacro perduto*, Milano 2017.

Scheid, John - Svenbro, Jesper, *La tortue et la lyre. Dans l'atelier du mythe antique*, Paris 2014.
Sebeok, Thomas Albert, *Myth. A Symposium*, Indiana 1965.
Semprún, Jorge - De Villepin, Dominique, *L'homme européen*, Paris 2005.
Seneca, *Tragedie*, a cura di Vico Faggi, Torino 1991.
Sensini, Francesca Irene, *La lingua degli dèi. L'amore per il greco antico e moderno*, Genova 2021.
Seznec, Jean, *La sopravvivenza degli antichi dèi. Saggio sul ruolo della tradizione mitologica nella cultura e nell'arte rinascimentali* (1940), Torino 1981.
Shelley, Percy Bysshe, *In difesa della poesia* (1821), Milano 2013.
Id., *Poesie*, a cura di Giuseppe Conte, Milano 1989.
Spengler, Oswald, *Il tramonto dell'Occidente* (1918), Milano 1981.

Stein, Murray, *Nel mezzo della vita* (1998), Milano 2004.

Tonelli, Angelo, *Eleusis e Orfismo. I Misteri e la tradizione iniziatica greca*, Milano 2015.

Id., *Negli abissi luminosi. Sciamanesimo, trance ed estasi nella Grecia antica*, Milano 2021.

Ungaretti, Giuseppe, *Vita d'un uomo. Tutte le poesie*, a cura di Leone Piccioni, Milano 1969.

Untersteiner, Mario, *La fisiologia del mito*, Torino 1991.

Valéry, Paul, *All'inizio era la favola. Scritti sul mito* (1929-1946), Milano 2016.

Id., *Tre dialoghi*, Torino 1990.

Vernant, Jean-Pierre, *Mito e pensiero presso i Greci. Studi di psicologia storica* (1965), Torino 1970.

Id., *Mito e società nell'antica Grecia* (1974), Torino 1981.

Vernant, Jean-Pierre - Vidal-Naquet, Pierre, *Mito e tragedia nell'antica Grecia. La tragedia come fenomeno sociale estetico e psicologico* (1972), Torino 1977.

Virgilio, Publio Maro, *Eneide*, traduzione di Ezio Cetrangolo, Firenze 1966.

Whitman, Walt, *Foglie d'erba* (1855), traduzione di Giuseppe Conte, Milano 1991.

Zanetto, Giuseppe, *Inni omerici*, Milano 1996.

Indice

FSC
www.fsc.org
MISTO
Carta da fonti gestite in maniera responsabile
FSC® C115118

Stampato presso Elcograf S.p.A.
Stabilimento di Cles